한국
에너지공단

NCS + 전공 + 모의고사 4회

시대에듀

2024 최신판 시대에듀 한국에너지공단
NCS + 전공 + 최종점검 모의고사 4회 + 무료NCS특강

Always **with you**

사람의 인연은 길에서 우연하게 만나거나 함께 살아가는 것만을 의미하지는 않습니다.
책을 펴내는 출판사와 그 책을 읽는 독자의 만남도 소중한 인연입니다.
시대에듀는 항상 독자의 마음을 헤아리기 위해 노력하고 있습니다. 늘 독자와 함께하겠습니다.

머리말 PREFACE

한국에너지공단은 2024년에 신입직원을 채용할 예정이다. 채용절차는 「원서 접수 ➡ 서류전형 ➡ 필기전형 ➡ 면접전형 ➡ 증빙서류 제출 ➡ 최종 합격자 발표 ➡ 임용」 순서로 진행되며, 응시자격, 외국어 및 자격증 평가, 한국사 능력검정시험 가산점 등을 고려하여 채용예정인원의 30배수에게 필기전형 응시기회를 부여한다. 필기전형의 경우 직업기초능력검사와 직무능력평가시험, 인성검사 총 3단계로 진행되는데, 2023년 직업기초능력검사는 피듈형으로 출제되었다. 또한, 직무능력평가시험은 직무별로 시험과목이 상이하므로 반드시 확정된 채용공고를 확인하여 응시하는 직무의 필기 영역에 맞춰 학습하는 것이 필요하다.

한국에너지공단 필기전형 합격을 위해 시대에듀에서는 한국에너지공단 판매량 1위의 출간 경험을 토대로 다음과 같은 특징을 가진 도서를 출간하였다.

도서의 특징

❶ **기출복원문제를 통한 출제 유형 확인!**
  · 2024년 상반기 주요 공기업 NCS 기출복원문제 및 2024~2023년 주요 공기업 전공 기출복원문제를 수록하여 공기업별 필기 유형을 파악할 수 있도록 하였다.

❷ **한국에너지공단 필기전형 출제 영역 맞춤 문제를 통한 실력 상승!**
  · 직업기초능력검사 대표기출유형&기출응용문제를 수록하여 NCS에 유형별로 대비할 수 있도록 하였다.
  · 직무능력평가시험(경영 · 경제/법 · 행정/기계/전기 · 전자) 적중예상문제를 수록하여 전공까지 맞춤형으로 학습할 수 있도록 하였다.

❸ **최종점검 모의고사를 통한 완벽한 실전 대비!**
  · 철저한 분석을 통해 실제 유형과 유사한 NCS 최종점검 모의고사를 2회분 수록하여 자신의 실력을 점검할 수 있도록 하였다.

❹ **다양한 콘텐츠로 최종 합격까지!**
  · 한국에너지공단 채용 가이드와 면접 기출질문을 수록하여 채용을 준비하는 데 부족함이 없도록 하였다.
  · 온라인 모의고사를 무료로 제공하여 필기전형에 더욱 꼼꼼히 대비할 수 있도록 하였다.

끝으로 본 도서를 통해 한국에너지공단 채용을 준비하는 모든 수험생 여러분이 합격의 기쁨을 누리기를 진심으로 기원한다.

SDC(Sidae Data Center) 씀

◇ **미션**

지속가능한 에너지 생태계 구축으로 국민행복에 기여

공단 업무를 직관적으로 표현하고 사회적 가치에 대한 의미를 반영하여 국민행복에 기여함을 의미

◇ **비전**

국민과 함께	미래를 여는	에너지 리더
민간 지원 · 협력	탄소중립 실현	튼튼한 에너지 안보

◇ **핵심가치**

| 혁신선도 | 현장중심 | 국민안전 | 청렴공정 |

◇ **경영방침**

현장중심의 혁신행정으로 국민이익 증진

◇ **전략방향**

고효율 저소비 산업구조 전환	생활 속 에너지 절약 활성화
신재생에너지 안정적인 보급	경영혁신 기반의 국민신뢰 확보

◇ **경영목표**

합리적인 에너지 수요 · 공급 기반 조성('28) ▶	● 에너지 수요 감축량 : 14,742천toe ● 신재생에너지 공급량 : 19,626천toe
業과 연계한 사회적 책임 이행('28) ▶	● 취약계층 지원 : 288만 건 ● 중소기업 지원 : 2,013만 건
경영혁신을 통한 생산성과 투명성 제고('28) ▶	● 고객만족도 : 우수등급 ● 종합청렴도 : 1등급

◇ **인재상**

신뢰성과 전문성을 바탕으로
공익을 우선하며 사회적 책임을 실현하는 전문가

에너지 분야에 대한 풍부한 지식	능동적인 자세로 동료와 협력하여 성과를 창출	높은 윤리성을 갖추고 고객과 소통	글로벌 관점에서 에너지 가치향상의 기회를 발굴

◇ 지원자격(공통)

① 성별 · 학력 · 전공 · 연령 : 제한 없음[단, 임용예정일 기준 공단 정년(만 60세) 미만인 자]

② 남자는 「병역법」 제76조에서 정한 병역의무 불이행 사실이 없는 자

③ 채용 확정 후 즉시 업무 종사 가능한 자

④ 공단 인사규정 제11조에 따른 결격 사유가 없는 자

◇ 필기전형

구분	평가 내용	배점
직업기초능력검사	의사소통능력, 수리능력, 문제해결능력, 자원관리능력, 대인관계능력, 직업윤리	50점
직무능력평가시험	모집 직무별 2∼5개 범위	50점
인성검사	적 · 부 판정	–

◇ 면접전형

구분	면접방법	배점	내용
직무수행능력 면접	발표면접, 질의응답	60점	• 수행 직무와 관련된 특정 과제에 대한 해결방안 등을 발표하고 질의응답을 통해 지원자의 직무이해도 등 평가 – 직무이해도(20), 직무지식(15), 직무기술(15), 직무수행태도(10)
직업기초능력 면접	경험 및 상황면접, 질의응답	40점	• 수행 직무와 관련된 지원자의 경험에 대해 면접관의 질의에 따라 지원자의 자세 및 역량을 심층 평가 – 의사소통능력(15), 대인관계능력(15), 직업윤리(10)
합계		100점	• 평가요소별 5단 척도 평가 실시

❖ 위 채용 안내는 2023년 채용공고를 기준으로 작성하였으므로 세부사항은 확정된 채용공고를 확인하기 바랍니다.

총평

2023년 한국에너지공단 필기전형은 PSAT형과 모듈형이 골고루 섞인 피듈형으로 출제되었으며, 난이도는 무난했다는 후기가 많았다. 응용모듈보다는 기본 모듈이론으로 푸는 문제가 많았고, 의사소통능력은 전체적으로 지문이 짧고 독해의 난도가 높지 않았다. 수리능력 또한 자료 이해와 간단한 응용수리 문제가 출제되면서 전형적인 피듈형 문제들로 구성되었다. 따라서 출제경향에 맞춘 학습이 필요해 보인다.

◇ 영역별 출제 비중

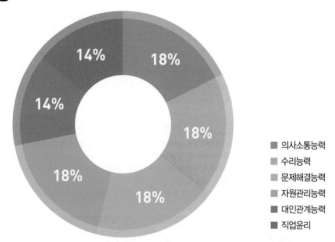

■ 의사소통능력
■ 수리능력
■ 문제해결능력
■ 자원관리능력
■ 대인관계능력
■ 직업윤리

구분	출제 키워드
의사소통능력	• 에너지, 법조문, 산업혁명 등
수리능력	• 순위 구하기, 가중치, 일률 등
문제해결능력	• 인사평가, 부서 배치 등
자원관리능력	• 장소, 금액 계산 등
대인관계능력	• 리더십, 갈등 등
직업윤리	• 윤리, 근면 등

NCS 문제 유형 소개 NCS TYPES

PSAT형

04 다음은 신용등급에 따른 아파트 보증률에 대한 사항이다. 자료와 상황에 근거할 때, 갑(甲)과 을(乙)의 보증료의 차이는 얼마인가?(단, 두 명 모두 대지비 보증금액은 5억 원, 건축비 보증금액은 3억 원이며, 보증서 발급일로부터 입주자 모집공고 안에 기재된 입주 예정 월의 다음 달 말일까지의 해당 일수는 365일이다)

- (신용등급별 보증료)=(대지비 부분 보증료)+(건축비 부분 보증료)
- 신용평가 등급별 보증료율

구분	대지비 부분	건축비 부분				
		1등급	2등급	3등급	4등급	5등급
AAA, AA		0.178%	0.185%	0.192%	0.203%	0.221%
A$^+$		0.194%	0.208%	0.215%	0.226%	0.236%
A$^-$, BBB$^+$	0.138%	0.216%	0.225%	0.231%	0.242%	0.261%
BBB$^-$		0.232%	0.247%	0.255%	0.267%	0.301%
BB$^+$~CC		0.254%	0.276%	0.296%	0.314%	0.335%
C, D		0.404%	0.427%	0.461%	0.495%	0.531%

※ (대지비 부분 보증료)=(대지비 부분 보증금액)×(대지비 부분 보증료율)×(보증서 발급일로부터 입주자 모집공고 안에 기재된 입주 예정 월의 다음 달 말일까지의 해당 일수)÷365

※ (건축비 부분 보증료)=(건축비 부분 보증금액)×(건축비 부분 보증료율)×(보증서 발급일로부터 입주자 모집공고 안에 기재된 입주 예정 월의 다음 달 말일까지의 해당 일수)÷365

- 기여고객 할인율 : 보증료, 거래기간 등을 기준으로 기여도에 따라 6개 군으로 분류하며, 건축비 부분 요율에서 할인 가능

구분	1군	2군	3군	4군	5군	6군
차감률	0.058%	0.050%	0.042%	0.033%	0.025%	0.017%

〈상황〉

- 갑 : 신용등급은 A$^+$이며, 3등급 아파트 보증금을 내야 한다. 기여고객 할인율에서는 2군으로 선정되었다.
- 을 : 신용등급은 C이며, 1등급 아파트 보증금을 내야 한다. 기여고객 할인율은 3군으로 선정되었다.

① 554,000원   ② 566,000원
③ 582,000원   ④ 591,000원
⑤ 623,000원

특징
▶ 대부분 의사소통능력, 수리능력, 문제해결능력을 중심으로 출제(일부 기업의 경우 자원관리능력, 조직이해능력을 출제)
▶ 자료에 대한 추론 및 해석 능력을 요구

대행사
▶ 엑스퍼트컨설팅, 커리어넷, 태드솔루션, 한국행동과학연구소(행과연), 휴노 등

모듈형

| 문제해결능력

41 문제해결절차의 문제 도출 단계는 (가)와 (나)의 절차를 거쳐 수행된다. 다음 중 (가)에 대한 설명으로 적절하지 않은 것은?

(가)	→	(나)
전체 문제를 개별화된 이슈들로 세분화		문제에 영향력이 큰 핵심이슈를 선정

① 문제의 내용 및 영향 등을 파악하여 문제의 구조를 도출한다.
② 본래 문제가 발생한 배경이나 문제를 일으키는 메커니즘을 분명히 해야 한다.
③ 현상에 얽매이지 말고 문제의 본질과 실제를 봐야 한다.
④ 눈앞의 결과를 중심으로 문제를 바라봐야 한다.
⑤ 문제 구조 파악을 위해서 Logic Tree 방법이 주로 사용된다.

특징
▶ 이론 및 개념을 활용하여 푸는 유형
▶ 채용 기업 및 직무에 따라 NCS 직업기초능력평가 10개 영역 중 선발하여 출제
▶ 기업의 특성을 고려한 직무 관련 문제를 출제
▶ 주어진 상황에 대한 판단 및 이론 적용을 요구

대행사
▶ 인트로맨, 휴스테이션, ORP연구소 등

피듈형(PSAT형 + 모듈형)

| 자원관리능력

07 다음 자료를 근거로 판단할 때, 연구모임 A ~ E 중 세 번째로 많은 지원금을 받는 모임은?

〈지원계획〉

• 지원을 받기 위해서는 한 모임당 5명 이상 9명 미만으로 구성되어야 한다.
• 기본지원금은 모임당 1,500천 원을 기본으로 지원한다. 단, 상품개발을 위한 모임의 경우는 2,000천 원을 지원한다.
• 추가지원금

등급	상	중	하
추가지원금(천 원/명)	120	100	70

※ 추가지원금은 연구 계획 사전평가결과에 따라 달라진다.
• 협업 장려를 위해 협업이 인정되는 모임에는 위의 두 지원금을 합한 금액의 30%를 별도로 지원한다.

〈연구모임 현황 및 평가결과〉

특징
▶ 기초 및 응용 모듈을 구분하여 푸는 유형
▶ 기초인지모듈과 응용업무모듈로 구분하여 출제
▶ PSAT형보다 난도가 낮은 편
▶ 유형이 정형화되어 있고, 유사한 유형의 문제를 세트로 출제

대행사
▶ 사람인, 스카우트, 인크루트, 커리어케어, 트리피, 한국사회능력개발원 등

주요 공기업 적중 문제 TEST CHECK

소금물 농도 ▶ 유형

11 6%의 소금물 700g에서 한 컵의 소금물을 퍼내고, 퍼낸 양만큼 13%의 소금물을 넣었더니 9%의 소금물이 되었다. 이때, 퍼낸 소금물의 양은?

① 300g

② 320g

③ 350g

④ 390g

⑤ 450g

글의 주제 ▶ 유형

03 다음 (가) ~ (라) 문단의 주제로 적절하지 않은 것은?

(가) 우리는 최근 '사회가 많이 깨끗해졌다.'라는 말을 많이 듣는다. 실제 우리의 일상생활은 정말 많이 깨끗해졌다. 과거에 비하면 일상생활에서 뇌물이 오가는 경우가 거의 없어진 것이다. 그런데 왜 부패인식지수가 나아지기는커녕 도리어 나빠지고 있을까? 일상생활과 부패인식지수가 전혀 다른 모습을 보이는 이유는 어디에 있을까?

(나) 부패인식지수가 산출되는 과정에서 그 물음의 답을 찾을 수 있다. 부패인식지수는 국제투명성기구에서 매년 조사하여 발표하고 있는 세계적으로 가장 권위 있는 부패 지표로, 지수는 국제적인 조사 및 평가를 실시하고 있는 여러 기관의 조사 결과를 바탕으로 산출된다. 각 기관의 조사 항목과 조사 대상은 서로 다르지만, 주요 항목은 공무원의 직권 남용 억제 기능, 공무원의 공적 권력의 사적 이용, 공공서비스와 관련한 뇌물 등으로 공무원의 뇌물과 부패에 초점이 맞추어져 있다.

(다) 부패인식지수를 이해하는 데에 주목하여야 할 또 하나의 중요한 점은 부패인식지수 계산에 사용된 각 지수의 조사 대상이다. 조사에 따라 약간의 차이가 있기는 하지만 조사는 주로 해당 국가나 해당 국가와 거래하고 있는 고위 기업인과 전문가들을 대상으로 이루어진다. 일반 시민이 아니라 기업 활동에서 공직자들과 깊숙한 관계를 맺고 있어 공직자들의 행태를 누구보다 잘 알고 있을 것으로 추정되는 사람들의 의견을 대상으로 하는 것이다. 결국 부패인식지수는 고위 기업경영인과 전문가들의 공직 사회의 뇌물과 부패에 대한 평가라 할 수 있다.

(라) 그렇다면 부패인식지수를 개선하는 방법은 무엇일까? 그간 정부는 공무원행동강령, 청탁금지법, 부패방지기구 설치 등 많은 제도적인 노력을 기울여왔다. 이러한 정부의 노력에도 불구하고 정부 반부패정책은 대부분 효과가 없는 것으로 보인다. 정부 노력에 대한 일반 시민들의 시선도 차갑기만 하다. 결국 법과 제도적 장치는 우리 사회에 만연한 연줄 문화 앞에서 힘을 쓰지 못하고 있는 것으로 해석할 수 있다.

① (가) : 일상부패에 대한 인식과 부패인식지수의 상반되는 경향에 대한 의문

② (나) : 공공분야에 맞추어진 부패인식지수의 산출과정

③ (다) : 특정 계층으로 집중된 부패인식지수의 조사 대상

④ (라) : 부패인식지수의 효과적인 개선방안

한국전력공사

02 다음 글에서 〈보기〉의 문장이 들어갈 위치로 가장 적절한 곳은?

> 문화가 발전하려면 저작자의 권리 보호와 저작물의 공정 이용이 균형을 이루어야 한다. 저작물의 공정 이용이란 저작권자의 권리를 일부 제한하여 저작권자의 허락이 없어도 저작물을 자유롭게 이용하는 것을 말한다. 대표적으로 비영리적인 사적 복제를 허용하는 것이 있다. (㉮) 우리나라의 저작권법에서는 오래전부터 공정 이용으로 볼 수 있는 저작권 제한 규정을 두었다.
> 그런데 디지털 환경에서 저작물의 공정 이용은 여러 장애에 부딪혔다. 디지털 환경에서는 저작물을 원본과 동일하게 복제할 수 있고 용이하게 개작할 수 있다. (㉯) 그 결과 디지털화된 저작물의 이용 행위가 공정 이용의 범주에 드는 것인지 가늠하기가 더 어려워졌고 그에 따른 처벌 위험도 커졌다. (㉰)
> 이러한 문제를 해소하기 위한 시도의 하나로 포괄적으로 적용할 수 있는 '저작물의 공정한 이용' 규정이 저작권법에 별도로 신설되었다. 그리하여 저작권자의 동의가 없어도 저작물을 공정하게 이용할 수 있는 영역이 확장되었다. 그러나 공정 이용 여부에 대한 시비가 자율적으로 해소되지 않으면 예나 지금이나 법적인 절차를 밟아 갈등을 해소해야 한다. (㉱) 저작물 이용의 영리성과 비영리성, 목적과 종류, 비중, 시장 가치 등이 법적인 판단의 기준이 된다.
> 저작물 이용자들이 처벌에 대한 불안감을 여전히 느낀다는 점에서 저작물의 자유 이용 허락 제도와 같은 '저작물의 공유' 캠페인이 주목을 받고 있다. 이 캠페인은 저작권자들이 자신의 저작물에 일정한 이용 허락 조건을 표시해서 이용자들에게 무료로 개방하는 것을 말한다. 누구의 저작물이든 개별적인 저작권을 인정하지 않고 모두가 공동으로 소유하자고 주장하는 사람들과 달리, 이 캠페인을 펼치는 사람들은 기본적으로 자신과 타인의 저작권을 존중한다. 캠페인 참여자들은 저작권자와 이

10 다음은 도서코드(ISBN)에 대한 자료이다. 주문한 도서에 대한 설명으로 옳은 것은?

〈[예시] 도서코드(ISBN)〉

국제표준도서번호					부가기호		
접두부	국가번호	발행자번호	서명식별번호	체크기호	독자대상	발행형태	내용분류
123	12	1234567		1	1	1	123

※ 국제표준도서번호는 5개의 군으로 나누어지고 군마다 '−'로 구분한다.

〈도서코드(ISBN) 세부사항〉

접두부	국가번호	발행자번호	서명식별번호	체크기호
978 또는 979	한국 89 미국 05 중국 72 일본 40 프랑스 22	발행자번호 − 서명식별번호 7자리 숫자 예 8491 − 208 : 발행자번호가 8491번인 출판사에서 208번째 발행한 책		0 ~ 9

독자대상	발행형태	내용분류
0 교양	0 문고본	030 백과사전
1 실용	1 사전	100 철학
2 여성	2 신서판	170 심리학
3 (예비)	3 단행본	200 종교
4 청소년	4 전집	360 법학
5 중고등 학습참고서	5 (예비)	470 생명과학
6 초등 학습참고서	6 도감	680 연극
7 아동	7 그림책, 만화	710 한국어

한국동서발전

좌석 배치 ▶ 유형

43 E공사의 평가지원팀 A팀장, B대리, C대리, D주임, E주임, F주임, G사원, H사원 8명은 기차를 이용해 대전으로 출장을 가려고 한다. 아래 〈조건〉에 따라 직원들의 좌석이 배정될 때, 〈보기〉 중 옳지 않은 것을 모두 고르면?(단, 이웃하여 앉는다는 것은 두 사람 사이에 복도를 두지 않고 양옆으로 붙어 앉는 것을 의미한다)

〈기차 좌석표〉

앞

창가	1가	1나	복도	1다	1라	창가
	2가	2나		2다	2라	

뒤

조건

• 팀장은 반드시 두 번째 줄에 앉는다.
• D주임은 2다 석에 앉는다.
• 주임끼리는 이웃하여 앉지 않는다.
• 사원은 나 열 혹은 다 열에만 앉을 수 있다.

한국남동발전

인원 선발 ▶ 유형

11 K사는 사원들에게 사택을 제공하고 있다. 사택 신청자 A ~ E 중 2명만이 사택을 제공받을 수 있고 추첨은 조건별 점수에 따라 진행된다고 할 때, 〈보기〉 중 사택을 제공받을 수 있는 사람이 바르게 연결된 것은?

〈사택 제공 조건별 점수〉

근속연수	점수	직급	점수	부양가족 수	점수	직종	점수
1년 이상	1점	차장	5점	5명 이상	10점	연구직	10점
2년 이상	2점	과장	4점	4명	8점	기술직	10점
3년 이상	3점	대리	3점	3명	6점	영업직	5점
4년 이상	4점	주임	2점	2명	4점	서비스직	5점
5년 이상	5점	사원	1점	1명	2점	사무직	3점

※ 근속연수는 휴직기간을 제외하고 1년마다 1점씩 적용하여 최대 5점까지 받을 수 있다. 단, 해고 또는 퇴직 후 일정기간을 경과하여 재고용된 경우에는 이전에 고용되었던 기간(개월)을 통산하여 근속연수에 포함한 다. 근속연수 산정은 2023. 01. 01을 기준으로 한다.
※ 부양가족 수의 경우 배우자는 제외된다.
※ 무주택자의 경우 10점의 가산점을 가진다.
※ 동점일 경우 부양가족 수가 많은 사람이 우선순위로 선발된다.

보기

구분	직급	직종	입사일	가족 구성	주택 유무	비고
A	대리	영업직	2019. 08. 20	남편	무주택자	–
B	사원	기술직	2021. 09. 17	아내, 아들 1명, 딸 1명	무주택자	–
						• 2019. 12. 17 퇴사

한국가스기술공사

거짓말 ▶ 유형

09 K공사의 A팀 가대리, 나사원, 다사원, 라사원, 마대리 중 1명이 어제 출근하지 않았다. 이와 관련하여 5명의 직원이 다음과 같이 말했고, 이들 중 2명이 거짓말을 한다고 할 때, 다음 중 출근하지 않은 사람은 누구인가?(단, 출근을 하였어도, 결근 사유를 듣지 못할 수도 있다)

> 가대리 : 나는 출근했고, 마대리도 출근했다. 누가 왜 출근하지 않았는지는 알지 못한다.
> 나사원 : 다사원은 출근하였다. 가대리님의 말은 모두 사실이다.
> 다사원 : 라사원은 출근하지 않았다.
> 라사원 : 나사원의 말은 모두 사실이다.
> 마대리 : 출근하지 않은 사람은 라사원이다. 라사원이 개인 사정으로 인해 출석하지 못한다고 가대리님에게 전했다.

① 가대리　　　　　　　　　② 나사원
③ 다사원　　　　　　　　　④ 라사원
⑤ 마대리

발전기 ▶ 키워드

04 A대리는 K도시의 해안지역에 설치할 발전기를 검토 중이다. 설치 환경 및 요건에 대한 정보가 다음과 같을 때, 후보 발전기 중 설치될 발전기로 옳은 것은?

〈발전기 설치 환경 및 요건 정보〉

• 발전기는 동일한 종류를 2기 설치한다.
• 발전기를 설치할 대지는 1,500m²이다.
• 에너지 발전단가가 1,000kWh당 97,500원을 초과하지 않도록 한다.
• 후보 발전기 중 탄소배출량이 가장 많은 발전기는 제외한다.
• 운송수단 및 운송비를 고려하여, 개당 중량은 3톤을 초과하지 않도록 한다.

〈후보 발전기 정보〉

발전기 종류	발전방식	발전단가	탄소배출량	필요면적	중량
A	수력	92원/kWh	45g/kWh	690m²	3,600kg
B	화력	75원/kWh	91g/kWh	580m²	1,250kg
C	화력	105원/kWh	88g/kWh	450m²	1,600kg
D	풍력	95원/kWh	14g/kWh	800m²	2,800kg
E	풍력	80원/kWh	22g/kWh	720m²	2,140kg

① A발전기　　　　　　　　② B발전기
③ C발전기　　　　　　　　④ D발전기
⑤ E발전기

도서 200% 활용하기 STRUCTURES

1 기출복원문제로 출제경향 파악

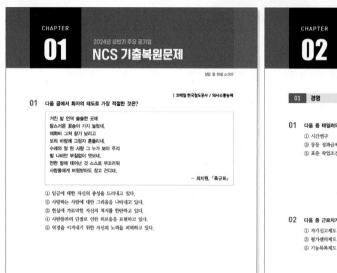

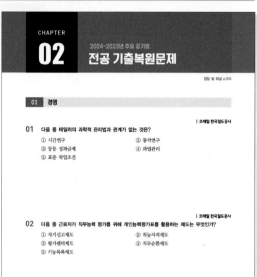

▶ 2024년 상반기 주요 공기업 NCS 기출복원문제 및 2024~2023년 주요 공기업 전공 기출복원문제를 수록하여 공기업별 필기 유형을 파악할 수 있도록 하였다.

2 출제 영역 맞춤 문제로 필기전형 완벽 대비

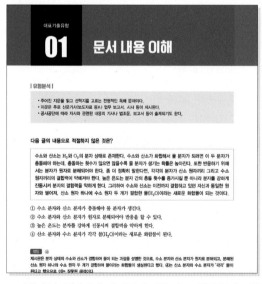

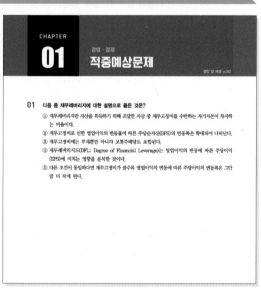

▶ 직업기초능력검사 출제 영역에 대한 대표기출유형과 기출응용문제를 수록하여 NCS 문제에 대한 접근 전략을 익히고 학습할 수 있도록 하였다.

▶ 직무능력평가시험(경영·경제/법·행정/기계/전기·전자) 적중예상문제를 수록하여 전공까지 효과적으로 학습할 수 있도록 하였다.

3 최종점검 모의고사 + OMR을 활용한 실전 연습

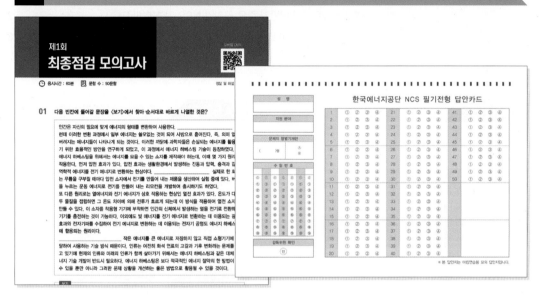

▶ 최종점검 모의고사 2회분과 OMR 답안카드를 수록하여 실제로 시험을 보는 것처럼 최종 마무리 연습을 할 수 있도록 하였다.

4 인성검사부터 면접까지 한 권으로 최종 마무리

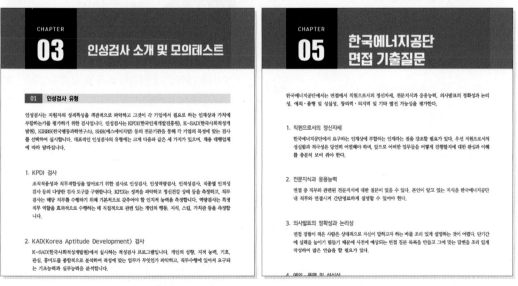

▶ 인성검사 모의테스트를 수록하여 인성검사 유형 및 문항을 확인할 수 있도록 하였다.
▶ 한국에너지공단 면접 기출질문을 수록하여 면접에서 나오는 질문을 미리 파악하고 면접에 대비할 수 있도록 하였다.

이 책의 차례 CONTENTS

Add+

특별부록

※ 기출복원문제는 수험생들의 후기를 통해 시대에듀에서 복원한 문제로 실제 문제와 다소 차이가 있을 수 있으며, 본 저작물의 무단전재 및 복제를 금합니다.

정답 및 해설 p.002

| 코레일 한국철도공사 / 의사소통능력

01 다음 글에서 화자의 태도로 가장 적절한 것은?

> 거친 밭 언덕 쓸쓸한 곳에
> 탐스러운 꽃송이 가지 눌렀네.
> 매화비 그쳐 향기 날리고
> 보리 바람에 그림자 흔들리네.
> 수레와 말 탄 사람 그 누가 보아 주리
> 벌 나비만 부질없이 엿보네.
> 천한 땅에 태어난 것 스스로 부끄러워
> 사람들에게 버림받아도 참고 견디네.
>
> – 최치원, 『촉규화』

① 임금에 대한 자신의 충성을 드러내고 있다.
② 사랑하는 사람에 대한 그리움을 나타내고 있다.
③ 현실에 가로막힌 자신의 처지를 한탄하고 있다.
④ 사람들과의 단절로 인한 외로움을 표현하고 있다.
⑤ 역경을 이겨내기 위한 자신의 노력을 피력하고 있다.

02 다음 글에 대한 설명으로 적절하지 않은 것은?

중국 연경(燕京)의 아홉 개 성문 안팎으로 뻗은 수십 리 거리에는 관청과 아주 작은 골목을 제외하고는 대체로 길 양옆으로 모두 상점이 늘어서 휘황찬란하게 빛난다.

우리나라 사람들은 중국 시장의 번성한 모습을 처음 보고서는 "오로지 말단의 이익만을 숭상하고 있군."이라고 말하였다. 이것은 하나만 알고 둘은 모르는 소리이다. 대저 상인은 사농공상(士農工商) 사민(四民)의 하나에 속하지만, 이 하나가 나머지 세 부류의 백성을 소통시키기 때문에 열에 셋의 비중을 차지하지 않으면 안 된다.

사람들은 쌀밥을 먹고 비단옷을 입고 있으면 그 나머지 물건은 모두 쓸모없는 줄 안다. 그러나 무용 지물을 사용하여 유용한 물건을 유통하고 거래하지 않는다면, 이른바 유용하다는 물건은 거의 대부분이 한 곳에 묶여서 유통되지 않거나 그것만이 홀로 돌아다니다 쉽게 고갈될 것이다. 따라서 옛날의 성인과 제왕께서는 이를 위하여 주옥(珠玉)과 화폐 등의 물건을 조성하여 가벼운 물건으로 무거운 물건을 교환할 수 있도록 하셨고, 무용한 물건으로 유용한 물건을 살 수 있도록 하셨다.

지금 우리나라는 지방이 수천 리이므로 백성들이 적지 않고, 토산품이 구비되어 있다. 그럼에도 산이나 물에서 생산되는 이로운 물건이 전부 세상에 나오지 않고, 경제를 윤택하게 하는 방법도 잘 모르며, 날마다 쓰는 것을 팽개친 채 그것에 대해 연구하지 않고 있다. 그러면서 중국의 거마, 주택, 단청, 비단이 화려한 것을 보고서는 대뜸 "사치가 너무 심하다."라고 말해 버린다.

그렇지만 중국이 사치로 망한다고 할 것 같으면, 우리나라는 반드시 검소함으로 인해 쇠퇴할 것이다. 왜 그러한가? 검소함이란 물건이 있음에도 불구하고 쓰지 않는 것이지, 자기에게 없는 물건을 스스로 끊어 버리는 것을 일컫지는 않는다. 현재 우리나라에는 진주를 캐는 집이 없고 시장에는 산호 같은 물건의 값이 정해져 있지 않다. 금이나 은을 가지고 점포에 들어가서는 떡과 엿을 사 먹을 수가 없다. 이런 현실이 정말 우리의 검소한 풍속 때문이겠는가? 이것은 그 재물을 사용할 줄 모르기 때문이다. 재물을 사용할 방법을 알지 못하므로 재물을 만들어 낼 방법을 알지 못하고, 재물을 만들어 낼 방법을 알지 못하므로 백성들의 생활은 날이 갈수록 궁핍해진다.

재물이란 우물에 비유할 수가 있다. 물을 퍼내면 우물에는 늘 물이 가득하지만, 물을 길어내지 않으면 우물은 말라 버린다. 이와 같은 이치로 화려한 비단옷을 입지 않으므로 나라에는 비단을 짜는 사람이 없고, 그로 인해 여인이 베를 짜는 모습을 볼 수 없게 되었다. 그릇이 찌그러져도 이를 개의치 않으며, 기교를 부려 물건을 만들려고 하지도 않아 나라에는 공장(工匠)과 목축과 도공이 없어져 기술이 전해지지 않는다. 더 나아가 농업도 황폐해져 농사짓는 방법이 형편없고, 상업을 박대하므로 상업 자체가 실종되었다. 사농공상 네 부류의 백성이 누구나 할 것 없이 다 가난하게 살기 때문에 서로를 구제할 길이 없다.

지금 종각이 있는 종로 네거리에는 시장 점포가 연이어 있다고 하지만 그것은 1리도 채 안 된다. 중국에서 내가 지나갔던 시골 마을은 거의 몇 리에 걸쳐 점포로 뒤덮여 있었다. 그곳으로 운반되는 물건의 양이 우리나라 곳곳에서 유통되는 것보다 많았는데, 이는 그곳 가게가 우리나라보다 더 부유해서 그러한 것이 아니고 재물이 유통되느냐 유통되지 못하느냐에 따른 결과인 것이다.

– 박제가, 『시장과 우물』

① 재물이 적절하게 유통되지 않는 현실을 비판하고 있다.
② 재물을 유통하기 위한 성현들의 노력을 근거로 제시하고 있다.
③ 경제의 규모를 늘리기 위한 소비의 중요성을 강조하고 있다.
④ 조선의 경제가 윤택하지 못한 이유를 부족한 생산량으로 보고 있다.
⑤ 산업의 발전을 위해 적당한 사치가 있어야 함을 주장하고 있다.

03 다음 중 한자성어의 뜻이 바르게 연결되지 않은 것은?

① 水魚之交 : 아주 친밀하여 떨어질 수 없는 사이

② 結草報恩 : 죽은 뒤에라도 은혜를 잊지 않고 갚음

③ 靑出於藍 : 제자나 후배가 스승이나 선배보다 나음

④ 指鹿爲馬 : 윗사람을 농락하여 권세를 마음대로 함

⑤ 刻舟求劍 : 말로는 친한 듯 하나 속으로는 해칠 생각이 있음

04 다음 중 밑줄 친 부분의 띄어쓰기가 옳지 않은 것은?

① 운전을 어떻게 해야 <u>하는지</u> 알려 주었다.

② 오랫동안 <u>애쓴 만큼</u> 좋은 결과가 나왔다.

③ 모두가 떠나가고 남은 사람은 고작 <u>셋 뿐이다</u>.

④ 참가한 사람들은 누구의 키가 <u>큰지 작은지</u> 비교해 보았다.

⑤ 민족의 큰 명절에는 온 나라 방방곡곡에서 <u>씨름판이</u> 열렸다.

05 다음 중 밑줄 친 부분의 표기가 옳지 않은 것은?

① 늦게 온다던 친구가 <u>금세</u> 도착했다.

② 변명할 틈도 없이 그에게 일방적으로 <u>채였다</u>.

③ 못 본 사이에 그의 얼굴은 <u>핼쑥하게</u> 변했다.

④ 빠르게 변해버린 고향이 <u>낯설게</u> 느껴졌다.

⑤ 문제의 정답을 찾기 위해 <u>곰곰이</u> 생각해 보았다.

06 다음 중 단어와 그 발음법이 바르게 연결되지 않은 것은?

① 결단력 – [결딴녁]

② 옷맵시 – [온맵씨]

③ 몰상식 – [몰상씩]

④ 물난리 – [물랄리]

⑤ 땀받이 – [땀바지]

07 다음 식을 계산하여 나온 수의 백의 자리, 십의 자리, 일의 자리를 순서대로 바르게 나열한 것은?

$$865 \times 865 + 865 \times 270 + 135 \times 138 - 405$$

① 0, 0, 0

② 0, 2, 0

③ 2, 5, 0

④ 5, 5, 0

⑤ 8, 8, 0

08 길이가 200m인 A열차가 어떤 터널을 60km/h의 속력으로 통과하였다. 잠시 후 길이가 300m인 B열차가 같은 터널을 90km/h의 속력으로 통과하였다. A열차와 B열차가 이 터널을 완전히 통과할 때 걸린 시간의 비가 10 : 7일 때, 이 터널의 길이는?

① 1,200m

② 1,500m

③ 1,800m

④ 2,100m

⑤ 2,400m

| 코레일 한국철도공사 / 수리능력

09

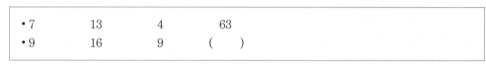

| • 7 | 13 | 4 | 63 |
| • 9 | 16 | 9 | ( ) |

① 45   ② 51

③ 57   ④ 63

⑤ 69

| 코레일 한국철도공사 / 수리능력

10

-2 1 6 13 22 33 46 61 78 97 ( )

① 102   ② 106

③ 110   ④ 114

⑤ 118

| 코레일 한국철도공사 / 수리능력

11 K중학교 2학년 A ~ F 6개의 학급이 체육대회에서 줄다리기 경기를 다음과 같은 토너먼트로 진행하려고 한다. 이때, A반과 B반이 모두 두 번의 경기를 거쳐 결승에서 만나게 되는 경우의 수는?

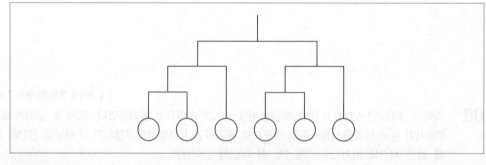

① 6가지   ② 24가지

③ 120가지   ④ 180가지

⑤ 720가지

12 다음은 연령대별로 도시와 농촌에서의 여가생활 만족도 평가 점수를 조사한 자료이다. 〈조건〉에 따라 빈칸 ㄱ ~ ㄹ에 들어갈 수를 순서대로 바르게 나열한 것은?

〈연령대별 도시·농촌 여가생활 만족도 평가〉

(단위 : 점)

구분	10대 미만	10대	20대	30대	40대	50대	60대	70대 이상
도시	1.6	ㄱ	3.5	ㄴ	3.9	3.8	3.3	1.7
농촌	1.3	1.8	2.2	2.1	2.1	ㄷ	2.1	ㄹ

※ 매우 만족 : 5점, 만족 : 4점, 보통 : 3점, 불만 : 2점, 매우 불만 : 1점

조건

- 도시에서 여가생활 만족도는 모든 연령대에서 같은 연령대의 농촌보다 높았다.
- 도시에서 10대의 여가생활 만족도는 농촌에서 10대의 2배보다 높았다.
- 도시에서 여가생활 만족도가 가장 높은 연령대는 40대였다.
- 농촌에서 여가생활 만족도가 가장 높은 연령대는 50대지만, 3점을 넘기지 못했다.

	ㄱ	ㄴ	ㄷ	ㄹ
①	3.8	3.3	2.8	3.5
②	3.5	3.3	3.2	3.5
③	3.8	3.3	2.8	1.5
④	3.5	4.0	3.2	1.5
⑤	3.8	4.0	2.8	1.5

13 가격이 500,000원일 때 10,000개가 판매되는 K제품이 있다. 이 제품의 가격을 10,000원 인상할 때마다 판매량은 160개 감소하고, 10,000원 인하할 때마다 판매량은 160개 증가한다. 이때, 총 판매금액이 최대가 되는 제품의 가격은?(단, 가격은 10,000원 단위로만 인상 또는 인하할 수 있다)

① 520,000원

② 540,000원

③ 560,000원

④ 580,000원

⑤ 600,000원

14 다음은 전자제품 판매업체 3사를 다섯 가지 항목으로 나누어 평가한 자료이다. 이를 토대로 3사의 항목별 비교 및 균형을 쉽게 파악할 수 있도록 나타낸 그래프로 옳은 것은?

〈전자제품 판매업체 3사 평가표〉

(단위 : 점)

구분	디자인	가격	광고 노출도	브랜드 선호도	성능
A사	4.1	4.0	2.5	2.1	4.6
B사	4.5	1.5	4.9	4.0	2.0
C사	2.5	4.5	0.6	1.5	4.0

①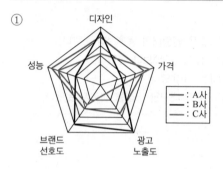

②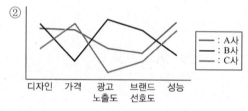

③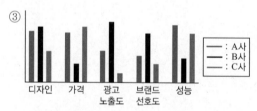

④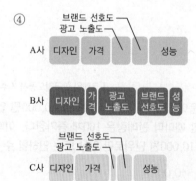

⑤

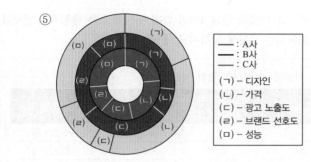

	: A사
	: B사
	: C사
(ㄱ)	– 디자인
(ㄴ)	– 가격
(ㄷ)	– 광고 노출도
(ㄹ)	– 브랜드 선호도
(ㅁ)	– 성능

15 다음은 2023년 K톨게이트를 통과한 차량에 대한 자료이다. 이에 대한 설명으로 옳지 않은 것은?

〈2023년 K톨게이트 통과 차량〉

(단위 : 천 대)

구분	승용차			승합차			대형차		
	영업용	비영업용	합계	영업용	비영업용	합계	영업용	비영업용	합계
1월	152	3,655	3,807	244	2,881	3,125	95	574	669
2월	174	3,381	3,555	222	2,486	2,708	101	657	758
3월	154	3,909	4,063	229	2,744	2,973	139	837	976
4월	165	3,852	4,017	265	3,043	3,308	113	705	818
5월	135	4,093	4,228	211	2,459	2,670	113	709	822
6월	142	3,911	4,053	231	2,662	2,893	107	731	838
7월	164	3,744	3,908	237	2,721	2,958	117	745	862
8월	218	3,975	4,193	256	2,867	3,123	115	741	856
9월	140	4,105	4,245	257	2,913	3,170	106	703	809
10월	135	3,842	3,977	261	2,812	3,073	107	695	802
11월	170	3,783	3,953	227	2,766	2,993	117	761	878
12월	147	3,730	3,877	243	2,797	3,040	114	697	811

① 전체 승용차 수와 전체 승합차 수의 합이 가장 많은 달은 9월이고, 가장 적은 달은 2월이었다.

② 4월을 제외하고 K톨게이트를 통과한 비영업용 승합차 수는 월별 300만 대 미만이었다.

③ 전체 대형차 수 중 영업용 대형차 수의 비율은 모든 달에서 10% 이상이었다.

④ 영업용 승합차 수는 모든 달에서 영업용 대형차 수의 2배 이상이었다.

⑤ 승용차가 가장 많이 통과한 달의 전체 승용차 수에 대한 영업용 승용차 수의 비율은 3% 이상이었다.

※ 서울역 근처 K공사에 근무하는 A과장은 1월 10일에 팀원 4명과 함께 부산에 있는 출장지에 열차를 타고 가려고 한다. 다음 자료를 보고 이어지는 질문에 답하시오. [16~17]

〈1월 10일 서울역 → 부산역 열차 시간표〉

구분	출발시각	정차역	다음 정차역까지 소요시간	총주행시간	성인 1인당 요금
KTX	8:00	–	–	2시간 30분	59,800원
ITX-청춘	7:20	대전	40분	3시간 30분	48,800원
ITX-마음	6:40	대전, 울산	40분	3시간 50분	42,600원
새마을호	6:30	대전, 울산, 동대구	60분	4시간 30분	40,600원
무궁화호	5:30	대전, 울산, 동대구	80분	5시간 40분	28,600원

※ 위의 열차 시간표는 1월 10일 운행하는 열차 종류별로 승차권 구입이 가능한 가장 빠른 시간표이다.
※ 총주행시간은 정차ㆍ대기시간을 제외한 열차가 실제로 달리는 시간이다.

〈운행 조건〉

• 정차역에 도착할 때마다 대기시간 15분을 소요한다.
• 정차역에 먼저 도착한 열차가 출발하기 전까지 뒤에 도착한 열차는 정차역에 들어오지 않고 대기한다.
• 정차역에 먼저 도착한 열차가 정차역을 출발한 후, 5분 뒤에 대기 중인 열차가 정차역에 들어온다.
• 정차역에 2종류 이상의 열차가 동시에 도착하였다면, ITX-청춘 → ITX-마음 → 새마을호 → 무궁화호 순으로 정차역에 들어온다.
• 목적지인 부산역은 먼저 도착한 열차로 인한 대기 없이 바로 역에 들어온다.

| 코레일 한국철도공사 / 문제해결능력

16 다음 중 자료에 대한 설명으로 옳지 않은 것은?

① ITX-청춘보다 ITX-마음이 목적지에 더 빨리 도착한다.
② 부산역에 가장 늦게 도착하는 열차는 12시에 도착한다.
③ ITX-마음은 먼저 도착한 열차로 인한 대기시간이 없다.
④ 부산역에 가장 빨리 도착하는 열차는 10시 30분에 도착한다.
⑤ 무궁화호는 울산역, 동대구역에서 다른 열차로 인해 대기한다.

17 다음 〈조건〉에 따라 승차권을 구입할 때, A과장과 팀원 4명의 총요금은?

조건
- A과장과 팀원 1명은 7시 30분까지 K공사에서 사전 회의를 가진 후 출발한다.
- 목적지인 부산역에는 11시 30분까지 도착해야 한다.
- 열차는 모두 같이 탈 필요는 없으며, 요금은 가능한 한 저렴하게 한다.

① 247,400원
② 281,800원
③ 312,800원
④ 326,400원
⑤ 347,200원

18 다음 글에서 알 수 있는 논리적 사고의 구성요소로 가장 적절한 것은?

A는 동업자 B와 함께 신규 사업을 시작하기 위해 기획안을 작성하여 논의하였다. 그러나 B는 신규 기획안을 읽고 시기나 적절성에 대해 부정적인 입장을 보였다. A가 B를 설득하기 위해 B의 의견들을 정리하여 생각해 보니 B는 신규 사업을 시작하는 데 있어 다른 경쟁사보다 늦게 출발하여 경쟁력이 부족하는 점 때문에 신규 사업에 부정적이라는 것을 알게 되었다. 이에 A는 경쟁력을 높이기 위한 다양한 아이디어를 추가로 제시하여 B를 다시 설득하였다.

① 설득
② 구체적인 생각
③ 생각하는 습관
④ 타인에 대한 이해
⑤ 상대 논리의 구조화

19 면접 참가자 A ~ E 5명은 〈조건〉과 같이 면접장에 도착했다. 동시에 도착한 사람은 없다고 할 때, 다음 중 항상 참인 것은?

> **조건**
> • B는 A 바로 다음에 도착했다.
> • D는 E보다 늦게 도착했다.
> • C보다 먼저 도착한 사람이 1명 있다.

① E는 가장 먼저 도착했다.
② B는 가장 늦게 도착했다.
③ A는 네 번째로 도착했다.
④ D는 가장 먼저 도착했다.
⑤ D는 A보다 먼저 도착했다.

20 다음 논리에서 나타난 형식적 오류로 옳은 것은?

> • 전제 1 : TV를 오래 보면 눈이 나빠진다.
> • 전제 2 : 철수는 TV를 오래 보지 않는다.
> • 결론 : 그러므로 철수는 눈이 나빠지지 않는다.

① 사개명사의 오류
② 전건 부정의 오류
③ 후건 긍정의 오류
④ 선언지 긍정의 오류
⑤ 매개념 부주연의 오류

21 다음 글의 내용으로 적절하지 않은 것은?

K공단은 의사와 약사가 협력하여 지역주민의 안전한 약물 사용을 돕는 의·약사 협업 다제약물 관리사업을 6월 26일부터 서울 도봉구에서 시작했다고 밝혔다.

지난 2018년부터 K공단이 진행 중인 다제약물 관리사업은 10종 이상의 약을 복용하는 만성질환자를 대상으로 약물의 중복 복용과 부작용 등을 예방하기 위해 의약전문가가 약물관리 서비스를 제공하는 사업이다. 지역사회에서는 K공단에서 위촉한 자문 약사가 가정을 방문하여 대상자가 먹고 있는 일반 약을 포함한 전체 약을 대상으로 약물의 복용상태, 부작용, 중복 등을 종합적으로 검토하고 그 결과를 바탕으로 상담, 교육 및 처방조정 안내를 실시함으로써 약물관리가 이루어지고, 병원에서는 입원 및 외래환자를 대상으로 의사, 약사 등으로 구성된 다학제팀(전인적인 돌봄을 위해 의사, 간호사, 약사, 사회복지사 등 다양한 전문가들로 이루어진 팀)이 약물관리 서비스를 제공한다.

다제약물 관리사업 효과를 평가한 결과, 약물관리를 받은 사람의 복약순응도가 56.3% 개선되었고, 효능이 유사한 약물을 중복해서 복용하는 환자가 40.2% 감소되었다. 또한, 병원에서 제공된 다제약물 관리사업으로 응급실 방문 위험이 47%, 재입원 위험이 18% 감소되는 등의 효과를 확인하였다.

다만, 지역사회에서는 약사의 약물 상담결과가 의사의 처방조정에까지 반영되는 다학제 협업 시스템이 미흡하다는 의견이 제기되었다. 이러한 문제점의 개선을 위해 K공단은 도봉구 의사회와 약사회, 전문가로 구성된 지역협의체를 구성하고, 지난 4월부터 3회에 걸친 논의를 통해 의·약사 협업 모형을 개발하고, 사업 참여 의·약사 선정, 서비스 제공 대상자 모집 및 정보공유 방법 등의 현장 적용방안을 마련했다. 의사나 K공단이 선정한 약물관리 대상자는 자문 약사의 약물점검(필요시 의사 동행)을 받게 되며, 그 결과가 K공단의 정보 시스템을 통해 대상자의 단골 병원 의사에게 전달되어 처방 시 반영될 수 있도록 하는 것이 주요 골자이다. 지역 의·약사 협업 모형은 2023년 12월까지 도봉구지역의 일차의료 만성질환관리 시범사업에 참여하는 의원과 자문약사를 중심으로 우선 실시한다. 이후 사업의 효과성을 평가하고 부족한 점은 보완하여 다른 지역에도 확대 적용할 예정이다.

① K공단에서 위촉한 자문 약사는 환자가 먹는 약물을 조사하여 직접 처방할 수 있다.
② 다제약물 관리사업으로 인해 환자는 복용하는 약물의 수를 줄일 수 있다.
③ 다제약물 관리사업의 주요 대상자는 10종 이상의 약을 복용하는 만성질환자이다.
④ 다제약물 관리사업은 지역사회보다 병원에서 보다 활발히 이루어지고 있다.

22 다음 문단 뒤에 이어질 내용을 논리적 순서대로 바르게 나열한 것은?

아토피 피부염은 만성적으로 재발하는 양상을 보이며 심한 가려움증을 동반하는 염증성 피부 질환으로, 연령에 따라 특징적인 병변의 분포와 양상을 보인다.

(가) 이와 같이 아토피 피부염은 원인을 정확히 파악할 수 없기 때문에 아토피 피부염의 진단을 위한 특이한 검사소견은 없으며, 임상 증상을 종합하여 진단한다. 기존에 몇 가지 국외의 진단기준이 있었으며, 2005년 대한아토피피부염학회에서는 한국인 아토피 피부염에서 특징적으로 관찰되는 세 가지 주진단 기준과 14가지 보조진단 기준으로 구성된 한국인 아토피 피부염 진단기준을 정하였다.

(나) 아토피 피부염 환자는 정상 피부에 비해 민감한 피부를 가지고 있으며 다양한 자극원에 의해 악화될 수 있으므로 앞의 약물치료와 더불어 일상생활에서도 이를 피할 수 있도록 노력해야 한다. 비누와 세제, 화학약품, 모직과 나일론 의류, 비정상적인 기온이나 습도에 대한 노출 등이 대표적인 피부 자극 요인들이다. 면제품 속옷을 입도록 하고, 세탁 후 세제가 남지 않도록 물로 여러 번 헹구도록 한다. 또한 평소 실내 온도, 습도를 쾌적하게 유지하는 것도 중요하다. 땀이나 자극성 물질을 제거하는 목적으로 미지근한 물에 샤워를 하는 것이 좋으며, 샤워 후에는 3분 이내에 보습제를 바르는 것이 좋다.

(다) 아토피 피부염을 진단받아 치료하기 위해서는 보습이 가장 중요하고, 피부 증상을 악화시킬 수 있는 자극원, 알레르겐 등을 피하는 것이 필요하다. 국소 치료제로는 국소 스테로이드제가 가장 기본적이다. 국소 칼시뉴린 억제제도 효과적으로 사용되는 약제이며, 국소 스테로이드제 사용으로 발생 가능한 피부 위축 등의 부작용이 없다. 아직 국내에 들어오지는 않았으나 국소 포스포디에스테라제 억제제도 있다. 이 외에는 전신치료로 가려움증 완화를 위해 사용할 수 있는 항히스타민제가 있고, 필요시 경구 스테로이드제를 사용할 수 있다. 심한 아토피 피부염 환자에서는 면역 억제제가 사용된다. 광선치료(자외선치료)도 아토피 피부염 치료로 이용된다. 최근에는 아토피 피부염을 유발하는 특정한 사이토카인 신호 전달을 차단할 수 있는 생물학적 제제인 두필루맙(Dupilumab)이 만성 중증 아토피 피부염 환자를 대상으로 사용되고 있으며, 치료 효과가 뛰어나다고 알려져 있다.

(라) 많은 연구에도 불구하고 아토피 피부염의 정확한 원인은 아직 밝혀지지 않았다. 현재까지는 피부 보호막 역할을 하는 피부장벽 기능의 이상, 면역체계의 이상, 유전적 및 환경적 요인 등이 복합적으로 상호작용한 결과 발생하는 것으로 보고 있다.

① (다) – (가) – (라) – (나)

② (다) – (나) – (라) – (가)

③ (라) – (가) – (나) – (다)

④ (라) – (가) – (다) – (나)

23 다음 글의 주제로 가장 적절한 것은?

한국인의 주요 사망 원인 중 하나인 뇌경색은 뇌혈관이 갑자기 폐쇄됨으로써 뇌가 손상되어 신경학적 이상이 발생하는 질병이다.

뇌경색의 발생 원인은 크게 분류하면 2가지가 있는데, 그중 첫 번째는 동맥경화증이다. 동맥경화증은 혈관의 중간층에 퇴행성 변화가 일어나서 섬유화가 진행되고 혈관의 탄성이 줄어드는 노화현상의 일종으로, 뇌로 혈류를 공급하는 큰 혈관이 폐쇄되거나 뇌 안의 작은 혈관이 폐쇄되어 발생하는 것이다. 두 번째는 심인성 색전으로, 심장에서 형성된 혈전이 혈관을 타고 흐르다 갑자기 뇌혈관을 폐쇄시켜 발생하는 것이다.

뇌경색이 발생하여 환자가 응급실에 내원한 경우, 폐쇄된 뇌혈관을 확인하기 위한 뇌혈관 조영 CT를 촬영하거나 손상된 뇌경색 부위를 좀 더 정확하게 확인해야 하는 경우에는 뇌 자기공명 영상(Brain MRI) 검사를 한다. 이렇게 시행한 검사에서 큰 혈관의 폐쇄가 확인되면 정맥 내에 혈전용해제를 투여하거나 동맥 내부의 혈전제거술을 시행하게 된다. 시술이 필요하지 않은 경우라면, 뇌경색의 악화를 방지하기 위하여 뇌경색 기전에 따라 항혈소판제나 항응고제 약물 치료를 하게 된다.

뇌경색의 원인 중 동맥경화증의 경우 여러 가지 위험 요인에 의하여 장시간 동안 서서히 진행된다. 고혈압, 당뇨, 이상지질혈증, 흡연, 과도한 음주, 비만 등이 위험 요인이며, 평소 이러한 원인이 있는 사람은 약물 치료 및 생활 습관 개선으로 위험 요인을 줄여야 한다. 특히 뇌경색이 한번 발병했던 사람은 재발 방지를 위한 약물을 지속적으로 복용하는 것이 필요하다.

① 뇌경색의 주요 증상
② 뇌경색 환자의 약물치료 방법
③ 뇌경색의 발병 원인과 치료 방법
④ 뇌경색이 발생했을 때의 조치사항

24 다음은 2019 ~ 2023년 건강보험료 부과 금액 및 1인당 건강보험 급여비에 대한 자료이다. 이에 대한 설명으로 옳지 않은 것은?

〈건강보험료 부과 금액 및 1인당 건강보험 급여비〉

구분	2019년	2020년	2021년	2022년	2023년
건강보험료 부과 금액 (십억 원)	59,130	63,120	69,480	76,775	82,840
1인당 건강보험 급여비(원)	1,300,000	1,400,000	1,550,000	1,700,000	1,900,000

① 건강보험료 부과 금액과 1인당 건강보험 급여비는 모두 매년 증가하였다.
② 2020 ~ 2023년 동안 전년 대비 1인당 건강보험 급여비가 가장 크게 증가한 해는 2023년이다.
③ 2020 ~ 2023년 동안 전년 대비 건강보험료 부과 금액의 증가율은 항상 10% 미만이었다.
④ 2019년 대비 2023년의 1인당 건강보험 급여비는 40% 이상 증가하였다.

※ 다음 명제가 모두 참일 때, 빈칸에 들어갈 명제로 가장 적절한 것을 고르시오. [25~27]

25

- 잎이 넓은 나무는 키가 크다.
- 잎이 넓지 않은 나무는 덥지 않은 지방에서 자란다.
- _____
- 따라서 더운 지방에서 자라는 나무는 열매가 많이 맺힌다.

① 잎이 넓지 않은 나무는 열매가 많이 맺힌다.
② 열매가 많이 맺히지 않는 나무는 키가 작다.
③ 벌레가 많은 지역은 열매가 많이 맺히지 않는다.
④ 키가 작은 나무는 덥지 않은 지방에서 자란다.

26

- 풀을 먹는 동물은 몸집이 크다.
- 사막에서 사는 동물은 물속에서 살지 않는다.
- _____
- 따라서 물속에서 사는 동물은 몸집이 크다.

① 몸집이 큰 동물은 물속에서 산다.
② 물이 있으면 사막이 아니다.
③ 사막에 사는 동물은 몸집이 크다.
④ 풀을 먹지 않는 동물은 사막에 산다.

27

- 모든 1과 사원은 가장 실적이 많은 2과 사원보다 실적이 많다.
- 가장 실적이 많은 4과 사원은 모든 3과 사원보다 실적이 적다.
- 3과 사원 중 일부는 가장 실적이 많은 2과 사원보다 실적이 적다.
- 따라서 _____

① 모든 2과 사원은 4과 사원 중 일부보다 실적이 적다.
② 어떤 1과 사원은 가장 실적이 많은 3과 사원보다 실적이 적다.
③ 어떤 3과 사원은 가장 실적이 적은 1과 사원보다 실적이 적다.
④ 1과 사원 중 가장 적은 실적을 올린 사원과 같은 실적을 올린 사원이 4과에 있다.

28 다음은 대한민국 입국 목적별 비자 종류의 일부이다. 외국인 A ~ D씨가 피초청자로서 입국할 때, 발급받아야 하는 비자의 종류를 바르게 짝지은 것은?(단, 비자면제 협정은 없는 것으로 가정한다)

〈대한민국 입국 목적별 비자 종류〉

- 외교 · 공무
  - 외교(A-1) : 대한민국 정부가 접수한 외국 정부의 외교사절단이나 영사기관의 구성원, 조약 또는 국제관행에 따라 외교사절과 동등한 특권과 면제를 받는 사람과 그 가족
  - 공무(A-2) : 대한민국 정부가 승인한 외국 정부 또는 국제기구의 공무를 수행하는 사람과 그 가족
- 유학 · 어학연수
  - 학사유학(D-2-2) : (전문)대학, 대학원 또는 특별법의 규정에 의하여 설립된 전문대학 이상의 학술기관에서 정규과정(학사)의 교육을 받고자 하는 자
  - 교환학생(D-2-6) : 대학 간 학사교류 협정에 의해 정규과정 중 일정 기간 동안 교육을 받고자 하는 교환학생
- 비전문직 취업
  - 제조업(E-9-1) : 외국인근로자의 고용에 관한 법률의 규정에 의한 국내 취업요건을 갖추어 제조업체에 취업하고자 하는 자
  - 농업(E-9-3) : 외국인근로자의 고용에 관한 법률의 규정에 의한 국내 취업요건을 갖추어 농업, 축산업 등에 취업하고자 하는 자
- 결혼이민
  - 결혼이민(F-6-1) : 한국에서 혼인이 유효하게 성립되어 있고, 우리 국민과 결혼생활을 지속하기 위해 국내 체류를 하고자 하는 외국인
  - 자녀양육(F-6-2) : 국민의 배우자(F-6-1) 자격에 해당하지 않으나 출생한 미성년 자녀(사실혼 관계 포함)를 국내에서 양육하거나 양육하려는 부 또는 모
- 치료 요양
  - 의료관광(C-3-3) : 국내 의료기관에서 진료 또는 요양할 목적으로 입국하는 외국인 환자와 간병 등을 위해 동반입국이 필요한 동반가족 및 간병인(90일 이내)
  - 치료요양(G-1-10) : 국내 의료기관에서 진료 또는 요양할 목적으로 입국하는 외국인 환자와 간병 등을 위해 동반입국이 필요한 동반가족 및 간병인(1년 이내)

〈피초청자 초청 목적〉

피초청자	국적	초청 목적
A	말레이시아	부산에서 6개월가량 입원 치료가 필요한 아들의 간병(아들의 국적 또한 같음)
B	베트남	경기도 소재 O제조공장 취업(국내 취업 요건을 모두 갖춤)
C	사우디아라비아	서울 소재 K대학교 교환학생
D	인도네시아	대한민국 개최 APEC 국제기구 정상회의 참석

	A	B	C	D
①	C-3-3	D-2-2	F-6-1	A-2
②	G-1-10	E-9-1	D-2-6	A-2
③	G-1-10	D-2-2	F-6-1	A-1
④	C-3-3	E-9-1	D-2-6	A-1

29 다음과 같이 일정한 규칙으로 수를 나열할 때 빈칸에 들어갈 수로 옳은 것은?

• 6	13	8	8	144
• 7	11	7	4	122
• 8	9	6	2	100
• 9	7	5	1	( )

① 75   ② 79

③ 83   ④ 87

30 두 주사위 A, B를 던져 나온 수를 각각 a, b라고 할 때, $a \neq b$일 확률은?

① $\dfrac{2}{3}$ ② $\dfrac{13}{18}$

③ $\dfrac{7}{9}$ ④ $\dfrac{5}{6}$

31 어떤 상자 안에 빨간색 공 2개와 노란색 공 3개가 들어 있다. 이 상자에서 공 3개를 꺼낼 때, 빨간색 공 1개와 노란색 공 2개를 꺼낼 확률은?(단, 꺼낸 공은 다시 넣지 않는다)

① $\dfrac{1}{2}$ ② $\dfrac{3}{5}$

③ $\dfrac{2}{3}$ ④ $\dfrac{3}{4}$

32 다음과 같이 둘레의 길이가 2,000m인 원형 산책로에서 오후 5시 정각에 A씨가 3km/h의 속력으로 산책로를 따라 걷기 시작했다. 30분 후 B씨는 A씨가 걸어간 반대 방향으로 7km/h의 속력으로 같은 산책로를 따라 달리기 시작했을 때, A씨와 B씨가 두 번째로 만날 때의 시각은?

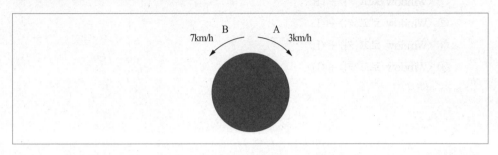

① 오후 6시 30분   ② 오후 6시 15분

③ 오후 6시   ④ 오후 5시 45분

33 폴더 여러 개가 열려 있는 상태에서 다음과 같이 폴더를 나란히 보기 위해 화면을 분할하고자 할 때, 입력해야 할 단축키로 옳은 것은?

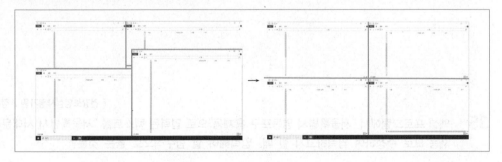

① 〈Shift〉＋〈화살표 키〉

② 〈Ctrl〉＋〈화살표 키〉

③ 〈Window 로고 키〉＋〈화살표 키〉

④ 〈Alt〉＋〈화살표 키〉

34 다음 중 파일 여러 개가 열려 있는 상태에서 즉시 바탕화면으로 돌아가고자 할 때, 입력해야 할 단축키로 옳은 것은?

① 〈Window 로고 키〉+〈R〉

② 〈Window 로고 키〉+〈I〉

③ 〈Window 로고 키〉+〈L〉

④ 〈Window 로고 키〉+〈D〉

35 엑셀 프로그램에서 "서울특별시 영등포구 홍제동"으로 입력된 텍스트를 "서울특별시 서대문구 홍제동"으로 수정하여 입력하고자 할 때, 입력해야 할 함수식으로 옳은 것은?

① =SUBSTITUTE("서울특별시 영등포구 홍제동", "영등포", "서대문")

② =IF("서울특별시 영등포구 홍제동"="영등포", "서대문", " ")

③ =MOD("서울특별시 영등포구 홍제동", "영등포", "서대문")

④ =NOT("서울특별시 영등포구 홍제동", "영등포", "서대문")

※ 다음은 중학생 15명을 대상으로 한 달 용돈 금액을 조사한 자료이다. 이어지는 질문에 답하시오.
[36~37]

	A	B
1	이름	금액(원)
2	강○○	30,000
3	권○○	50,000
4	고○○	100,000
5	김○○	30,000
6	김△△	25,000
7	류○○	75,000
8	오○○	40,000
9	윤○○	100,000
10	이○○	150,000
11	임○○	75,000
12	장○○	50,000
13	전○○	60,000
14	정○○	45,000
15	황○○	50,000
16	황△△	100,000

| 건강보험심사평가원 / 정보능력

36 다음 중 한 달 용돈이 50,000원 이상인 학생 수를 구하고자 할 때, 입력해야 할 함수식으로 옳은 것은?

① =MODE(B2:B16)

② =COUNTIF(B2:B16, "> =50000")

③ =MATCH(50000, B2:B16, 0)

④ =VLOOKUP(50000, $B$1:$B$16, 1, 0)

| 건강보험심사평가원 / 정보능력

37 다음 중 학생들이 받는 한 달 평균 용돈을 백 원 미만은 버림하여 구하고자 할 때, 입력해야 할 함수식으로 옳은 것은?

① =LEFT((AVERAGE(B2:B16)), 2)

② =RIGHT((AVERAGE(B2:B16)), 2)

③ =ROUNDUP((AVERAGE(B2:B16)), -2)

④ =ROUNDDOWN((AVERAGE(B2:B16)), -2)

38 S편의점을 운영하는 P씨는 개인사정으로 이번 주 토요일 하루만 오전 10시부터 오후 8시까지 직원들을 대타로 고용할 예정이다. 직원 A ~ D의 시급과 근무 가능 시간이 다음과 같을 때, 가장 적은 인건비는 얼마인가?

<표>
〈S편의점 직원 시급 및 근무 가능 시간〉

직원	시급	근무 가능 시간
A	10,000원	오후 12:00 ~ 오후 5:00
B	10,500원	오전 10:00 ~ 오후 3:00
C	10,500원	오후 12:00 ~ 오후 6:00
D	11,000원	오후 12:00 ~ 오후 8:00

※ 추가 수당으로 시급의 1.5배를 지급한다.
※ 직원 1명당 근무시간은 최소 2시간 이상이어야 한다.

① 153,750원
② 155,250원
③ 156,000원
④ 157,500원
⑤ 159,000원

39 다음은 S마트에 진열된 과일 7종의 판매량에 대한 자료이다. 30개 이상 팔린 과일의 개수를 구하기 위해 [C9] 셀에 입력해야 할 함수식으로 옳은 것은?

〈S마트 진열 과일 판매량〉

	A	B	C
1	번호	과일	판매량(개)
2	1	바나나	50
3	2	사과	25
4	3	참외	15
5	4	배	23
6	5	수박	14
7	6	포도	27
8	7	키위	32
9			

① = MID(C2:C8)
② = COUNTIF(C2:C8, "> = 30")
③ = MEDIAN(C2:C8)
④ = AVERAGEIF(C2:C8, "> = 30")
⑤ = MIN(C2:C8)

40 다음 〈보기〉 중 실무형 팔로워십을 가진 사람의 자아상으로 옳은 것을 모두 고르면?

> **보기**
>
> ㄱ. 기쁜 마음으로 과업을 수행　　　　　ㄴ. 판단과 사고를 리더에 의존
> ㄷ. 조직의 운영 방침에 민감　　　　　　ㄹ. 일부러 반대의견을 제시
> ㅁ. 규정과 규칙에 따라 행동　　　　　　ㅂ. 지시가 있어야 행동

① ㄱ, ㄴ　　　　　　　　　　　　　② ㄴ, ㄷ
③ ㄷ, ㅁ　　　　　　　　　　　　　④ ㄹ, ㅁ
⑤ ㅁ, ㅂ

41 다음 중 갈등의 과정 단계를 순서대로 바르게 나열한 것은?

> ㄱ. 이성과 이해의 상태로 돌아가며 협상과정을 통해 쟁점이 되는 주제를 논의하고, 새로운 제안을 하고, 대안을 모색한다.
> ㄴ. 설득보다는 강압적·위협적인 방법 등 극단적인 모습을 보이며 상대방의 생각이나 의견, 제안을 부정하고, 상대방은 그에 대한 반격으로 대응함으로써 자신들의 반격을 정당하게 생각한다.
> ㄷ. 의견 불일치가 해소되지 않아 감정이 개입되어 상대방의 주장에 대한 문제점을 찾기 시작하고, 상대방의 입장은 부정하면서 자기주장만 하려고 한다.
> ㄹ. 서로 간의 생각이나 신념, 가치관 차이로 인해 의견 불일치가 생겨난다.
> ㅁ. 회피, 경쟁, 수용, 타협, 통합의 방법으로 서로 간의 견해를 일치하려 한다.

① ㄹ - ㄱ - ㄴ - ㄷ - ㅁ　　　　　② ㄹ - ㄴ - ㄷ - ㄱ - ㅁ
③ ㄹ - ㄷ - ㄴ - ㄱ - ㅁ　　　　　④ ㅁ - ㄱ - ㄴ - ㄷ - ㄹ
⑤ ㅁ - ㄹ - ㄴ - ㄷ - ㄱ

42 다음 〈보기〉 중 근로윤리의 덕목과 공동체윤리의 덕목을 바르게 구분한 것은?

> **보기**
>
> ㉠ 근면   ㉡ 봉사와 책임의식
> ㉢ 준법   ㉣ 예절과 존중
> ㉤ 정직   ㉥ 성실

	근로윤리	공동체윤리
①	㉠, ㉡, ㉥	㉢, ㉣, ㉤
②	㉠, ㉢, ㉤	㉡, ㉣, ㉥
③	㉠, ㉤, ㉥	㉡, ㉢, ㉣
④	㉡, ㉣, ㉤	㉠, ㉢, ㉥
⑤	㉡, ㉤, ㉥	㉠, ㉢, ㉣

43 다음 중 B에 대한 A의 행동이 직장 내 괴롭힘에 해당하지 않는 것은?

① A대표는 B사원에게 본래 업무에 더해 개인적인 용무를 자주 지시하였고, B사원은 과중한 업무로 인해 근무환경이 악화되었다.

② A팀장은 업무처리 속도가 늦은 B사원만 업무에서 배제시키고 청소나 잡일만을 지시하였다. 이에 B사원은 고의적인 업무배제에 정신적 고통을 호소하였다.

③ A팀장은 기획의도와 맞지 않는다는 이유로 B사원에게 수차례 보완을 요구하였다. 계속해서 보완을 명령받은 B사원은 늘어난 업무량으로 인해 스트레스를 받아 휴직을 신청하였다.

④ A대리는 육아휴직 후 복직한 동기인 B대리를 다른 직원과 함께 조롱하고 무시하며 따돌렸다. 이에 B대리는 우울증을 앓았고 결국 퇴사하였다.

⑤ A대표는 실적이 부진하다는 이유로 B과장을 다른 직원이 보는 앞에서 욕설 등의 모욕감을 주었고 이에 B과장은 정신적 고통을 호소하였다.

44 다음 중 S의 사례에서 볼 수 있는 직업윤리 의식으로 옳은 것은?

> 어릴 적부터 각종 기계를 분해하고 다시 조립하는 취미가 있던 S는 공대를 졸업한 뒤 로봇 엔지니어로 활동하고 있다. S는 자신의 직업이 적성에 꼭 맞는다고 생각하여 더 높은 성취를 위해 성실히 노력하고 있다.

① 소명의식　　　　　　　　　　② 봉사의식

③ 책임의식　　　　　　　　　　④ 직분의식

⑤ 천직의식

45 다음 중 경력개발의 단계별 내용으로 적절하지 않은 것은?

① 직업 선택 : 외부 교육 등 필요한 교육을 이수함

② 조직 입사 : 조직의 규칙과 규범에 대해 배움

③ 경력 초기 : 역량을 증대시키고 꿈을 추구해 나감

④ 경력 중기 : 이전 단계를 재평가하고 더 업그레이드된 꿈으로 수정함

⑤ 경력 말기 : 지속적으로 열심히 일함

46 다음 10개의 수의 중앙값이 8일 때, 빈칸에 들어갈 수로 옳은 것은?

10	( )	6	9	9	7	8	7	10	7

① 6　　　　　　　　　　　　　② 7

③ 8　　　　　　　　　　　　　④ 9

47 1 ～ 200의 자연수 중에서 2, 3, 5 중 어느 것으로도 나누어떨어지지 않는 수는 모두 몇 개인가?

① 50개   ② 54개

③ 58개   ④ 62개

48 다음 그림과 같은 길의 A지점에서 출발하여 최단거리로 이동하여 B지점에 도착하는 경우의 수는?

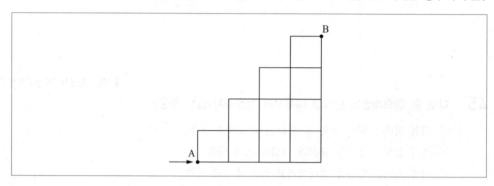

① 36가지   ② 42가지

③ 48가지   ④ 54가지

49 어떤 원형 시계가 4시 30분을 가리키고 있다. 이 시계의 시침과 분침이 만드는 작은 부채꼴의 넓이와 전체 원의 넓이의 비는 얼마인가?

① $\dfrac{1}{8}$ ② $\dfrac{1}{6}$

③ $\dfrac{1}{4}$ ④ $\dfrac{1}{2}$

50 다음은 2019~2023년 발전설비별 발전량에 대한 자료이다. 이에 대한 설명으로 옳은 것은?

〈발전설비별 발전량〉

(단위 : GWh)

구분	수력	기력	원자력	신재생	기타	합계
2019년	7,270	248,584	133,505	28,070	153,218	570,647
2020년	6,247	232,128	145,910	33,500	145,255	563,040
2021년	7,148	200,895	160,184	38,224	145,711	552,162
2022년	6,737	202,657	158,015	41,886	167,515	576,810
2023년	7,256	199,031	176,054	49,285	162,774	594,400

① 2020~2023년 동안 기력 설비 발전량과 전체 설비 발전량의 전년 대비 증감 추이는 같다.

② 2019~2023년 동안 수력 설비 발전량은 항상 전체 설비 발전량의 1% 미만이다.

③ 2019~2023년 동안 신재생 설비 발전량은 항상 전체 설비 발전량의 5% 이상이다.

④ 2019~2023년 동안 원자력 설비 발전량과 신재생 설비의 발전량은 전년 대비 꾸준히 증가하였다.

⑤ 2020~2023년 동안 전년 대비 전체 설비 발전량의 증가량이 가장 많은 해와 신재생 설비 발전량의 증가량이 가장 적은 해는 같다.

01 경영

| 코레일 한국철도공사

01 다음 중 테일러의 과학적 관리법과 관계가 없는 것은?

① 시간연구
② 동작연구
③ 동등 성과급제
④ 과업관리
⑤ 표준 작업조건

| 코레일 한국철도공사

02 다음 중 근로자가 직무능력 평가를 위해 개인능력평가표를 활용하는 제도는 무엇인가?

① 자기신고제도
② 직능자격제도
③ 평가센터제도
④ 직무순환제도
⑤ 기능목록제도

| 코레일 한국철도공사

03 다음 중 데이터베이스 마케팅에 대한 설명으로 옳지 않은 것은?

① 기업 규모와 관계없이 모든 기업에서 활용이 가능하다.
② 기존 고객의 재구매를 유도하며, 장기적인 마케팅 전략 수립이 가능하다.
③ 인구통계, 심리적 특성, 지리적 특성 등을 파악하여 고객별 맞춤 서비스가 가능하다.
④ 고객자료를 바탕으로 고객 및 매출 증대에 대한 마케팅 전략을 실행하는 데 목적이 있다.
⑤ 단방향 의사소통으로 고객과 1 : 1 관계를 구축하여 즉각적으로 반응을 확인할 수 있다.

04 다음 중 공정성 이론에서 절차적 공정성에 해당하지 않는 것은?

① 접근성
② 반응속도
③ 형평성
④ 유연성
⑤ 적정성

05 다음 중 e-비즈니스 기업의 장점으로 옳지 않은 것은?

① 빠른 의사결정을 진행할 수 있다.
② 양질의 고객서비스를 제공할 수 있다.
③ 배송, 물류비 등 각종 비용을 절감할 수 있다.
④ 기업이 더 높은 가격으로 제품을 판매할 수 있다.
⑤ 소비자에게 더 많은 선택권을 부여할 수 있다.

06 다음 중 조직시민행동에 대한 설명으로 옳지 않은 것은?

① 조직 구성원이 수행하는 행동에 대해 의무나 보상이 존재하지 않는다.
② 조직 구성원의 자발적인 참여가 바탕이 되며, 대부분 강제적이지 않다.
③ 조직 구성원의 처우가 좋지 않을수록 조직시민행동은 자발적으로 일어난다.
④ 조직 내 바람직한 행동을 유도하고, 구성원의 조직 참여도를 제고한다.
⑤ 조직의 리더가 구성원으로부터 신뢰를 받을 때 구성원의 조직시민행동이 크게 증가한다.

07 다음 중 분배적 협상의 특징으로 옳지 않은 것은?

① 상호 목표 배치 시 자기의 입장을 명확히 주장한다.
② 협상을 통해 공동의 이익을 확대(Win – Win)한다.
③ 정보를 숨겨 필요한 정보만 선택적으로 활용한다.
④ 협상에 따른 이익을 정해진 비율로 분배한다.
⑤ 간부회의, 밀실회의 등을 통한 의사결정을 주로 진행한다.

08 다음 글에서 설명하는 직무분석방법은?

- 여러 직무활동을 동시에 기록할 수 있다.
- 직무활동 전체의 모습을 파악할 수 있다.
- 직무성과가 외형적일 때 적용이 가능하다.

① 관찰법   ② 면접법
③ 워크 샘플링법   ④ 질문지법
⑤ 연구법

09 다음 중 전문품에 대한 설명으로 옳지 않은 것은?

① 가구, 가전제품 등이 해당된다.
② 제품의 가격이 상대적으로 비싼 편이다.
③ 특정 브랜드에 대한 높은 충성심이 나타난다.
④ 충분한 정보 제공 및 차별화가 중요한 요소로 작용한다.
⑤ 소비자가 해당 브랜드에 대한 충분한 지식이 없는 경우가 많다.

10 다음 중 연속생산에 대한 설명으로 옳은 것은?

① 단위당 생산원가가 낮다.
② 운반비용이 많이 소요된다.
③ 제품의 수명이 짧은 경우 적합한 방식이다.
④ 제품의 수요가 다양한 경우 적합한 방식이다.
⑤ 작업자의 숙련도가 떨어질 경우 작업에 참여시키지 않는다.

11 다음 K기업 재무회계 자료를 참고할 때, 기초부채를 계산하면 얼마인가?

> • 기초자산 : 100억 원
> • 기말자본 : 65억 원
> • 총수익 : 35억 원
> • 총비용 : 20억 원

① 30억 원　　　　　　　　　　② 40억 원
③ 50억 원　　　　　　　　　　④ 60억 원

12 다음 중 ERG 이론에 대한 설명으로 옳지 않은 것은?

① 매슬로의 욕구 5단계설을 발전시켜 주장한 이론이다.
② 인간의 욕구를 중요도 순으로 계층화하여 정의하였다.
③ 인간의 욕구를 존재욕구, 관계욕구, 성장욕구의 3단계로 나누었다.
④ 상위에 있는 욕구를 충족시키지 못하면 하위에 있는 욕구는 더욱 크게 감소한다.

13 다음 중 기업이 사업 다각화를 추진하는 목적으로 볼 수 없는 것은?

① 기업의 지속적인 성장 추구
② 사업위험 분산
③ 유휴자원의 활용
④ 기업의 수익성 강화

14 다음 중 주식 관련 상품에 대한 설명으로 옳지 않은 것은?

① ELS : 주가지수 또는 종목의 주가 움직임에 따라 수익률이 결정되며, 만기가 없는 증권이다.

② ELB : 채권, 양도성 예금증서 등 안전자산에 주로 투자하며, 원리금이 보장된다.

③ ELD : 수익률이 코스피200지수에 연동되는 예금으로, 주로 정기예금 형태로 판매한다.

④ ELT : ELS를 특정금전신탁 계좌에 편입하는 신탁상품으로, 투자자의 의사에 따라 운영한다.

⑤ ELF : ELS와 ELD의 중간 형태로, ELS를 기초 자산으로 하는 펀드를 말한다.

15 다음 중 인사와 관련된 이론에 대한 설명으로 옳지 않은 것은?

① 로크는 인간이 합리적으로 행동한다는 가정하에 개인이 의식적으로 얻으려고 설정한 목표가 동기와 행동에 영향을 미친다고 주장하였다.

② 브룸은 동기 부여에 대해 기대이론을 적용하여 기대감, 적합성, 신뢰성을 통해 구성원의 직무에 대한 동기 부여를 결정한다고 주장하였다.

③ 매슬로는 욕구의 위계를 생리적 욕구, 안전의 욕구, 애정과 공감의 욕구, 존경의 욕구, 자아실현의 욕구로 나누어 단계별로 욕구가 작용한다고 설명하였다.

④ 맥그리거는 인간의 본성에 대해 부정적인 관점인 X이론과 긍정적인 관점인 Y이론이 있으며, 경영자는 조직목표 달성을 위해 근로자의 본성(X, Y)을 파악해야 한다고 주장하였다.

⑤ 허즈버그는 욕구를 동기요인과 위생요인으로 나누었으며, 동기요인에는 인정감, 성취, 성장 가능성, 승진, 책임감, 직무 자체가 해당되고, 위생요인에는 보수, 대인관계, 감독, 직무안정성, 근무환경, 회사의 정책 및 관리가 해당된다.

16 다음 글에 해당하는 마케팅 STP 단계는 무엇인가?

> • 서로 다른 욕구를 가지고 있는 다양한 고객들을 하나의 동질적인 고객집단으로 나눈다.
> • 인구, 지역, 사회, 심리 등을 기준으로 활용한다.
> • 전체시장을 동질적인 몇 개의 하위시장으로 구분하여 시장별로 차별화된 마케팅을 실행한다.

① 시장세분화   ② 시장매력도 평가

③ 표적시장 선정   ④ 포지셔닝

⑤ 재포지셔닝

17 다음 중 종단분석과 횡단분석의 비교가 옳지 않은 것은?

구분	종단분석	횡단분석
방법	시간적	공간적
목표	특성이나 현상의 변화	집단의 특성 또는 차이
표본 규모	큼	작음
횟수	반복	1회

① 방법
② 목표
③ 표본 규모
④ 횟수

18 다음 중 향후 채권이자율이 시장이자율보다 높아질 것으로 예상될 때 나타날 수 있는 현상으로 옳은 것은?

① 별도의 이자 지급 없이 채권발행 시 이자금액을 공제하는 방식을 선호하게 된다.
② 1년 만기 은행채, 장기신용채 등의 발행이 늘어난다.
③ 만기에 가까워질수록 채권가격 상승에 따른 이익을 얻을 수 있다.
④ 채권가격이 액면가보다 높은 가격에 거래되는 할증채 발행이 증가한다.

19 다음 중 BCG 매트릭스에 대한 설명으로 옳은 것은?

① 스타(Star) 사업 : 높은 시장점유율로 현금창출은 양호하나, 성장 가능성은 낮은 사업이다.
② 현금젖소(Cash Cow) 사업 : 성장 가능성과 시장점유율이 모두 낮아 철수가 필요한 사업이다.
③ 개(Dog) 사업 : 성장 가능성과 시장점유율이 모두 높아서 계속 투자가 필요한 유망 사업이다.
④ 물음표(Question Mark) 사업 : 신규 사업 또는 현재 시장점유율은 낮으나, 향후 성장 가능성이 높은 사업이다.

20 다음 중 테일러의 과학적 관리법의 특징에 대한 설명으로 옳지 않은 것은?

① 작업능률을 최대로 높이기 위하여 노동의 표준량을 정한다.
② 작업에 사용하는 도구 등을 개별 용도에 따라 다양하게 제작하여 성과를 높인다.
③ 작업량에 따라 임금을 차등하여 지급한다.
④ 관리에 대한 전문화를 통해 노동자의 태업을 사전에 방지한다.

┃ 서울교통공사

01 다음 중 수요의 가격탄력성에 대한 설명으로 옳지 않은 것은?

① 수요의 가격탄력성은 가격의 변화에 따른 수요의 변화를 의미한다.

② 분모는 상품 가격의 변화량을 상품 가격으로 나눈 값이다.

③ 대체재가 많을수록 수요의 가격탄력성은 탄력적이다.

④ 가격이 1% 상승할 때 수요가 2% 감소하였으면 수요의 가격탄력성은 2이다.

⑤ 가격탄력성이 0보다 크면 탄력적이라고 할 수 있다.

┃ 서울교통공사

02 다음 중 대표적인 물가지수인 GDP 디플레이터를 구하는 계산식으로 옳은 것은?

① (실질 GDP)÷(명목 GDP)×100

② (명목 GDP)÷(실질 GDP)×100

③ (실질 GDP)+(명목 GDP)÷2

④ (명목 GDP)−(실질 GDP)÷2

⑤ (실질 GDP)÷(명목 GDP)×2

┃ 서울교통공사

03 다음 〈조건〉을 참고할 때, 한계소비성향(MPC) 변화에 따른 현재 소비자들의 소비 변화폭은?

> 조건
> • 기존 소비자들의 연간 소득은 3,000만 원이며, 한계소비성향은 0.6을 나타내었다.
> • 현재 소비자들의 연간 소득은 4,000만 원이며, 한계소비성향은 0.7을 나타내었다.

① 700   ② 1,100

③ 1,800   ④ 2,500

⑤ 3,700

04 다음 글의 빈칸에 들어갈 단어가 바르게 나열된 것은?

> • 환율이 ___㉠___ 하면 순수출이 증가한다.
> • 국내이자율이 높아지면 환율은 ___㉡___ 한다.
> • 국내물가가 오르면 환율은 ___㉢___ 한다.

	㉠	㉡	㉢
①	하락	상승	하락
②	하락	상승	상승
③	하락	하락	하락
④	상승	하락	상승
⑤	상승	하락	하락

05 다음 중 독점적 경쟁시장에 대한 설명으로 옳지 않은 것은?

① 독점적 경쟁시장은 완전경쟁시장과 독점시장의 중간 형태이다.
② 대체성이 높은 제품의 공급자가 시장에 다수 존재한다.
③ 시장진입과 퇴출이 자유롭다.
④ 독점적 경쟁기업의 수요곡선은 우하향하는 형태를 나타낸다.
⑤ 가격경쟁이 비가격경쟁보다 활발히 진행된다.

06 다음 중 고전학파와 케인스학파에 대한 설명으로 옳지 않은 것은?

① 케인스학파는 경기가 침체할 경우, 정부의 적극적 개입이 바람직하지 않다고 주장하였다.
② 고전학파는 임금이 매우 신축적이어서 노동시장이 항상 균형상태에 이르게 된다고 주장하였다.
③ 케인스학파는 저축과 투자가 국민총생산의 변화를 통해 같아지게 된다고 주장하였다.
④ 고전학파는 실물경제와 화폐를 분리하여 설명한다.
⑤ 케인스학파는 단기적으로 화폐의 중립성이 성립하지 않는다고 주장하였다.

07 다음 사례에서 나타나는 현상으로 옳은 것은?

> • 물은 사용 가치가 크지만 교환 가치가 작은 반면, 다이아몬드는 사용 가치가 작지만 교환 가치는 크게 나타난다.
> • 한계효용이 작을수록 교환 가치가 작으며, 한계효용이 클수록 교환 가치가 크다.

① 매몰비용의 오류　　　　　　　　② 감각적 소비

③ 보이지 않는 손　　　　　　　　　④ 가치의 역설

⑤ 희소성

08 다음 자료를 참고하여 실업률을 구하면 얼마인가?

> • 생산가능인구 : 50,000명
> • 취업자 : 20,000명
> • 실업자 : 5,000명

① 10%　　　　　　　　　　　　　② 15%

③ 20%　　　　　　　　　　　　　④ 25%

⑤ 30%

09 J기업이 다음 〈조건〉과 같이 생산량을 늘린다고 할 때, 한계비용은 얼마인가?

> 조건
> • J기업의 제품 1단위당 노동가격은 4, 자본가격은 6이다.
> • J기업은 제품 생산량을 50개에서 100개로 늘리려고 한다.
> • 평균비용 $P=2L+K+\dfrac{100}{Q}$ (L : 노동가격, K : 자본가격, Q : 생산량)

① 10　　　　　　　　　　　　　　② 12

③ 14　　　　　　　　　　　　　　④ 16

10 다음은 A국과 B국이 노트북 1대와 TV 1대를 생산하는 데 필요한 작업 시간을 나타낸 자료이다. A국과 B국의 비교우위에 대한 설명으로 옳은 것은?

구분	노트북	TV
A국	6시간	8시간
B국	10시간	8시간

① A국이 노트북, TV 생산 모두 비교우위에 있다.
② B국이 노트북, TV 생산 모두 비교우위에 있다.
③ A국은 노트북 생산, B국은 TV 생산에 비교우위가 있다.
④ A국은 TV 생산, B국은 노트북 생산에 비교우위가 있다.

11 다음 중 다이내믹 프라이싱에 대한 설명으로 옳지 않은 것은?

① 동일한 제품과 서비스에 대한 가격을 시장 상황에 따라 변화시켜 적용하는 전략이다.
② 호텔, 항공 등의 가격을 성수기 때 인상하고, 비수기 때 인하하는 것이 대표적인 예이다.
③ 기업은 소비자별 맞춤형 가격을 통해 수익을 극대화할 수 있다.
④ 소비자 후생이 증가해 소비자의 만족도가 높아진다.

12 다음 〈보기〉 중 빅맥 지수에 대한 설명으로 옳은 것을 모두 고르면?

> **보기**
> ㉠ 빅맥 지수를 최초로 고안한 나라는 미국이다.
> ㉡ 각 나라의 물가수준을 비교하기 위해 고안된 지수로, 구매력 평가설을 근거로 한다.
> ㉢ 맥도날드 빅맥 가격을 기준으로 한 이유는 전 세계에서 가장 동질적으로 판매되고 있는 상품이기 때문이다.
> ㉣ 빅맥 지수를 구할 때 빅맥 가격은 제품 가격과 서비스 가격의 합으로 계산한다.

① ㉠, ㉡   ② ㉠, ㉢
③ ㉡, ㉢   ④ ㉡, ㉣

13 다음 중 확장적 통화정책의 영향으로 옳은 것은?

① 건강보험료가 인상되어 정부의 세금 수입이 늘어난다.

② 이자율이 하락하고, 소비 및 투자가 감소한다.

③ 이자율이 상승하고, 환율이 하락한다.

④ 은행이 채무불이행 위험을 줄이기 위해 더 높은 이자율과 담보 비율을 요구한다.

14 다음 중 노동의 수요공급곡선에 대한 설명으로 옳지 않은 것은?

① 노동 수요는 파생수요라는 점에서 재화시장의 수요와 차이가 있다.

② 상품 가격이 상승하면 노동 수요곡선은 오른쪽으로 이동한다.

③ 토지, 설비 등이 부족하면 노동 수요곡선은 오른쪽으로 이동한다.

④ 노동에 대한 인식이 긍정적으로 변화하면 노동 공급곡선은 오른쪽으로 이동한다.

15 다음 〈조건〉에 따라 S씨가 할 수 있는 최선의 선택은?

> 조건
> • S씨는 퇴근 후 운동을 할 계획으로 헬스, 수영, 자전거, 달리기 중 하나를 고르려고 한다.
> • 각 운동이 주는 만족도(이득)는 헬스 5만 원, 수영 7만 원, 자전거 8만 원, 달리기 4만 원이다.
> • 각 운동에 소요되는 비용은 헬스 3만 원, 수영 2만 원, 자전거 5만 원, 달리기 3만 원이다.

① 헬스　　　　　　　　　　　　　② 수영

③ 자전거　　　　　　　　　　　　④ 달리기

┃ K-water 한국수자원공사

01 다음 중 정책참여자에 대한 설명으로 옳지 않은 것은?

① 의회와 지방자치단체는 모두 공식적 참여자에 해당된다.
② 정당과 NGO는 비공식적 참여자에 해당된다.
③ 사회구조가 복잡해진 현대에는 공식적 참여자의 중요도가 상승하였다.
④ 사회적 의사결정에서 정부의 역할이 줄어들수록 비공식적 참여자의 중요도가 높아진다.

┃ K-water 한국수자원공사

02 다음 중 정책문제에 대한 설명으로 옳지 않은 것은?

① 정책문제는 정책결정의 대상으로, 공적인 성격이 강하고 공익성을 추구하는 성향을 갖는다.
② 주로 가치판단의 문제를 포함하고 있어 계량화가 난해하다.
③ 정책문제 해결의 주요 주체는 정부이다.
④ 기업경영에서의 의사결정에 비해 고려사항이 단순하다.

┃ K-water 한국수자원공사

03 다음 중 회사모형의 특징에 대한 설명으로 옳은 것은?

① 사이어트와 드로어가 주장한 모형으로, 조직의 의사결정 방식에 대해 설명하는 이론이다.
② 합리적 결정과 점증적 결정이 누적 및 혼합되어 의사결정이 이루어진다고 본다.
③ 조직들 간의 연결성이 강하지 않은 경우를 전제로 하고 있다.
④ 정책결정 단계를 초정책결정 단계, 정책결정 단계, 후정책결정 단계로 구분하여 설명한다.

04 다음 〈보기〉 중 블라우와 스콧이 주장한 조직 유형에 대한 설명으로 옳지 않은 것을 모두 고르면?

> **보기**
>
> ㄱ. 호혜조직의 1차적 수혜자는 조직 내 의사결정의 참여를 보장받는 구성원이며, 은행, 유통업체 등이 해당된다.
> ㄴ. 사업조직의 1차적 수혜자는 조직의 소유자이며, 이들의 주목적은 이윤 추구이다.
> ㄷ. 봉사조직의 1차적 수혜자는 이들을 지원하는 후원조직으로, 서비스 제공을 위한 인프라 및 자금조달을 지원한다.
> ㄹ. 공공조직의 1차적 수혜자는 공공서비스의 수혜자인 일반대중이며, 경찰, 소방서, 군대 등이 공공조직에 해당된다.

① ㄱ, ㄴ

② ㄱ, ㄷ

③ ㄴ, ㄷ

④ ㄷ, ㄹ

05 다음 중 우리나라 직위분류제의 구조에 대한 설명으로 옳지 않은 것은?

① 직군 : 직위분류제의 구조 중 가장 상위의 구분 단위이다.

② 직위 : 개인에게 부여되는 직무와 책임이다.

③ 직류 : 동일 직렬 내 직무가 동일한 것이다.

④ 직렬 : 일반적으로 해당 구성원 간 동일한 보수 체계를 적용받는 구분이다.

06 다음 중 엽관주의와 실적주의에 대한 설명으로 옳지 않은 것은?

① 민주주의적 평등 이념의 실현을 위해서는 엽관주의보다 실적주의가 유리하다.

② 엽관주의와 실적주의 모두 조직 수반에 대한 정치적 정합성보다 정치적 중립성 확보가 강조된다.

③ 공공조직에서 엽관주의적 인사가 이루어질 시 조직 구성원들의 신분이 불안정해진다는 단점이 있다.

④ 미국의 경우, 엽관주의의 폐단에 대한 대안으로 펜들턴 법의 제정에 따라 인사행정에 실적주의가 도입되었다.

07 다음 중 발생주의 회계의 특징으로 옳은 것은?

① 현금의 유출입 발생 시 회계 장부에 기록하는 방법을 의미한다.

② 실질적 거래의 발생을 회계처리에 정확히 반영할 수 있다는 장점이 있다.

③ 회계연도 내 경영활동과 성과에 대해 정확히 측정하기 어렵다는 한계가 있다.

④ 재화나 용역의 인수 및 인도 시점을 기준으로 장부에 기입한다.

⑤ 수익과 비용이 대응되지 않는다는 한계가 있다.

08 다음 〈보기〉 중 맥그리거(D. McGregor)의 인간관에 대한 설명으로 옳지 않은 것을 모두 고르면?

> **보기**
> ㄱ. X이론은 부정적이고 수동적인 인간관에 근거하고 있고, Y이론은 긍정적이고 적극적인 인간관에 근거하고 있다.
> ㄴ. X이론에서는 보상과 처벌을 통한 통제보다는 직원들에 대한 조언과 격려에 의한 경영전략을 강조하였다.
> ㄷ. Y이론에서는 자율적 통제를 강조하는 경영전략을 제시하였다.
> ㄹ. X이론의 적용을 위한 대안으로 권한의 위임 및 분권화, 직무 확대 등을 제시했다.

① ㄱ, ㄴ   ② ㄱ, ㄷ

③ ㄴ, ㄷ   ④ ㄴ, ㄹ

⑤ ㄷ, ㄹ

09 다음 중 대한민국 중앙정부의 인사조직형태에 대한 설명으로 옳지 않은 것은?

① 실적주의의 인사행정을 위해서는 독립합의형보다 비독립단독형 인사조직이 적절하다.

② 비독립단독형 인사기관은 독립합의형 인사기관에 비해 의사결정이 신속하다는 특징이 있다.

③ 독립합의형 인사기관의 경우 비독립단독형 인사기관에 비해 책임소재가 불분명하다는 특징이 있다.

④ 독립합의형 인사기관은 일반적으로 일반행정부처에서 분리되어 있으며, 독립적 지위를 가진 합의체의 형태를 갖는다.

10 다음 〈보기〉 중 정부실패의 원인으로 옳지 않은 것을 모두 고르면?

> 보기
>
> ㉠ 정부가 민간주체보다 정보에 대한 접근성이 높아서 발생한다.
> ㉡ 공공부문의 불완전경쟁으로 인해 발생한다.
> ㉢ 정부행정이 사회적 필요에 비해 장기적 관점에서 추진되어 발생한다.
> ㉣ 정부의 공급은 공공재라는 성격을 가지기 때문에 발생한다.

① ㉠, ㉡　　　　　　　　　　　　② ㉠, ㉢

③ ㉡, ㉢　　　　　　　　　　　　④ ㉡, ㉣

11 다음 〈보기〉의 행정의 가치 중 수단적 가치가 아닌 것을 모두 고르면?

> 보기
>
> ㉠ 공익　　　　　　　　㉡ 자유
> ㉢ 합법성　　　　　　　㉣ 민주성
> ㉤ 복지

① ㉠, ㉡, ㉣　　　　　　　　　　② ㉠, ㉡, ㉤

③ ㉠, ㉢, ㉣　　　　　　　　　　④ ㉠, ㉣, ㉤

12 다음 중 신공공관리론과 뉴거버넌스에 대한 설명으로 옳은 것은?

① 뉴거버넌스는 민영화, 민간위탁을 통한 서비스의 공급을 지향한다.

② 영국의 대처주의, 미국의 레이거노믹스는 모두 신공공관리론에 토대를 둔 정치기조이다.

③ 뉴거버넌스는 정부가 사회의 문제해결을 주도하여 민간 주체들의 적극적 참여를 유도하는 것을 추구한다.

④ 신공공관리론은 정부실패를 지적하며 등장한 이론으로, 민간에 대한 충분한 정보력을 갖춘 크고 완전한 정부를 추구한다.

13 다음 중 사물인터넷을 사용하지 않은 경우는?

① 스마트 팜 시스템을 도입하여 작물 재배의 과정을 최적화, 효율화한다.

② 비상전력체계를 이용하여 재난 및 재해 등 위기상황으로 전력 차단 시 동력을 복원한다.

③ 커넥티드 카를 이용하여 차량 관리 및 운행 현황 모니터링을 자동화한다.

④ 스마트홈 기술을 이용하여 가정 내 조명, 에어컨 등을 원격 제어한다.

14 다음 〈보기〉 중 수평적 인사이동에 해당하지 않는 것을 모두 고르면?

> **보기**
>
> ㄱ. 강임   ㄴ. 승진
>
> ㄷ. 전보   ㄹ. 전직

① ㄱ, ㄴ   ② ㄱ, ㄷ

③ ㄴ, ㄷ   ④ ㄷ, ㄹ

15 다음 〈보기〉 중 유료 요금제에 해당하지 않는 것을 모두 고르면?

> **보기**
>
> ㄱ. 국가지정문화재 관람료
>
> ㄴ. 상하수도 요금
>
> ㄷ. 국립공원 입장료

① ㄱ   ② ㄷ

③ ㄱ, ㄴ   ④ ㄴ, ㄷ

01 다음 중 노동법의 성질이 다른 하나는?

① 산업안전보건법

② 남녀고용평등법

③ 산업재해보상보험법

④ 근로자참여 및 협력증진에 관한 법

⑤ 고용보험법

02 다음 〈보기〉 중 용익물권에 해당하는 것을 모두 고르면?

> **보기**
>
> 가. 지상권   나. 점유권
> 다. 지역권   라. 유치권
> 마. 전세권   바. 저당권

① 가, 다, 마   ② 가, 라, 바

③ 나, 라, 바   ④ 다, 라, 마

⑤ 라, 마, 바

03 다음 중 선고유예와 집행유예의 내용에 대한 분류가 옳지 않은 것은?

구분	선고유예	집행유예
실효	유예한 형을 선고	유예선고의 효력 상실
요건	1년 이하 징역·금고, 자격정지, 벌금	3년 이하 징역·금고, 500만 원 이하의 벌금형
유예기간	1년 이상 5년 이하	2년
효과	면소	형의 선고 효력 상실

① 실효   ② 요건
③ 유예기간   ④ 효과
⑤ 없음

04 다음 〈보기〉 중 형법상 몰수가 되는 것은 모두 몇 개인가?

> **보기**
> • 범죄행위에 제공한 물건
> • 범죄행위에 제공하려고 한 물건
> • 범죄행위로 인하여 생긴 물건
> • 범죄행위로 인하여 취득한 물건
> • 범죄행위의 대가로 취득한 물건

① 1개   ② 2개
③ 3개   ④ 4개
⑤ 5개

05 다음 중 상법상 법원이 아닌 것은?

① 판례   ② 조례
③ 상관습법   ④ 상사자치법
⑤ 보통거래약관

| 코레일 한국철도공사

01 다음 중 카르노 사이클에서 열이 공급되는 과정은?

① 정적 팽창 과정　　　　　　　　　② 정압 팽창 과정
③ 등온 팽창 과정　　　　　　　　　④ 단열 팽창 과정
⑤ 열을 공급받지 않는다.

| 코레일 한국철도공사

02 다음 중 자동차의 안정적인 선회를 위해 사용하는 차동 기어 장치에 사용되는 기어로 옳지 않은 것은?

① 링기어　　　　　　　　　　　　② 베벨기어
③ 스퍼기어　　　　　　　　　　　④ 유성기어
⑤ 태양기어

| 코레일 한국철도공사

03 다음 중 하중의 크기와 방향이 주기적으로 반복하여 변하면서 작용하는 하중은?

① 정하중　　　　　　　　　　　　② 교번하중
③ 반복하중　　　　　　　　　　　④ 충격하중
⑤ 임의진동하중

| 코레일 한국철도공사

04 다음 중 저탄소 저유황 강제품에 규소를 확산침투하는 방법으로, 내마멸성, 내열성이 우수하여 펌프축, 실린더 내벽, 밸브 등에 이용하는 표면처리 방법은?

① 세라다이징　　　　　　　　　　② 실리코나이징
③ 칼로라이징　　　　　　　　　　④ 브로나이징
⑤ 크로나이징

05 다음 중 기계재료의 정적시험 방법이 아닌 것을 〈보기〉에서 모두 고르면?

> **보기**
>
> ㄱ. 인장시험   ㄴ. 피로시험
> ㄷ. 비틀림시험   ㄹ. 충격시험
> ㅁ. 마멸시험

① ㄱ, ㄷ, ㄹ   ② ㄱ, ㄷ, ㅁ
③ ㄴ, ㄷ, ㄹ   ④ ㄴ, ㄹ, ㅁ
⑤ ㄷ, ㄹ, ㅁ

06 다음 중 질량 10kg의 물을 10℃에서 60℃로 가열할 때 필요한 열량은?

① 2,100kJ   ② 2,300kJ
③ 2,500kJ   ④ 2,700kJ
⑤ 2,900kJ

07 다음 중 담금질 효과가 가장 작은 것은?

① 페라이트   ② 펄라이트
③ 오스테나이트   ④ 마텐자이트
⑤ 시멘타이트

08 리벳 이음 중 평행형 겹치기 이음에서 판의 끝부분에서 가장 가까운 리벳의 구멍 열 중심까지의 거리를 무엇이라 하는가?

① 마진   ② 피치
③ 뒤피치   ④ 리드
⑤ 유효지름

09 다음 중 정적 가열과 정압 가열이 동시에 이루어져 고속 디젤 엔진의 사이클으로 적합한 것은?

① 오토 사이클
② 랭킨 사이클
③ 브레이턴 사이클
④ 사바테 사이클
⑤ 카르노 사이클

10 다음 중 이상기체에 내부에너지와 엔탈피에 대한 설명으로 옳은 것을 〈보기〉에서 모두 고르면?

> **보기**
>
> ㄱ. n몰의 단원자 분자 기체의 내부에너지와 다원자 분자 기체의 내부에너지는 같다.
> ㄴ. n몰의 단원자 분자인 이상기체의 내부에너지는 절대온도만의 함수이다.
> ㄷ. n몰의 단원자 분자인 이상기체의 엔탈피는 절대온도만의 함수이다.
> ㄹ. 이상기체의 엔탈피는 이상기체의 무질서도를 표현한 함수이다.

① ㄱ, ㄴ
② ㄱ, ㄹ
③ ㄴ, ㄷ
④ ㄴ, ㄹ
⑤ ㄷ, ㄹ

11 다음 중 축과 보스를 결합하기 위해 축에 삼각형 모양의 톱니를 새긴 가늘고 긴 키홈은?

① 묻힘키
② 세레이션
③ 둥근키
④ 테이퍼
⑤ 스플라인

12 다음 중 소르바이트 조직을 얻기 위한 열처리 방법은?

① 청화법
② 침탄법
③ 마퀜칭
④ 질화법
⑤ 파텐팅

13 다음 중 운동에너지를 압력에너지로 변환시키는 장치는?

① 노즐

② 액추에이터

③ 디퓨저

④ 어큐뮬레이터

⑤ 피스톤 로드

14 어떤 기체에 열을 가하여 180kJ만큼 일하고 내부에너지가 370kJ 증가하였다. 이때 가한 열량은 얼마인가?

① 180kJ

② 190kJ

③ 275kJ

④ 370kJ

⑤ 550kJ

15 다음 중 스프링 상수와 비례관계인 것은?

① 권선 수

② 횡탄성계수

③ 소선 지름

④ 스프링 평균 지름

⑤ 푸아송 비

16 다음에서 설명하는 액체의 성질은?

> • 이 힘의 크기가 무게보다 크다면 물체는 물에 뜰 수 있다.
> • 이 힘은 유체의 경계면에서 작용하는 분자력이다.
> • 이 힘은 유체의 표면적을 최소로 유지하기 위해 수축하는 힘이다.

① 부력

② 중력

③ 항력

④ 표면장력

⑤ 마찰력

17 다음 중 55℃를 °F로 변환한 것은?

① 125°F

② 127°F

③ 129°F

④ 131°F

⑤ 133°F

18 다음 중 열역학 제1법칙에 대한 설명으로 옳지 않은 것은?

① 에너지 보존의 법칙과 관련이 있는 법칙이다.

② 어떤 기체에 열을 가하여 정적 변화할 때, 가한 열은 모두 내부에너지 증가에 쓰인다.

③ 어떤 기체에 열을 가하여 등온 변화할 때, 가한 열은 모두 기체가 하는 일로 변환된다.

④ 어떤 기체에 열을 가하여 정압 변화할 때, 가한 열의 일부는 내부에너지의 증가에 쓰인다.

⑤ 어떤 기체에 열을 가하여 단열 변화할 때, 내부에너지와 기체가 하는 일의 합은 항상 양수이다.

19 다음 중 어떤 계가 가역적일 때, 이 계의 엔트로피에 대한 설명으로 옳은 것은?

① 계의 엔트로피 변화량은 항상 증가한다.

② 계의 엔트로피 변화량은 항상 일정하다.

③ 계의 엔트로피 변화량은 항상 감소한다.

④ 계의 엔트로피는 증가와 감소를 반복한다.

⑤ 계의 엔트로피는 항상 0이다.

20 실내 온도가 28℃인 방이 있다. 이 방에 두께가 5mm, 면적이 3m² 이고 열전도도가 0.6W/m · K인 유리창이 있을 때, 이 유리창을 통해 10분 동안 손실되는 열손실량은 얼마인가?(단, 실외 온도는 −2℃이다)

① 5,840kJ

② 6,260kJ

③ 6,480kJ

④ 6,620kJ

⑤ 6,800kJ

21 다음 화학식을 참고할 때, 탄소 6kg 연소 시 필요한 공기의 양은?(단, 공기 내 산소는 20%이다)

$$C + O_2 = CO_2$$

① 30kg　　　　　　　　　② 45kg

③ 60kg　　　　　　　　　④ 80kg

22 다음 중 알루미늄 호일을 뭉치면 물에 가라앉지만 같은 양의 호일로 배 형상을 만들면 물에 뜨는 이유로 옳은 것은?

① 부력은 물체의 밀도와 관련이 있다.
② 부력은 유체에 잠기는 영역의 부피와 관련이 있다.
③ 부력은 중력과 관련이 있다.
④ 부력은 유체와 물체 간 마찰력과 관련이 있다.

23 단면이 원이고 탄성계수가 250,000Mpa인 철강 3m가 있다. 이 철강에 100kN의 인장하중이 작용하여 1.5mm가 늘어날 때, 이 철강의 직경은?

① 약 2.3cm　　　　　　　② 약 3.2cm

③ 약 4.5cm　　　　　　　④ 약 4.8cm

24 다음 중 프루드(Fr) 수에 대한 정의로 옳은 것은?

① 관성력과 점성력의 비를 나타낸다.
② 관성력과 탄성력의 비를 나타낸다.
③ 중력과 점성력의 비를 나타낸다.
④ 관성력과 중력의 비를 나타낸다.

25 다음과 같은 외팔보에 등분포하중이 작용할 때, 처짐각은?(단, $EI = 10,000\text{kN} \cdot \text{m}^2$ 이다)

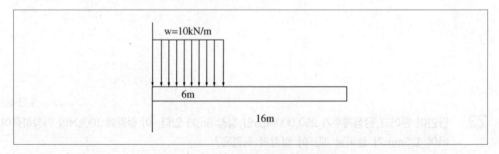

① $0.9 \times 10^{-2}\text{rad}$
② $1.8 \times 10^{-2}\text{rad}$
③ $2.7 \times 10^{-2}\text{rad}$
④ $3.6 \times 10^{-2}\text{rad}$

┃ 코레일 한국철도공사

01 역률이 0.8, 출력이 300kW인 3상 평형유도부하가 3상 배전선로에 접속되어 있다. 부하단의 수전전압이 6,000V이고 배전선 1조의 저항 및 리엑턴스가 각각 5Ω, 4Ω일 때, 송전단 전압은 몇 V인가?

① 6,100V
② 6,200V
③ 6,300V
④ 6,400V
⑤ 6,500V

┃ 코레일 한국철도공사

02 다음 중 같은 함수를 〈보기〉에서 모두 고르면?

> **보기**
>
> ㄱ. 임펄스 함수　　　　　　　　　ㄴ. 단위계단 함수
> ㄷ. 단위포물선응답　　　　　　　ㄹ. 하중 함수

① ㄱ, ㄴ
② ㄱ, ㄹ
③ ㄴ, ㄷ
④ ㄴ, ㄹ
⑤ ㄷ, ㄹ

┃ 코레일 한국철도공사

03 다음 중 단상 유도 전동기에서 기동토크가 가장 큰 것과 작은 것을 순서대로 바르게 나열한 것은?

① 반발 기동형, 콘덴서 기동형
② 반발 기동형, 셰이딩 코일형
③ 셰이딩 코일형, 콘덴서 기동형
④ 분상 기동형, 반발 기동형
⑤ 콘덴서 기동형, 셰이딩 코일형

04 길이가 30cm, 단면적의 반지름이 10cm인 원통이 길이 방향으로 균일하게 자화되어 자화의 세기가 300Wb/m²일 때, 원통 양단에서의 전자극의 세기는 몇 Wb인가?

① πWb
② 2πWb
③ 3πWb
④ 4πWb
⑤ 5πWb

05 3Ω 저항과 4Ω 유도 리액턴스가 직렬로 연결된 회로에 $v = 10\sqrt{2}\sin wt$ V인 전압을 가했을 때, 무효전력은?

① 13Var
② 14Var
③ 15Var
④ 16Var
⑤ 17Var

06 다음 중 동기발전기의 병렬운전 조건으로 옳지 않은 것은?

① 기전력의 최대전압이 같을 것
② 기전력의 파형이 같을 것
③ 기전력의 위상이 같을 것
④ 기전력의 주파수가 같을 것
⑤ 기전력의 상회전 방향이 같을 것

07 단자전압 220V, 부하전류 40A인 분권발전기의 유기기전력은?(단, 전기자 저항은 0.15Ω이고, 계저전류 및 전기자 반작용은 무시한다)

① 212V
② 219V
③ 226V
④ 233V
⑤ 240V

08 다음 중 전기력선에 대한 설명으로 옳지 않은 것은?

① 전기력선의 방향은 전계의 방향과 같다.

② 전기력선의 밀도는 전계의 세기와 같다.

③ 전기력선은 단위전하당 $\dfrac{1}{\epsilon_0}$ 개가 지나간다.

④ 전기력선은 자기 자신만으로 폐곡선을 이룰 수 있다.

⑤ 전기력선은 정전하에서 시작하여 부전하에서 끝나거나 무한으로 발산한다.

09 다음과 같은 회로에서 $I = I_R$이 되도록 하는 주파수 f 는?

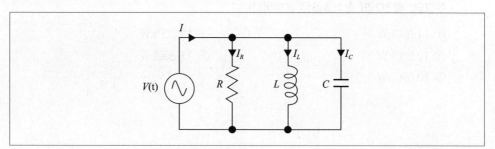

① $f = \dfrac{\sqrt{LC}}{2\pi}$

② $f = \dfrac{1}{2\pi LC}$

③ $f = \dfrac{1}{2\pi \sqrt{LC}}$

④ $f = 2\pi L C$

⑤ $f = 2\pi \sqrt{LC}$

10 용량이 C인 콘덴서가 전압 V로 충전되어 있다. 이 콘덴서에 용량이 $3C$인 콘덴서를 병렬로 연결하였을 때, 단자 전압은?

① $4V$

② $3V$

③ V

④ $\dfrac{1}{3}V$

⑤ $\dfrac{1}{4}V$

11 송전단전압이 154kV, 수전단전압이 140kV인 송전선로에서 부하를 차단하였을 때 수전단전압이 143kV일 때, 전압변동률은?

① 약 1.86

② 약 1.92

③ 약 1.98

④ 약 2.06

⑤ 약 2.14

12 어떤 수력발전소의 유효낙차가 100m이고 최대사용수량이 $15\text{m}^3/\text{s}$일 때, 이 발전소의 최대출력은?(단, 발전기의 합성효율은 90%이다)

① 14,670kW

② 13,230kW

③ 12,250kW

④ 11,850kW

⑤ 10,520kW

13 다음 중 단락비가 큰 기기에 대한 설명으로 옳지 않은 것은?

① 단락전류가 크다.

② 전압 변동이 작다.

③ 동기임피던스가 크다.

④ 전기자 반작용이 크다.

⑤ 자기 여자를 방지할 수 있다.

14 다음 단상 유도 전동기 중 브러시의 위치를 이동시켜 회전방향을 변환시킬 수 있는 것은?

① 농형 유도전동기 ② 반발 기동형 전동기
③ 분상 기동형 전동기 ④ 셰이딩 코일형 전동기
⑤ 콘덴서 코일형 전동기

15 다음 중 전압을 가했을 때, 축적되는 전하량의 비율은?

① 어드미턴스 ② 인덕턴스
③ 임피던스 ④ 커패시턴스

16 다음 중 발전기의 형식에서 회전 계자형에 대한 설명으로 옳지 않은 것은?

① 자석이 회전하여 전기에너지를 생산하는 방식이다.
② 회전 전기자형에 비해 절연에 유리하다.
③ 브러시 사용량이 감소한다.
④ 권선의 배열 및 결선이 불리하다.

17 다음 중 발전기에서 생산된 교류 전원을 직류 전원으로 바꿔주는 부품으로 옳은 것은?

① 슬립링 ② 브러시
③ 전기자 ④ 정류자

18 자극당 유효자속이 0.8Wb인 4극 중권 직류 전동기가 1,800rpm의 속도로 회전할 때, 전기자 도체 1개에 유도되는 기전력의 크기는?

① 24V

② 48V

③ 240V

④ 480V

19 다음 중 엔진 내부를 진공상태로 만들어 공기의 유입을 통해 터빈을 작동시켜 전기를 생산하는 발전기는?

① 공기식 발전기

② 풍력 발전기

③ 조력 발전기

④ 수소 발전기

20 다음 중 이상적인 연산증폭기 모델에 대한 설명으로 옳지 않은 것은?

① 개루프 전압이득은 무한대(∞)이다.

② 입력 임피던스는 0이다.

③ 출력 전압 범위는 무한대(∞)이다.

④ 주파수 범위 폭의 제한이 없다.

PART 1

직업기초능력검사

의사소통능력

합격 Cheat Key

의사소통능력은 평가하지 않는 공사·공단이 없을 만큼 필기시험에서 중요도가 높은 영역으로, 세부 유형은 문서 이해, 문서 작성, 의사 표현, 경청, 기초 외국어로 나눌 수 있다. 문서 이해·문서 작성과 같은 지문에 대한 주제 찾기, 내용 일치 문제의 출제 비중이 높으며, 문서의 특성을 파악하는 문제도 출제되고 있다.

1 문제에서 요구하는 바를 먼저 파악하라!

의사소통능력에서 가장 중요한 것은 제한된 시간 안에 빠르고 정확하게 답을 찾아내는 것이다. 의사소통능력에서는 지문이 아니라 문제가 주인공이므로 지문을 보기 전에 문제를 먼저 파악해야 하며, 문제에 따라 전략적으로 빠르게 풀어내는 연습을 해야 한다.

2 잠재되어 있는 언어 능력을 발휘하라!

세상에 글은 많고 우리가 학습할 수 있는 시간은 한정적이다. 이를 극복할 수 있는 방법은 다양한 글을 접하는 것이다. 실제 시험장에서 어떤 내용의 지문이 나올지 아무도 예측할 수 없으므로 평소에 신문, 소설, 보고서 등 여러 글을 접하는 것이 필요하다.

3 **상황을 가정하라!**

업무 수행에 있어 상황에 따른 언어 표현은 중요하다. 같은 말이라도 상황에 따라 다르게 해석될 수 있기 때문이다. 그런 의미에서 자신의 의견을 효과적으로 전달할 수 있는 능력을 평가하는 것이다. 업무를 수행하면서 발생할 수 있는 여러 상황을 가정하고 그에 따른 올바른 언어표현을 정리하는 것이 필요하다.

4 **말하는 이의 입장에서 생각하라!**

잘 듣는 것 또한 하나의 능력이다. 상대방의 이야기에 귀 기울이고 공감하는 태도는 업무를 수행하는 관계 속에서 필요한 요소이다. 그런 의미에서 다양한 상황에서 듣는 능력을 평가하는 것이다. 말하는 이가 요구하는 듣는 이의 태도를 파악하고, 이에 따른 판단을 할 수 있도록 언제나 말하는 사람의 입장이 되는 연습이 필요하다.

01 문서 내용 이해

| 유형분석 |

- 주어진 지문을 읽고 선택지를 고르는 전형적인 독해 문제이다.
- 지문은 주로 신문기사(보도자료 등)나 업무 보고서, 시사 등이 제시된다.
- 공사공단에 따라 자사와 관련된 내용의 기사나 법조문, 보고서 등이 출제되기도 한다.

다음 글의 내용으로 적절하지 않은 것은?

수소와 산소는 H_2와 O_2의 분자 상태로 존재한다. 수소와 산소가 화합해서 물 분자가 되려면 이 두 분자가 충돌해야 하는데, 충돌하는 횟수가 많으면 많을수록 물 분자가 생기는 확률은 높아진다. 또한 반응하기 위해서는 분자가 원자로 분해되어야 한다. 좀 더 정확히 말한다면, 각각의 분자가 산소 원자끼리 그리고 수소 원자끼리의 결합력이 약해져야 한다. 높은 온도는 분자 간의 충돌 횟수를 증가시킬 뿐 아니라 분자를 강하게 진동시켜 분자의 결합력을 약하게 한다. 그리하여 수소와 산소는 이전까지 결합하고 있던 자신과 동일한 원자와 떨어져, 산소 원자 하나에 수소 원자 두 개가 결합한 물(H_2O)이라는 새로운 화합물이 되는 것이다.

① 수소 분자와 산소 분자가 충돌해야 물 분자가 생긴다.
② 수소 분자와 산소 분자가 원자로 분해되어야 반응을 할 수 있다.
③ 높은 온도는 분자를 강하게 진동시켜 결합력을 약하게 한다.
④ 산소 분자와 수소 분자가 각각 물(H_2O)이라는 새로운 화합물이 된다.

정답 ④

제시문은 분자 상태의 수소와 산소가 결합하여 물이 되는 과정을 설명한 것으로, 수소 분자와 산소 분자가 원자로 분해되고, 분해된 산소 원자 하나와 수소 원자 두 개가 결합하여 물이라는 화합물이 생성된다고 했다. ④는 산소 분자와 수소 분자가 '각각' 물이 된다고 했으므로 이는 잘못된 해석이다.

풀이 전략!

주어진 선택지에서 키워드를 체크한 후, 지문의 내용과 비교해 가면서 내용의 일치 유무를 빠르게 판단한다.

01   다음 글의 내용으로 가장 적절한 것은?

> 일반적으로 종자를 발아시킨 후 약 1주일 정도 된 채소의 어린 싹을 새싹 채소라고 말한다. 씨앗에서 싹을 틔우고 뿌리를 단단히 뻗은 성체가 되기까지 열악한 환경을 극복하고 성장하기 위하여, 종자 안에는 각종 영양소가 많이 포함되어 있다.
>
> 이러한 종자의 에너지를 이용하여 틔운 새싹은 성숙한 채소에 비해 영양성분이 약 3 ~ 4배 정도 더 많이 함유되어 있으며 종류에 따라서는 수십 배 이상의 차이를 보이기도 하는 것으로 보고된다. 식물의 성장과정 중 씨에서 싹이 터 어린잎이 두세 개 달릴 즈음이 생명유지와 성장에 필요한 생리활성 물질을 가장 많이 만들어 내는 때라고 한다. 그렇기 때문에 그 모든 영양이 새싹 안에 그대로 모일뿐더러, 단백질과 비타민, 미네랄 등의 영양적 요소도 결집하게 된다. 고로 새싹 채소는 영양면에 있어서도 다 자란 채소나 씨앗 자체보다도 월등히 나은 데다가 신선함과 맛까지 덤으로 얻을 수 있으니 더없이 매력적인 채소라 하겠다. 따라서 성체의 채소류들이 가지는 각종 비타민, 미네랄 및 생리활성 물질들을 소량의 새싹 채소 섭취로 충분히 공급받을 수 있다. 채소류에 포함되어 있는 각종 생리활성 물질이 암의 발생을 억제하고 치료에 도움을 준다는 것은 많은 연구에서 입증되고 있으며, 이에 따라 새싹 채소는 식이요법 등에도 활용되고 있다.
>
> 예를 들어, 브로콜리에 다량 함유되어 있는 황 화합물인 설포라펜의 항암활성 및 면역활성작용은 널리 알려져 있는데, 성숙한 브로콜리보다 어린 새싹에 설포라펜의 함량이 약 40배 이상 많이 들어 있는 것으로 보고되기도 한다. 메밀 싹에는 항산화 활성이 높은 플라보노이드 화합물인 루틴이 다량 함유되어 있어 체내 유해산소의 제거를 통하여 암의 발생과 성장의 억제에 도움을 줄 수 있다. 새싹 채소는 기존에 널리 쓰여온 무 싹 정도 이외에는 많이 알려져 있지 않았으나, 최근 관심이 고조되면서 다양한 새싹 채소나 이를 재배할 수 있는 종자 등을 쉽게 구할 수 있게 되었다.
>
> 새싹 채소는 종자를 뿌린 후 1주일 정도면 식용이 가능하므로 재배기간이 짧고 키우기가 쉬워 근래에는 가정에서도 직접 재배하여 섭취하기도 한다. 새싹으로 섭취할 수 있는 채소로는 순무 싹, 밀 싹, 메밀 싹, 브로콜리 싹, 청경채 싹, 보리 싹, 케일 싹, 녹두 싹 등이 있는데 다양한 종류를 섭취하는 것이 좋다.

① 종자 상태에서는 아직 영양분을 갖고 있지 않는다.

② 다 자란 식물은 새싹 상태에 비해 3 ~ 4배 많은 영양분을 갖게 된다.

③ 씨에서 싹이 바로 나왔을 때 비타민, 미네랄과 같은 물질을 가장 많이 생성한다.

④ 새싹 채소 역시 성체와 마찬가지로 항암 효과를 보이는 물질을 가지고 있다.

02 다음 서식의 내용으로 적절하지 않은 것은?

이사회의 의사록

2024년 6월 5일 2시, 서울시 ○○구 △△동 21번지 본 회사 창립사무소에서 이사 및 감사 전원의 동의로 상법 제390조 제2호에 따른 소정의 소집절차를 생략하고 다음 의안을 심의하기 위하여 이사회를 개최하였다.

의안 : 대표이사 선임의 건

이사들의 호선에 따라 이사 김□□을 임시의장으로 선출하였다. 의장 김□□은 즉석에서 이를 승낙하고 개회를 선언한 후 본 회사의 대표이사를 선임할 것을 구한 바, 이사들은 전원일치로 다음 사람을 대표이사로 선임하였다.

대표이사 강□□

위 피선자는 즉석에서 취임을 승낙하였다.
이상으로 금일 의안의 심의를 종료하였으므로 의장은 2시 50분에 폐회를 선언하였다(위 결과를 명확히 하기 위하여 이 의사록을 작성하고 의장과 출석한 이사 및 감사가 다음과 같이 기명날인함).

2024년 6월 5일
☆☆주식회사
의장, 대표이사 ○○○ (인)

---

① 이사회 회의는 50분 만에 종료되었다.
② ☆☆주식회사 창립사무소는 서울시 ○○구 △△동에 있다.
③ 김□□은 이사들의 투표에 의해 임시의장으로 선출되었다.
④ 강□□의 대표이사 선임에 대해 반대 의사를 나타낸 이사가 있다.

03 다음 중 반환일시금에 대한 설명으로 적절하지 않은 것은?

> **반환일시금(제77조)**
> ① 가입자 또는 가입자였던 자가 다음 각 호의 어느 하나에 해당하게 되면 본인이나 그 유족의 청구에 의하여 반환일시금을 지급받을 수 있다.
>   1. 가입기간이 10년 미만인 자가 60세가 된 때
>   2. 가입자 또는 가입자였던 자가 사망한 때. 다만, 유족연금이 지급되는 경우에는 그러하지 아니하다.
>   3. 국적을 상실하거나 국외로 이주한 때
> ② 제1항에 따른 반환일시금의 액수는 가입자 또는 가입자였던 자가 납부한 연금보험료(사업장가입자 또는 사업장가입자였던 자의 경우에는 사용자의 부담금을 포함한다)에 대통령령으로 정하는 이자를 더한 금액으로 한다.
> ③ 제1항에 따라 반환일시금의 지급을 청구할 경우 유족의 범위와 청구의 우선순위 등에 관하여는 제73조를 준용한다.
>
> **반납금 납부와 가입기간(제78조)**
> ① 제77조에 따라 반환일시금을 받은 자로서 다시 가입자의 자격을 취득한 자는 지급받은 반환일시금에 대통령령으로 정하는 이자를 더한 금액(이하 "반납금")을 공단에 낼 수 있다.
> ② 반납금은 대통령령으로 정하는 바에 따라 분할하여 납부하게 할 수 있다. 이 경우 대통령령으로 정하는 이자를 더하여야 한다.
> ③ 제1항과 제2항에 따라 반납금을 낸 경우에는 그에 상응하는 기간은 가입기간에 넣어 계산한다.
> ④ 제1항과 제2항에 따른 반납금의 납부 신청, 납부 방법 및 납부 기한 등 반납금의 납부에 필요한 사항은 대통령령으로 정한다.
>
> **반환일시금 수급권의 소멸(제79조)**
> 반환일시금의 수급권은 다음 각 호의 어느 하나에 해당하면 소멸한다.
> 1. 수급권자가 다시 가입자로 된 때
> 2. 수급권자가 노령연금의 수급권을 취득한 때
> 3. 수급권자가 장애연금의 수급권을 취득한 때
> 4. 수급권자의 유족이 유족연금의 수급권을 취득한 때

① 가입자였던 자가 국적을 상실하면 본인의 청구를 통해 반환일시금을 받을 수 있다.
② 가입자가 사망함에 따라 유족에게 유족연금이 지급되었다면, 그 유족은 반환일시금을 받을 수 없다.
③ 국외로 이주함에 따라 반환일시금 수급권자가 되었던 자가 다시 자격을 취득하여 가입자가 된다면 반환일시금 수급권은 소멸된다.
④ 가입자가 반납금을 분할하여 납부하려면 일정 기간으로 분할한 반환일시금만 납부하면 된다.

| 유형분석 |

- 주어진 지문을 파악하여 전달하고자 하는 핵심 주제나 제목을 고르는 문제이다.
- 정보를 종합하고 중요한 내용을 구별하는 능력이 필요하다.
- 설명문부터 주장, 반박문까지 다양한 성격의 지문이 제시되므로 글의 성격별 특징을 알아 두는 것이 좋다.

다음 글의 제목으로 가장 적절한 것은?

구비문학에서는 기록문학과 같은 의미의 단일한 작품 또는 원본이라는 개념이 성립하기 어렵다. 윤선도의 '어부사시사'와 채만식의 『태평천하』는 엄밀하게 검증된 텍스트를 놓고 이것이 바로 그 작품이라 할 수 있지만, '오누이 장사 힘내기' 전설이라든가 '진주 낭군' 같은 민요는 서로 조금씩 다른 구연물이 다 그 나름의 개별적 작품이면서 동일 작품의 변이형으로 인정되기도 하는 것이다. 이야기꾼은 그의 개인적 취향이나 형편에 따라 설화의 어떤 내용을 좀 더 실감나게 손질하여 구연할 수 있으며, 때로는 그 일부를 생략 혹은 변경할 수 있다. 모내기할 때 부르는 '모노래'는 전승적 가사를 많이 이용하지만, 선창자의 재간과 그때그때의 분위기에 따라 새로운 노래 토막을 끼워 넣거나 일부를 즉흥적으로 개작 또는 창작하는 일도 흔하다.

① 구비문학의 현장성
② 구비문학의 유동성
③ 구비문학의 전승성
④ 구비문학의 구연성

정답 ②

구비문학에서는 단일한 작품, 원본이라는 개념이 성립하기 어렵다. 선창자의 재간과 그때그때의 분위기에 따라 새롭게 변형되거나 창작되는 일이 흔하다. 다시 말해 정해진 틀이 있다기보다는 상황이나 분위기에 따라 바뀌는 것이 가능하다. 유동성이란 형편이나 때에 따라 변화될 수 있음을 뜻하는 말이다. 따라서 글의 제목은 '구비문학의 유동성'이라고 볼 수 있다.

풀이 전략!

'결국', '즉', '그런데', '그러나', '그러므로' 등의 접속어 뒤에 주제가 드러나는 경우가 많다는 것에 주의하면서 지문을 읽는다.

01 다음 기사의 제목으로 적절하지 않은 것은?

> 대·중소기업 간 동반성장을 위한 '상생'이 산업계의 화두로 조명 받고 있다. 4차 산업혁명시대 도래 등 글로벌 시장에서의 경쟁이 날로 치열해지는 상황에서 대기업과 중소기업이 힘을 합쳐야 살아남을 수 있다는 위기감이 상생의 중요성을 부각하고 있다고 분석된다. 재계 관계자는 "그동안 반도체, 자동차 등 제조업에서 세계적인 경쟁력을 갖출 수 있었던 배경에는 대기업과 협력업체 간 상생의 역할이 컸다."며 "고속 성장기를 지나 지속 가능한 구조로 한 단계 더 도약하기 위해 상생경영이 중요하다."라고 강조했다.
>
> 우리 기업들은 협력사의 경쟁력 향상이 곧 기업의 성장으로 이어질 것으로 보고 2·3차 중소 협력업체들과의 상생경영에 힘쓰고 있다. 단순히 갑을 관계에서 대기업을 서포트 해야 하는 존재가 아니라 상호 발전을 위한 동반자라는 인식이 자리 잡고 있다는 분석이다. 이에 따라 협력사들에 대한 지원도 거래대금 현금 지급 등 1차원적인 지원 방식에서 벗어나 경영 노하우 전수, 기술 이전 등을 통한 '상생 생태계' 구축에 도움을 주는 방향으로 초점이 맞춰지는 추세다.
>
> 특히 최근에는 상생 협력이 대기업이 중소기업에 주는 일시적인 시혜 차원의 문제가 아니라 경쟁에서 살아남기 위한 생존 문제와 직결된다는 인식이 강하다. 협약을 통해 협력업체를 지원해준 대기업이 업체의 기술력 향상으로 더 큰 이득으로 보상받고 이를 통해 우리 산업의 경쟁력이 강화될 것이란 설명이다.
>
> 경제 전문가는 "대·중소기업 간의 상생 협력이 강제 수단이 아니라 문화적으로 자리 잡아야 할 시기"라며 "대기업, 특히 오너 중심의 대기업들도 단기적인 수익이 아닌 장기적인 시각에서 질적 평가를 통해 협력업체의 경쟁력을 키울 방안을 고민해야 한다."라고 강조했다.
>
> 이와 관련해 국내 주요 기업들은 대기업보다 연구개발(R&D) 인력과 관련 노하우가 부족한 협력사들을 위해 각종 노하우를 전수하는 프로그램을 운영 중이다. S전자는 협력사들에 기술 노하우를 전수하기 위해 경영관리 제조 개발 품질 등 해당 전문 분야에서 20년 이상 노하우를 가진 S전자 임원과 부장급 100여 명으로 '상생컨설팅팀'을 구성했다. 지난해부터는 해외에 진출한 국내 협력사에도 노하우를 전수하고 있다.

① 지속 가능한 구조를 위한 상생 협력의 중요성
② 상생경영, 함께 가야 멀리 간다.
③ 대기업과 중소기업, 상호 발전을 위한 동반자로
④ 시혜적 차원에서의 대기업 지원의 중요성

02 다음 글의 제목으로 가장 적절한 것은?

시장경제는 국민 모두가 잘살기 위한 목적을 달성하기 위해 필요한 수단으로서 선택한 나라 살림의 운영 방식이다. 그러나 최근에 재계, 정계, 그리고 경제 관료 사이에 벌어지고 있는 시장경제에 대한 논쟁은 마치 시장경제 그 자체가 목적인 것처럼 왜곡되고 있다. 국민들이 잘살기 위해서는 경제가 성장해야 한다. 그러나 경제가 성장했는데도 다수의 국민들이 잘사는 결과를 가져오지 못하고 경제적 강자들의 기득권을 확대 생산하는 결과만을 가져온다면, 국민들은 시장경제를 버리고 대안적 경제 체제를 찾을 것이다. 그렇기 때문에 시장경제를 유지하기 위해서는 성장과 분배의 균형이 중요하다.

시장경제는 경쟁을 통해서 효율성을 높이고 성장을 달성한다. 경쟁의 동기는 사적인 이익을 추구하는 인간의 이기적 속성에 기인한다. 국민 각자는 모두가 함께 잘 살기 위해서가 아니라 내가 잘살기 위해서 경쟁을 한다. 모두가 함께 잘살기 위한 공동의 목적을 달성하기 위한 수단으로 시장경제를 선택한 것이지만, 개개인은 이기적인 동기로 시장에 참여하는 것이다. 이와 같이 시장경제는 개인과 공동의 목적이 서로 상반되는 모순을 갖는 것이 그 본질이다. 그래서 시장경제가 제대로 운영되기 위해서는 국가의 소임이 중요하다.

시장경제에서 국가가 할 일을 크게 세 가지로 나누어 볼 수 있다. 첫째는 경쟁을 유도하는 시장 체제를 만드는 것이고, 둘째는 공정한 경쟁이 이루어지도록 시장 질서를 세우는 것이며, 셋째는 경쟁의 결과로 얻은 성과가 모두에게 공평하게 분배되도록 조정하는 것이다. 최근에 벌어지고 있는 시장경제의 논쟁은 그 주체들이 세 가지 국가의 역할 중에서 자신의 이해관계에 따라 선택적으로 시장경제를 왜곡하면서 심화되었다. 경쟁에서 강자의 위치를 확보한 재벌들은 경쟁 촉진을 주장하면서 공정 경쟁이나 분배를 말하는 것은 반시장적이라고 매도한다. 정치권은 인기 영합의 수단으로, 그리고 일부 노동계는 이기적 동기에서 분배를 주장하면서 분배의 전제가 되는 성장을 위해서 필요한 경쟁을 훼손하는 모순된 주장을 한다. 경제 관료들은 자신의 권력을 강화하기 위한 부처의 이기적인 관점에서 경쟁촉진과 공정 경쟁 사이에서 줄타기 곡예를 하며 분배에 대해서 말하는 것은 금기시한다. 모두가 자신들의 기득권을 위해서 선택적으로 왜곡하고 있다.

경쟁은 원천적으로 공정성을 보장하지 못한다. 서로 다른 능력이 주어진 천부적인 차이는 물론이고, 물려받는 재산과 환경의 차이로 인하여 출발선에서부터 불공정한 경쟁이 시작된다. 그럼에도 불구하고 경쟁은 창의력을 가지고 노력하는 사람에게 성공을 가져다주는 체제이다. 그래서 출발점이 다를지라도 노력과 능력에 따라서 성공의 기회가 제공되도록 보장하기 위해서 공정 경쟁이 중요하다. 경쟁은 또한 분배의 공평성을 보장하지 못한다. 경쟁의 결과는 경쟁에 참여한 모든 사람들의 노력의 결과로 이루어진 것이지, 승자만의 노력으로 이루어진 것은 아니다. 경쟁의 결과가 승자에 의해서 독점된다면 국민들은 경쟁의 참여를 거부할 수밖에 없다. 그래서 경쟁에 참여한 모두에게 공평한 분배가 이루어지는 것이 중요하다.

① 시장경제에서의 개인과 경쟁의 상호 관계
② 시장경제에서의 국가의 역할
③ 시장경제에서의 개인 상호 간의 경쟁
④ 시장경제에서의 경쟁의 양면성과 그 한계

03 다음 글의 주제로 가장 적절한 것은?

최근에 사이버공동체를 중심으로 한 시민의 자발적 정치 참여 현상이 많은 관심을 끌고 있다. 이러한 현상과 관련하여 A의 연구가 새삼 주목 받고 있다. A의 연구에 따르면 공동체의 구성원이 됨으로써 얻게 되는 '사회적 자본'이 시민사회의 성숙과 민주주의 발전을 가져오는 원동력이다. A의 이론에서는 공동체에 대한 자발적 참여를 통해 사회 구성원 간의 상호 의무감과 신뢰, 구성원들이 공유하는 규칙과 관행, 사회적 유대 관계와 같은 사회적 자본이 늘어나면, 사회 구성원 간의 협조적인 행위가 가능하게 된다고 보았다. 더 나아가 A는 자원봉사자와 같이 공동체 참여도가 높은 사람이 투표할 가능성이 높고 정부 정책에 대한 의견 개진도 활발해지는 등 정치 참여도가 높아진다고 주장하였다.

몇몇 학자들은 A의 이론을 적용하여 면대면 접촉에 따른 인간관계의 산물인 사회적 자본이 사이버공동체에서도 충분히 형성될 수 있다고 보았다. 그리고 사이버공동체에서 사회적 자본의 증가는 곧 정치 참여도 활성화시킬 것으로 기대했다. 하지만 이러한 기대와는 달리 정치 참여가 활성화되지 않았다. 요즘 젊은이들을 보면 각종 사이버공동체에 자발적으로 참여하는 수준은 높지만 투표나 다른 정치 활동에는 무관심하거나 심지어 정치를 혐오하기도 한다. 이런 측면에서 A의 주장은 사이버공동체가 활성화된 오늘날에는 잘 맞지 않는다.

이러한 이유 때문에 오늘날 사이버공동체를 중심으로 한 정치 참여를 더 잘 이해하기 위해서 '정치적 자본' 개념의 도입이 필요하다. 정치적 자본은 사회적 자본의 구성 요소와는 달리 정치 정보의 습득과 이용, 정치적 토론과 대화, 정치적 효능감 등으로 구성된다. 정치적 자본은 사회적 자본과 마찬가지로 공동체 참여를 통해서 획득되지만, 정치 과정에의 관여를 촉진한다는 점에서 사회적 자본과는 구분될 필요가 있다. 사회적 자본만으로 정치 참여를 기대하기 어렵고, 사회적 자본과 정치 참여 사이를 정치적 자본이 매개할 때 비로소 정치 참여가 활성화된다.

① 사이버공동체를 통해 축적된 사회적 자본에 정치적 자본이 더해질 때 정치 참여가 활성화된다.
② 사회적 자본은 정치적 자본을 포함하기 때문에 그 자체로 정치 참여의 활성화를 가져온다.
③ 사회적 자본이 많은 사회는 정치 참여가 활발하기 때문에 민주주의가 실현된다.
④ 사이버공동체의 특수성으로 인해 시민들의 정치 참여가 어렵게 되었다.

| 유형분석 |

- 각 문단의 내용을 파악하고 논리적 순서에 맞게 배열하는 복합적인 문제이다.
- 전체적인 글의 흐름을 이해하는 것이 중요하며, 각 문장의 지시어나 접속어에 주의한다.

다음 문단을 논리적 순서대로 바르게 나열한 것은?

(가) 여기에 반해 동양에서는 보름달에 좋은 이미지를 부여한다. 예를 들어, 우리나라의 처녀귀신이나 도깨비는 달빛이 흐린 그믐 무렵에나 활동하는 것이다. 그런데 최근에는 동서양의 개념이 마구 뒤섞여 보름달을 배경으로 악마의 상징인 늑대가 우는 광경이 동양의 영화에 나오기도 한다.

(나) 동양에서 달은 '음(陰)'의 기운을, 해는 '양(陽)'의 기운을 상징한다는 통념이 자리를 잡았다. 그래서 달을 '태음', 해를 '태양'이라고 불렀다. 동양에서는 해와 달의 크기가 같은 덕에 음과 양도 동등한 자격을 갖춘다. 즉, 음과 양은 어느 하나가 좋고 다른 하나는 나쁜 것이 아니라 서로 보완하는 관계를 이루는 것이다.

(다) 옛날부터 형성된 이러한 동서양 간의 차이는 오늘날까지 영향을 끼치고 있다. 동양에서는 달이 밝으면 달맞이를 하는데, 서양에서는 달맞이를 자살 행위처럼 여기고 있다. 특히 보름달은 서양인들에게 거의 공포의 상징과 같은 존재이다. 예를 들어, 13일의 금요일에 보름달이 뜨게 되면 사람들이 외출조차 꺼린다.

(라) 하지만 서양의 경우는 다르다. 서양에서 낮은 신이, 밤은 악마가 지배한다는 통념이 자리를 잡았다. 따라서 밤의 상징인 달에 좋지 않은 이미지를 부여하게 되었다. 이는 해와 달의 명칭을 보면 알 수 있다. 라틴어로 해를 'Sol', 달을 'Luna'라고 하는데 정신병을 뜻하는 단어 'Lunacy'의 어원이 바로 'Luna'이다.

① (나) - (가) - (라) - (다)   ② (나) - (라) - (가) - (다)

③ (나) - (라) - (다) - (가)   ④ (다) - (나) - (가) - (라)

정답 ③

제시문은 동양과 서양에서 서로 다른 의미를 부여하고 있는 달에 대해 설명하고 있는 글이다. 따라서 (나) 동양에서 나타나는 해와 달의 의미 → (라) 동양과 상반되는 서양에서의 해와 달의 의미 → (다) 최근까지 지속되고 있는 달에 대한 서양의 부정적 의미 → (가) 동양에서의 변화된 달의 이미지의 순서대로 나열하는 것이 적절하다.

풀이 전략!

상대적으로 시간이 부족하다고 느낄 때는 선택지를 참고하여 문장의 순서를 생각해 본다.

01   다음 제시된 문단을 읽고, 이어질 내용을 논리적 순서대로 바르게 나열한 것은?

> 연금 제도의 금융 논리와 관련하여 결정적으로 중요한 원리는 중세에서 비롯된 신탁 원리다. 12세기 영국에서는 미성년 유족(遺族)에게 토지에 대한 권리를 합법적으로 이전할 수 없었다. 그럼에도 불구하고 영국인들은 유언을 통해 자식에게 토지 재산을 물려주고 싶어 했다.

> (가) 이런 상황에서 귀족들이 자신의 재산을 미성년 유족이 아닌, 친구나 지인 등 제3자에게 맡기기 시작하면서 신탁 제도가 형성되기 시작했다. 여기서 재산을 맡긴 성인 귀족, 재산을 물려받은 미성년 유족, 그리고 미성년 유족을 대신해 그 재산을 관리·운용하는 제3자로 구성되는 관계, 즉 위탁자, 수익자, 그리고 수탁자로 구성되는 관계가 등장했다.
> (나) 연금 제도가 이 신탁 원리에 기초해 있는 이상, 연금 가입자는 연기금 재산의 운용에 대해 영향력을 행사하기 어렵게 된다. 왜냐하면 신탁의 본질상 공·사 연금을 막론하고 신탁 원리에 기반을 둔 연금 제도에서는 수익자인 연금 가입자의 적극적인 권리 행사가 허용되지 않기 때문이다.
> (다) 이 관계에서 주목해야 할 것은 미성년 유족은 성인이 될 때까지 재산권을 온전히 인정받지는 못했다는 점이다. 즉, 신탁 원리하에서 수익자는 재산에 대한 운용 권리를 모두 수탁자인 제3자에게 맡기도록 되어 있었기 때문에 수익자의 지위는 불안정했다.
> (라) 결국 신탁 원리는 수익자의 연금 운용 권리를 현저히 약화시키는 것을 기본으로 한다. 그 대신 연금 운용을 수탁자에게 맡기면서 '수탁자 책임'이라는, 논란이 분분하고 불분명한 책임이 부과된다. 수탁자 책임 이행의 적절성을 어떻게 판단할 수 있는가에 대해 많은 논의가 있었지만, 수탁자 책임의 내용에 대해서 실질적인 합의가 이루어지지는 못했다.

① (가) – (나) – (라) – (다)　　　　② (가) – (다) – (나) – (라)
③ (나) – (라) – (가) – (다)　　　　④ (다) – (가) – (나) – (라)

02

(가) 역사드라마는 역사적 인물이나 사건 혹은 역사적 시간이나 공간에 대한 작가의 단일한 재해석 또는 상상이 아니라 현재를 살아가는 시청자에 의해 능동적으로 해석되고 상상된다.

(나) 이는 곧 과거의 시공간을 배경으로 한 TV 역사드라마가 현재를 지향하고 있음을 의미한다.

(다) 그래서 역사적 시간과 공간적 배경 속에 놓여 있는 등장인물과 지금 현재를 살아가는 시청자들이 대화를 나누기도 하고, 시청자들이 역사드라마를 주제로 삼아 사회적 담론의 장을 열기도 한다.

(라) 이처럼 역사드라마는 다중적으로 수용된다는 점에서 과거와 현재의 대화라는 역사의 속성을 견지한다.

① (가) – (나) – (다) – (라)
② (가) – (다) – (나) – (라)
③ (가) – (라) – (나) – (다)
④ (라) – (다) – (나) – (가)

03

(가) 그런데 자연의 일양성은 선험적으로 알 수 있는 것이 아니라 경험에 기대어야 알 수 있는 것이다. 즉, '귀납이 정당한 추론이다.'라는 주장은 '자연은 일양적이다.'라는 다른 지식을 전제로 하는데, 그 지식은 다시 귀납에 의해 정당화되어야 하는 경험 지식이므로 귀납의 정당화는 순환 논리에 빠져 버린다는 것이다. 이것이 귀납의 정당화 문제이다.

(나) 귀납은 논리학에서 연역이 아닌 모든 추론, 즉 전제가 결론을 개연적으로 뒷받침하는 모든 추론을 가리킨다. 귀납은 기존의 정보나 관찰 증거 등을 근거로 새로운 사실을 추가하는 지식 확장적 특성을 지닌다.

(다) 이와 관련하여 흄은 과거의 경험을 근거로 미래를 예측하는 귀납이 정당한 추론이 되려면 미래의 세계가 과거에 우리가 경험해 온 세계와 동일하다는 자연의 일양성, 곧 한결같음이 가정되어야 한다고 보았다.

(라) 이 특성으로 인해 귀납은 근대 과학 발전의 방법적 토대가 되었지만, 한편으로 귀납 자체의 논리 한계를 지적하는 문제들에 부딪히기도 한다.

① (나) – (가) – (다) – (라)
② (나) – (다) – (가) – (라)
③ (나) – (라) – (가) – (다)
④ (나) – (라) – (다) – (가)

04

(가) 다만, 기존의 조합별로 분리 운영되던 의료보험 부과체계는 정액 기본보험료 적용에 따른 저소득층 부담과중, 조합별 보험료 부담의 불공평, 조합 간 재정격차 심화 등의 문제를 안고 있었다. 부과체계 통합의 필요성이 꾸준히 제기됨에 따라 1990년 말부터 단계적 통합과 함께 부과체계 측면의 변화도 시작됐다.

(나) 우리나라 건강보험제도가 입법화된 것은 지난 1963년이다. 그러나 당시는 경제여건이 갖추어지지 않아, 1977년 500인 이상 사업자 근로자를 대상으로 시작한 것이 시초다. 이후 1979년 1월부터 '공무원 및 사립학교 교직원 의료보험'이 실시됐고, 직장건강보험 적용대상 사업장 범위 확대로 대상자가 늘어났다.

(다) 그러나 직장인이 아닌 지역주민의 경우 혜택에서 제외된다는 문제점이 대두됨에 따라 1981년부터 농어촌지역을 중심으로 '1차 지역의료보험의 시범사업'이, 다음 해에는 도시지역을 포함한 '2차 지역의료보험 시범사업'이 실시됐으며, 1988년에는 지역의료보험이 농어촌지역을 시작으로 이듬해 도시지역 주민까지 확대됐다. 바야흐로 '전 국민 건강보험 시대'가 된 것이다.

① (가) - (나) - (다)   ② (가) - (다) - (나)
③ (나) - (가) - (다)   ④ (나) - (다) - (가)

05

(가) 이글루가 따듯해질 수 있는 원리를 과정에 따라 살펴보면, 먼저 눈 벽돌로 이글루를 만든 후에 이글루 안에서 불을 피워 온도를 높인다.

(나) 에스키모 하면 연상되는 것 중의 하나가 이글루이다.

(다) 이 과정을 반복하면서 눈 벽돌집은 얼음집으로 변하게 되며, 눈 사이에 들어 있던 공기는 빠져나가지 못하고 얼음 속에 갇히게 되면서 내부가 따듯해진다.

(라) 이글루는 눈을 벽돌 모양으로 잘라 만든 집임에도 불구하고 사람이 거주할 수 있을 정도로 따듯하다.

(마) 온도가 올라가면 눈이 녹으면서 벽의 빈틈을 메워 주고 어느 정도 눈이 녹으면 출입구를 열어 물이 얼도록 한다.

① (나) - (라) - (가) - (마) - (다)   ② (나) - (라) - (다) - (마) - (가)
③ (라) - (나) - (다) - (마) - (가)   ④ (라) - (다) - (나) - (가) - (마)

04 내용 추론

| 유형분석 |

- 주어진 지문을 바탕으로 도출할 수 있는 내용을 찾는 문제이다.
- 선택지의 내용을 정확하게 확인하고 지문의 정보와 비교하여 추론하는 능력이 필요하다.

다음 글에서 밑줄 친 ⊙의 사례가 아닌 것은?

> ⊙ 닻내림 효과란 닻을 내린 배가 크게 움직이지 않듯 처음 접한 정보가 기준점이 돼 판단에 영향을 미치는 일종의 편향(왜곡) 현상을 말한다. 즉, 사람들이 어떤 판단을 하게 될 때 초기에 접한 정보에 집착해, 합리적 판단을 내리지 못하는 현상을 일컫는 행동경제학 용어이다. 대부분의 사람은 제시된 기준을 그대로 받아들이지 않고, 기준점을 토대로 약간의 조정과정을 거치기는 하나, 그런 조정과정이 불완전하므로 최초 기준점에 영향을 받는 경우가 많다.

① 연봉 협상 시 본인의 적정 기준보다 더 높은 금액을 제시한다.
② 원래 1만 원이던 상품에 2만 원의 가격표를 붙이고 50% 할인한 가격에 판매한다.
③ 명품업체가 매장에서 최고가 상품들의 가격표를 보이게 진열하여 다른 상품들이 그다지 비싸지 않은 것처럼 느끼게 만든다.
④ 홈쇼핑에서 '이번 시즌 마지막 세일', '오늘 방송만을 위한 한정 구성' '매진 임박' 등의 표현을 사용하여 판매한다.

정답 ④

④는 밴드왜건 효과(편승 효과)의 사례로, 이는 유행에 따라 상품을 구입하는 소비현상을 뜻하는 경제용어이다. 밴드왜건은 악대를 선두에 세우고 다니는 운송수단으로 요란한 음악을 연주하여 사람들을 모았으며, 금광이 발견되었다는 소식을 들으면 많은 사람을 이끌고 몰려갔다. 이러한 현상을 기업에서는 충동구매를 유도하는 마케팅 활동으로 활용하고, 정치계에서는 특정 유력 후보를 위한 선전용으로 활용한다.

풀이 전략!

주어진 제시문이 어떠한 내용을 다루고 있는지 파악한 후 선택지의 키워드를 확실하게 체크하고, 제시문의 정보에서 도출할 수 있는 내용을 찾는다.

01 다음 중 글의 내용과 상반된 주장은?

> 이산화탄소 감축 목표 달성을 위해 신재생에너지를 활용·확산해야 한다는 목소리가 나왔다. H공단과 한국직업능력연구원은 이런 내용을 담은 'ESG(환경·사회·지배구조)를 통한 녹색기술 인력 양성 대응 전략'에 대한 이슈브리프를 발간했다. 18개 산업별 인적자원개발위원회(ISC)가 발간한 이슈리포트를 토대로 만들어진 이번 이슈브리프는 친환경 산업 구조의 변화를 살펴보고, 이에 대응하기 위한 인력 양성 방안 등이 담겼다. 이슈브리프는 먼저 "세계 각국의 이산화탄소 감축 목표 달성을 위한 실행 전략의 핵심은 신재생에너지를 활용·확산하는 것이므로 다양한 분야에서 기술 개발이 필요하다."라고 강조하며 "현장 중심의 실무형 인재 양성을 위해 국가직무능력표준(NCS)을 개발·개선해야 한다."라고 제안했다. 그러면서 시멘트 산업에 대해서는 "대표적인 에너지 다소비 업종 중 하나로, 업계는 친환경 원료 개발 등을 통해 온실가스 감축을 위해 노력하고 있다."라며 "재학생·재직자를 대상으로 한 탄소중립 특화 교육프로그램 등 정부 지원 교육사업을 활성화해야 한다."라고 강조했다.
>
> 이외에도 이슈브리프는 섬유 패션산업과 관련해 "정규교육과정에 친환경 섬유 교육 프로그램을 도입해야 한다."라며 "4차 산업혁명에 발맞춰 원·부자재 수급부터 생산, 최종제품 판매, 소비까지 전 과정을 분석해 제품 개발에 반영할 수 있는 인력을 양성해야 한다."라고 조언했다.

① 화석에너지 사용을 줄이고 신재생에너지로 대체할 때 이산화탄소를 감축할 수 있다.

② 신재생에너지 기술 개발과 더불어, 친환경 산업 구조에 적합한 인재를 양성하는 것도 중요하다.

③ 에너지를 많이 소비하는 산업에서는 특히나 친환경 산업 교육을 할 필요성이 있다.

④ 경쟁이 치열한 산업 분야에서는 이산화탄소 감축보다 산업 규모 성장을 우선 목표로 해야 한다.

02

삼국통일을 이룩한 신라는 경덕왕(742 ~ 765)대에 이르러 안정된 왕권과 정치제도를 바탕으로 문화적인 면에서 역시 황금기를 맞이하게 되었다. 불교문화 또한 융성기를 맞이하여 석굴암, 불국사를 비롯한 많은 건축물과 조형물을 건립함으로써 당시의 문화적 수준과 역량을 지금까지 전하고 있다. 석탑에 있어서도 시원양식과 전형기를 거치면서 성립된 양식이 이때에 이르러 통일된 수법으로 정착되어, 이후 건립되는 모든 석탑의 근원적인 양식이 되고 있다. 이때 건립된 석탑으로는 나원리 오층석탑, 구황동 삼층석탑, 장항리 오층석탑, 불국사 삼층석탑, 갈항사지 삼층석탑, 원원사지 삼층석탑 그리고 경주지방 외에 청도 봉기동 삼층석탑과 창녕 술정리 동삼층석탑 등이 있다. 이들은 대부분 불국사 삼층석탑의 양식을 모형으로 건립되었다. 이러한 석탑이 경주지방에 밀집되어 있다는 것은 통일된 석탑양식이 아직 다른 지역으로까지는 파급되지 못하고 있었음을 보여 준다.

이 통일된 수법을 대표하는 가장 유명한 석탑이 불국사 삼층석탑이다. 부재의 단일화를 통해 규모는 축소되었으나, 목조건축의 양식을 완벽하게 재현하고 있고, 양식적인 면에서도 초기적인 양식을 벗어나 높은 완성도를 보이고 있다.

불국사 삼층석탑에는 세 가지 특징이 있다. 첫 번째는 탑이 이층기단으로, 상·하층기단부에 모두 2개의 탱주와 우주를 마련하고 있다는 점이다. 또한 하층기단갑석의 상면에는 호각형 2단의 상층기단면석 받침이, 상층기단갑석의 상면에는 각형 2단의 1층 탑신석 받침이 마련되었고, 하면에는 각형 1단의 부연이 마련되었다. 두 번째는 탑신석과 옥개석이 각각 1석으로 구성되어 있다는 점이다. 또한 1층 탑신에 비해 2·3층 탑신이 낮게 만들어져 체감율에 있어 안정감을 주고 있다. 옥개석은 5단의 옥개받침과 각형 2단의 탑신받침을 가지고 있으며, 낙수면의 경사는 완만하고, 처마는 수평을 이루다가 전각에 이르러 날렵한 반전을 보이고 있다. 세 번째는 탑의 상륜부가 대부분 결실되어 노반석만 남아 있다는 점이다.

① 경덕왕 때 불교문화가 번창할 수 있었던 것은 안정된 정치 체제가 바탕이 되었기 때문이다.
② 장항리 오층석탑은 불국사 삼층 석탑과 동일한 양식으로 지어졌다.
③ 경덕왕 때 통일된 석탑양식은 경주뿐만 아니라 전 지역으로 유행했다.
④ 이전에는 시원양식을 사용해 석탑을 만들었다.

03

언어는 배우는 아이들이 있어야 지속된다. 그러므로 성인들만 사용하는 언어가 있다면 그 언어의 운명은 어느 정도 정해진 셈이다. 언어학자들은 이런 방식으로 추리하여 인류 역사에 드리워진 비극에 대해 경고한다. 한 언어학자는 현존하는 북미 인디언 언어의 약 80%인 150개 정도가 빈사 상태에 있다고 추정한다. 알래스카와 시베리아 북부에서는 기존 언어의 90%인 40개 언어, 중앙아메리카와 남아메리카에서는 23%인 160개 언어, 오스트레일리아에서는 90%인 225개 언어, 그리고 전 세계적으로는 기존 언어의 50%인 3,000개의 언어들이 소멸해 가고 있다고 한다. 이 중 사용자 수가 10만 명을 넘는 약 600개의 언어들은 비교적 안전한 상태에 있지만, 그 밖의 언어는 21세기가 끝나기 전에 소멸할지도 모른다.

언어가 이처럼 대규모로 소멸하는 원인은 중첩적이다. 토착 언어 사용자들의 거주지가 파괴되고, 종족 말살과 동화(同化)교육이 이루어지며, 사용 인구가 급격히 감소하는 것 외에 '문화적 신경가스'라고 불리는 전자 매체가 확산되는 것도 그 원인이 된다. 물론 우리는 소멸을 강요하는 사회적, 정치적 움직임들을 중단시키는 한편, 토착어로 된 교육 자료나 문학작품, 텔레비전 프로그램 등을 개발함으로써 언어 소멸을 어느 정도 막을 수 있다. 나아가 소멸 위기에 처한 언어라도 20세기의 히브리어처럼 지속적으로 공식어로 사용할 의지만 있다면 그 언어를 부활시킬 수도 있다.

합리적으로 보자면, 우리가 지구상의 모든 동물이나 식물종들을 보존할 수 없는 것처럼 모든 언어를 보존할 수는 없으며, 어쩌면 그래서는 안 되는지도 모른다. 가령, 어떤 언어 공동체가 경제적 발전을 보장해 주는 주류 언어로 돌아설 것을 선택할 때, 그 어떤 외부 집단이 이들에게 토착 언어를 유지하도록 강요할 수 있겠는가? 또한, 한 공동체 내에서 이질적인 언어가 사용되면 사람들 사이에 심각한 분열을 초래할 수도 있다. 그러나 이러한 문제가 있더라도 전 세계 언어의 50% 이상이 빈사 상태에 있다면 이를 보고만 있을 수는 없다.

① 현재 소멸해 가고 있는 전 세계 언어 중 약 2,400여 개의 언어들은 사용자 수가 10만 명 이하이다.
② 소멸 위기에 있는 언어라도 사용자들의 의지에 따라 유지될 수 있다.
③ 소멸 위기 언어 사용자가 처한 현실적인 문제는 언어의 다양성을 보존하기 어렵게 만들 수 있다.
④ 언어 소멸은 지구상의 동물이나 식물종 수의 감소와 같이 자연스럽고 필연적인 현상이다.

05 빈칸 삽입

| 유형분석 |

- 주어진 지문을 바탕으로 빈칸에 들어갈 내용을 찾는 문제이다.
- 선택지의 내용을 정확하게 확인하고 빈칸 앞뒤 문맥을 파악하는 능력이 필요하다.

다음 글의 빈칸에 들어갈 내용으로 가장 적절한 것은?

힐링(Healing)은 사회적 압박과 스트레스 등으로 손상된 몸과 마음을 치유하는 방법을 포괄적으로 일컫는 말이다. 우리보다 먼저 힐링이 정착된 서구에서는 질병 치유의 대체 요법 또는 영적·심리적 치료 요법 등을 지칭하고 있다. 국내에서도 최근 힐링과 관련된 갖가지 상품이 유행하고 있다. 간단한 인터넷 검색을 통해 수천 가지의 상품을 확인할 수 있을 정도이다. 종교적 명상, 자연 요법, 운동 요법 등 다양한 형태의 힐링 상품이 존재한다. 심지어 고가의 힐링 여행이나 힐링 주택 등의 상품도 나오고 있다. 그러나 _____ 우선 명상이나 기도 등을 통해 내면에 눈뜨고, 필라테스나 요가를 통해 육체적 건강을 회복하여 자신감을 얻는 것부터 출발할 수 있다.

① 힐링이 먼저 정착된 서구의 힐링 상품들을 참고해야 할 것이다.

② 많은 돈을 들이지 않고서도 쉽게 할 수 있는 일부터 찾는 것이 좋을 것이다.

③ 이러한 상품들의 값이 터무니없이 비싸다고 느껴지지는 않을 것이다.

④ 자신을 진정으로 사랑하는 법을 알아야 할 것이다.

정답 ②

빈칸의 전후 문장을 통해 내용을 파악해야 한다. 우선 '그러나'라는 접속어를 통해 빈칸에는 앞의 내용에 상반되는 내용이 오는 것임을 알 수 있다. 따라서 수천 가지의 힐링 상품이나 고가의 상품들을 참고하는 것과는 상반된 내용을 찾으면 된다. 또한, 빈칸 뒤의 내용이 주위에서 쉽게 할 수 있는 힐링 방법을 통해 자신감을 얻는 것부터 출발해야 한다는 내용이므로, 빈칸에는 많은 돈을 들이지 않고도 쉽게 할 수 있는 일부터 찾아야 한다는 내용이 담긴 문장이 오는 것이 적절하다.

풀이 전략!

빈칸 앞뒤의 문맥을 파악한 후 선택지에서 가장 어울리는 내용을 찾는다. 빈칸 앞에 접속어가 있다면 이를 활용한다.

※ 다음 글의 빈칸에 들어갈 내용으로 가장 적절한 것을 고르시오. [1~3]

01

소독이란 물체의 표면 및 그 내부에 있는 병원균을 죽여 전파력 또는 감염력을 없애는 것이다. 이때, 소독의 가장 안전한 형태로는 멸균이 있다. 멸균이란 대상으로 하는 물체의 표면 또는 그 내부에 분포하는 모든 세균을 완전히 죽여 무균의 상태로 만드는 조작으로, 살아있는 세포뿐만 아니라 포자, 박테리아, 바이러스 등을 완전히 파괴하거나 제거하는 것이다.

물리적 멸균법은 열, 햇빛, 자외선, 초단파 따위를 이용하여 균을 죽여 없애는 방법이다. 열(Heat)에 의한 멸균에는 건열 방식과 습열 방식이 있는데, 건열 방식은 소각과 건식오븐을 사용하여 멸균하는 방식이다. 건열 방식이 활용되는 예로는 미생물 실험실에서 사용하는 많은 종류의 기구를 물 없이 멸균하는 것이 있다. 이는 습열 방식을 활용했을 때 유리를 포함하는 기구가 파손되거나 금속 재질로 이루어진 기구가 습기에 의해 부식할 가능성을 보완한 방법이다. 그러나 건열 멸균법은 습열 방식에 비해 멸균 속도가 느리고 효율이 떨어지며, 열에 약한 플라스틱이나 고무제품은 대상물의 변성이 이루어져 사용할 수 없다. 예를 들어 많은 세균의 내생포자는 습열 멸균 온도 조건(121℃)에서는 5분 이내에 사멸되나, 건열 멸균법을 활용할 경우 이보다 더 높은 온도(160℃)에서도 약 2시간 정도가 지나야 사멸되는 양상이 나타난다. 반면, 습열 방식은 바이러스, 세균, 진균 등의 미생물들을 손쉽게 사멸시킨다. 습열은 효소 및 구조단백질 등의 필수 단백질의 변성을 유발하고, 핵산을 분해하며 세포막을 파괴하여 미생물을 사멸시킨다. 끓는 물에 약 10분간 노출하면 대개의 영양세포나 진핵포자를 충분히 죽일 수 있으나, 100℃의 끓는 물에서는 세균의 내생포자를 사멸시키지는 못한다. 따라서 물을 끓여서 하는 열처리는 ＿＿＿＿＿＿＿＿＿＿＿ 멸균을 시키기 위해서는 100℃가 넘는 온도(일반적으로 121℃)에서 압력(약 1.1kg/cm^2)을 가해 주는 고압증기멸균기를 이용한다. 고압증기멸균기는 물을 끓여 증기를 발생시키고 발생한 증기와 압력에 의해 멸균을 시키는 장치이다. 고압증기멸균기 내부가 적정 온도와 압력(121℃, 약 1.1kg/cm^2)에 이를 때까지 뜨거운 포화 증기를 계속 유입시킨다. 해당 온도에서 포화 증기는 15분 이내에 모든 영양세포와 내생포자를 사멸시킨다. 고압증기멸균기에 의해 사멸되는 미생물은 고압에 의해서라기보다는 고압하에서 수증기가 얻을 수 있는 높은 온도에 의해 사멸되는 것이다.

① 더 많은 세균을 사멸시킬 수 있다.
② 멸균 과정에서 더 많은 비용이 소요된다.
③ 멸균 과정에서 더 많은 시간이 소요된다.
④ 소독을 시킬 수는 있으나, 멸균을 시킬 수는 없다.

02

1979년 경찰관 출신이자 샌프란시스코 시의원이었던 댄 화이트는 시장과 시의원을 살해했다는 이유로 1급 살인죄로 기소되었다. 화이트의 변호인은 피고인이 스낵을 비롯해 컵케이크, 캔디 등을 과다 섭취해서 당분 과다로 뇌의 화학적 균형이 무너져 정신에 장애가 왔다고 주장하면서 책임 경감을 요구하였다. 재판부는 변호인의 주장을 인정하여 계획 살인죄보다 약한 일반 살인죄를 적용하여 7년 8개월의 금고형을 선고했다. 이 항변은 당시 미국에서 인기 있던 스낵의 이름을 따 '트윙키 항변'이라 불렸고, 사건의 사회성이나 의외의 소송 전개 때문에 큰 화제가 되었다.

이를 계기로 1982년 슈엔달러는 교정시설에 수용된 소년범 276명을 대상으로 섭식과 반사회 행동의 상관관계에 대해 실험하였다. 기존의 식단에서 각설탕을 꿀로 바꾸어 보고, 설탕이 들어간 음료수에서 천연 과일 주스를 주는 등으로 변화를 주었다. 이처럼 정제한 당의 섭취를 원천적으로 차단한 결과 시설 내 폭행, 절도, 규율 위반, 패싸움 등이 실험 전에 비해 무려 45%나 감소했다는 것을 알게 되었다. 따라서 이 실험을 통해 ＿＿＿＿＿＿＿＿＿＿＿＿＿＿＿＿＿＿＿

① 과다한 영양 섭취가 범죄 발생에 영향을 미친다는 것을 알 수 있다.

② 과다한 정제당 섭취는 반사회적 행동을 유발할 수 있다는 것을 알 수 있다.

③ 가공 식품의 섭취가 일반적으로 폭력 행위를 증가시킨다는 것을 알 수 있다.

④ 정제당 첨가물로 인한 범죄 행위는 그 책임이 경감되어야 한다는 것을 알넵 수 있다.

03

스마트팩토리는 인공지능(AI), 사물인터넷(IoT) 등 다양한 기술이 융합된 자율화 공장으로, 제품 설계와 제조, 유통, 물류 등의 산업 현장에서 생산성 향상에 초점을 맞췄다. 이곳에서는 기계, 로봇, 부품 등의 상호 간 정보 교환을 통해 제조 활동을 하고, 모든 공정 이력이 기록되며, 빅데이터 분석으로 사고나 불량을 예측할 수 있다. 스마트팩토리에서는 컨베이어 생산 활동으로 대표되는 산업 현장의 모듈형 생산이 컨베이어를 대체하고 IoT가 신경망 역할을 한다. 센서와 기기 간 다양한 데이터를 수집하고, 이를 서버에 전송하면 서버는 데이터를 분석해 결과를 도출한다. 서버는 AI 기계학습 기술이 적용돼 빅데이터를 분석하고 생산성 향상을 위한 최적의 방법을 제시한다.

스마트팩토리의 대표 사례로는 고도화된 시뮬레이션 '디지털 트윈'을 들 수 있다. 디지털 트윈은 데이터를 기반으로 가상공간에서 미리 시뮬레이션하는 기술이다. 시뮬레이션을 위해 빅데이터를 수집하고 분석과 예측을 위한 통신·분석 기술에 가상현실(VR), 증강현실(AR)과 같은 기술을 더한다. 이를 통해 산업 현장에서 작업 프로세스를 미리 시뮬레이션하고, VR·AR로 검증함으로써 실제 시행에 따른 손실을 줄이고, 작업 효율성을 높일 수 있다.

한편 '에지 컴퓨팅'도 스마트팩토리의 주요 기술 중 하나이다. 에지 컴퓨팅은 산업 현장에서 발생하는 방대한 데이터를 클라우드로 한 번에 전송하지 않고, 에지에서 사전 처리한 후 데이터를 선별해서 전송한다. 서버와 에지가 연동해 데이터 분석 및 실시간 제어를 수행하여 산업 현장에서 생산되는 데이터가 기하급수로 늘어도 서버에 부하를 주지 않는다. 현재 클라우드 컴퓨팅이 중앙 데이터센터와 직접 소통하는 방식이라면 에지 컴퓨팅은 기기 가까이에 위치한 일명 '에지 데이터 센터'와 소통하며, 저장을 중앙 클라우드에 맡기는 형식이다. 이를 통해 데이터 처리 지연 시간을 줄이고 즉각적인 현장 대처를 가능하게 한다.

이러한 스마트팩토리의 발전은 _____ 최근 선진국에서 나타나는 주요 현상 중의 하나는 바로 '리쇼어링'의 가속화이다. 리쇼어링이란 인건비 등 각종 비용 절감을 이유로 해외에 나간 자국 기업들이 다시 본국으로 돌아오는 현상을 의미하는 용어이다. 2000년대 초반까지는 국가적 차원에서 세제 혜택 등의 회유책을 통해 추진되어 왔지만, 스마트팩토리의 등장으로 인해 자국 내 스마트팩토리에서의 제조 비용과 중국이나 멕시코와 같은 제3국에서 제조 후 수출 비용에 큰 차이가 없어 리쇼어링 현상은 더욱 가속화되고 있다.

① 공장의 제조 비용을 절감시키고 있다.
② 공장의 세제 혜택을 사라지게 하고 있다.
③ 공장의 위치를 변화시키고 있다.
④ 수출 비용을 줄이는 데 도움이 된다.

06 문서 작성 · 수정

| 유형분석 |

- 기본적인 어휘력과 어법에 대한 지식을 필요로 하는 문제이다.
- 글의 내용을 파악하고 문맥을 읽을 줄 알아야 한다.

다음 글에서 ⊙ ~ ⓔ의 수정 방안으로 적절하지 않은 것은?

> 근대화는 전통 사회의 생활양식에 큰 변화를 가져온다. 특히 급속한 근대화로 인해 전통 사회의 해체 과정이 빨라진 만큼 ⊙ 급격한 변화를 일으킨다. 생활양식의 급격한 변화는 전통 사회 문화의 해체 과정이라고 보아도 ⓛ 무던할 정도이다.
> 전통문화의 해체는 새롭게 변화하는 사회 구조에 대해서 전통적인 문화가 당면하게 되는 적합성(適合性)의 위기에서 초래되는 현상이다. ⓒ 이처럼 근대화 과정에서 외래문화와 전통문화는 숱하게 갈등을 겪었다. ⓔ 오랫동안 생활양식으로 유지되었던 전통 사회의 문화가 사회 구조 변화의 속도에 맞먹을 정도로 신속하게 변화할 수는 없다.
> 따라서 문화적 전통을 확립한다는 것은 과거의 전통문화가 고유성을 유지하면서도 현재의 변화된 사회에 적합성을 가지는 것이라 할 수 있다.

① ⊙ : 필요한 문장 성분이 생략되었으므로 '급격한' 앞에 '문화도'를 추가한다.

② ⓛ : 문맥에 어울리지 않으므로 '무방할'로 고친다.

③ ⓒ : 글의 흐름에 어긋나는 내용이므로 삭제한다.

④ ⓔ : 띄어쓰기가 올바르지 않으므로 '오랫 동안'으로 고친다.

정답 ④

'오랫동안'은 부사 '오래'와 명사 '동안'이 결합하면서 사이시옷이 들어간 합성어이다. 따라서 한 단어이므로 붙여 써야 한다.

풀이 전략!

문장에서 주어와 서술어의 호응 관계가 적절한지 주어와 서술어를 찾아 확인해 보는 연습을 하며, 문서 작성의 원칙과 주의사항은 미리 알아 두는 것이 좋다.

01 다음 글의 수정 방안으로 적절하지 않은 것은?

(가) 이란은 석유수출국기구(OPEC) 내에서 사우디아라비아와 이라크에 이어 3번째 규모의 산유국이다. 지난 4월 이란의 원유 수출량은 일 262만 배럴을 기록하면서 2016년 1월 핵 합의 이행 이후 최대 규모를 기록했다. 현재 많은 국가가 이란산 원유 수입에 열을 올리고 있는 이유는 사우디아라비아와 카타르 등 이웃한 중동국가들보다 가격이 저렴하면서 석유화학 기초 원료인 나프타를 더 많이 추출할 수 있기 때문이다. (A) 그러나 이란의 정부 재정은 여전히 부족한 상황이다.

(나) 최근 미국은 이러한 이란의 원유에 대하여 유럽 및 아시아 동맹국들에 11월 4일까지 수입을 중단하라고 요구하면서 협조하지 않을 경우 (B) 감독을 가할 것이라고 압박했다. 이는 이란이 핵협정을 탈퇴하면서 미국이 이란의 최대 자금줄인 원유 수입을 차단해 이란으로부터 핵 문제에서 양보를 받아내려고 하는 것이다. 미국은 현재 원유 수입 중단은 국가 안보 정책의 우선순위 중 하나로 이와 관련해 면제는 없다는 입장이다.

(다) (C) 그러나 대(對)이란 강경책은 미국과 다른 국가 간의 긴장을 더욱 고조시킬 것으로 예상된다. 미국은 폭탄 관세 등 보호무역 공세로 중국을 비롯한 주요 교역국들과 갈등을 겪고 있으며, 이번 이란 정책으로 유럽 동맹국들과도 마찰을 빚고 있다. 최대 수입국 중 하나인 중국은 이미 원유 수입 중단에 대해 거부 자세를 보였다. 중국 정부는 중국과 이란은 우호 국가 사이로 각자 국제법상 의무 틀 안에서 정상적인 왕래와 협력을 하고 있기 때문에 논란이 될 여지가 없다며 원유 수입 중단을 수용하지 않을 방침을 내보인 것이다. 한국의 지난해 원유 수입량 중 13.2%가 이란산이며, 지난해 한국의 이란산 원유 수입은 1억 4,787만 배럴로 2016년 대비 32.1% 늘었다. 이는 사우디아라비아(28.5%)와 쿠웨이트(14.3%) 다음으로 많은 양의 원유를 수입하는 것으로, 이란의 원유 수입 중단은 한국의 원유시장에도 많은 영향을 미칠 것으로 보인다.

---

① 밑줄 친 (A)는 글의 전개상 불필요한 내용이므로 삭제한다.
② 의미를 분명히 하기 위해 (B)의 '감독을'을 '제재를'로 고친다.
③ (다) 문단은 (가) 문단의 내용을 뒷받침하는 내용이므로 (가) 문단과 합친다.
④ 자연스러운 연결을 위해 (C)의 '그러나'를 '이와 같은'으로 고친다.

02

사회복지와 근로 의욕의 관계에 대한 조사를 보면 '사회복지와 근로 의욕이 관계가 있다.'는 응답과 '그렇지 않다.'는 응답의 비율이 비슷하게 나타난다. 하지만 기타 의견에 ⊙ 따라 과도한 사회복지는 근로 의욕을 떨어뜨릴 수 있다는 응답이 많았던 것으로 조사되었다. 예를 들어 정부 지원금을 받으나 아르바이트를 하나 비슷한 돈이 나온다면 ⓒ 더군다나 일하지 않고 정부 지원금으로만 먹고사는 사람들이 많이 있다는 것이다. 여기서 주목해야 할 점은 과도한 복지 때문이 아닌 정책상의 문제라는 의견도 있다는 사실이다. 현실적으로 일을 할 수 있는 능력이 있는 사람에게는 ⓒ 최대한의 생계 비용 이외의 수입을 인정하고, 빈곤층에서 벗어날 수 있게 지원해주는 것이 개인에게도, 국가에도 바람직한 방식이라는 것이다.

이 설문 조사 결과에서 주목해야 할 또 다른 측면은 사회복지 체제가 잘 되어 있을수록 근로 의욕이 떨어진다고 응답한 사람의 과반수가 중산층 이상의 경제력을 가지고 있었다는 점이다. 재산이 많은 사람에게는 약간의 세금 확대도 ② 영향이 적을 수 있기 때문에 경제 발전을 위한 세금 확대는 찬성하더라도 복지 정책을 위한 세금 확대는 반대하는 것이다. 이러한 점을 고려해보면 소득 격차 축소를 원하는 국민보다 복지 정책을 위한 세금 확대에 반대하는 국민이 많은 다소 모순된 설문 결과에 대한 설명이 가능하다.

① ⊙ : 호응 관계를 고려하여 '따르면'으로 수정한다.
② ⓒ : 앞뒤 내용의 관계를 고려하여 '차라리'로 수정한다.
③ ⓒ : 전반적인 내용의 흐름을 고려하여 '최소한의'로 수정한다.
④ ② : 일반적인 사실을 말하는 것이므로 '영향이 적기 때문에'로 수정한다.

03

'오투오(O2O; Online to Off-line) 서비스'는 모바일 기기를 통해 소비자와 사업자를 유기적으로 이어주는 서비스를 말한다. 어디에서든 실시간으로 서비스가 가능하다는 편리함 때문에 최근 오투오 서비스의 이용자가 증가하고 있다. 스마트폰에 설치된 앱으로 택시를 부르거나 배달 음식을 주문하는 것 등이 대표적인 예이다.

오투오 서비스 운영 업체는 스마트폰에 설치된 앱을 매개로 소비자와 사업자에게 필요한 서비스를 ㉠ 제공받고 있다. 이를 통해 소비자는 시간이나 비용을 절약할 수 있게 되었고, 사업자는 홍보 및 유통 비용을 줄일 수 있게 되었다. 이처럼 소비자와 사업자 모두에게 경제적으로 유리한 환경이 조성되어 서비스 이용자가 ㉡ 증가함으로써, 오투오 서비스 운영 업체도 많은 수익을 낼 수 있게 되었다.

㉢ 게다가 오투오 서비스 시장이 성장하면서 여러 문제들이 발생하고 있다. 소비자의 경우 신뢰성이 떨어지는 정보나 기대에 부응하지 못하는 서비스를 제공받는 사례가 늘어나고 있고, 사업자의 경우 관련 법규가 미비하여 수수료 문제로 오투오 서비스 운영 업체와 마찰이 생기는 사례도 증가하고 있다. 또한 오투오 서비스 운영 업체의 경우에는 오프라인으로 유사한 서비스를 제공하는 기존 업체와의 갈등이 발생하고 있다.

이를 해결하기 위해 소비자는 오투오 서비스에서 제공한 정보가 믿을 만한 것인지를 ㉣ 꼼꼼이 따져 합리적으로 소비하는 태도가 필요하고, 사업자는 수수료와 관련된 오투오 서비스 운영 업체와의 마찰을 해결하기 위한 다양한 방법을 강구해야 한다. 오투오 서비스 운영 업체 역시 기존 업체들과의 갈등을 조정하기 위한 구체적인 노력들이 필요하다.

스마트폰 사용자가 늘어나고 있는 추세를 고려할 때, 오투오 서비스 산업의 성장을 저해하는 문제점들을 해결해 나가면 앞으로 오투오 서비스 시장 규모는 더 커질 것으로 예상된다.

① ㉠ : 문맥을 고려하여 '제공하고'로 고친다.
② ㉡ : 격조사의 쓰임이 적절하지 않으므로 '증가함으로서'로 고친다.
③ ㉢ : 앞 문단과의 내용을 고려하여 '하지만'으로 고친다.
④ ㉣ : 맞춤법에 어긋나므로 '꼼꼼히'로 고친다.

선진국과 ㉠ 제3세계간의 빈부 양극화 문제를 해결하기 위해 등장했던 적정기술은 시대적 요구에 부응하면서 다양한 모습으로 발전하여 올해로 탄생 50주년을 맞았다. 이를 기념하기 위해 우리나라에서도 각종 행사가 열리고 있다. ㉡ 게다가 적정기술의 진정한 의미가 무엇인지, 왜 그것이 필요한지에 대한 인식은 아직 부족한 것이 현실이다.

그렇다면 적정기술이란 무엇인가? 적정기술은 '현지에서 구할 수 있는 재료를 이용해 도구를 직접 만들어 삶의 질을 향상시키는 기술'을 뜻한다. 기술의 독점과 집적으로 인해 개인의 접근이 어려운 첨단기술과 ㉢ 같이 적정기술은 누구나 쉽게 배우고 익혀 활용할 수 있다. 이런 이유로 소비 중심의 현대사회에서 적정기술은 자신의 삶에 필요한 것을 직접 생산하는 자립적인 삶의 방식을 유도한다는 점에서 시사하는 바가 크다.

적정기술이 우리나라에 도입된 것은 2000년대 중반부터이다. 당시 일어난 귀농 열풍과 환경문제에 대한 관심 등 다양한 사회·문화적 맥락 속에서 적정기술에 대한 고민이 싹트기 시작했다. 특히 귀농인들을 중심으로 농촌의 에너지 문제를 해결하기 위한 다양한 방법이 시도되면서 국내에서 활용되는 적정기술은 난방 에너지 문제에 ㉣ 초점이 모아져 있다. 에너지 자립형 주택, 태양열 온풍기·온수기, 생태 단열 등이 좋은 예이다.

우리나라의 적정기술이 에너지 문제에 집중된 이유는 시대적 상황 때문이다. 우리나라는 전력수요 1억 KW 시대 진입을 눈앞에 두고 있는 세계 10위권의 에너지 소비 대국이다. 게다가 에너지 소비량이 늘어나면서 2011년 이후 매년 대규모 정전 사태의 위험성을 경고하는 목소리가 커지고 있다. 이런 상황에서 에너지를 직접 생산하여 삶의 자립성을 추구하는 적정기술은 환경오염과 대형 재난의 위기를 극복하는 하나의 대안이 될 수 있다. 이뿐만 아니라 기술의 공유를 목적으로 하는 새로운 공동체 문화 형성에도 기여하기 때문에 그 어느 때보다 적정기술의 발전 방향에 대한 진지한 논의가 필요하다.

① ㉠ : 띄어쓰기가 올바르지 않으므로 '제3세계 간의'로 고친다.
② ㉡ : 앞 문장과의 내용을 고려하여 '하지만'으로 고친다.
③ ㉢ : 문맥에 어울리지 않으므로 '달리'로 고친다.
④ ㉣ : 맞춤법에 어긋나므로 '촛점'으로 고친다.

05 K공단의 신규직원 교육담당자인 귀하는 상사로부터 다음과 같은 메일을 받았다. 신규직원의 업무 역량을 향상시킬 수 있도록 교육할 내용으로 적절하지 않은 것은?

수신 : ○○○

발신 : △△△

제목 : 신규직원 교육프로그램을 구성할 때 참고해 주세요.

내용 :

○○○씨, 오늘 조간신문을 보다가 공감이 가는 내용이 있어서 보내드립니다.

신규직원 교육 때, 문서작성 능력을 향상시킬 수 있는 프로그램을 추가하면 좋을 것 같습니다.

기업체 인사담당자들을 대상으로 한 조사에서 '신입사원의 국어 능력 만족도'는 '그저 그렇다'가 65.4%, '불만족'이 23.1%나 됐는데, 특히 '기획안과 보고서 작성능력'에서 '그렇다'의 응답 비율 (53.2%)이 가장 높았다. 기업들이 대학에 개설되기를 희망하는 교과과정을 조사한 결과에서도 가장 많은 41.3%가 '기획문서 작성'을 꼽았다. 특히 인터넷 세대들은 '짜깁기' 기술엔 능해도 논리를 구축해 효과적으로 커뮤니케이션을 하고 상대를 설득하는 능력에선 크게 떨어진다.

---

① 문서의미를 전달하는 데 문제가 없다면 끊을 수 있는 부분은 가능한 한 끊어서 문장을 짧게 만들고, 실질적인 내용을 담을 수 있도록 한다.

② 상대방이 이해하기 어려운 글은 좋은 글이 아니므로, 우회적인 표현이나 현혹적인 문구는 지양한다.

③ 중요하지 않은 경우 한자의 사용을 자제하며 만약 사용할 경우 상용한자의 범위 내에서 사용하도록 한다.

④ 문서의 중요한 내용을 미괄식으로 작성하는 것은 문서작성에 있어 기본적인 부분이다.

| 유형분석 |

- 주어진 문장이나 지문에서 잘못 쓰인 단어 · 표현을 바르게 고칠 수 있는지 평가한다.
- 띄어쓰기, 동의어 · 유의어 · 다의어 또는 관용적 표현 등을 찾는 문제가 출제될 가능성이 있다.

다음 밑줄 친 단어 중 문맥상 쓰임이 적절하지 않은 것은?

① 어려운 문제의 답을 <u>맞혀야</u> 높은 점수를 받을 수 있다.

② 공책에 선을 <u>반듯이</u> 긋고 그 선에 맞춰 글을 쓰는 연습을 해.

③ 생선을 간장에 10분 동안 <u>졸이면</u> 요리가 완성된다.

④ 미안하지만 지금은 바쁘니까 <u>이따가</u> 와서 얘기해.

정답 ③

'졸이다'는 '찌개를 졸이다.'와 같이 국물의 양을 적어지게 하는 것을 의미한다. 반면에 '조리다'는 '양념을 한 고기나 생선, 채소 따위를 국물에 넣고 바짝 끓여서 양념이 배어들게 하다.'의 의미를 지닌다. 따라서 ③의 경우 문맥상 '졸이다'가 아닌 '조리다'가 사용되어야 한다.

오답분석

① 맞히다 : 문제에 대한 답을 틀리지 않게 하다. / 맞추다 : 둘 이상의 일정한 대상들을 나란히 놓고 비교하여 살피다.

② 반듯이 : 비뚤어지거나 기울거나 굽지 않고 바르게 / 반드시 : 틀림없이 꼭, 기필코

④ 이따 : 조금 지난 뒤에 / 있다 : 어느 곳에서 떠나거나 벗어나지 않고 머물다. 또는 어떤 상태를 계속 유지하다.

풀이 전략!

자주 틀리는 맞춤법

틀린 표현	옳은 표현	틀린 표현	옳은 표현
몇일	며칠	오랫만에	오랜만에
귀뜸	귀띔	선생으로써	선생으로서
웬지	왠지	안되	안돼
왠만하면	웬만하면	돼고 싶다	되고 싶다
어떻해	어떻게 해 / 어떡해	병이 낳았다	병이 나았다
금새	금세	내일 뵈요	내일 봬요
구지	굳이	고르던지 말던지	고르든지 말든지
서슴치	서슴지	합격하길 바래요	합격하길 바라요

01 다음 중 밑줄 친 표현이 적절하지 않은 것은?

① 부장님께 <u>결재</u>를 받아 협력업체에 <u>결제</u>를 해주었다.

② 첫 출근에 다른 부서와 사무실이 비슷해서 <u>혼돈</u>했다. <u>혼동</u>의 날이었다.

③ 처음에는 업무가 익숙하지 않아 <u>한나절</u> 걸렸었는데, 이제는 <u>반나절</u>이면 충분하다.

④ 팀장님께서는 비효율적인 업무 방법을 <u>지양</u>하고 효율적인 방법을 <u>지향</u>하라고 하셨다.

02 다음 중 띄어쓰기가 적절하지 않은 것을 모두 고르면?

> K기관은 다양한 분야에서 ㉠ <u>괄목할만한</u> 성과를 거두고 있다. 그러나 타 기관들이 단순히 이를 벤치마킹한다고 해서 반드시 우수한 성과를 거둘 수 있는 것은 아니다. K기관의 성공 요인은 주어진 정책 과제를 수동적으로 ㉡ <u>수행하는데</u> 머무르지 않고, 대국민 접점에서 더욱 다양하고 복잡해지고 있는 수요를 빠르게 인지하고 심도 깊게 파악하여 그 개선점을 내놓기 위해 노력하는 일련의 과정을 ㉢ <u>기관만의</u> 특색으로 바꾸어 낸 것이다.

① ㉠

② ㉡

③ ㉢

④ ㉠, ㉡

03 다음은 K사의 고객헌장 전문이다. 틀린 단어는 모두 몇 개인가?(단, 띄어쓰기는 무시한다)

> 우리는 모든 업무를 수행하면서 고객의 입장에서 생각하며 친절·신속·정확하게 처리하겠습니다. 우리는 잘못된 서비스로 고객에게 불편을 초래한 경우 즉시 계선·시정하고 재발방지에 노력하겠습니다. 우리는 항상 고객의 말씀에 귀를 기울이며, 고객의 의견을 경영에 최대한 반영하겠습니다. 이와 같은 목표를 달성하기 위하여 구체적인 고객서비스 이행표준을 설정하고 이를 성실이 준수할 것을 약속드립니다.

① 1개

② 2개

③ 3개

④ 4개

08 한자성어 · 속담

| 유형분석 |

- 실생활에서 활용되는 한자성어나 속담을 이해할 수 있는지 평가한다.
- 제시된 상황과 일치하는 사자성어 또는 속담을 고르거나 한자의 훈음·독음을 맞히는 등 다양한 유형이 출제된다.

다음 상황에 가장 적절한 사자성어는?

> A씨는 업무를 정리하다가 올해 초 진행한 프로젝트에 자신의 실수가 있었음을 알게 되었다. 하지만 자신의 실수를 드러내고 싶지 않았고, 그리 큰 문제라고 생각하지 않은 A씨는 이를 무시하였다. 이후 다른 프로젝트를 진행하면서 지난번 실수와 동일한 실수를 다시 저지르게 되었고, 프로젝트에 큰 피해를 입혔다.

① 유비무환(有備無患) ② 유유상종(類類相從)
③ 회자정리(會者定離) ④ 개과불린(改過不吝)

정답 ④

'개과불린(改過不吝)'은 '허물을 고침에 인색하지 말라.'는 뜻으로, 잘못된 것이 있으면 고치는 데 주저하지 않고 빨리 바로잡아 반복하지 말라는 의미이다.

오답분석

① 유비무환(有備無患) : 준비가 있으면 근심이 없다.
② 유유상종(類類相從) : 같은 무리끼리 서로 사귄다.
③ 회자정리(會者定離) : 만남이 있으면 헤어짐도 있다.

풀이 전략!

- 한자성어나 속담 관련 문제의 경우 일정 수준 이상의 사전지식을 요구하므로, 지원 기업 관련 기사 및 이슈를 틈틈이 찾아보며 한자성어나 속담에 대입하는 연습을 하면 효과적으로 대처할 수 있다.
- 문제에 제시된 한자성어의 의미를 파악하기 어렵다면, 먼저 알고 있는 한자가 있는지 확인한 후 글의 문맥과 상황에 대입하며 선택지를 하나씩 소거해 나가는 것이 효율적이다.

01 다음 밑줄 친 단어의 한자 표기로 옳은 것은?

> 인간 존엄성은 민주주의의 궁극적인 <u>가치</u>이다.

① 價値   ② 家計
③ 事實   ④ 實在

02 다음 중 한자의 음과 뜻이 잘못 연결된 것은?

① 兢 : 다툴 경
② 旺 : 왕성할 왕
③ 堯 : 요임금 요
④ 琳 : 옥 림

03 다음 문장과 관련된 속담으로 가장 적절한 것은?

> 그 동네에 있는 레스토랑의 음식은 보기와 달리 너무 맛이 없었어.

① 보기 좋은 떡이 먹기도 좋다.
② 볶은 콩에 싹이 날까?
③ 빛 좋은 개살구
④ 뚝배기보다 장맛이 좋다.

수리능력

합격 Cheat Key

수리능력은 사칙 연산·통계·확률의 의미를 정확하게 이해하고 이를 업무에 적용하는 능력으로, 기초 연산과 기초 통계, 도표 분석 및 작성의 문제 유형으로 출제된다. 수리능력 역시 채택하지 않는 공사·공단이 거의 없을 만큼 필기시험에서 중요도가 높은 영역이다.

특히, 난이도가 높은 공사·공단의 시험에서는 도표 분석, 즉 자료 해석 유형의 문제가 많이 출제되고 있고, 응용 수리 역시 꾸준히 출제하는 공사·공단이 많기 때문에 기초 연산과 기초 통계에 대한 공식의 암기와 자료 해석 능력을 기를 수 있는 꾸준한 연습이 필요하다.

1 응용 수리의 공식은 반드시 암기하라!

응용 수리는 공사·공단마다 출제되는 문제는 다르지만, 사용되는 공식은 비슷한 경우가 많으므로 자주 출제되는 공식을 반드시 암기하여야 한다. 문제에서 묻는 것을 정확하게 파악하여 그에 맞는 공식을 적절하게 적용하는 꾸준한 노력과 공식을 암기하는 연습이 필요하다.

2 자료의 해석은 자료에서 즉시 확인할 수 있는 지문부터 확인하라!

수리능력 중 도표 분석, 즉 자료 해석 능력은 많은 시간을 필요로 하는 문제가 출제되므로, 증가·감소 추이와 같이 눈으로 확인이 가능한 지문을 먼저 확인한 후 복잡한 계산이 필요한 지문을 확인하는 방법으로 문제를 풀이한다면 시간을 조금이라도 아낄 수 있다. 또한, 여러 가지 보기가 주어진 문제 역시 지문을 잘 확인하고 문제를 풀이한다면 불필요한 계산을 생략할 수 있으므로 항상 지문부터 확인하는 습관을 들여야 한다.

3 도표 작성에서 지문에 작성된 도표의 제목을 반드시 확인하라!

도표 작성은 하나의 자료 혹은 보고서와 같은 수치가 표현된 자료를 도표로 작성하는 형식으로 출제되는데, 대체로 표보다는 그래프를 작성하는 형태로 많이 출제된다. 지문을 살펴보면 각 지문에서 주어진 도표에도 소제목이 있는 경우가 대부분이다. 이때, 자료의 수치와 도표의 제목이 일치하지 않는 경우 함정이 존재하는 문제일 가능성이 높으므로 도표의 제목을 반드시 확인하는 것이 중요하다.

| 유형분석 |

- 문제에서 제공하는 정보를 파악한 뒤, 사칙연산을 활용하여 계산하는 전형적인 수리문제이다.
- 문제를 풀기 위한 정보가 산재되어 있는 경우가 많으므로 주어진 조건 등을 꼼꼼히 확인해야 한다.

K씨는 저가항공을 이용하여 비수기에 제주도 출장을 가려고 한다. 1인 기준으로 작년에 비해 비행기 왕복 요금은 20% 내렸고, 1박 숙박비는 15% 올라서 올해의 비행기 왕복 요금과 1박 숙박비 합계는 작년보다 10% 증가한 금액인 308,000원이라고 한다. 이때, 1인 기준으로 올해의 비행기 왕복 요금은?

① 31,000원　　　　　　　　　　② 32,000원
③ 33,000원　　　　　　　　　　④ 34,000원

정답 ②

작년 비행기 왕복 요금을 x원, 작년 1박 숙박비를 y원이라 하면

$$-\frac{20}{100}x + \frac{15}{100}y = \frac{10}{100}(x+y) \cdots \text{㉠}$$

$$\left(1-\frac{20}{100}\right)x + \left(1+\frac{15}{100}\right)y = 308,000 \cdots \text{㉡}$$

㉠, ㉡을 연립하면

$y = 6x \cdots \text{㉢}$

$16x + 23y = 6,160,000 \cdots \text{㉣}$

㉢, ㉣을 연립하면

$16x + 138x = 6,160,000$

$\therefore x = 40,000, \ y = 240,000$

따라서 올해 비행기 왕복 요금은 $40,000 - 40,000 \times \frac{20}{100} = 32,000$원이다.

풀이 전략!

문제에서 묻는 바를 정확하게 확인한 후, 필요한 조건 또는 정보를 구분하여 신속하게 풀어 나간다. 단, 계산에 착오가 생기지 않도록 유의한다.

01 식염 75g을 몇 g의 물에 넣어야 15%의 식염수가 되는가?

① 350g
② 375g
③ 400g
④ 425g

02 농도가 9%인 A소금물 300g과 농도가 11.2%인 B소금물 250g을 합쳐서 C소금물을 만들었다. C소금물을 20% 덜어내고 10g의 소금을 추가했을 때, 만들어진 소금물의 농도는?

① 12%
② 13%
③ 14%
④ 15%

03 0 ~ 9까지의 숫자가 적힌 카드를 세 장 뽑아서 홀수인 세 자리의 수를 만들려고 할 때, 가능한 경우의 수는?

① 280가지
② 300가지
③ 320가지
④ 340가지

04 H야구팀의 작년 승률은 40%였고, 올해는 총 120경기 중 65승을 하였다. 작년과 올해의 경기를 합하여 구한 승률이 45%일 때, H야구팀이 승리한 총횟수는?

① 151회   ② 152회

③ 153회   ④ 154회

05 수정이는 부서 사람들과 함께 놀이공원에 방문하려고 한다. 이 놀이공원의 입장료는 1인당 16,000원이며 정가에서 25% 할인된 금액에 10인 단체 티켓을 구매할 수 있다고 할 때, 부서원이 몇 명 이상일 때부터 20명분의 단체 티켓 2장을 구매하는 것이 더 유리한가?(단, 부서원은 10명보다 많다)

① 12명   ② 14명

③ 16명   ④ 18명

06 일정한 속력으로 달리는 기차가 400m 길이의 터널을 완전히 통과하는 데 10초, 800m 길이의 터널을 완전히 통과하는 데 18초가 걸렸다. 이 기차의 속력은?

① 50m/s   ② 55m/s

③ 60m/s   ④ 65m/s

07 두 사람이 이번 주 토요일에 함께 미용실을 가기로 약속했다. 두 사람이 약속한 토요일에 함께 미용실에 다녀온 후에는 한 명은 20일마다, 한 명은 15일마다 미용실에 간다. 처음으로 다시 두 사람이 함께 미용실에 가게 되는 날은 무슨 요일인가?

① 월요일   ② 화요일
③ 수요일   ④ 목요일

08 다정이네 집에는 화분 2개가 있다. 두 화분에 있는 식물의 나이 합은 8세이고, 각 나이의 제곱의 합은 34세가 된다. 이때 두 식물의 나이의 차는?(단, 식물의 나이는 자연수이다)

① 2세   ② 3세
③ 4세   ④ 5세

09 상우는 사과와 감을 사려고 한다. 사과는 하나에 700원, 감은 400원일 때 10,000원을 가지고 과일을 총 20개 사려면 감은 최소 몇 개를 사야 하는가?

① 10개   ② 12개
③ 14개   ④ 16개

10 우영이는 면적이 $144m^2$인 정사각형 모양 밭에 사과나무 169그루를 심으려고 한다. 일정한 간격으로 심었을 때, 나무와 나무 사이의 거리의 최솟값은 얼마인가?

① 1m   ② 1.2m
③ 1.3m   ④ 2m

| 유형분석 |

- 나열된 수의 규칙을 찾아 해결하는 문제이다.
- 등차·등비수열 등 다양한 수열 규칙에 대한 사전 학습이 요구된다.

다음과 같이 일정한 규칙으로 수를 나열할 때, 빈칸에 들어갈 수는?

	0	3	5	10	17	29	48	( )	

① 55　　　　　　　　　　　　　　　② 60

③ 71　　　　　　　　　　　　　　　④ 79

정답　④

n을 자연수라 하면 $(n+1)$항에서 n항을 더하고 $+2$를 한 값인 $(n+2)$항이 되는 수열이다.
따라서 ( )$=48+29+2=79$이다.

풀이 전략!

- 수열을 풀이할 때는 다음과 같은 규칙이 적용되는지를 순차적으로 판단한다.
  1) 각 항에 일정한 수를 사칙연산($+$, $-$, $\times$, $\div$)하는 규칙
  2) 홀수 항, 짝수 항 규칙
  3) 피보나치 수열과 같은 계차를 이용한 규칙
  4) 군수열을 활용한 규칙
  5) 항끼리 사칙연산을 하는 규칙

주요 수열 규칙

구분	내용
등차수열	앞의 항에 일정한 수를 더해 이루어지는 수열
등비수열	앞의 항에 일정한 수를 곱해 이루어지는 수열
피보나치 수열	앞의 두 항의 합이 그 다음 항의 수가 되는 수열
건너뛰기 수열	두 개 이상의 수열 또는 규칙이 일정한 간격을 두고 번갈아가며 적용되는 수열
계차수열	앞의 항과 차가 일정하게 증가하는 수열
군수열	일정한 규칙성으로 몇 항씩 묶어 나눈 수열

※ 다음과 같이 일정한 규칙으로 수를 나열할 때, 빈칸에 들어갈 수를 고르시오. **[1~3]**

01

$$\frac{6}{15} \qquad \frac{18}{15} \qquad \frac{18}{45} \qquad (\quad) \qquad \frac{54}{135}$$

① $\dfrac{36}{135}$ ② $\dfrac{54}{135}$

③ $\dfrac{54}{45}$ ④ $\dfrac{36}{54}$

02

2   12   32   72   152   312   632   (   )

① 1,254 ② 1,262
③ 1,264 ④ 1,272

03

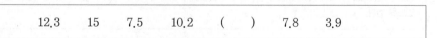

12.3   15   7.5   10.2   (   )   7.8   3.9

① 4.2 ② 5.1
③ 6.3 ④ 7.2

| 유형분석 |

- 주어진 자료를 통해 문제에서 주어진 특정한 값을 찾고, 자료의 변동량을 구할 수 있는지 평가하는 유형이다.
- 각 그래프의 선이 어떤 항목을 의미하는지와 단위를 정확히 확인한다.
- 그림을 통해 계산하지 않고 눈으로 확인할 수 있는 내용(증감추이)이 있는지 확인한다.

다음은 2024년도 H지역 고등학교 학년별 도서 선호 분야 비율에 대한 자료이다. 취업 관련 도서를 선호하는 3학년 학생 수 대비 철학·종교 도서를 선호하는 1학년 학생 수의 비율로 옳은 것은?(단, 모든 계산은 소수점 첫째 자리에서 반올림한다)

〈H지역 고등학교 학년별 도서 선호 분야 비율〉

(단위 : 명, %)

학년	학생 수	장르 소설	문학	자기 계발	취업 관련	예술·문화	역사·지리	과학·기술	정치·사회	철학·종교	경제·경영	기타
소계	1,160	28.9	18.2	7.7	6.9	5.4	6.1	7.9	5.8	4.2	4.5	4.4
1학년	375	29.1	18.1	7	6.4	8.7	5.3	7.8	4.1	3	6.5	4
2학년	417	28.4	18.7	8.9	7.5	3.8	6.3	8.3	8.1	5	3.1	1.9
3학년	368	29.3	17.8	7.1	6.6	3.7	6.8	7.6	4.8	4.5	4.1	7.7

① 42%
② 46%
③ 54%
④ 58%

정답 ②

취업 관련 도서를 선호하는 3학년 학생 수는 $368 \times 0.066 \fallingdotseq 24$명이고, 철학·종교 도서를 선호하는 1학년 학생 수는 $375 \times 0.03 \fallingdotseq 11$명이다.

따라서 취업 관련 도서를 선호하는 3학년 학생 수 대비 철학·종교 도서를 선호하는 1학년 학생 수의 비율은 $\frac{11}{24} \times 100 \fallingdotseq 46\%$이다.

풀이 전략!

선택지를 먼저 읽고 필요한 정보를 도표에서 확인하도록 하며, 계산이 필요한 경우에는 실제 수치를 사용하여 복잡한 계산을 하는 대신, 대소 관계의 비교나 선택지의 옳고 그름만을 판단할 수 있을 정도로 간소화하여 계산해 풀이시간을 단축할 수 있도록 한다.

01 다음은 공공기관 청렴도 평가 현황 자료이다. 내부청렴도가 가장 높은 해와 낮은 해를 차례대로 나열하면?

〈공공기관 청렴도 평가 현황〉

(단위 : 점)

구분	2020년	2021년	2022년	2023년
종합청렴도	6.23	6.21	6.16	6.8
외부청렴도	8.0	8.0	8.0	8.1
내부청렴도	( )	( )	( )	( )
정책고객평가	6.9	7.1	7.2	7.3
금품제공률	0.7	0.7	0.7	0.5
향응제공률	0.7	0.8	0.8	0.4
편의제공률	0.2	0.2	0.2	0.2

※ 종합청렴도, 외부청렴도, 내부청렴도, 정책고객평가는 10점 만점으로, 10점에 가까울수록 청렴도가 높다는 의미이다.

※ (종합청렴도)＝[(외부청렴도)×0.6+(내부청렴도)×0.3+(정책고객평가)×0.1]−(감점요인)

※ 금품제공률, 향응제공률, 편의제공률은 감점요인이다.

	가장 높은 해	가장 낮은 해
①	2020년	2022년
②	2021년	2022년
③	2021년	2023년
④	2022년	2023년

02 다음은 1,000명을 대상으로 5개 제조사 타이어 제품에 대한 소비자 선호도 조사 결과이다. 1차 선택 후 일주일간 사용하고, 다시 2차 선택을 하였다. 아래 두 가지 질문에 대한 답을 순서대로 짝지은 것은?

<5개 제조사 타이어 제품에 대한 소비자 선호도 조사 결과>

2차 선택 1차 선택	A사	B사	C사	D사	E사	총계
A사	120	17	15	23	10	185
B사	22	89	11	(가)	14	168
C사	17	11	135	13	12	188
D사	15	34	21	111	21	202
E사	11	18	13	15	200	257
총계	185	169	195	194	157	1,000

• (가)에 들어갈 수는?
• 1차에서 D사를 선택하고 2차에서 C사를 선택한 소비자 수와 1차에서 E사를 선택하고 2차에서 B사를 선택한 소비자 수의 차이는?

① 32, 3
② 32, 6
③ 12, 11
④ 12, 3

03 다음은 H기업의 매출액과 분기별 매출액의 영업팀 구성비를 나타낸 자료이다. 연간 영업팀의 매출 순위와 1위 팀이 기록한 연 매출액을 차례대로 나열한 것은?

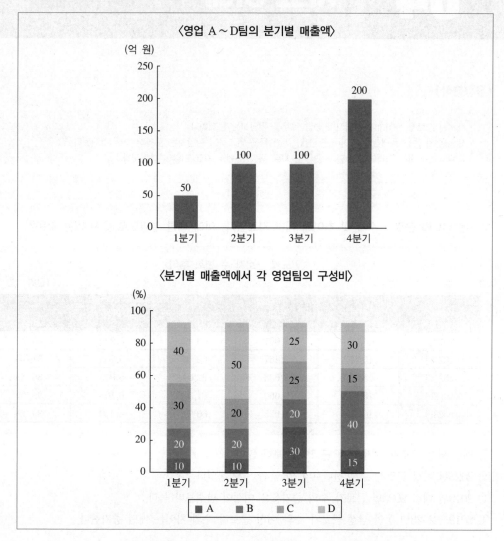

〈영업 A ~ D팀의 분기별 매출액〉

〈분기별 매출액에서 각 영업팀의 구성비〉

① A - B - C - D, 120억 원   ② D - B - A - C, 120억 원

③ D - B - C - A, 155억 원   ④ B - A - C - D, 120억 원

| 유형분석 |

- 제시된 자료를 분석하여 선택지의 정답 유무를 판단하는 문제이다.
- 표의 수치 등을 통해 변화량이나 증감률, 비중 등을 비교하여 판단하는 문제가 자주 출제된다.
- 지원하고자 하는 기업이나 산업과 관련된 자료 등이 문제의 자료로 많이 다뤄진다.

다음은 연도별 근로자 수 변화 추이에 대한 자료이다. 이에 대한 설명으로 옳지 않은 것은?

〈연도별 근로자 수 변화 추이〉

(단위 : 천 명)

구분	전체	남성	비중	여성	비중
2019년	14,290	9,061	63.4%	5,229	36.6%
2020년	15,172	9,467	62.4%	5,705	37.6%
2021년	15,535	9,633	62.0%	5,902	38.0%
2022년	15,763	9,660	61.3%	6,103	38.7%
2023년	16,355	9,925	60.7%	6,430	39.3%

① 매년 남성 근로자 수가 여성 근로자 수보다 많다.

② 2023년 여성 근로자 수는 전년보다 약 5.4% 증가하였다.

③ 2019년 대비 2023년 근로자 수의 증가율은 여성이 남성보다 높다.

④ 2019 ~ 2023년 동안 남성 근로자 수와 여성 근로자 수의 차이는 매년 증가한다.

2019 ~ 2023년의 남성 근로자 수와 여성 근로자 수 차이를 구하면 다음과 같다.
- 2019년 : $9,061-5,229=3,832$천 명
- 2020년 : $9,467-5,705=3,762$천 명
- 2021년 : $9,633-5,902=3,731$천 명
- 2022년 : $9,660-6,103=3,557$천 명
- 2023년 : $9,925-6,430=3,495$천 명

즉, 2019 ~ 2023년 동안 남성과 여성의 차이는 매년 감소한다.

오답분석

① 제시된 자료를 통해 알 수 있다.

② 2022년 대비 2023년 여성 근로자 수의 증가율 : $\dfrac{6,430-6,103}{6,103}\times100≒5.36\%$

③ 성별 2019년 대비 2023년 근로자 수의 증가율은 다음과 같다.
- 남성 : $\dfrac{9,925-9,061}{9,061}\times100≒9.54\%$
- 여성 : $\dfrac{6,430-5,229}{5,229}\times100≒22.97\%$

따라서 여성의 증가율이 더 높다.

풀이 전략!

자료만 보고도 풀 수 있거나 계산이 필요 없는 선택지를 먼저 해결한다.
평소 변화량이나 증감률, 비중 등을 구하는 공식을 알아 두고 있어야 하며, 지원하는 공사·공단에 대한 자료 등을 확인하여 비교하는 연습 등을 한다.

01 다음은 A, B 두 국가의 에너지원 수입액에 대한 자료이다. 이에 대한 설명으로 옳은 것은?

〈A, B국의 에너지원 수입액〉

(단위 : 억 달러)

구분	연도	1983년	2003년	2023년
A국	석유	74	49.9	29.5
	석탄	82.4	60.8	28
	LNG	29.2	54.3	79.9
B국	석유	75	39	39
	석탄	44	19.2	7.1
	LNG	30	62	102

① 1983년의 석유 수입액은 A국이 B국보다 많다.

② 2003년의 A국의 석유 및 석탄의 수입액의 합은 LNG 수입액의 2배보다 적다.

③ 2023년의 석탄 수입액은 A국이 B국의 4배보다 적다.

④ 1983년 대비 2023년의 LNG 수입액의 증가율은 A국이 B국보다 크다.

02 다음은 2019 ~ 2023년 발굴조사 건수 및 비용에 대한 자료이다. 이에 대한 설명으로 옳은 것은?

〈발굴조사 건수 및 비용〉

(단위 : 건, 억 원)

구분		2019년	2020년	2021년	2022년	2023년
지표조사	건수	1,196	1,103	1,263	1,399	1,652
	비용	82	67	71	77	105
발굴조사	건수	2,266	2,364	2,388	2,442	2,642
	비용	2,509	2,378	2,300	2,438	2,735
합계	건수	3,462	3,500	3,651	3,841	4,294
	비용	2,591	2,470	2,371	2,515	2,840

① 전체 조사의 평균 건당 비용은 지속 감소되고 있다.

② 발굴조사의 평균 건당 비용은 매해 1억 원 이상이다.

③ 연도별 비교 시 발굴조사 비용의 비율이 가장 높은 해는 2021년이다.

④ 연도별 전체 건수에 대한 발굴조사 건수의 비율은 2022년이 2020년보다 높다.

03 다음은 자동차 생산·내수·수출 현황에 대한 자료이다. 이에 대한 설명으로 옳지 않은 것은?

〈자동차 생산·내수·수출 현황〉

(단위 : 대, %)

구분		2019년	2020년	2021년	2022년	2023년
생산	차량 대수	4,086,308	3,826,682	3,512,926	4,271,741	4,657,094
	증감률	(6.4)	(▽6.4)	(▽8.2)	(21.6)	(9.0)
내수	차량 대수	1,219,335	1,154,483	1,394,000	1,465,426	1,474,637
	증감률	(4.7)	(▽5.3)	(20.7)	(5.1)	(0.6)
수출	차량 대수	2,847,138	2,683,965	2,148,862	2,772,107	3,151,708
	증감률	(7.5)	(▽5.7)	(▽19.9)	(29.0)	(13.7)

① 2019년에는 전년 대비 생산, 내수, 수출이 모두 증가했다.

② 내수가 가장 큰 폭으로 증가한 해에는 생산과 수출이 모두 감소했다.

③ 수출이 증가했던 해는 생산과 내수 모두 증가했다.

④ 생산이 증가했지만 내수나 수출이 감소한 해가 있다.

04 다음은 2018년부터 2023년까지 H국의 인구성장률과 합계출산율을 나타낸 자료이다. 이에 대한 설명으로 옳지 않은 것은?

〈인구성장률〉

(단위 : %)

연도	2018년	2019년	2020년	2021년	2022년	2023년
인구성장률	0.53	0.46	0.63	0.53	0.45	0.39

〈합계출산율〉

(단위 : 명)

연도	2018년	2019년	2020년	2021년	2022년	2023년
합계출산율	1.297	1.187	1.205	1.239	1.172	1.052

※ 합계출산율 : 가임여성 1명이 평생 낳을 것으로 예상되는 평균 출생아 수

① H국의 인구성장률은 2020년 이후로 계속해서 감소하고 있다.

② 2018년부터 2023년 동안 인구성장률이 가장 낮았던 해는 합계출산율도 가장 낮았다.

③ 2023년의 인구성장률은 2020년 대비 40%p 이상 감소하였다.

④ 2018년부터 2023년 동안 인구성장률과 합계출산율이 두 번째로 높은 해는 2021년이다.

05 다음은 우리나라의 10대 수출 품목이 전체 수출 품목에서 차지하는 비중에 대한 자료이다. 이에 대한 분석으로 옳지 않은 것은?

〈우리나라의 10대 수출 품목과 비중〉

(단위 : %)

순위	2019년 품목	비중	2020년 품목	비중	2021년 품목	비중	2022년 품목	비중	2023년 품목	비중
1	반도체	10.9	선박류	10.2	석유제품	10.2	반도체	10.2	반도체	10.9
2	선박류	10.5	석유제품	9.3	반도체	9.2	석유제품	9.4	석유제품	8.9
3	자동차	7.6	반도체	9.0	자동차	8.6	자동차	8.7	자동차	8.5
4	평판 디스플레이	7.0	자동차	8.2	선박류	7.3	선박류	6.6	선박류	7.0
5	석유제품	6.8	평판 디스플레이	5.6	평판 디스플레이	5.7	평판 디스플레이	5.1	무선 통신기기	5.2
6	무선 통신기기	5.9	무선 통신기기	4.9	자동차부품	4.5	무선 통신기기	4.9	자동차부품	4.7
7	자동차부품	4.1	자동차부품	4.2	무선 통신기기	4.2	자동차부품	4.7	평판 디스플레이	4.6
8	합성수지	3.7	철강판	3.8	철강판	3.6	합성수지	3.8	합성수지	3.8
9	철강판	3.6	합성수지	3.5	합성수지	3.6	철강판	3.1	철강판	3.3
10	컴퓨터	2.0	컴퓨터	1.6	전자 응용기기	1.6	전자 응용기기	1.9	전자 응용기기	1.7
계	–	61.9	–	60.3	–	58.4	–	58.6	–	58.6

① 전 기간에 걸쳐 10대 수출 품목은 전체 수출 품목의 절반 이상을 차지했다.
② 상위 3개 품목의 비중이 10대 품목 비중의 절반 이상을 차지한 해는 없다.
③ 컴퓨터는 2020년 이후 합성수지에 밀려 10대 품목에서 제외되었다.
④ 10대 품목의 비중 중에서 전 기간에 걸쳐 순위 변동이 가장 적은 품목은 자동차이다.

06 다음은 청년 고용동향에 대한 자료이다. 이를 통해 판단한 내용으로 옳지 않은 것은?

〈청년층(15 ~ 26세) 고용률 및 실업률〉

- 실업률 : [(실업자수)÷(경제활동인구)]×100
- 고용률 : [(취업자수)÷(생산가능인구)]×100

〈청년층(15 ~ 26세) 고용동향〉

(단위 : %, 천 명)

구분	2016년	2017년	2018년	2019년	2020년	2021년	2022년	2023년
생산가능인구	9,920	9,843	9,855	9,822	9,780	9,705	9,589	9,517
경제활동인구	4,836	4,634	4,530	4,398	4,304	4,254	4,199	4,156
경제활동참가율	48.8	47.1	46.0	44.8	44.0	43.8	43.8	43.7

- 생산가능인구 : 만 15세 이상 인구
- 경제활동인구 : 만 15세 이상 인구 중 취업자와 실업자
- 경제활동참가율 : [(경제활동인구)÷(생산가능인구)]×100

① 청년층 고용률과 실업률 사이에는 상관관계가 없다.

② 전년과 비교했을 때, 2017년에 경제활동인구가 가장 많이 감소했다.

③ 생산가능인구는 매년 감소하고 있다.

④ 고용률 대비 실업률 비율이 가장 높았던 해는 2020년이다.

CHAPTER 03

문제해결능력

합격 Cheat Key

문제해결능력은 업무를 수행하면서 여러 가지 문제 상황이 발생하였을 때, 창의적이고 논리적인 사고를 통하여 이를 올바르게 인식하고 적절히 해결하는 능력으로, 하위 능력에는 사고력과 문제처리능력이 있다.

문제해결능력은 NCS 기반 채용을 진행하는 대다수의 공사・공단에서 채택하고 있으며, 다양한 자료와 함께 출제되는 경우가 많아 어렵게 느껴질 수 있다. 특히, 난이도가 높은 문제로 자주 출제되기 때문에 다른 영역보다 더 많은 노력이 필요할 수는 있지만 그렇기에 차별화를 할 수 있는 득점 영역이므로 포기하지 말고 꾸준하게 노력해야 한다.

1 질문의 의도를 정확하게 파악하라!

문제해결능력은 문제에서 무엇을 묻고 있는지 정확하게 파악하여 먼저 풀이 방향을 설정하는 것이 가장 효율적인 방법이다. 특히, 조건이 주어지고 답을 찾는 창의적・분석적인 문제가 주로 출제되고 있기 때문에 처음에 정확한 풀이 방향이 설정되지 않는다면 문제를 제대로 풀지 못하게 되므로 첫 번째로 출제 의도 파악에 집중해야 한다.

2 중요한 정보는 반드시 표시하라!

출제 의도를 정확히 파악하기 위해서는 문제의 중요한 정보를 반드시 표시하거나 메모하여 하나의 조건, 단서도 잊고 넘어가는 일이 없도록 해야 한다. 실제 시험에서는 시간의 압박과 긴장감으로 정보를 잘못 적용하거나 잊어버리는 실수가 많이 발생하므로 사전에 충분한 연습이 필요하다.

3 반복 풀이를 통해 취약 유형을 파악하라!

문제해결능력은 특히 시간관리가 중요한 영역이다. 따라서 정해진 시간 안에 고득점을 할 수 있는 효율적인 문제 풀이 방법을 찾아야 한다. 이때, 반복적인 문제 풀이를 통해 자신이 취약한 유형을 파악하는 것이 중요하다. 정확하게 풀 수 있는 문제부터 빠르게 풀고 취약한 유형은 나중에 푸는 효율적인 문제 풀이를 통해 최대한 고득점을 맞는 것이 중요하다.

| 유형분석 |

- 주어진 문장을 토대로 논리적으로 추론하여 참 또는 거짓을 구분하는 문제이다.
- 대체로 연역추론을 활용한 명제 문제가 출제된다.
- 자료를 제시하고 새로운 결과나 자료에 주어지지 않은 내용을 추론해 가는 형식의 문제가 출제된다.

다음 〈조건〉은 김사원이 체결한 A ~ G 7개 계약들의 체결 순서에 대한 정보이다. 김사원이 다섯 번째로 체결한 계약은?

조건

- B와의 계약은 F와의 계약에 선행한다.
- G와의 계약은 D와의 계약보다 먼저 이루어졌는데 E, F와의 계약보다는 나중에 이루어졌다.
- B와의 계약은 가장 먼저 맺어진 계약이 아니다.
- D와의 계약은 A와의 계약보다 먼저 이루어졌다.
- C와의 계약은 G와의 계약보다 나중에 이루어졌다.
- A와 D의 계약 시간은 인접하지 않는다.

---

① A　　　　　　　　　　　　　　② B
③ C　　　　　　　　　　　　　　④ D

정답 ④

제시된 조건을 정리하면 E → B → F → G → D → C → A의 순서로 계약이 체결됐다. 따라서 다섯 번째로 체결한 계약은 D이다.

풀이 전략!

명제와 관련한 기본적인 논법에 대해서는 미리 학습해 두며, 이를 바탕으로 각 문장에 있는 핵심단어 또는 문구를 기호화하여 정리한 후, 선택지와 비교하여 참 또는 거짓을 판단한다.

01 아마추어 야구 리그에서 활동하는 A ~ D팀은 빨간색, 노란색, 파란색, 보라색 중에서 매년 상징하는 색을 바꾸고 있다. 다음 〈조건〉을 참고할 때, 반드시 참인 것은?

조건
- 하나의 팀은 하나의 상징색을 갖는다.
- 이전에 사용했던 상징색을 다시 사용할 수는 없다.
- A팀과 B팀은 빨간색을 사용한 적이 있다.
- B팀과 C팀은 보라색을 사용한 적이 있다.
- D팀은 노란색을 사용한 적이 있고, 파란색을 선택하였다.

① A팀은 파란색을 사용한 적이 있어 다른 색을 골라야 한다.
② A팀의 상징색은 노란색이 될 것이다.
③ C팀은 파란색을 사용한 적이 있을 것이다.
④ C팀의 상징색은 빨간색이 될 것이다.

02 다음 〈조건〉에 따라 오피스텔 입주민들이 쓰레기를 배출한다고 할 때, 적절하지 않은 것은?

조건
- 5개 동 주민들은 모두 다른 날에 쓰레기를 버린다.
- 쓰레기 배출은 격일로 이루어진다.
- 5개 동 주민들은 A동, B동, C동, D동, E동 순서대로 쓰레기를 배출한다.
- 규칙은 A동이 첫째 주 일요일에 쓰레기를 배출하는 것으로 시작한다.

① A동과 E동은 같은 주에 쓰레기를 배출할 수 있다.
② 10주 차 일요일에는 A동이 쓰레기를 배출한다.
③ A동은 모든 요일에 쓰레기를 배출한다.
④ 2주에 걸쳐 쓰레기를 2회 배출할 수 있는 동은 두 개이다.

03 H베이커리에서는 A ~ D단체에 우유식빵, 밤식빵, 옥수수식빵, 호밀식빵을 〈조건〉에 따라 한 종류씩 납품하려고 한다. 다음 중 반드시 참인 것은?

> **조건**
> • 한 단체에 납품하는 빵의 종류는 겹치지 않도록 한다.
> • 우유식빵과 밤식빵은 A에 납품된 적이 있다.
> • 옥수수식빵과 호밀식빵은 C에 납품된 적이 있다.
> • 옥수수식빵은 D에 납품된다.

① 우유식빵은 B에 납품된 적이 있다.
② 옥수수식빵은 A에 납품된 적이 있다.
③ 호밀식빵은 A에 납품될 것이다.
④ 우유식빵은 C에 납품된 적이 있다.

04 H대학교의 기숙사에 거주하는 A ~ D는 1층부터 4층에 매년 새롭게 방을 배정받고 있으며, 올해도 방을 배정받는다. 다음 〈조건〉을 참고할 때, 반드시 참인 것은?

> **조건**
> • 한 번 배정받은 층에는 다시 배정받지 않는다.
> • A와 D는 2층에 배정받은 적이 있다.
> • B와 C는 3층에 배정받은 적이 있다.
> • A와 B는 1층에 배정받은 적이 있다.
> • A, B, D는 4층에 배정받은 적이 있다.

① C는 4층에 배정될 것이다.
② D는 3층에 배정받은 적이 있을 것이다.
③ D는 1층에 배정받은 적이 있을 것이다.
④ 기숙사에 3년 이상 산 사람은 A밖에 없다.

05 H공단의 건물에서는 엘리베이터 여섯 대(1 ~ 6호기)를 6시간에 걸쳐 검사하고자 한다. 한 시간에 한 대씩만 검사한다고 할 때, 다음 〈조건〉에 근거하여 바르게 추론한 것은?

> **조건**
>
> • 제일 먼저 검사하는 엘리베이터는 5호기이다.
> • 가장 마지막에 검사하는 엘리베이터는 6호기가 아니다.
> • 2호기는 6호기보다 먼저 검사한다.
> • 3호기는 두 번째로 먼저 검사하며, 그 다음으로 검사하는 엘리베이터는 1호기이다.

① 6호기는 4호기보다 늦게 검사한다.

② 마지막으로 검사하는 엘리베이터는 4호기가 아니다.

③ 4호기 다음으로 검사할 엘리베이터는 2호기이다.

④ 6호기는 1호기 다다음에 검사하며, 다섯 번째로 검사하게 된다.

06 이번 학기에 4개의 강좌 A ~ D가 새로 개설되는데, 강사 갑 ~ 무 중 4명이 한 강좌씩 맡으려 한다. 배정 결과를 궁금해 하는 5명은 다음 〈조건〉과 같이 예측했다. 배정 결과를 보니 갑 ~ 무의 진술 중 한 명의 진술만이 거짓이고 나머지는 참임이 드러났을 때, 바르게 추론한 것은?

> **조건**
>
> 갑 : 을이 A강좌를 담당하고 병은 강좌를 담당하지 않을 것이다.
> 을 : 병이 B강좌를 담당할 것이다.
> 병 : 정은 D강좌가 아닌 다른 강좌를 담당할 것이다.
> 정 : 무가 D강좌를 담당할 것이다.
> 무 : 을의 말은 거짓일 것이다.

① 갑은 A강좌를 담당한다.

② 을은 C강좌를 담당한다.

③ 병은 강좌를 담당하지 않는다.

④ 정은 D강좌를 담당한다.

| 유형분석 |

- 주어진 상황과 규칙을 종합적으로 활용하여 풀어 가는 문제이다.
- 일정, 비용, 순서 등 다양한 내용을 다루고 있어 유형을 한 가지로 단일화하기 어렵다.

갑은 다음 규칙을 참고하여 알파벳 단어를 숫자로 변환하고자 한다. 규칙을 적용한 〈보기〉의 ㉠ ~ ㉢ 단어에서 알파벳 Z에 해당하는 자연수들을 모두 더한 값은?

〈규칙〉

① 알파벳 'A'부터 'Z'까지 순서대로 자연수를 부여한다.

　　예 A=2라고 하면 B=3, C=4, D=5이다.

② 단어의 음절에 같은 알파벳이 연속되는 경우 ①에서 부여한 숫자를 알파벳이 연속되는 횟수만큼 거듭제곱한다.

　　예 A=2이고 단어가 'AABB'이면 AA는 '2^2'이고, BB는 '3^2'이므로 '49'로 적는다.

보기

㉠ AAABBCC는 100000010201104104로 변환된다.

㉡ CDFE는 3465로 변환된다.

㉢ PJJYZZ는 1712126729로 변환된다.

㉣ QQTSR은 625282726으로 변환된다.

① 154　　　　　　　　　　　　　　　② 176

③ 199　　　　　　　　　　　　　　　④ 212

정답　④

㉠ A=100, B=101, C=102이다. 따라서 Z=125이다.

㉡ C=3, D=4, E=5, F=6이다. 따라서 Z=26이다.

㉢ P가 17임을 볼 때, J=11, Y=26, Z=27이다.

㉣ Q=25, R=26, S=27, T=28이다. 따라서 Z=34이다.

따라서 해당하는 Z값을 모두 더하면 125+26+27+34=212이다.

풀이 전략!

문제에 제시된 조건이나 규칙을 정확히 파악한 후, 선택지나 상황에 적용하여 문제를 풀어 나간다.

01 다음 제시된 자료와 〈조건〉을 바탕으로 철수, 영희, 민수, 철호가 상품을 구입한 쇼핑몰을 바르게 연결한 것은?

〈쇼핑몰별 이용약관 규칙〉

쇼핑몰	주문 취소	환불	배송비	포인트 적립
A	주문 후 7일 이내 취소 가능	10% 환불수수료, 송금수수료 차감	무료	구입 금액의 3%
B	주문 후 10일 이내 취소 가능	환불수수료, 송금수수료 차감	20만 원 이상 무료	구입 금액의 5%
C	주문 후 7일 이내 취소 가능	환불수수료, 송금수수료 차감	1회 이용 시 1만 원	없음
D	주문 후 당일에만 취소 가능	환불수수료, 송금수수료 차감	5만 원 이상 무료	없음
E	취소 불가능	고객 귀책 사유에 의한 환불 시에만 10% 환불수수료	1만 원 이상 무료	구입 금액의 10%
F	취소 불가능	원칙적으로 환불 불가능 (사업자 귀책 사유일 때만 환불 가능)	100g당 2,500원	없음

조건

• 철수는 부모님의 선물로 등산 용품을 구입하였는데, 판매자의 업무 착오로 배송이 지연되어 판매자에게 전화로 환불을 요구하였다. 판매자는 판매금액 그대로를 통장에 입금해 주었고 구입 시 발생한 포인트도 유지하여 주었다.
• 영희는 옷을 구매할 때 배송료를 고려하여 한 가지씩 여러 번에 나누어 구매하기보다는 가능한 한 한꺼번에 주문하곤 하였다.
• 인터넷 사이트에서 영화티켓을 20,000원에 주문한 민수는 다음날 같은 티켓을 18,000원에 파는 사이트를 발견하고 전날 주문한 티켓을 취소하려 했지만 취소가 되지 않아 곤란을 겪은 적이 있다.
• 가방을 10만 원에 구매한 철호는 도착한 물건의 디자인이 마음에 들지 않아 환불 및 송금수수료와 배송료를 감수하는 손해를 보면서도 환불할 수밖에 없었다.

	철수	영희	민수	철호
①	E	B	C	D
②	F	E	D	B
③	E	D	F	C
④	F	C	E	B

02 A팀과 B팀은 보안등급 상에 해당하는 문서를 나누어 보관하고 있다. 이에 따라 두 팀은 보안을 위해 아래와 같은 규칙에 따라 각 팀의 비밀번호를 지정하였다. 다음 중 A팀과 B팀에 들어갈 수 있는 암호배열은?

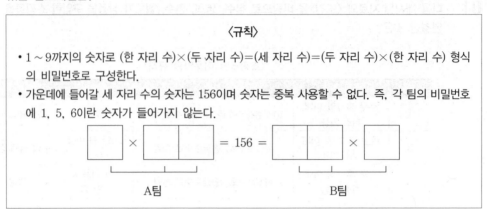

〈규칙〉

• 1 ~ 9까지의 숫자로 (한 자리 수)×(두 자리 수)=(세 자리 수)=(두 자리 수)×(한 자리 수) 형식의 비밀번호로 구성한다.
• 가운데에 들어갈 세 자리 수의 숫자는 156이며 숫자는 중복 사용할 수 없다. 즉, 각 팀의 비밀번호에 1, 5, 6이란 숫자가 들어가지 않는다.

A팀 B팀

① 23   ② 27

③ 29   ④ 39

03 다음 〈조건〉을 근거로 〈보기〉를 계산한 값은?

조건

연산자 A, B, C, D는 다음과 같이 정의한다.
• A : 좌우에 있는 두 수를 더한다. 단, 더한 값이 10 미만이면 좌우에 있는 두 수를 곱한다.
• B : 좌우에 있는 두 수 가운데 큰 수에서 작은 수를 뺀다. 단, 두 수가 같거나 뺀 값이 10 미만이면 두 수를 곱한다.
• C : 좌우에 있는 두 수를 곱한다. 단, 곱한 값이 10 미만이면 좌우에 있는 두 수를 더한다.
• D : 좌우에 있는 두 수 가운데 큰 수를 작은 수로 나눈다. 단, 두 수가 같거나 나눈 값이 10 미만이면 두 수를 곱한다.
※ 연산은 '( )', '[ ]'의 순으로 한다.

보기

$$[(1A5)B(3C4)]D6$$

① 10   ② 12

③ 90   ④ 210

04 S제품을 운송하는 A씨는 업무상 편의를 위해 고객의 주문 내역을 임의의 기호로 기록하고 있다. 다음과 같은 주문전화가 왔을 때, A씨가 기록한 기호로 옳은 것은?

<table>
<tr><th colspan="5">〈임의기호〉</th></tr>
<tr><td rowspan="2">재료</td><td>연강</td><td>고강도강</td><td>초고강도강</td><td>후열처리강</td></tr>
<tr><td>MS</td><td>HSS</td><td>AHSS</td><td>PHTS</td></tr>
<tr><td rowspan="2">판매량</td><td>낱개</td><td>1묶음</td><td>1box</td><td>1set</td></tr>
<tr><td>01</td><td>10</td><td>11</td><td>00</td></tr>
<tr><td rowspan="2">지역</td><td>서울</td><td>경기남부</td><td>경기북부</td><td>인천</td></tr>
<tr><td>E</td><td>S</td><td>N</td><td>W</td></tr>
<tr><td rowspan="2">윤활유 사용</td><td>청정작용</td><td>냉각작용</td><td>윤활작용</td><td>밀폐작용</td></tr>
<tr><td>P</td><td>C</td><td>I</td><td>S</td></tr>
<tr><td rowspan="2">용도</td><td>베어링</td><td>스프링</td><td>타이어코드</td><td>기계구조</td></tr>
<tr><td>SB</td><td>SS</td><td>ST</td><td>SM</td></tr>
</table>

※ A씨는 [재료] – [판매량] – [지역] – [윤활유 사용] – [용도]의 순서로 기호를 기록한다.

〈주문전화〉

B씨 : 어이~ A씨. 나야, 나. 인천 지점에서 같이 일했던 B. 내가 필요한 것이 있어서 전화했어. 일단 서울 지점의 C씨가 스프링으로 사용할 제품이 필요하다고 하는데 한 박스 정도면 될 것 같아. 이전에 주문했던 대로 연강에 윤활용으로 윤활유를 사용한 제품으로 부탁하네. 나는 이번에 경기도 남쪽으로 가는데 거기에 있는 내 사무실 알지? 거기로 초고강도강 타이어 코드용으로 1세트 보내 줘. 튼실한 걸로 밀폐용 윤활유 사용해서 부탁해. 저번에 냉각용으로 사용한 제품은 생각보다 좋진 않았어.

① MS11EISB, AHSS00SSST

② MS11EISS, AHSS00SSST

③ MS11EISS, HSS00SSST

④ MS11WISS, AHSS10SSST

| 유형분석 |

- 주어진 자료를 해석하고 활용하여 풀어가는 문제이다.
- 꼼꼼하고 분석적인 접근이 필요한 다양한 자료들이 출제된다.

다음 중 정수장 수질검사 현황에 대해 바르게 설명한 사람은?

〈정수장 수질검사 현황〉

급수 지역	항목						검사결과	
	일반세균 100 이하 (CFU/mL)	대장균 불검출 (수/100mL)	NH3-N 0.5 이하 (mg/L)	잔류염소 4.0 이하 (mg/L)	구리 1 이하 (mg/L)	망간 0.05 이하 (mg/L)	적합	기준 초과
함평읍	0	불검출	불검출	0.14	0.045	불검출	적합	없음
이삼읍	0	불검출	불검출	0.27	불검출	불검출	적합	없음
학교면	0	불검출	불검출	0.13	0.028	불검출	적합	없음
엄다면	0	불검출	불검출	0.16	0.011	불검출	적합	없음
나산면	0	불검출	불검출	0.12	불검출	불검출	적합	없음

① A사원 : 함평읍의 잔류염소는 가장 낮은 수치를 보였고, 기준치에 적합하네.

② B사원 : 모든 급수지역에서 일반세균이 나오지 않았어.

③ C사원 : 기준치를 초과한 곳은 없지만 적합하지 않은 지역은 있어.

④ D사원 : 대장균과 구리가 검출되면 부적합 판정을 받는구나.

정답 ②

오답분석

① 잔류염소에서 가장 낮은 수치를 보인 지역은 나산면(0.12mg/L)이고, 함평읍(0.14mg/L)은 세 번째로 낮다.

③ 기준치를 초과한 곳도 없고, 모두 적합 판정을 받았다.

④ 함평읍과 학교면, 엄다면은 구리가 검출되었지만 적합 판정을 받았다.

풀이 전략!

문제 해결을 위해 필요한 정보가 무엇인지 먼저 파악한 후, 제시된 자료를 분석적으로 읽고 해석한다.

01 다음은 H공사에서 발표한 행동강령 위반 신고물품 최종 처리결과이다. 이에 대한 설명으로 옳은 것은?

〈행동강령 위반 신고물품 처리현황〉

연번	접수일시	제공받은 물품	제공자 인적사항		처리내용	처리일시
			소속	성명		
1	21.01.28	귤 1상자(10kg)	직무관련자	안유진	복지단체기증	21.01.29
2	21.04.19	결혼경조금 200,000원	직무관련자	이미애	즉시 반환	21.04.23
3	21.08.11	박카스 10상자(100병)	민원인	김철수	즉시 반환	21.08.12
4	21.11.11	사례금 100,000원	민원인	리영수	즉시 반환	21.11.14
5	21.12.11	과메기 1상자	직무관련자	박대기	즉시 반환	21.12.12
6	22.09.07	음료 1상자	민원인	유인정	즉시 반환	22.09.07
7	22.09.24	음료 1상자	민원인	김지희	즉시 반환	22.09.24
8	23.02.05	육포 1상자	직무관련자	최지은	즉시 반환	23.02.11
9	23.04.29	1만 원 상품권 5매	직무관련업체	S마켓	즉시 반환	23.05.03
10	23.07.06	음료 1상자	민원인	차은우	복지단체기증	23.07.06
11	23.09.01	표고버섯 선물세트 3개, 견과류 선물세트 1개	직무관련업체	M단체	즉시 반환	23.09.01
12	23.09.07	표고버섯 선물세트 3개, 확인미상 물품 1개	직무관련업체	L단체	즉시 반환	23.09.07
13	23.09.12	과일선물세트 1개	직무관련업체	N병원	즉시 반환	23.09.12
14	23.09.12	음료 1상자	민원인	장지수	복지단체기증	23.09.12
15	23.09.22	사례금 20,000원	민원인	고유림	즉시 반환	23.09.23
16	23.10.19	홍보 포스트잇	직무관련업체	Q화학	즉시 반환	23.10.19

① 신고 물품 중 직무관련업체로부터 제공받은 경우가 가장 많았다.

② 모든 신고물품은 접수일시로부터 3일 이내에 처리되었다.

③ 2021년 4월부터 2023년 9월까지 접수된 신고물품 중 개인으로부터 제공받은 신고물품이 차지하는 비중은 80% 이상이다.

④ 직무관련업체로부터 받은 물품은 모두 즉시 반환되었다.

02 A씨와 B씨는 카셰어링 업체인 H카를 이용하여 각각 일정을 소화하였다. H카의 이용요금표와 일정이 다음과 같을 때, A씨와 B씨가 지불해야 하는 요금이 바르게 연결된 것은?

〈H카 이용요금표〉

구분	기준요금 (10분)	누진 할인요금				주행요금
		대여요금(주중)		대여요금(주말)		
		1시간	1일	1시간	1일	
모닝	880원	3,540원	35,420원	4,920원	49,240원	160원/km
레이		3,900원	39,020원	5,100원	50,970원	
아반떼	1,310원	5,520원	55,150원	6,660원	65,950원	170원/km
K3						

※ 주중 / 주말 기준
 – 주중 : 일요일 20:00 ~ 금요일 12:00
 – 주말 : 금요일 12:00 ~ 일요일 20:00(공휴일 및 당사 지정 성수기 포함)
※ 최소 예약은 30분이며 10분 단위로 연장할 수 있습니다(1시간 이하는 10분 단위로 환산하여 과금합니다).
※ 예약시간이 4시간을 초과하는 경우에는 누진 할인요금이 적용됩니다(24시간 한도).
※ 연장요금은 기준요금으로 부과합니다.
※ 이용시간 미연장에 따른 반납지연 패널티 요금은 초과한 시간에 대한 기준요금의 2배가 됩니다.

〈일정〉

• A씨
 – 차종 : 아반떼
 – 예약시간 : 3시간(토요일, 11:00 ~ 14:00)
 – 주행거리 : 92km
 – A씨는 저번 주 토요일, 친구 결혼식에 참석하기 위해 인천에 다녀왔다. 인천으로 가는 길은 순탄하였으나 돌아오는 길에는 고속도로에서 큰 사고가 있었던 모양인지 예상했던 시간보다 1시간 30분이 더 걸렸다. A씨는 이용시간을 연장해야 한다는 사실을 몰라 하지 못했다.
• B씨
 – 차종 : 레이
 – 예약시간 : 목요일, 금요일 00:00 ~ 08:00
 – 주행거리 : 243km
 – B씨는 납품지연에 따른 상황을 파악하기 위해 강원도 원주에 있는 거래처에 들러 이틀에 걸쳐 일을 마무리한 후 예정된 일정에 맞추어 다시 서울로 돌아왔다.

	A씨	B씨
①	61,920원	120,140원
②	62,800원	122,570원
③	62,800원	130,070원
④	63,750원	130,070원

03 H공단 홍보실에 근무하는 A사원은 12일부터 15일까지 워크숍을 가게 되었다. 워크숍을 떠나기 직전 A사원은 스마트폰의 날씨예보 어플을 통해 워크숍 장소인 춘천의 날씨를 확인해 보았다. 다음 중 A사원이 확인한 날씨예보의 내용으로 가장 적절한 것은?

① 워크숍 기간 중 오늘이 일교차가 가장 크므로 감기에 유의해야 한다.
② 내일 춘천지역의 미세먼지가 심하므로 주의해야 한다.
③ 워크숍 기간 중 비를 동반한 낙뢰가 예보된 날이 있다.
④ 글피엔 비가 내리지 않지만 최저기온이 영하이다.

04 A사원은 3박 4일 동안 대전으로 출장을 다녀오려고 한다. 출장 과정에서의 비용이 다음과 같을 때, A사원의 출장 경비 총액으로 옳은 것은?(단, A사원의 출장 세부내역 이외의 지출은 없다고 가정한다)

〈출장 경비〉

- 출장일부터 귀가할 때까지 소요되는 모든 교통비, 식비, 숙박비를 합산한 비용을 출장 경비로 지급한다.
- 교통비(서울 → 대전 / 대전 → 서울)

교통수단	기차	비행기	버스
비용(편도)	39,500원	43,250원	38,150원

※ 서울 및 대전 내에서의 시내이동에 소요되는 비용은 출장경비로 인정하지 않는다.

- 식비

식당	P식당	S식당	Y식당
식비(끼니당)	8,500원	8,700원	9,100원

- 숙박비

숙소	가	나	다
숙박비(1박)	75,200원	81,100원	67,000원
비고	연박 시 1박당 5% 할인	연박 시 1박당 10% 할인	–

〈A사원의 출장 세부내역〉

- A사원은 대전행은 기차를, 서울행은 버스를 이용하였다.
- A사원은 2일간 P식당을, 나머지 기간은 Y식당을 이용하였으며 출장을 시작한 날부터 마지막 날까지 하루 3끼를 먹었다.
- A사원은 출장기간 동안 숙소는 할인을 포함하여 가장 저렴한 숙소를 이용한다.

---

① 359,100원 ② 374,620원
③ 384,250원 ④ 396,500원

05 H주민센터 재무과에서는 7월 주민세(재산분) 신고 및 납부안내에 대해 고지하였다. 이와 관련해서 문의한 고객에게 안내할 내용으로 옳은 것은?

- 기간 : 2024. 7. 1. ~ 7. 31.
- 대상 : 7월 1일 기준 사업장 연면적 330m^2 초과하여 운영하는 사업주(개인 및 법인)
- 세율 : 1m^2당 250원(오염물질 배출사업소 중 부적합 사업소 2배 중과)
- 가산세적용
  - 무신고 가산세 : 7월 31일까지 신고가 없는 경우 본세의 20% 가산
  - 납부불성실 가산세 : (무신고세액 또는 부족세액의 지연일수)×3÷10,000
- 신고 및 납부 방법
  - 방문접수 : 신고서 제출 후 납부서 수령 후 인터넷 또는 금융기관 납부
  - 우편·팩스 : 등기우편 또는 팩스로 신고서 제출 후 수기납부서 납부
  - 전자신고 : 위택스(http://www.wetax.go.kr) 가입 후 신고·납부
- 제출서류 : 주민세(재산분) 신고서, 임대차 계약서, 건축물사용 내역서

① 오염물질 배출 사업소 중 부적합 사업소의 경우 1m^2당 500원의 세율이 부과됩니다.
② 7월 15일 기준 사업장 연면적이 330m^2를 초과하는 법인 사업주는 신고를 해야 합니다.
③ 주민세 신고서, 임대차 계약서, 건축물 명세서를 작성하여 제출해 주세요.
④ 7월 31일까지 접수를 하지 않을 경우 무신고 가산세가 20% 감산되어 적용됩니다.

06 올해 리모델링하는 H호텔에서 근무하는 귀하는 호텔 비품 구매를 담당하게 되었다. 제조사별 소파 특징을 알아본 귀하는 이탈리아제의 천, 쿠션재에 패더를 사용한 소파를 구매하기로 하였다. 쿠션재는 패더와 우레탄뿐이며 이 소파는 침대 겸용은 아니지만 리클라이닝이 가능하고 '조립'이라고 표시되어 있었으며, 커버는 교환할 수 없다. 귀하가 구매하려는 소파의 제조사는?

〈제조사별 소파 특징〉

구분	특징
A사	• 쿠션재에 스프링을 사용하지 않는 경우에는 이탈리아제의 천을 사용하지 않는다. • 국내산 천을 사용하는 경우에는 커버를 교환 가능하게 하지 않는다.
B사	• 쿠션재에 우레탄을 사용하는 경우에는 국내산 천을 사용한다. • 리클라이닝이 가능하지 않으면 이탈리아제 천을 사용하지 않는다.
C사	• 쿠션재에 패더를 사용하지 않는 경우에는 국내산 천을 사용한다. • 침대 겸용 소파의 경우에는 쿠션재에 패더를 사용하지 않는다.
D사	• 쿠션재에 패더를 사용하는 경우에는 이탈리아제의 천을 사용한다. • 조립이라고 표시된 소파의 경우에는 쿠션재에 우레탄을 사용한다.

① A사 또는 B사
② A사 또는 C사
③ B사 또는 C사
④ B사 또는 D사

04 SWOT 분석

| 유형분석 |

- 상황에 대한 환경 분석 결과를 통해 주요 과제를 도출하는 문제이다.
- 주로 3C 분석 또는 SWOT 분석을 활용한 문제들이 출제되고 있으므로 해당 분석도구에 대한 사전 학습이 요구된다.

다음은 한 분식점에 대한 SWOT 분석결과이다. 이에 대한 대응 방안으로 가장 적절한 것은?

<표>

〈분식점의 SWOT 분석결과〉

S(강점)	W(약점)
• 좋은 품질의 재료만 사용 • 청결하고 차별화된 이미지	• 타 분식점에 비해 한정된 메뉴 • 배달서비스를 제공하지 않음
O(기회)	T(위협)
• 분식점 앞에 곧 학교가 들어설 예정 • 최근 TV프로그램 섭외 요청을 받음	• 프랜차이즈 분식점들로 포화상태 • 저렴한 길거리 음식으로 취급하는 경향이 있음

① ST전략 : 비싼 재료들을 사용하여 가격을 올려 저렴한 길거리 음식이라는 인식을 바꾼다.
② WT전략 : 다른 분식점들과 차별화된 전략을 유지하기 위해 배달서비스를 시작한다.
③ SO전략 : TV프로그램에 출연해 좋은 품질의 재료만 사용한다는 점을 부각시킨다.
④ WO전략 : TV프로그램 출연용으로 다양한 메뉴를 일시적으로 개발한다.

정답 ③

SO전략은 강점을 살려 기회를 포착하는 전략이므로 TV프로그램에 출연하여 좋은 품질의 재료만 사용한다는 점을 홍보하는 것이 적절하다.

풀이 전략!

문제에 제시된 분석도구를 확인한 후, 분석 결과를 종합적으로 판단하여 각 선택지의 전략 과제와 일치 여부를 판단한다.

01 다음은 국내 금융기관에 대한 SWOT 분석 자료이다. 이를 통해 SWOT 전략을 세운다고 할 때, 〈보기〉 중 분석결과에 대응하는 전략과 그 내용이 바르게 연결된 것을 모두 고르면?

국내 대부분의 예금과 대출을 국내 은행이 차지하고 있을 정도로 국내 금융기관에 대한 우리나라 국민들의 충성도는 높은 편이다. 또한 국내 금융기관은 철저한 신용 리스크 관리로 해외 금융기관과 비교해 자산건전성 지표가 매우 우수한 편이다. 시장 리스크 관리도 해외 선진 금융기관 수준에 도달한 것으로 평가받는다. 국내 금융기관은 외환위기와 글로벌 금융위기 등을 거치며 꾸준히 자산건전성을 강화해 왔기 때문이다.

그러나 은행과 이자 이익에 수익이 편중돼 있다는 점은 국내 금융기관의 가장 큰 약점이 된다. 대부분 예금과 대출 거래 중심의 영업구조로 되어 있기 때문이다. 취약한 해외 비즈니스도 문제로 들 수 있다. 최근 동남아 시장을 중심으로 해외 진출에 박차를 가하고 있지만, 아직은 눈에 띄는 성과가 많지 않은 상황이다.

많은 어려움에도 불구하고 국내 금융기관의 발전 가능성은 아직 무궁무진하다. 우선 해외 시장으로 눈을 돌리면 다양한 기회가 열려 있다. 전 세계 신용·단기 자금 확대, 글로벌 무역 회복세로 국내 금융기관의 해외 진출 여건은 양호한 편이다. 따라서 해외 시장 개척을 통해 어떻게 신규 수익원을 확보하느냐가 성장의 새로운 기회로 작용할 전망이다. IT 기술 발달에 따른 핀테크의 등장도 새로운 기회가 될 수 있다. 국내의 발달된 인터넷과 모바일뱅킹 서비스, IT 인프라를 활용한 새로운 수익 창출 가능성이 열려 있는 것이다.

그러나 역설적으로 핀테크의 등장은 오히려 국내 금융기관의 발목을 잡을 수 있다. 블록체인 기술에 기반한 암호화폐, 간편결제와 송금, 로보어드바이저, 인터넷 은행, P2P 대출 등 다양한 핀테크 분야의 새로운 서비스들이 기존 금융 서비스의 대체재로서 출현하고 있기 때문이다. 금융시장 개방에 따른 글로벌 금융기관과의 경쟁 심화도 넘어야 할 산이다. 특히 중국 은행을 비롯한 중국 금융이 급성장하고 있어 이에 대한 대비책 마련이 시급하다.

보기

㉠ SO전략 : 높은 국내 시장점유율을 기반으로 국내 핀테크 사업에 진출한다.
㉡ WO전략 : 위기관리 역량을 강화하여 해외 금융시장에 진출한다.
㉢ ST전략 : 해외 금융기관과 비교해 우수한 자산건전성을 강조하여 글로벌 금융기관과의 경쟁에서 우위를 차지한다.
㉣ WT전략 : 해외 비즈니스 역량을 강화하여 해외 금융시장에 진출한다.

① ㉠, ㉡   ② ㉠, ㉢
③ ㉡, ㉢   ④ ㉡, ㉣

※ 다음은 H항만공사에서 분석한 SWOT 분석 결과이다. 이어지는 질문에 답하시오. [2~3]

〈H항만공사 SWOT 분석 결과〉

강점(Strength)	약점(Weakness)
• 경쟁력 있는 화물창출 인프라 확보 • 다기능 항만 전환 등을 통한 고부가가치 창출 기회 확보 및 수익구조 다양화 • 국내 최대 산업항만(수출·입 기준 국내 1위) • _____(가)_____	• 하역 능력 대비 컨테이너 물동량 증가세 저조 • 낮은 국내·외 인지도 • 자체 물량 창출을 위한 배후시장 미흡 • _____(나)_____
기회(Opportunity)	위협(Threat)
• FTA 확대로 다기능 항만 역량 요구 • 산업클러스터 항만에 대한 정부의 정책 변화 • 수출 자동차의 국내 환적 물동량 급증 • _____(다)_____	• 글로벌 해운동맹의 M&A로 물류거점 경쟁 가열 • 선박대형화에 따른 시설 증·개축 투자 소요 • 한진해운 사태 등으로 해운항만 경기 침체 • 글로벌 경기침체에 따른 물량증가 둔화 • _____(라)_____

02 SWOT 분석에 대한 설명이 아래와 같을 때, 다음 중 빈칸 (가) ~ (라)에 들어갈 내용으로 적절하지 않은 것은?

> SWOT 분석은 기업의 내부환경을 분석하여 강점(Strength)과 약점(Weakness)을 발견하고, 외부 환경을 분석하여 기회(Opportunity)와 위협(Threat)을 찾아내어 이를 토대로 강점은 살리고 약점은 죽이며, 기회는 활용하고 위협은 억제하는 마케팅 전략을 수립하는 것을 말한다.

① (가) : 글로벌 기업의 유치가 가능한 광활한 배후단지 보유
② (나) : 부채 감축 계획으로 사업 투자 여력 부족
③ (다) : 정부의 지속적 해양 신산업 육성
④ (라) : 일부 시설물 노후 심화에 따른 대규모 리뉴얼 사업 필요

03 SWOT 분석에 의한 마케팅 전략이 다음과 같을 때, H항만공사에서 분석한 SWOT 분석 자료에 대한 마케팅 전략의 내용으로 적절하지 않은 것은?

〈SWOT 마케팅 전략〉
① SO전략(강점 – 기회전략) : 시장의 기회를 활용하기 위해 강점을 사용하는 전략을 선택한다.
② ST전략(강점 – 위협전략) : 시장의 위협을 회피하기 위해 강점을 사용하는 전략을 선택한다.
③ WO전략(약점 – 기회전략) : 약점을 극복함으로써 시장의 기회를 활용하는 전략을 선택한다.
④ WT전략(약점 – 위협전략) : 시장의 위협을 회피하고 약점을 최소화하는 전략을 선택한다.

---

① SO전략 : 화물창출 인프라를 활용하여 다양한 기능을 가진 항만으로 발돋움한다.

② ST전략 : 경기 침체에 대비하여 국내 항만공사 중에서 수출·입 1위인 점을 적극 홍보한다.

③ WO전략 : 수출 자동차의 환적 물동량 급증 현상을 이용하여 경기침체 위기를 극복하도록 한다.

④ WT전략 : 물류거점을 확보하여 글로벌 해운동맹의 M&A에 대비하고, 자체적으로 물량을 더 창출하도록 한다.

CHAPTER 04

자원관리능력

합격 Cheat Key

자원관리능력은 현재 NCS 기반 채용을 진행하는 많은 공사·공단에서 핵심영역으로 자리 잡아, 일부를 제외한 대부분의 시험에서 출제되고 있다.

세부 유형은 비용 계산, 해외파견 지원금 계산, 주문 제작 단가 계산, 일정 조율, 일정 선정, 행사 대여 장소 선정, 최단거리 구하기, 시차 계산, 소요시간 구하기, 해외파견 근무 기준에 부합하는 또는 부합하지 않는 직원 고르기 등으로 나눌 수 있다.

1 시차를 먼저 계산하라!

시간 자원 관리의 대표유형 중 시차를 계산하여 일정에 맞는 항공권을 구입하거나 회의시간을 구하는 문제에서는 각각의 나라 시간을 한국 시간으로 전부 바꾸어 계산하는 것이 편리하다. 조건에 맞는 나라들의 시간을 전부 한국 시간으로 바꾸고 한국 시간과의 시차만 더하거나 빼면 시간을 단축하여 풀 수 있다.

2 선택지를 잘 활용하라!

계산을 해서 값을 요구하는 문제 유형에서는 선택지를 먼저 본 후 자리 수가 몇 단위로 끝나는지 확인해야 한다. 예를 들어 412,300원, 426,700원, 434,100원인 선택지가 있다고 할 때, 제시된 조건에서 100원 단위로 나올 수 있는 항목을 찾아 그 항목만 계산하는 방법이 있다. 또한, 일일이 계산하는 문제가 많다. 예를 들어 640,000원, 720,000원, 810,000원 등의 수를 이용해 푸는 문제가 있다고 할 때, 만 원 단위를 절사하고 계산하여 64, 72, 81처럼 요약하는 방법이 있다.

3　최적의 값을 구하는 문제인지 파악하라!

물적 자원 관리의 대표유형에서는 제한된 자원 내에서 최대의 만족 또는 이익을 얻을 수 있는 방법을 강구하는 문제가 출제된다. 이때, 구하고자 하는 값을 x, y로 정하고 연립방정식을 이용해 x, y 값을 구한다. 최소 비용으로 목표생산량을 달성하기 위한 업무 및 인력 할당, 정해진 시간 내에 최대 이윤을 낼 수 있는 업체 선정, 정해진 인력으로 효율적 업무 배치 등을 구하는 문제에서 사용되는 방법이다.

4　각 평가항목을 비교하라!

인적 자원 관리의 대표유형에서는 각 평가항목을 비교하여 기준에 적합한 인물을 고르거나, 저렴한 업체를 선정하거나, 총점이 높은 업체를 선정하는 문제가 출제된다. 이런 유형은 평가항목에서 가격이나 점수 차이에 영향을 많이 미치는 항목을 찾아 1 ~ 2개의 선택지를 삭제하고, 남은 3 ~ 4개의 선택지만 계산하여 시간을 단축할 수 있다.

01 시간 계획

| 유형분석 |

- 시간 자원과 관련된 다양한 정보를 활용하여 풀어 가는 유형이다.
- 대체로 교통편 정보나 국가별 시차 정보가 제공되며, 이를 근거로 '현지 도착시간 또는 약속된 시간 내에 도착하기 위한 방안'을 고르는 문제가 출제된다.

해외영업부 A대리는 B부장과 함께 샌프란시스코에 출장을 가게 되었다. 샌프란시스코의 시각은 한국보다 16시간 느리고, 비행시간은 10시간 25분일 때 샌프란시스코 현지 시각으로 11월 17일 오전 10시 35분에 도착하는 비행기를 타려면 한국 시각으로 몇 시까지 인천공항에 도착해야 하는가?

구분	날짜	출발 시각	비행 시간	날짜	도착 시각
인천 → 샌프란시스코	11월 17일		10시간 25분	11월 17일	10:35
샌프란시스코 → 인천	11월 21일	17:30	12시간 55분	11월 22일	22:25

※ 단, 비행기 출발 한 시간 전에 공항에 도착해 티켓팅을 해야 한다.

① 12:10　　　　　　　　　② 13:10
③ 14:10　　　　　　　　　④ 15:10

정답 ④

인천에서 샌프란시스코까지 비행 시간은 10시간 25분이므로, 샌프란시스코 도착 시각에서 거슬러 올라가면 샌프란시스코 시각으로 00시 10분에 출발한 것이 된다. 이때 한국은 샌프란시스코보다 16시간 빠르기 때문에 한국 시각으로는 16시 10분에 출발한 것이다. 하지만 비행기 티켓팅을 위해 출발 한 시간 전에 인천공항에 도착해야 하므로 15시 10분까지 공항에 가야 한다.

풀이 전략!

문제에서 묻는 것을 정확히 파악한다. 특히 제한사항에 대해서는 빠짐없이 확인해 두어야 한다. 이후 제시된 정보(시차 등)에서 필요한 것을 선별하여 문제를 풀어 간다.

01 한국의 A사, 오스트레일리아의 B사, 아랍에미리트의 C사, 러시아의 D사는 상호협력프로젝트를 추진하고자 화상회의를 하려고 한다. 한국시각을 기준으로 삼을 때 화상회의 진행이 가능한 시간은?

<국가별 시간>

국가(도시)	현지시각
대한민국(서울)	06. 20 08:00am
오스트레일리아(캔버라)	06. 20 10:00am
아랍에미리트(두바이)	06. 20 03:00am
러시아(모스크바)	06. 20 02:00am

※ 각 회사의 위치는 위 자료에 있는 도시에 있다.
※ 모든 회사의 근무시간은 현지시각으로 평일 오전 9시 ~ 오후 6시이다.
※ A, B, D사의 식사시간은 현지시각으로 오후 12시 ~ 오후 1시이다.
※ C사의 식사시간은 오전 11시 30분 ~ 오후 12시 30분이고, 오후 12시 30분부터 오후 1시까지 전 직원이 종교활동을 한다.
※ 화상회의의 소요시간은 1시간이다.
※ 6월 20일은 화요일이다.

① 오후 1 ~ 2시
② 오후 2 ~ 3시
③ 오후 3 ~ 4시
④ 오후 4 ~ 5시

02 모스크바 지사에서 일하고 있는 A대리는 밴쿠버 지사와의 업무협조를 위해 6월 22일 오전 10시 15분에 밴쿠버 지사로 업무협조 메일을 보냈다. 〈조건〉을 토대로 밴쿠버 지사에서 가장 빨리 메일을 읽었을 때, 모스크바의 시각은?

조건
• 밴쿠버는 모스크바보다 10시간이 늦다.
• 밴쿠버 지사의 업무시간은 오전 10시부터 오후 6시까지다.
• 밴쿠버 지사에서는 6월 22일 오전 10시부터 15분간 전력 점검이 있었다.

① 6월 22일 오전 10시 15분
② 6월 23일 오전 10시 15분
③ 6월 22일 오후 8시 15분
④ 6월 23일 오후 8시 15분

※ 다음은 H공사의 3월 일정표이다. 이어지는 질문에 답하시오. **[3~4]**

〈3월 일정표〉

월요일	화요일	수요일	목요일	금요일	토요일	일요일
			1 삼일절	2 김사원 휴가	3	4
5 H공사 전체회의	6 최사원 휴가	7	8 정대리 휴가	9	10	11
12 최팀장 휴가	13	14 정과장 휴가	15 정과장 휴가	16 김팀장 휴가	17	18
19 유부장 휴가	20	21	22	23 임사원 휴가	24	25
26 박과장 휴가	27 최대리 휴가	28	29 한과장 휴가	30 유부장 휴가	31	

- 소속 부서
  - 총무팀 : 최사원, 김대리, 한과장, 최팀장
  - 신용팀 : 임사원, 정대리, 박과장, 김팀장
  - 경제팀 : 김사원, 최대리, 정과장, 유부장
※ 휴가는 공휴일과 주말을 제외하고 사용하며, 전체 일정이 있는 경우 휴가를 사용하지 않는다.

03 H공사 직원들은 휴가일이 겹치지 않게 하루 이상 휴가를 쓰려고 한다. 다음 중 총무팀 김대리의 휴가일정으로 가장 적절한 것은?

① 1일
② 5일
③ 9 ~ 10일
④ 21 ~ 22일

04 H공사 직원들이 동일한 일수로 서로 겹치지 않게 휴가를 쓴다고 할 때, 한 사람당 최대 며칠까지 휴가를 쓸 수 있겠는가?

① 1일
② 2일
③ 3일
④ 4일

05 독일인 A씨는 베를린에서 한국을 경유하여 일본으로 가는 비행기표를 구매하였다. A씨의 일정이 다음과 같을 때, A씨가 인천공항에 도착하는 한국시각과 A씨가 참여했을 환승투어를 바르게 짝지은 것은?(단, 제시된 조건 외에 고려하지 않는다)

〈A씨의 일정〉

한국행 출발시각 (독일시각 기준)	비행시간	인천공항 도착시각	일본행 출발시각 (한국시각 기준)
11월 2일 19:30	12시간 20분		11월 3일 19:30

※ 독일은 한국보다 8시간 느리다.
※ 비행 출발 1시간 전에는 공항에 도착해야 한다.

〈환승투어 코스 안내〉

구분	코스	소요 시간
엔터테인먼트	• 인천공항 → 파라다이스시티 아트테인먼트 → 인천공항	2시간
인천시티	• 인천공항 → 송도한옥마을 → 센트럴파크 → 인천공항 • 인천공항 → 송도한옥마을 → 트리플 스트리트 → 인천공항	2시간
산업	• 인천공항 → 광명동굴 → 인천공항	4시간
전통	• 인천공항 → 경복궁 → 인사동 → 인천공항	5시간
해안관광	• 인천공항 → 을왕리해변 또는 마시안해변 → 인천공항	1시간

	도착시각	환승투어
①	11월 2일 23:50	산업
②	11월 2일 15:50	엔터테인먼트
③	11월 3일 23:50	전통
④	11월 3일 15:50	인천시티

| 유형분석 |

- 예산 자원과 관련된 다양한 정보를 활용하여 문제를 풀어간다.
- 대체로 한정된 예산 내에서 수행할 수 있는 업무 및 예산 가격을 묻는 문제가 출제된다.

연봉 실수령액을 구하는 식이 〈보기〉와 같을 때, 연봉이 3,480만 원인 A씨의 연간 실수령액은?(단, 원 단위는 절사한다)

보기

- (연봉 실수령액)=(월 실수령액)×12
- (월 실수령액)=(월 급여)−[(국민연금)+(건강보험료)+(고용보험료)+(장기요양보험료)+(소득세)+(지방세)]
- (국민연금)=(월 급여)×4.5%
- (건강보험료)=(월 급여)×3.12%
- (고용보험료)=(월 급여)×0.65%
- (장기요양보험료)=(건강보험료)×7.38%
- (소득세)=68,000원
- (지방세)=(소득세)×10%

① 30,944,400원

② 31,078,000원

③ 31,203,200원

④ 32,150,800원

정답 ①

A씨의 월 급여는 3,480만÷12=290만 원이다.

국민연금, 건강보험료, 고용보험료를 제외한 금액을 계산하면

290만−[290만×(0.045+0.0312+0.0065)]

→ 290만−(290만×0.0827)

→ 290만−239,830=2,660,170원

- 장기요양보험료 : (290만×0.0312)×0.0738≒6,670원(∵ 원 단위 이하 절사)
- 지방세 : 68,000×0.1=6,800원

따라서 A씨의 월 실수령액은 2,660,170−(6,670+68,000+6,800)=2,578,700원이고,

연 실수령액은 2,578,700×12=30,944,400원이다.

풀이 전략!

제한사항인 예산을 고려하여 문제에서 묻는 것을 정확히 파악한 후, 제시된 정보에서 필요한 것을 선별하여 문제를 풀어간다.

01 H기업에서는 투자 대안을 마련하기 위해 투자대상을 검토할 때, 기대수익률(Expected Profit Rate)과 표준편차(Standard Deviation)를 이용한다. 특히, 표준편차는 투자 대안의 위험수준을 평가하는 데 활용된다. 바람직한 투자 대안을 평가하는 데 있어 지배원리를 적용하며, 위험 한 단위당 기대수익률이 높은 투자 대안을 선호한다. 다음에 제시된 7개의 투자 대안에 대한 설명으로 옳은 것은?

투자 대안	A	B	C	D	E	F	G
기대수익률(%)	8	10	6	5	8	6	12
표준편차(%)	5	5	4	2	4	3	7

※ 지배원리란 동일한 기대수익률이면 최소의 위험을, 동일한 위험이면 최대의 수익률을 가지는 포트폴리오를 선택하는 원리를 말한다.

① 투자 대안 A와 E, C와 F는 동일한 기대수익률이 예상되기 때문에 서로 우열을 가릴 수 없다.
② 투자 대안 A, B, C, D 중에서 어느 것이 낫다고 평가할 수는 없다.
③ 투자 대안 G가 기대수익률이 가장 높기 때문에 가장 바람직한 대안이다.
④ 위험 한 단위당 기대수익률이 같은 투자 대안은 E와 F이다.

02 지우네 가족은 명절을 맞아 주말에 할머니 댁에 가기로 하였다. 다음 교통편에 따른 금액 및 세부사항을 참고하여 〈조건〉에 맞는 교통편을 고를 때, 교통편과 그에 따라 지불해야 할 총교통비는 얼마인가?

〈교통편별 비용 및 세부사항〉

구분	왕복 금액	걸리는 시간	집과의 거리	비고
비행기	119,000원	45분	1.2km	3인 이상 총금액 3%할인
E열차	134,000원	2시간 11분	0.6km	4인 가족 총금액 5%할인
P버스	116,000원	2시간 25분	1.0km	–
K버스	120,000원	3시간 02분	1.3km	1,000원씩 할인 프로모션

※ 걸리는 시간은 편도기준이며, 집과의 거리는 집에서 교통편까지 거리이다.

조건

• 지우네 가족은 성인 4명이다.
• 집에서 교통편 타는 곳까지 1.2km 이하여야 한다.
• 계획한 총교통비는 50만 원 이하이다.
• 왕복 시간은 5시간 이하이다.
• 가장 저렴한 교통편을 이용한다.

	교통편	총교통비
①	비행기	461,720원
②	비행기	461,620원
③	E열차	461,720원
④	P버스	464,000원

03 서울에 사는 A씨는 결혼기념일을 맞이하여 가족과 함께 KTX를 타고 부산으로 여행을 다녀왔다. A씨의 가족이 이번 여행에서 지불한 교통비는 모두 얼마인가?

- A씨 부부에게는 만 6세인 아들, 만 3세인 딸이 있다.
- 갈 때는 딸을 무릎에 앉혀 갔고, 돌아올 때는 좌석을 구입했다.
- A씨의 가족은 일반석을 이용하였다.

〈KTX 좌석별 요금〉

구분	일반석	특실
가격	59,800원	87,500원

※ 만 4세 이상 13세 미만 어린이는 운임의 50%를 할인합니다.
※ 만 4세 미만의 유아는 보호자 1명당 2명까지 운임의 75%를 할인합니다.
　(단, 유아의 좌석을 지정하지 않을 시 보호자 1명당 유아 1명의 운임을 받지 않습니다)

① 299,000원　　　　　　② 301,050원
③ 307,000원　　　　　　④ 313,950원

04 B씨는 정원이 12명이고 개인 회비가 1인당 20,000원인 모임의 총무이다. 정기 모임을 카페에서 열기로 했는데 음료를 1잔씩 주문하고 음료와 곁들일 디저트도 2인에 한 개씩 시킬 예정이다. 〈조건〉에 따라 가장 저렴하게 먹을 수 있는 방법으로 메뉴를 주문한 후 남는 돈은?(단, 2명은 커피를 마시지 못한다)

〈메뉴 정보〉

COFFEE		NON – COFFEE		DESSERT	
아메리카노	3,500원	그린티라테	4,500원	베이글	3,500원
카페라테	4,100원	밀크티라테	4,800원	치즈케이크	4,500원
카푸치노	4,300원	초코라테	5,300원	초코케이크	4,700원
카페모카	4,300원	곡물라테	5,500원	티라미수	5,500원

조건
- 10잔 이상의 음료 또는 디저트를 구매하면 4,500원 이하의 음료 2잔이 무료로 제공된다.
- 음료와 디저트를 세트로 구매하면 해당 메뉴 금액의 10%가 할인된다.

① 175,000원　　　　　　② 178,500원
③ 180,500원　　　　　　④ 188,200원

03 품목 확정

| 유형분석 |

- 물적 자원과 관련된 다양한 정보를 활용하여 풀어 가는 문제이다.
- 주로 공정도·제품·시설 등에 대한 가격·특징·시간 정보가 제시되며, 이를 종합적으로 고려하는 문제가 출제된다.

H공사에 근무하는 김대리는 사내시험에서 2점짜리 문제를 8개, 3점짜리 문제를 10개, 5점짜리 문제를 6개를 맞혀 총 76점을 맞았다. 다음을 통해 최대리가 맞힌 문제의 총개수는 몇 개인가?

〈사내시험 규정〉

문제 수 : 43문제

만점 : 141점

- 2점짜리 문제 수는 3점짜리 문제 수보다 12문제 적다.
- 5점짜리 문제 수는 3점짜리 문제 수의 절반이다.

- 최대리가 맞힌 2점짜리 문제의 개수는 김대리와 동일하다.
- 최대리의 점수는 총 38점이다.

① 14개   ② 15개
③ 16개   ④ 17개

정답 ①

최대리는 2점짜리 문제를 김대리가 맞힌 개수만큼 맞혔으므로 8개, 즉 16점을 획득했다. 최대리가 맞힌 3점짜리와 5점짜리 문제를 합하면 38−16=22점이 나와야 한다. 3점과 5점의 합으로 22가 나오기 위해서는 3점짜리는 4문제, 5점짜리는 2문제를 맞혀야 한다.

따라서 최대리가 맞힌 문제의 총개수는 8개(2점짜리)+4개(3점짜리)+2개(5점짜리)=14개이다.

풀이 전략!

문제에서 묻고자 하는 바를 정확히 파악하는 것이 중요하다. 문제에서 제시한 물적 자원의 정보를 문제의 의도에 맞게 선별하면서 풀어 간다.

01 H업체는 서울 시내에 4개의 매장을 가지고 있다. 1년 동안 업무 실적이 아래 표와 같을 때, 다음 중 실적이 가장 좋은 매장은 어디인가?

〈매장별 실적〉

(단위 : 만 원)

구분	시설투자비	월 유지비	판매 실적	고용인력 수
A매장	2,000	200	11,000	3
B매장	7,000	500	15,000	5
C매장	5,000	300	10,000	4
D매장	3,000	200	17,000	2

※ 인력 1명당 인건비는 월 150만 원이다.

① A매장
② B매장
③ C매장
④ D매장

02 H공사의 인재개발원에 근무하고 있는 A씨는 신입사원 교육을 위한 스크린을 구매하려고 한다. 다음 〈조건〉에 따라 스크린을 구매할 때, 조건에 부합하는 가격, 조명도, 특이사항을 순서대로 바르게 나열한 것은?

> **조건**
> • 조명도는 5,000lx 이상이어야 한다.
> • 예산은 150만 원이다.
> • 제품에 이상이 생겼을 때 A/S가 신속해야 한다.
> • 위 조건을 모두 충족할 시 가격이 저렴한 제품을 가장 우선으로 선정한다.
> ※ lux(럭스) : 조명이 밝은 정도를 말하는 조명도에 대한 실용단위이며, 기호는 lx이다.

	가격(만 원)	조명도(lx)	특이사항
①	180	8,000	2년 무상 A/S 가능
②	120	6,000	해외직구(해외 A/S)
③	150	5,000	미사용 전시 제품
④	130	7,000	2년 무상 A/S 가능

| 유형분석 |

- 인적 자원과 관련된 다양한 정보를 활용하여 풀어 가는 문제이다.
- 주로 근무명단, 휴무일, 업무할당 등의 주제로 다양한 정보를 활용하여 종합적으로 풀어 가는 문제가 출제된다.

어느 버스회사에서 (가)시에서 (나)시를 연결하는 버스 노선을 개통하기 위해 새로운 버스를 구매하려고 한다. 다음 〈조건〉과 같이 노선을 운행하려고 할 때, 최소 몇 대의 버스를 구매해야 하며 이때 필요한 운전사는 최소 몇 명인가?

조건

1) 새 노선의 왕복 시간 평균은 2시간이다(승하차 시간을 포함).
2) 배차시간은 15분 간격이다.
3) 운전사의 휴식시간은 매 왕복 후 30분씩이다.
4) 첫차는 05시 정각에, 막차는 23시에 (가)시를 출발한다.
5) 모든 차는 (가)시에 도착하자마자 (나)시로 곧바로 출발하는 것을 원칙으로 한다.
   즉, (가)시에 도착하는 시간이 바로 (나)시로 출발하는 시간이다.
6) 모든 차는 (가)시에서 출발해서 (가)시로 복귀한다.

	버스	운전사
①	6대	8명
②	8대	10명
③	10대	12명
④	12대	14명

정답 ②

왕복 시간이 2시간, 배차 간격이 15분이라면 첫차가 재투입되는 데 필요한 앞차의 수는 첫차를 포함해서 8대이다(∵ 15분×8대＝2시간이므로 8대 버스가 운행된 이후 9번째에 첫차 재투입 가능).

운전사는 왕복 후 30분의 휴식을 취해야 하므로 첫차를 운전했던 운전사는 2시간 30분 뒤에 운전을 시작할 수 있다. 따라서 8대의 버스로 운행하더라도 운전자는 150분 동안 운행되는 버스 150÷15＝10대를 운전하기 위해서는 10명의 운전사가 필요하다.

풀이 전략!

문제에서 신입사원 채용이나 인력배치 등의 주제가 출제될 경우에는 주어진 규정 혹은 규칙을 꼼꼼히 확인하여야 한다. 이를 근거로 각 선택지가 어긋나지 않는지 검토하며 문제를 풀어 간다.

01 H기업에서는 2월 셋째 주에 연속 이틀에 걸쳐 본사에 있는 B강당에서 인문학 특강을 진행하려고 한다. 강당을 이용할 수 있는 날과 강사의 스케줄을 고려할 때 섭외 가능한 강사는?

〈B강당 이용 가능 날짜〉

구분	월요일	화요일	수요일	목요일	금요일
오전(9시~12시)	×	○	×	○	○
오후(13시~14시)	×	×	○	○	×

※ 가능 : ○, 불가능 : ×

〈섭외 강사 후보 스케줄〉

A강사	매주 수~목요일 10~14시 문화센터 강의
B강사	첫째 주, 셋째 주 화요일, 목요일 10시~14시 대학교 강의
C강사	매월 첫째 주~셋째 주 월요일, 수요일 오후 12시~14시 면접 강의
D강사	매주 수요일 오후 13시~16시, 금요일 오전 9시~12시 도서관 강좌
E강사	매월 첫째, 셋째 주 화~목요일 오전 9시~11시 강의

※ H기업 본사까지의 이동거리와 시간은 고려하지 않는다.
※ 강의는 연속 이틀로 진행되며 강사는 동일해야 한다.

① A, B강사　　　　　　　　　　② B, C강사
③ C, D강사　　　　　　　　　　④ C, E강사

※ 다음은 H공사 신입사원 채용시험 결과에 대한 자료이다. 이어지는 질문에 답하시오. **[2~3]**

〈H공사 신입사원 채용시험 결과〉

(단위 : 점)

성명	필기시험			면접시험	
	의사소통능력	수리능력	문제해결능력	창의성	업무적합성
이진기	92	74	84	60	90
박지민	89	82	99	80	90
최미정	80	66	87	80	40
김남식	94	53	95	60	50
정진호	73	92	91	50	100
김석준	90	68	100	70	80
황현희	77	80	92	90	60

02 필기시험 점수에서 수리능력과 문제해결능력 점수의 합이 가장 높은 2명을 총무팀에 배치한다고 할 때, 다음 중 총무팀에 배치되는 사람을 모두 고르면?

① 이진기, 최미정   ② 박지민, 정진호

③ 김남식, 김석준   ④ 정진호, 황현희

03 필기시험 총점과 면접시험 총점을 7 : 3 비율로 적용한 환산점수에서 최저점을 받은 신입사원의 채용이 보류된다고 할 때, 다음 중 채용이 보류되는 사람은 누구인가?

① 이진기   ② 최미정

③ 김남식   ④ 정진호

04 H기업의 1~3년차 근무를 마친 사원들은 인사이동 시기를 맞아 근무지를 이동해야 한다. 근무지 이동 규정과 사원들이 근무지 이동을 신청한 내용이 다음과 같을 때, 이에 대한 설명으로 옳지 않은 것은?

〈근무지 이동 규정〉

- 수도권 지역은 여의도, 종로, 영등포이고, 지방의 지역은 광주, 제주, 대구이다.
- 2번 이상 같은 지역을 신청할 수 없다(예 여의도 → 여의도 ×).
- 3년 연속 같은 수도권 지역이나 지방 지역을 신청할 수 없다.
- 2, 3년차보다 1년차 신입 및 1년차 근무를 마친 직원이 신청한 내용이 우선 된다.
- 1년차 신입은 전년도 평가 점수를 100점으로 한다.
- 직원 A~E는 서로 다른 곳에 배치된다.
- 같은 지역으로의 이동을 신청한 경우 전년도 평가 점수가 더 높은 사람이 우선하여 이동한다.
- 규정에 부합하지 않게 이동 신청을 한 경우, 신청한 곳에 배정 받을 수 없다.

〈근무지 이동 신청〉

직원	1년차 근무지	2년차 근무지	3년차 근무지	신청지	전년도 평가
A	대구	-	-	종로	-
B	여의도	광주	-	영등포	92
C	종로	대구	여의도	미정	88
D	영등포	종로	-	여의도	91
E	광주	영등포	제주	영등포	89

① B는 영등포로 이동하게 될 것이다.

② C는 지방 지역으로 이동하고, E는 여의도로 이동하게 될 것이다.

③ A는 대구를 1년차 근무지로 신청하였을 것이다.

④ D는 자신의 신청지로 이동하게 될 것이다.

CHAPTER 05

대인관계능력

합격 Cheat Key

대인관계능력은 직장생활에서 접촉하는 사람들과 원만한 관계를 유지하고 조직구성원들에게 도움을 줄 수 있으며 조직 내부 및 외부의 갈등을 원만히 해결하고 고객의 요구를 충족할 수 있는 능력을 의미한다. 또한, 직장생활을 포함한 일상에서 스스로를 관리하고 개발하는 능력을 말한다. 세부 유형은 팀워크, 갈등 관리, 협상, 고객 서비스로 나눌 수 있다.

1 일반적인 수준에서 판단하라!

일상생활에서의 대인관계를 생각하면서 문제에 접근하면 어렵지 않게 풀 수 있다. 그러나 수험생들 입장에서 직장 내에서의 상황, 특히 역할(직위)에 따른 대인관계를 묻는 문제는 까다롭게 느껴질 수 있고 일상과는 차이가 있을 수 있기 때문에 이런 유형에 대해서는 따로 알아둘 필요가 있다.

2 이론을 먼저 익혀라!

대인관계능력 이론을 접목한 문제가 종종 출제된다. 물론 상식 수준에서도 풀 수 있지만 정확하고 신속하게 해결하기 위해서는 이론을 정독한 후 자주 출제되는 부분들은 암기를 필수로 해야 한다. 자주 출제되는 부분은 리더십과 멤버십의 차이, 단계별 협상 과정, 고객 불만 처리 프로세스 등이 있다.

3   실제 업무에 대한 이해를 높여라!

출제되는 문제의 수는 많지 않으나, 고객과의 접점에 있는 서비스직군 시험에 출제될 가능성이 높은 영역이다. 특히 상황 제시형 문제들이 많이 출제되므로 실제 업무에 대한 이해를 높여야 한다.

4   애매한 유형의 빈출 문제, 선택지를 파악하라!

대인관계능력의 출제 문제들을 보면 이것도 맞고, 저것도 맞는 것 같은 선택지가 많다. 하지만 정답은 하나이다. 출제자들은 대인관계능력이란 공부를 통해 얻는 것이 아닌 본인의 독립적인 성품으로부터 자연스럽게 나오는 것이라고 생각한다. 수험생들이 선택하는 보기로 그 수험생들을 파악한다. 그러므로 대인관계능력은 빈출 유형의 문제와 선택지를 파악하고 가는 것이 애매한 문제들의 정답률을 높이는 데 도움이 될 것이다. 내가 맞다고 생각하는 선택지가 답이 아닐 가능성이 있기 때문이다.

| 유형분석 |

- 팀워크에 대한 이해를 묻는 문제가 자주 출제된다.
- 직장 내 상황 중에서 구성원으로서 팀워크를 위해 어떤 행동을 해야 하는지 묻는 문제가 출제되기도 한다.

다음 사례에서 알 수 있는 효과적인 팀의 특징으로 가장 적절한 것은?

> A, B, C가 함께 운영 중인 커피전문점은 현재 매출이 꾸준히 상승하고 있다. 매출 상승의 원인을 살펴보면 우선, A, B, C는 각자 자신이 해야 할 일이 무엇인지 정확하게 알고 있다. A는 커피를 제조하고 있으며, B는 디저트를 담당하고 있다. 그리고 C는 전반적으로 계산 및 매장관리를 맡고 있다. A는 고객들이 다시 생각나게 할 수 있는 독창적인 커피 맛을 위해 커피 블렌딩을 연구하고 있으며, B는 커피와 적합하고 고객들의 연령에 맞는 다양한 디저트를 개발 중이다. 그리고 C는 A와 B가 자신의 업무에 집중할 수 있도록 적극적으로 지원하고 있다. 이처럼 A, B, C는 서로의 업무를 이해하면서 즐겁게 일하고 있으며, 이것이 매출 상승의 원인으로 작용하고 있는 것이다.

① 창조적으로 운영된다.
② 결과에 초점을 맞춘다.
③ 개인의 강점을 활용한다.
④ 역할을 명확하게 규정한다.

정답 ④

A, B, C는 각자 자신이 해야 할 일이 무엇인지 정확하게 알고 있으며, 서로의 역할도 이해하는 모습을 볼 수 있다. 이처럼 효과적인 팀은 역할을 명확하게 규정한다.

풀이 전략!

제시된 상황을 자신의 입장이라고 생각해 본 후, 가장 모범적이라고 생각되는 것을 찾아야 한다. 이때, 지나치게 자신의 생각만 가지고 문제를 풀지 않도록 주의하며, 팀워크에 대한 이론과 연관 지어 답을 찾도록 해야 한다.

01 다음은 팀워크(Teamwork)와 응집력의 정의를 나타낸 글이다. 이를 읽고 알 수 있는 팀워크의 사례로 적절하지 않은 것은?

> 팀워크(Teamwork)란 '팀 구성원이 공동의 목적을 달성하기 위하여 상호관계성을 가지고 협력하여 업무를 수행하는 것'으로 볼 수 있다. 반면 응집력은 '사람들로 하여금 집단에 머물도록 느끼게끔 만들고, 그 집단의 멤버로서 계속 남아 있기를 원하게 만드는 힘'으로 볼 수 있다.

① 다음 주 조별 발표 준비를 위해 같은 조원인 A와 C는 각자 주제를 나누어 조사하기로 했다.
② K사의 S사원과 C사원은 내일 진행될 행사 준비를 위해 함께 야근을 할 예정이다.
③ D고등학교 학생인 A와 B는 내일 있을 시험 준비를 위해 도서관에서 공부하기로 했다.
④ 같은 배에서 활약 중인 D와 E는 곧 있을 조정 경기를 위해 열심히 연습하고 있다.

02 다음 중 훌륭한 팀워크를 유지하기 위한 기본요소로 적절하지 않은 것은?

① 팀원 간 공동의 목표의식과 강한 도전의식을 가진다.
② 팀원 간에 상호신뢰하고 존중한다.
③ 서로 협력하면서 각자의 역할에 책임을 다한다.
④ 팀원 개인의 능력이 최대한 발휘되는 것이 핵심이다.

03 H부서에서는 브레인스토밍으로 티셔츠 디자인의 테마를 정하는 회의를 하고 있다. 다음 중 이에 대한 내용으로 적절하지 않은 것은?

① 회의에서 박사원이 치즈라면에 대해서 이야기하자 최과장은 노란색과 붉은 색의 조화가 떠올랐다고 말했다.
② 최과장이 노란색과 붉은색의 타원을 이용한 디자인 아이디어를 제시하자, 박사원은 거기에 파란색을 넣어서 신호등처럼 만드는 것은 어떻겠냐며 웃음 섞인 제안을 했다.
③ 김부장은 회의의 효율성을 위하여 자꾸 엉뚱한 이야기만을 하는 박사원에게 조심스럽게 자제를 부탁했다.
④ 김부장은 최과장의 아이디어에 아주 작은 수정만을 가하여 삼각형을 이용한 디자인 아이디어를 제시했다.

| 유형분석 |

- 리더십의 개념을 비교하는 문제가 자주 출제된다.
- 리더의 역할에 대한 문제가 출제되기도 한다.

다음은 리더와 관리자의 차이점을 설명한 글이다. 리더의 행동을 이해한 내용으로 적절하지 않은 것은?

> 리더와 관리자의 가장 큰 차이점은 비전이 있고 없음에 있다. 또한 관리자의 역할이 자원을 관리 · 분배하고, 당면한 과제를 해결하는 것이라면, 리더는 비전을 선명하게 구축하고, 그 비전이 팀원들의 협력 아래 실현되도록 환경을 만들어 주는 것이다.

① 리더는 자신다움을 소중히 하며, 자신의 브랜드 확립에 적극적으로 임한다.
② 리더는 매일 새로운 것을 익혀 변화하는 세계 속에서 의미를 찾도록 노력한다.
③ 리더는 목표의 실현에 관련된 모든 사람들을 중시하며, 약속을 지켜 신뢰를 쌓는다.
④ 리더는 변화하는 세계 속에서 현재의 현상을 유지함으로써 조직이 안정감을 갖도록 한다.

정답 ④

리더는 혁신을 신조로 가지며, 일이 잘 될 때에도 더 좋아지는 방법이 있다면 변화를 추구한다. 반면, 관리자는 현재의 현상과 지금 잘하고 있는 것을 계속 유지하려는 모습을 보인다.

리더와 관리자의 차이점

리더	관리자
• 새로운 상황을 창조한다.	• 상황에 수동적이다.
• 혁신지향적이다.	• 유지지향적이다.
• 내일에 초점을 둔다.	• 오늘에 초점을 둔다.
• 사람의 마음에 불을 지핀다.	• 사람을 관리한다.
• 사람을 중시한다.	• 체제나 기구를 중시한다.
• 정신적이다.	• 기계적이다.
• 계산된 리스크를 취한다.	• 리스크를 회피한다.
• '무엇을 할까?'를 생각한다.	• '어떻게 할까?'를 생각한다.

풀이 전략!

> 리더십의 개념을 비교하는 문제가 자주 출제되기 때문에 관련 개념을 정확하게 암기해야 하고, 조직 내에서의 리더의 역할에 대한 이해가 필요하다.

01 다음은 멤버십의 유형별 특징을 정리한 자료이다. 이를 통해 각 유형의 멤버십을 가진 사원에 대한 리더의 대처방안으로 가장 적절한 것은?

〈멤버십 유형별 특징〉

소외형	순응형
• 조직에서 자신을 인정해주지 않음 • 적절한 보상이 없음 • 업무 진행에 있어 불공정하고 문제가 있음	• 기존 질서를 따르는 것이 중요하다고 생각함 • 리더의 의견을 거스르는 것은 어려운 일임 • 획일적인 태도와 행동에 익숙함
실무형	**수동형**
• 조직에서 규정준수를 강조함 • 명령과 계획을 빈번하게 변경함	• 조직이 나의 아이디어를 원치 않음 • 노력과 공헌을 해도 아무 소용이 없음 • 리더는 항상 자기 마음대로 함

① 소외형 사원은 팀에 협조하는 경우에 적절한 보상을 주도록 한다.
② 실무형 사원에 대해서는 징계를 통해 규정 준수를 강조한다.
③ 순응형 사원에 대해서는 조직을 위해 순응적인 모습을 계속 권장한다.
④ 수동형 사원에 대해서는 의견 존중을 통해 자신감을 주도록 한다.

02 다음 중 코칭의 기본원칙으로 가장 적절한 것은?

① 관리는 만병통치약과 같은 기능을 한다.
② 권한을 위임한다.
③ 코칭을 하는 동안 특별한 반응을 보여줘야 한다.
④ 리더가 직원들의 목표를 정해줄 필요는 없다.

03 갈등 관리

| 유형분석 |

- 갈등의 개념이나 원인, 해결방법을 묻는 문제가 자주 출제된다.
- 실제 사례에 적용할 수 있는지를 확인하는 문제가 출제되기도 한다.
- 일반적인 상식으로 해결할 수 있는 문제가 출제되기도 하지만, 자의적인 판단에 주의해야 한다.

다음 중 조직 내 갈등에 대한 설명으로 적절하지 않은 것은?

① 갈등상황을 형성하는 구성요소로서는 조직의 목표, 구성원의 특성, 조직의 규모, 분화, 의사전달, 권력구조, 의사결정에의 참여의 정도, 보상제도 등이 있다.

② 갈등은 직무의 명확한 규정, 직위 간 관계의 구체적 규정, 직위에 적합한 인원의 선발 및 훈련 등을 통해서 제거할 수 있다.

③ 조직 내 갈등은 타협을 통해서도 제거할 수 있다.

④ 갈등은 순기능이 될 수 없으므로, 갈등이 없는 상태가 가장 이상적이다.

정답 ④

조직의 의사결정과정이 창의성을 발휘할 수 있는 분위기에서 진행된다면, 적절한 수준의 내부적 갈등이 순기능을 할 가능성이 높다.

풀이 전략!

문제에서 물어보는 내용을 정확하게 파악한 뒤, 갈등 관련 이론과 대조해 본다. 특히 자주 출제되는 갈등 해결방법에 대한 이론을 암기해 두면 문제 푸는 속도를 줄일 수 있다.

01 다음은 H회사 사보에 실린 '조직의 분쟁 해결을 위한 여섯 단계'를 설명하는 기사 내용이다. 오늘 아침 회의시간에 회사 성과급 기준과 관련하여 팀원 간의 갈등이 있었는데, 기사를 읽고 고려할 수 있는 갈등 해결 방안으로 적절하지 않은 것은?

〈조직의 분쟁 해결을 위한 여섯 단계〉

1. 문제가 무엇이며, 분쟁의 원인이 무엇인지 명확히 정의하기
2. 공동의 목표 수립하기
3. 공동의 목표를 달성하는 방법에 대해 토론하기
4. 공동의 목표를 수립하는 과정에서 발생할 장애물 탐색하기
5. 분쟁을 해결하는 최선의 방법에 대해 협의하기
6. 합의된 해결 방안을 확인하고 책임 분할하기

---

① 성과급 기준에 대해 내가 원하는 점과 다른 사람이 원하는 점을 모두 생각해봐야지.
② 합의된 성과급 기준에서 발생할 수 있는 문제점들도 생각해봐야겠다.
③ 모두가 만족할 만한 해결 방안을 확인했으니, 팀장인 내가 책임감을 가지고 실행해야지.
④ 성과급 기준과 관련하여 팀원들과 갈등이 있었는데 원인을 찾아봐야겠다.

02 다음 중 조직에서 갈등을 증폭시키는 행위로 적절하지 않은 것은?

① 팀원 간에 서로 상대보다 더 높은 인사고과를 얻기 위해 경쟁한다.
② 팀의 공동목표 달성보다는 본인의 승진이 더 중요하다고 생각한다.
③ 다른 팀원이 중요한 프로젝트를 맡은 경우에 그 프로젝트에 대해 자신이 알고 있는 노하우를 알려주지 않는다.
④ 갈등이 발견되면 바로 갈등 문제를 즉각적으로 다루려고 한다.

04 고객 서비스

| 유형분석 |

- 고객불만을 효과적으로 처리하기 위한 과정이나 방법에 대한 문제이다.
- 고객불만 처리 프로세스에 대한 숙지가 필요하다.

다음 글에서 알 수 있는 K씨의 잘못된 고객응대 자세는 무엇인가?

직원 K씨는 규모가 큰 대형 마트에서 육류제품의 유통 업무를 담당하고 있다. 전화벨이 울리고 신속하게 인사와 함께 전화를 받았는데 전화는 채소류에 관련된 업무 문의로 직원 K씨는 고객에게 자신은 채소류에 관련된 담당자가 아니라고 설명하고, "지금 거신 전화는 육류에 관련된 부서로 연결되어 있습니다. 채소류 관련 부서로 전화를 연결해드릴 테니 잠시만 기다려 주십시오."라고 말하고 다른 부서로 전화를 돌렸다.

① 신속하게 전화를 받지 않았다.
② 기다려 주신 데 대한 인사를 하지 않았다.
③ 고객의 기다림에 대해 양해를 구하지 않았다.
④ 전화를 다른 부서로 돌려도 괜찮은지 묻지 않았다.

정답 ④

전화를 다른 부서로 연결할 때 양해를 구하지 않았으며, 다른 부서의 사람이 전화를 받을 수 있는 상황인지를 사전에 확인하지 않았다.

풀이 전략!

제시된 상황이나 고객 유형을 정확하게 파악해야 하고, 고객불만 처리 프로세스를 토대로 갈등을 해결해야 한다.

01 다음 중 '고객만족관리'의 필요성에 대한 설명으로 적절하지 않은 것은?

① 고객만족은 기업의 단골 증대로 이어지며 공생의 개념과 관계가 있다.

② 경제성장으로 인해 고객의 욕구는 더욱 진화하였으며, 기대수준 또한 높아졌다.

③ 기업의 제품이나 서비스에 대해 만족한 고객의 구전이 신규고객의 창출로 이어진다.

④ 기업의 제품이나 서비스의 불만족은 고객이탈로 이어지지 않으나, 기업 이미지에 큰 영향을 미친다.

PART 1

02 C사원은 H닷컴에서 근무하고 있다. 하루는 같은 팀 E사원이 아래의 자료를 보여주면서 보완할 것이 없는지 검토해달라고 부탁했다. 다음 중 E사원에게 조언해줄 수 있는 말로 적절하지 않은 것은?

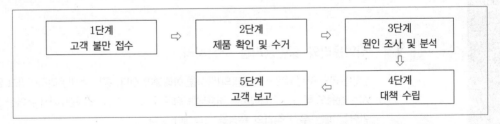

① 고객 보고 후 피드백이 이루어지면 좋겠어요.

② 대책 수립 후 재발 방지 교육을 실시한 뒤 고객 보고가 이루어지면 좋겠어요.

③ 고객 불만 접수, 고객 보고 단계에 '사과'를 추가하면 좋겠어요.

④ 1단계에서는 고객의 불만을 경청하는 태도가 중요할 것 같아요.

CHAPTER 06

직업윤리

합격 Cheat Key

직업윤리는 업무를 수행함에 있어 원만한 직업생활을 위해 필요한 태도, 매너, 올바른 직업관이다. 직업윤리는 필기시험뿐만 아니라 서류를 제출하면서 자기소개서를 작성할 때와 면접을 시행할 때도 포함되는 항목으로 들어가지 않는 공사·공단이 없을 정도로 필수 능력으로 꼽힌다.

직업윤리의 세부 능력은 근로 윤리·공동체 윤리로 나눌 수 있다. 구체적인 문제 상황을 제시하여 해결하기 위해 어떤 대안을 선택해야 할지에 대한 문제들이 출제된다.

1 오답을 통해 대비하라!

이론을 따로 정리하는 것보다는 문제에서 본인이 생각하는 모범답안을 선택하고 틀렸을 경우 그 이유를 정리하는 방식으로 학습하는 것이 효율적이다. 암기하기보다는 이해에 중점을 두고 자신의 상식으로 문제를 푸는 것이 아니라 해당 문제가 어느 영역 어떤 하위 능력의 문제인지 파악하는 훈련을 한다면 답이 보일 것이다.

2 직업윤리와 일반윤리를 구분하라!

일반윤리와 구분되는 직업윤리의 특징을 이해해야 한다. 통념상 비윤리적이라고 일컬어지는 행동도 특정한 직업에서는 허용되는 경우가 있다. 그러므로 문제에서 주어진 상황을 판단할 때는 우선 직업의 특성을 고려해야 한다.

3 **직업윤리의 하위능력을 파악해 두어라!**

직업윤리의 경우 직장생활 경험이 없는 수험생들은 조직에서 일어날 수 있는 구체적인 직업윤리와 관련된 내용에 흥미가 없고 이를 이해하는 데 어려움이 있을 수 있다. 그러나 문제에서는 구체적인 상황·사례를 제시하는 문제가 나오기 때문에 직장에서의 예절을 정리하고 문제 상황에서 적절한 대처를 선택하는 연습을 하는 것이 중요하다.

4 **면접에서도 유리하다!**

많은 공사·공단에서 면접 시 직업윤리에 관련된 질문을 하는 경우가 많다. 직업윤리 이론 학습을 미리 해 두면 본인의 가치관을 세우는 데 도움이 되고 이는 곧 기업의 인재상과도 연결되기 때문에 미리 준비해 두면 필기시험에서 합격하고 면접을 준비할 때도 수월할 것이다.

| 유형분석 |

- 주어진 제시문 속의 비윤리적인 상황에 대하여 원인이나 대처법을 고르는 문제가 출제된다.
- 근면한 자세의 사례를 고르는 문제 또한 종종 출제된다.
- 직장생활 내에서 필요한 윤리적이고 근면한 태도에 대한 문제가 자주 출제된다.

다음 중 A ~ C의 비윤리적 행위에 대한 원인을 순서대로 바르게 나열한 것은?

- A는 영화관 내 촬영이 금지된 것을 모르고 영화 관람 중 스크린을 동영상으로 촬영하였고, 이를 인터넷에 올렸다가 저작권 위반으로 벌금이 부과되었다.
- B는 얼마 전 친구에게 인터넷 도박 사이트를 함께 운영하자는 제안을 받았고, 그러한 행위가 불법인 줄 알았음에도 불구하고 많은 돈을 벌 수 있다는 친구의 말에 제안을 바로 수락했다.
- 평소에 화를 잘 내지 않는 C는 만취한 상태로 편의점에 들어가 물건을 구매하는 과정에서 직원과 말다툼을 하다가 화를 주체하지 못하고 주먹을 휘둘렀다.

	A	B	C
①	무절제	무지	무관심
②	무관심	무지	무절제
③	무관심	무절제	무지
④	무지	무관심	무절제

정답 ④

- A : 영화관 내 촬영이 불법인 줄 모르고 영상을 촬영하였으므로 무지로 인한 비윤리적 행위를 저질렀다.
- B : 불법 도박 사이트 운영이 불법임을 알고 있었지만, 이를 중요하게 여기지 않는 무관심으로 인한 비윤리적 행위를 저질렀다.
- C : 만취한 상태에서 자신을 스스로 통제하지 못하고 폭력을 행사하였으므로 무절제로 인한 비윤리적 행위를 저질렀다.

비윤리적 행위의 원인
- 무지 : 사람들은 무엇이 옳고, 무엇이 그른지 모르기 때문에 비윤리적 행위를 저지른다.
- 무관심 : 자신의 행위가 비윤리적이라는 것을 알고 있지만, 윤리적인 기준에 따라 행동해야 한다는 것을 중요하게 여기지 않는다.
- 무절제 : 자신의 행위가 잘못이라는 것을 알고 그러한 행위를 하지 않으려고 함에도 불구하고 자신의 통제를 벗어나는 어떤 요인으로 인하여 비윤리적 행위를 저지른다.

풀이 전략!

근로윤리는 우리 사회가 요구하는 도덕상에 기초하고 있다는 점을 유념하고, 다양한 사례를 익혀 문제에 적응한다.

01 다음 중 직업에서 근면의식의 표출로 적절하지 않은 것은?

① 강요에 의한 근면은 노동 행위에 즐거움을 주지 못한다.

② 직업의 현장에서는 능동적인 자세로 임해야 한다.

③ 노동 현장에서 보수나 진급이 보장되지 않으면 일을 적당히 하는 것이 중요하다.

④ 즐거운 마음으로 시간을 보내면 궁극적으로 우리의 건강이 증진된다.

02 다음 중 기업 간 거래 관계에서 요구되는 윤리적 기초에 대한 설명으로 적절하지 않은 것은?

① 힘이 강한 소매상이 힘이 약한 납품업체에 구매가격 인하를 요구하는 것은 거래의 평등성을 위배하는 행위이다.

② 이해할 만한 거래상대방의 설명 등 쌍방 간 의사소통이 원활하면 분배 공정성이 달성된다.

③ 약속의 성실한 이행은 거래를 지속시키며, 갈등을 해소하는 토대가 된다.

④ 의무의 도덕성이란 불가조항을 일일이 열거하는 것을 말한다.

03 다음은 직장생활에서 나타나는 근면한 태도의 사례이다. 근면한 태도의 성격이 다른 것은?

① A씨는 상사의 지시로 신제품 출시를 위한 설문조사를 계획하고 있다.

② B씨는 아침 일찍 출근하여 업무 계획을 세우는 것을 좋아한다.

③ C씨는 같은 부서 사원들의 업무 경감을 위해 적극적으로 프로그램을 개발하고 있다.

④ D씨는 다가오는 휴가를 준비하여 프로젝트 마무리에 최선을 다하고 있다.

| 유형분석 |

- 개인이 가져야 하는 책임의식과 기업의 사회적 책임으로 양분되는 문제이다.
- 봉사의 의미를 묻는 문제가 종종 출제된다.

다음은 봉사에 대한 글이다. 영문 철자에서 봉사가 함유한 의미로 적절하지 않은 것은?

> 봉사란 나라나 사회 혹은 타인을 위하여 자신의 이해를 돌보지 아니하고 몸과 마음을 다하여 일하는 것을
> 가리키며, 영문으로는 'Service'에 해당한다. 'Service'의 각 철자에서 봉사가 함유한 7가지 의미를 도출해
> 볼 수 있다.

① S : Smile & Speed   ② E : Emotion

③ R : Repeat   ④ V : Value

정답 ③

'R'은 반복하여 제공한다는 'Repeat'이 아니라 'Respect'의 의미로 고객을 존중하는 것을 가리킨다.

오답분석

① 미소와 함께 신속한 도움을 제공한다는 의미이다.
② 고객에게 감동을 준다는 의미이다.
④ 고객에게 가치를 제공한다는 의미이다.

풀이 전략!

직업인으로서 요구되는 봉사정신과 책임의식에 관해 숙지하도록 한다.

01 실적이 안 좋아서 고민이 많은 A부장은 거래처의 중요한 공개입찰을 성공시키기 위해 한 달 동안 공들여 발표를 준비하였다. 공개입찰 당일에 직접 시행 장소로 차를 운전해서 가고 있던 A부장은 바로 눈앞에서 어린 아이가 차에 치이는 교통사고를 목격했다. 당신이 A부장이라면 어떻게 대처할 것인가?

① 거래처에 전화해서 사정을 이야기한 후 시간을 늦춰 달라고 한다.

② 발표 자료를 가지고 있는 사원에게 전화해 발표를 부탁한 후 아이를 안고 즉시 병원으로 간다.

③ 신고를 한 뒤 주위에 도움을 요청해 아이를 인계하고 발표장소로 가서 발표를 진행한다.

④ 양심의 가책을 느끼지만 책임이 더 중요하므로 무시하고 그냥 간다.

02 H공사는 1년에 2번씩 사원들에게 봉사 의식을 심어주기 위해 자원봉사 활동을 진행하고 있다. 자원봉사 활동 전에 사원들에게 봉사에 대한 마음가짐을 설명하고자 할 때, 적절하지 않은 것은?

① 봉사는 적절한 보상에 맞춰 참여해야 한다.

② 봉사는 의도적이고 계획된 활동이 되어야 한다.

③ 봉사는 함께하는 공동체 의식에 바탕을 두어야 한다.

④ 봉사는 개인의 의지에 따라 이루어져야 한다.

03 직장인 D씨는 일을 벌이기는 잘 하는데, 마무리를 잘하지 못하여 주변의 동료들에게 피해를 주고 있다. 자신이 벌인 일에도 불구하고 어려운 상황에 부딪힐 경우 회피하기에 급급하기 때문이다. 이러한 상황에서 D씨에게 해 줄 수 있는 조언으로 가장 적절한 것은?

① 봉사하는 마음을 가지도록 노력해 봐.

② 업무에는 책임감이 필요해.

③ 준법정신은 조직생활의 기본이야.

④ 직장예절은 원만한 조직생활에 있어 꼭 필요하지.

인생은 빨리 달리는 자가 승리하는 시합이 아니다.

– 다산 정약용 –

PART 2

직무능력평가시험

01 다음 중 재무레버리지에 대한 설명으로 옳은 것은?

① 재무레버리지란 자산을 획득하기 위해 조달한 자금 중 재무고정비를 수반하는 자기자본이 차지하는 비율이다.

② 재무고정비로 인한 영업이익의 변동률에 따른 주당순자산(BPS)의 변동폭은 확대되어 나타난다.

③ 재무고정비에는 부채뿐만 아니라 보통주배당도 포함된다.

④ 재무레버리지도(DFL; Degree of Financial Leverage)는 영업이익의 변동에 따른 주당이익(EPS)에 미치는 영향을 분석한 것이다.

⑤ 다른 조건이 동일하다면 재무고정비가 클수록 영업이익의 변동에 따른 주당이익의 변동폭은 그만큼 더 작게 된다.

02 다음 중 기업합병에 대한 설명으로 옳지 않은 것은?

① 기업합병이란 두 독립된 기업이 법률적, 실질적으로 하나의 기업실체로 통합되는 것이다.

② 기업합병에는 흡수합병과 신설합병이 있으며 흡수합병의 경우 한 회사는 존속하고 다른 회사의 주식은 소멸한다.

③ 기업인수는 한 기업이 다른 기업의 지배권을 획득하기 위하여 주식이나 자산을 취득하는 것이다.

④ 기업매각은 사업부문 중의 일부를 분할한 후 매각하는 것으로, 기업의 구조를 재편성하는 것이다.

⑤ 수평적 합병은 기업의 생산이나 판매과정 전후에 있는 기업 간의 합병으로, 주로 원자재 공급의 안정성 등을 목적으로 한다.

03 다음 〈보기〉의 푸시 앤 풀(Push and Pull) 기법 중 푸시 전략에 대한 설명으로 옳은 것을 모두 고르면?

> **보기**
> ㉠ 제조업자가 중간상을 대상으로 적극적인 촉진전략을 사용하여 도매상, 소매상들이 자사의 제품을 소비자에게 적극적으로 판매하도록 유도하는 방법이다.
> ㉡ 인적판매와 중간상 판촉의 중요성이 증가하게 되고, 최종소비자를 대상으로 하는 광고의 중요성은 상대적으로 감소하게 된다.
> ㉢ 제조업자가 최종소비자를 대상으로 적극적인 촉진을 사용하여 소비자가 자사의 제품을 적극적으로 찾게 함으로써 중간상들이 자발적으로 자사 제품을 취급하게 만드는 전략이다.
> ㉣ 최종소비자를 대상으로 하는 광고와 소비자 판촉의 중요성이 증가하게 된다.

① ㉠, ㉡
② ㉠, ㉣
③ ㉡, ㉢
④ ㉡, ㉣
⑤ ㉢, ㉣

04 다음 중 시장세분화에 대한 설명으로 옳은 것은?

① 인구통계적 세분화는 나이, 성별, 가족규모, 소득, 직업, 종교, 교육수준 등을 바탕으로 시장을 나누는 것이다.
② 사회심리적 세분화는 추구하는 편익, 사용량, 상표애호도, 사용여부 등을 바탕으로 시장을 나누는 것이다.
③ 시장표적화는 시장경쟁이 치열해졌거나 소비자의 욕구가 급격히 변할 때 저가격으로 설정하는 전략방법이다.
④ 시장포지셔닝은 세분화된 시장의 좋은 점을 분석한 후 진입할 세분시장을 선택하는 것이다.
⑤ 행동적 세분화는 구매자의 사회적 위치, 생활습관, 개인성격을 바탕으로 시장을 나누는 것이다.

05 다음 중 제품수명주기(Product Life Cycle)에 대한 설명으로 옳지 않은 것은?

① 도입기, 성장기, 성숙기, 쇠퇴기의 4단계로 나누어진다.
② 성장기에는 제품선호형 광고에서 정보제공형 광고로 전환한다.
③ 도입기에는 제품인지도를 높이기 위해 광고비가 많이 소요된다.
④ 성숙기에는 제품의 매출성장률이 점차적으로 둔화되기 시작한다.
⑤ 쇠퇴기에는 매출이 떨어지고 순이익이 감소하기 시작한다.

06 K회사는 2024년 초 지방자치단체로부터 무이자조건의 자금 ₩100,000을 차입(2027년 말 전액 일시상환)하여 기계장치(취득원가 ₩100,000, 내용연수 4년, 잔존가치 ₩0, 정액법 상각)를 취득하는 데 전부 사용하였다. 2024년 말 기계장치 장부금액은 얼마인가?(단, K회사가 2024년 초 금전대차 거래에서 부담할 시장이자율은 연 8%이고, 정부보조금을 자산의 취득원가에서 차감하는 원가 차감법을 사용한다)

기간	단일금액 ₩1의 현재가치(할인율=8%)
4	0.7350

① ₩48,500
② ₩54,380
③ ₩55,125
④ ₩75,000
⑤ ₩81,625

07 다음 중 유형자산의 취득원가에 포함되는 것은?
① 유형자산이 경영진이 의도하는 방식으로 가동될 수 있으나, 아직 실제로 사용되지 않고 있는 경우에 발생하는 원가
② 유형자산 취득 시 정상적으로 작동되는지 여부를 시험하는 과정에서 발생하는 원가(단, 시험과정에서 생산된 재화의 순매각금액은 차감)
③ 유형자산과 관련된 산출물에 대한 수요가 형성되는 과정에서 발생하는 가동손실과 같은 초기 가동손실
④ 기업의 영업 전부 또는 일부를 재배치하거나 재편성하는 과정에서 발생하는 원가
⑤ 새로운 상품과 서비스를 소개하는데 소요되는 원가

08 다음 〈보기〉 중 자본시장선(CML)에 대한 설명으로 옳은 것을 모두 고르면?

> **보기**
>
> ㄱ. 위험자산과 무위험자산을 둘 다 고려할 경우의 효율적 투자 기회선이다.
> ㄴ. 자본시장선 아래에 위치하는 주식은 주가가 과소평가된 주식이다.
> ㄷ. 개별주식의 기대수익률과 체계적 위험 간의 선형관계를 나타낸다.
> ㄹ. 효율적 포트폴리오의 균형가격을 산출하는 데 필요한 할인율을 제공한다.

① ㄱ, ㄴ   ② ㄱ, ㄹ
③ ㄴ, ㄷ   ④ ㄷ, ㄹ
⑤ ㄴ, ㄷ, ㄹ

09 차량을 200만 원에 구입하여 40만 원은 현금 지급하고 잔액은 외상으로 하였을 때, 거래결과로 옳은 것을 〈보기〉에서 모두 고르면?

> **보기**
>
> ㄱ. 총자산 감소   ㄴ. 총자산 증가
> ㄷ. 총부채 감소   ㄹ. 총부채 증가

① ㄱ, ㄷ   ② ㄱ, ㄹ
③ ㄴ, ㄷ   ④ ㄴ, ㄹ
⑤ ㄷ, ㄹ

10 다음은 마이클 포터(Michael Porter)의 산업구조 분석모델(Five Forces Model)이다. A에 들어갈 용어는?

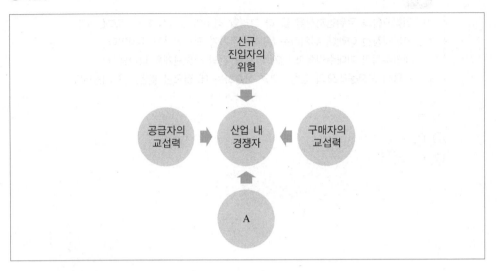

① 정부의 규제 완화   ② 고객의 충성도
③ 공급업체의 규모   ④ 가격의 탄력성
⑤ 대체재의 위협

11 다음 중 A프로젝트와 B프로젝트에 대한 NPV와 IRR을 참고하여 두 프로젝트를 동시에 투자할 경우 NPV와 IRR을 바르게 계산한 것은?

구분	NPV	IRR
A프로젝트	24억 원	35%
B프로젝트	18억 원	15%

        NPV   IRR
①   21억 원   25%
②   21억 원   알 수 없음
③   42억 원   알 수 없음
④   42억 원   25%
⑤ 알 수 없음   알 수 없음

12 A기업의 기업가치는 10억 원(발행주식수＝10만 주)이고, B기업의 기업가치는 5억 원(발행주식수 ＝10만 주)이며 두 기업 모두 무부채기업이다. A기업이 B기업을 흡수합병할 경우 합병 후의 기업 가치는 18억 원이 될 것으로 예상된다. A기업이 B기업 주주에게 6억 원의 현금을 지불하고 합병한 다면, A기업이 합병을 통해 얻는 NPV는?

① 1억 원 ② 2억 원
③ 3억 원 ④ 4억 원
⑤ 5억 원

13 다음 〈보기〉 중 조직설계에 대한 설명으로 옳은 것을 모두 고르면?

> **보기**
> ㄱ. 환경의 불확실성이 높을수록 조직 내 부서의 분화 정도는 높아진다.
> ㄴ. 많은 수의 제품을 생산하는 기업은 사업부 조직(Divisional Structure)이 적절하다.
> ㄷ. 기업의 조직구조는 전략에 영향을 미친다.
> ㄹ. 대량생산 기술을 사용하는 기업은 효율성을 중시하는 유기적 조직으로 설계하는 것이 적절하다.
> ㅁ. 조직 내 부서 간 상호의존성이 증가할수록 수평적 의사소통의 필요성은 증가한다.

① ㄱ, ㄴ, ㅁ ② ㄱ, ㄷ, ㄹ
③ ㄱ, ㄷ, ㅁ ④ ㄴ, ㄷ, ㄹ
⑤ ㄴ, ㄹ, ㅁ

14 다음 중 소비자잉여와 생산자잉여에 대한 설명으로 옳지 않은 것은?

① 소비자잉여는 소비자의 선호 체계에 의존한다.
② 완전경쟁일 때보다 기업이 가격차별을 실시할 경우 소비자잉여가 줄어든다.
③ 완전경쟁시장에서는 소비자잉여와 생산자잉여의 합인 사회적 잉여가 극대화된다.
④ 독점시장의 시장가격은 완전경쟁시장의 가격보다 높게 형성되지만 소비자잉여는 줄어들지 않는다.
⑤ 소비자잉여는 어떤 상품에 소비자가 최대한으로 지급할 용의가 있는 가격에서 실제 지급한 가격을 차감한 차액이다.

15 다음 설명에 해당하는 것은?

> 소액주주권 보호 및 기업지배구조 개선을 위한 제도로, 2명 이상의 이사를 선임할 때 주당 이사수와 동일한 수의 의결권을 부여하는 것이다. 3명의 이사를 선출할 때 1주를 가진 주주의 의결권은 3주가 된다는 계산이다. 소액주주들도 의결권을 하나에 집중시키면 자신들이 원하는 이사를 뽑을 수 있다는 장점이 있다.

① 황금주 제도   ② 차등의결권제도
③ 전자투표제   ④ 집중투표제
⑤ 섀도 보팅

16 다음 중 회사의 주식 수를 줄이는 감자에 대한 설명으로 옳지 않은 것은?

① 회사가 감자를 발표할 경우 이는 주가를 급등하게 하는 호재로 작용한다.
② 감자는 주주총회의 특별결의 및 채권자 보호절차를 필요로 한다.
③ 주식 5주를 1주로 만드는 것을 5대 1 감자라고 한다.
④ 5대 1 감자의 경우 자본금은 5분의 1이 된다.
⑤ 회사 정리, 분할, 합병, 사업 보전 등의 목적이 있다.

17 다음 중 주식회사 설립 절차의 순서를 바르게 나열한 것은?

> ㉠ 발기인이 정관을 작성
> ㉡ 발기설립 또는 모집설립의 과정
> ㉢ 법인설립등기, 법인설립신고 및 사업자등록
> ㉣ 발기인을 구성
> ㉤ 주식발행사항을 결정
> ㉥ 회사상호와 사업목적을 정함

① ㉣-㉠-㉢-㉥-㉡-㉤   ② ㉣-㉥-㉠-㉤-㉡-㉢
③ ㉤-㉣-㉠-㉡-㉢-㉥   ④ ㉤-㉥-㉣-㉠-㉢-㉡
⑤ ㉥-㉠-㉣-㉤-㉡-㉢

18 주식회사의 설립방법에는 발기설립과 모집설립이 있다. 다음 중 두 방법의 차이를 비교한 내용으로 옳지 않은 것은?

구분	발기설립	모집설립
① 기능	소규모 회사 설립에 용이	대규모 자본 조달에 유리
② 주식의 인수	주식의 총수를 발기인이 인수	발기인 우선인수 후 나머지 주주모집
③ 인수 방식	단순한 서면주의	법정기재사항이 있는 주식청약서에 의함
④ 납입의 해태	일반원칙(채무불이행)에 속함	실권절차가 있음
⑤ 설립경과조사	이사와 감사가 조사하여 창립총회에 보고	이사와 감사가 조사하여 발기인에 보고

19 다음 중 우선주의 종류에 대한 설명으로 옳지 않은 것은?

① 참가적 우선주 : 소정비율의 우선배당을 받고도 이익이 남는 경우 우선주주가 다시 보통주주와 함께 배당에 참가할 수 있다.

② 비참가적 우선주 : 배당에 참가할 수 있는 자격이 없으므로 보통주주만이 배당에 참가한다.

③ 누적적 우선주 : 당해 영업연도에 소정비율의 우선배당을 받지 못한 경우, 그 미지급배당액을 다음 영업연도 이후에 우선하여 보충 배당받는다.

④ 비누적적 우선주 : 당해 영업연도에 우선배당을 받지 못하고 그 미지급배당액을 다음 영업연도에도 보충 배당받지 못한다.

⑤ 상환우선주 : 특정기간 동안 우선주의 성격을 가지고 있다가 기간이 만료되면 발행회사에서 이를 되사도록 한다.

20 다음 설명에 해당하는 것은?

> 사채권자에게 사채 발행 이후에 기채회사가 신주를 발행하는 경우 미리 약정된 가격에 따라 일정한 수의 주식 매매할 수 있는 권리가 부여된다.

① 신주인수권부사채   ② 이표채

③ 교환사채   ④ 전환사채

⑤ 후순위채권

21 A기업은 완전경쟁시장에서, B기업은 순수독점시장에서 생산활동을 하고 있다. 두 기업의 총수입곡선에 대한 설명으로 옳은 것은?

① 두 기업 모두 총수입곡선이 처음에는 상승하다 나중에는 하락한다.

② 두 기업 모두 총수입곡선이 음$(-)$의 기울기를 갖는 직선이다.

③ A기업의 총수입곡선은 수평선의 형태이나, B기업의 총수입곡선은 양$(+)$의 기울기를 갖는다.

④ A기업의 총수입곡선은 양$(+)$의 기울기를 갖는 직선이고, B기업의 총수입곡선은 처음에는 상승하다 나중에는 하락한다.

⑤ A기업의 총수입곡선은 처음에는 상승하다 나중에는 하락하고, B기업의 총수입곡선은 수평선의 형태이다.

22 다음 〈보기〉 중 최저가격제에 대한 설명으로 옳은 것을 모두 고르면?

> **보기**
> 가. 수요자를 보호하기 위한 제도이다.
> 나. 최저임금은 최저가격제의 한 사례이다.
> 다. 정부가 최저가격을 설정할 때 시장가격보다 높게 설정해야 실효성이 있다.
> 라. 정부가 경쟁시장에 실효성이 있는 최저가격제를 도입하면 그 재화에 대한 초과수요가 발생한다.
> 마. 아파트 분양가격, 임대료 등을 통제하기 위해 사용되는 규제방법이다.

① 가, 나   ② 나, 다
③ 라, 마   ④ 가, 다, 라
⑤ 나, 다, 마

23 어느 독점기업의 제품에 대한 수요곡선은 $P = -Q + 12$이고, 한계비용은 4이다. 원자재 가격의 하락으로 한계비용이 1만큼 감소하는 경우, 이윤을 극대화하는 생산량의 변화는?(단, P는 가격, Q는 수량, $P > 0$, $Q > 0$이다)

① 0.5 증가   ② 0.5 감소
③ 1.0 증가   ④ 1.0 감소
⑤ 변화 없음

24 소비자 A의 효용함수는 $U = X \cdot Y$이고, X재, Y재 가격은 모두 100이며, A의 소득은 200이다. 소비자 A의 효용을 극대화하는 X재, Y재의 소비조합은?(단, $X > 0$, $Y > 0$이다)

① 8, 12   ② 9, 11
③ 10, 10   ④ 10, 20
⑤ 20, 10

25 다음 중 수요의 가격탄력성에 대한 설명으로 옳은 것은?(단, 수요곡선은 우하향한다)

① 수요의 가격탄력성이 1보다 작은 경우, 가격이 하락하면 총수입은 증가한다.

② 수요의 가격탄력성이 작아질수록 물품세 부과로 인한 경제적 순손실(Deadweight Loss)은 커진다.

③ 소비자 전체 지출에서 차지하는 비중이 큰 상품일수록 수요의 가격탄력성은 작아진다.

④ 직선인 수요곡선상에서 수요량이 많아질수록 수요의 가격탄력성은 작아진다.

⑤ 대체재가 많을수록 수요의 가격탄력성은 작아진다.

26 독점적 경쟁시장의 장기균형에 대한 설명으로 옳지 않은 것은?(단, P는 가격, SAC는 단기평균비용, LAC는 장기평균비용, SMC는 단기한계비용을 의미한다)

① $P = SAC$가 성립한다.

② $P = LAC$가 성립한다.

③ $P = SMC$가 성립한다.

④ 균형생산량은 SAC가 최소화되는 수준보다 작다.

⑤ 기업의 장기 초과이윤은 0이다.

27 2국 2재화의 경제에서 한국과 말레이시아는 비교우위를 갖는 상품을 생산하여 교역을 한다. 한국은 쌀 1섬을 얻기 위해 옷 1벌의 대가를 치러야 하고, 말레이시아는 옷 1벌을 얻기 위해 쌀 2섬의 대가를 치러야 한다면, 다음 중 옳은 것은?

① 한국이 쌀 생산에 특화하여 수출하는 경우, 양국 모두 이득을 얻을 수 있다.

② 한국이 옷을 수출하면서 옷 1벌에 대해 쌀 2섬 이상을 요구하면, 말레이시아는 스스로 옷을 생산하기로 결정할 것이다.

③ 쌀 1섬의 국제가격이 옷 1/2벌보다 더 낮아야 교역이 이루어진다.

④ 말레이시아가 옷과 쌀 모두를 생산하여 수출하는 경우, 양국 모두 이득을 얻을 수 있다.

⑤ 두 나라 사이에 교역이 이루어지기 위해서는 쌀 1섬의 국제가격이 옷 1벌보다 더 높아야 한다.

28 어떤 제품의 수요와 공급함수는 아래와 같다. 정부가 공급자에게 제품 1개당 10만큼의 물품세를 부과하는 경우, 물품세 부과 후 균형가격은 얼마인가?(단, P는 가격이다)

• 수요함수 : $Qd = -2P + 300$	• 공급함수 : $Qs = 2P - 100$

① 90
② 102
③ 105
④ 108
⑤ 110

29 다음 중 독점적 경쟁시장에 대한 설명으로 옳지 않은 것은?

① 기업의 수요곡선은 우하향하는 형태이다.

② 진입장벽이 존재하지 않으므로 단기에는 기업이 양(+)의 이윤을 얻지 못한다.

③ 기업의 이윤극대화 가격은 한계비용보다 크다.

④ 단기에 기업의 한계수입곡선과 한계비용곡선이 만나는 점에서 이윤극대화 생산량이 결정된다.

⑤ 장기에 기업의 수요곡선과 평균비용곡선이 접하는 점에서 이윤극대화 생산량이 결정된다.

30 다음은 기업 A와 기업 B의 광고 여부에 따른 보수행렬을 나타낸 자료이다. 내쉬균형에서 기업 A와 기업 B의 이윤은 각각 얼마인가?

구분		기업 B의 광고 전략	
		광고를 함	광고를 하지 않음
기업 A의 광고전략	광고를 함	(55, 75)	(235, 45)
	광고를 하지 않음	(25, 115)	(165, 85)

① (25, 75)
③ (55, 115)
⑤ (235, 115)

② (55, 75)
④ (235, 45)

31 다음 중 인플레이션에 대한 설명으로 옳지 않은 것은?

① 수요견인 인플레이션은 총수요의 증가가 인플레이션의 주요한 원인이 되는 경우이다.
② 정부가 화폐공급량 증가를 통해 얻게 되는 추가적인 재정수입을 화폐발행이득(Seigniorage)이라고 한다.
③ 물가상승과 불황이 동시에 나타나는 현상을 스태그플레이션이라고 한다.
④ 예상하지 못한 인플레이션은 채권자에게서 채무자에게로 소득재분배를 야기한다.
⑤ 예상한 인플레이션의 경우에는 메뉴비용(Menu Cost)이 발생하지 않는다.

32 다음 〈보기〉 중 애덤 스미스(Adam Smith)의 보상적 임금격차의 요인으로 옳은 것을 모두 고르면?

> **보기**
> ㄱ. 노동의 난이도   ㄴ. 작업의 쾌적도
> ㄷ. 임금의 불안정성   ㄹ. 요구되는 교육훈련의 차이

① ㄱ, ㄴ
③ ㄱ, ㄴ, ㄹ
⑤ ㄱ, ㄴ, ㄷ, ㄹ

② ㄴ, ㄷ
④ ㄴ, ㄷ, ㄹ

33 다음 중 국제수지표상 경상계정(Current Accounts)에 속하지 않는 항목은?

① 정부 사이의 무상원조

② 해외교포로부터의 증여성 송금

③ 해외금융자산으로부터 발생하는 이자 등의 투자 소득

④ 내국인의 해외여행 경비

⑤ 내국인의 해외주식 및 채권투자

34 K국의 2022년 명목 GDP는 100억 원이었고, 2023년 명목 GDP는 150억 원이었다. 기준연도인 2022년 GDP 디플레이터가 100이고, 2023년 GDP 디플레이터는 120인 경우, 2023년의 전년 대비 실질 GDP 증가율은?

① 10%   ② 15%

③ 20%   ④ 25%

⑤ 30%

35 다음 중 오쿤의 법칙(Okun's Law)에 대한 설명으로 옳은 것은?

① 어떤 시장을 제외한 다른 모든 시장이 균형 상태에 있으면 그 시장도 균형을 이룬다는 법칙이다.

② 실업률이 1% 늘어날 때마다 국민총생산이 2.5%의 비율로 줄어든다는 법칙이다.

③ 소득수준이 낮을수록 전체 생계비에서 차지하는 식료품 소비의 비율이 높아진다는 법칙이다.

④ 가난할수록 총지출에서 차지하는 주거비의 지출 비율이 점점 더 커진다는 법칙이다.

⑤ 악화(惡貨)는 양화(良貨)를 구축한다는 법칙이다.

36 다음 중 가치의 역설(Paradox of Value)에 대한 설명으로 옳은 것은?

① 다이아몬드의 한계효용은 물의 한계효용보다 크다.

② 다이아몬드는 필수재이고, 물은 사치재이다.

③ 물은 항상 다이아몬드보다 가격이 낮다.

④ 상품의 가격은 총효용에 의해 결정된다.

⑤ 총효용이 낮아지면 상품의 가격도 낮아진다.

37 최근 2년간 총고정제조원가와 단위당 변동제조원가는 변화가 없으며, 생산량과 총제조원가가 다음과 같을 때, 2024년에 총고정제조원가가 10% 증가하고, 생산량이 400단위라면 총제조원가는?

구분	생산량	총 제조원가(₩)
2022년	200단위	600,000
2023년	300단위	800,000

① ₩1,000,000   ② ₩1,020,000

③ ₩1,040,000   ④ ₩1,060,000

⑤ ₩1,080,000

38 다음은 X재에 대한 수요곡선이다. 이에 대한 설명으로 옳은 것은?(단, X재는 정상재이다)

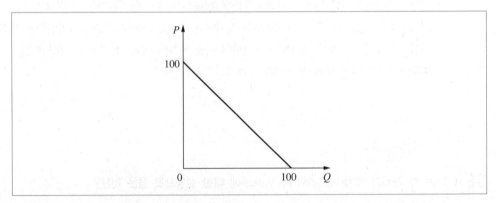

① 가격이 100원이면 X재의 수요량은 100이다.

② 가격에 상관없이 가격탄력성의 크기는 일정하다.

③ 소득이 증가하는 경우 수요곡선은 왼쪽으로 이동한다.

④ X재와 대체관계에 있는 Y재의 가격이 오르면 X재의 수요곡선은 왼쪽으로 이동한다.

⑤ X재 시장이 독점시장이라면 독점기업이 이윤극대화를 할 때 설정하는 가격은 50원 이상이다.

39 다음 중 조세부과에 대한 설명으로 옳지 않은 것은?(단, 수요곡선은 우하향하며, 공급곡선은 우상향한다)

① 공급자에게 조세 납부의 책임이 있는 경우 소비자에게는 조세 부담이 전혀 없다.

② 조세 부과로 인해 시장 가격은 상승한다.

③ 조세 부과로 인해 사회적 후생이 감소한다.

④ 가격탄력성에 따라 조세 부담의 정도가 달라진다.

⑤ 우리나라 국세 중 비중이 가장 높은 세금은 부가가치세이다.

40 다음 그림은 농산물 시장 개방에 따른 이득과 손실을 나타낸 것이다. 〈보기〉 중 옳은 것을 모두 고르면?

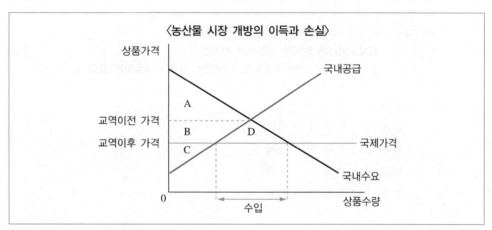

> **보기**
>
> 가. 교역 이전 가격에서의 소비자 잉여는 A이다.
> 나. 교역 이전 가격에서의 사회적 잉여는 A+B+C이다.
> 다. 교역 이후 가격 하락으로 농민들이 입는 손해가 소비자들이 얻는 이익보다 크다.
> 라. 교역 이후 가격 하락으로 사회적 잉여는 감소한다.

① 가, 나   ② 가, 다

③ 가, 라   ④ 나, 다

⑤ 다, 라

01 다음 중 법의 적용 및 해석에 대한 설명으로 옳은 것은?

① 문리해석은 유권해석의 한 유형이다.

② 법률용어로 사용되는 선의 · 악의는 일정한 사항에 대해 아는 것과 모르는 것을 의미한다.

③ 유사한 두 가지 사항 중 하나에 대해 규정이 있으면 명문규정이 없는 다른 쪽에 대해서도 같은 취지의 규정이 있는 것으로 해석하는 것을 준용이라 한다.

④ 간주란 법이 사실의 존재 · 부존재를 법정책적으로 확정하되, 반대사실의 입증이 있으면 번복되는 것이다.

⑤ 추정이란 나중에 반증이 나타나도 이미 발생된 효과를 뒤집을 수 없는 것을 말한다.

02 다음 중 빈칸에 들어갈 법원(法源)으로 옳은 것은?

- ___ㄱ___ : 국가의 조직 · 통치 및 기본권에 대한 근본법
- ___ㄴ___ : 지방자치단체 의회가 제정하는 자치법규
- ___ㄷ___ : 문서로써 국가 간에 체결되고 국제법에 의하여 규율되는 합의

① ㄱ : 헌법, ㄴ : 조례, ㄷ : 조약

② ㄱ : 헌법, ㄴ : 법률, ㄷ : 명령

③ ㄱ : 법률, ㄴ : 조약, ㄷ : 조례

④ ㄱ : 법률, ㄴ : 명령, ㄷ : 조약

⑤ ㄱ : 법률, ㄴ : 조례, ㄷ : 명령

03 다음 중 행정처분에 대한 설명으로 옳지 않은 것은?

① 행정처분은 행정청이 행하는 공권력 작용이다.

② 행정처분에는 조건을 부가할 수 없다.

③ 경미한 하자있는 행정처분에는 공정력이 인정된다.

④ 행정처분에 대해서만 항고소송을 제기할 수 있다.

⑤ 법규에 위반하면 위법처분으로서 행정심판 · 행정소송의 대상이 된다.

04 다음 중 헌법 제37조 제2항에 의한 기본권의 제한에 대한 설명으로 옳지 않은 것은?

① 국회의 형식적 법률에 의해서만 제한할 수 있다.

② 처분적 법률에 의한 제한은 원칙적으로 금지된다.

③ 국가의 안전보장과 질서유지를 위해서만 제한할 수 있다.

④ 기본권의 본질적 내용은 침해할 수 없다.

⑤ 노동기본권의 제한에 대한 법적 근거를 밝히고 있다.

05 다음 중 현행 헌법상 정당설립과 활동의 자유에 대한 설명으로 옳지 않은 것은?

① 정당의 설립은 자유이며, 복수정당제는 보장된다.

② 정당은 그 목적, 조직과 활동이 민주적이어야 한다.

③ 정당의 목적과 활동이 민주적 기본질서에 위배될 때에는 국회는 헌법재판소에 그 해산을 제소할 수 있다.

④ 국가는 법률이 정하는 바에 의하여 정당의 운영에 필요한 자금을 보조할 수 있다.

⑤ 정당은 국민의 정치적 의사형성에 참여하는 데 필요한 조직을 가져야 한다.

06 다음 중 공법과 사법의 구별 기준에 대한 학설의 내용으로 옳지 않은 것은?

① 공익을 위한 것인가, 사익을 위한 것인가에 따라 구별한다.

② 권력적인 것인가의 여부에 따라 구별한다.

③ 권력의무의 주체에 따라 구별한다.

④ 법규의 명칭에 따라 구별한다.

⑤ 법이 통치권 발동에 대한 것인지, 아닌지에 따라 구별한다.

07 다음 중 법의 성격에 대한 설명으로 옳지 않은 것은?

① 자연법론자들은 법과 도덕은 그 고유한 영역을 가지고 있지만 도덕을 법의 상위개념으로 본다.

② 법은 타율성에, 도덕은 자율성에 그 실효성의 연원을 둔다.

③ 법은 인간행위에 대한 당위의 법칙이 아니라 필연의 법칙이다.

④ 법은 국가권력에 의하여 보장되는 사회규범의 하나이다.

⑤ 법은 그 위반의 경우에 타율적 · 물리적 강제를 통하여 원하는 상태와 결과를 실현하는 강제규범이다.

08 다음 중 사회보험에 대한 설명으로 옳지 않은 것은?

① 사회보험의 보험납부비용은 모두 당사자가 부담한다.

② 사회보험은 그 가입이 강제적이다.

③ 사회보험의 계약의 체결 및 해약 등에는 조건이 수반된다.

④ 사회보험의 수급자격과 보험료율 및 급부내용 등의 보험계약내용은 법으로 정해져 있다.

⑤ 사회보험은 사회의 연대성이 적용된다.

09 다음 중 근대 입헌주의적 의미의 헌법에 해당하는 것은?

① 권력분립과 기본권 보장이 없는 국가는 헌법이 없다.

② 영국을 제외하고 모든 나라는 헌법을 가지고 있다.

③ 국가라고 하는 법적 단체가 있는 곳에는 헌법이 있다.

④ 공산주의 국가에도 헌법은 있다.

⑤ 헌법을 불문화할 필요가 있다.

10 다음 중 자연인의 권리능력에 대한 설명으로 옳지 않은 것은?

① 자연인의 권리능력은 사망에 의해서만 소멸된다.

② 피성년후견인의 권리능력은 제한능력자에게도 차등이 없다.

③ 실종선고를 받으면 즉시 권리능력을 잃는다.

④ 우리 민법은 태아에 대해 개별적 보호주의를 취하고 있다.

⑤ 자연인은 출생과 동시에 권리능력을 가진다.

11 다음 중 법인에 대한 설명으로 옳지 않은 것은?

① 사단법인의 정관의 필요적 기재사항으로는 목적, 명칭, 사무소 소재지, 자산에 대한 규정, 이사의 임면, 사원의 자격 등이 있다.

② 법인의 이사가 수인인 경우에 사무집행은 정관의 규정에 따른다.

③ 재단법인은 법률, 정관, 목적, 성질, 그 외에 주무관청의 감독, 허가조건 등에 의하여 권리능력이 제한된다.

④ 사원총회는 법인사무 전반에 관하여 결의권을 가진다.

⑤ 법인의 해산이유로는 존립기간의 만료, 정관에 정한 해산사유의 발생, 목적인 사업의 성취나 불능 등을 볼 수 있다.

12 다음 〈보기〉 중 사회권적 기본권에 대한 설명으로 옳은 것을 모두 고르면?

> **보기**
>
> ㄱ. 사회권은 국민의 권리에 해당한다.
> ㄴ. 바이마르헌법에서 사회권을 최초로 규정하였다.
> ㄷ. 사회권은 천부인권으로서의 인간의 권리이다.
> ㄹ. 사회권은 강한 대국가적 효력을 가진다.

① ㄱ, ㄴ   ② ㄱ, ㄹ
③ ㄴ, ㄷ   ④ ㄴ, ㄹ
⑤ ㄷ, ㄹ

PART 2

13 다음 중 제한능력자의 법률행위에 대한 설명으로 옳지 않은 것은?

① 피성년후견인이 법정대리인의 동의를 얻어서 한 재산상 법률행위는 유효하다.
② 제한능력자의 단독행위는 추인이 있을 때까지 상대방이 거절할 수 있다.
③ 법정대리인이 범위를 정하여 처분을 허락한 재산은 미성년자가 임의로 처분할 수 있다.
④ 제한능력자가 속임수로써 자기를 능력자로 믿게 한 경우 그 법률행위를 취소할 수 없다.
⑤ 가정법원은 피한정후견인이 한정후견인의 동의를 받아야 하는 행위의 범위를 정할 수 있다.

14 다음 중 민법상 과실(果實)에 해당하지 않는 것은?

① 지상권의 지료   ② 임대차에서의 차임
③ 특허권의 사용료   ④ 젖소로부터 짜낸 우유
⑤ 과수원에서 재배한 사과

15 다음 중 권력분립론에 대한 설명으로 옳지 않은 것은?

① 로크(Locke)는 최고 권력은 국민에게 있고, 그 아래에 입법권, 입법권 아래에 집행권과 동맹권이 있어야 한다고 주장하였다.

② 몽테스키외(Montesquieu)의 권력분립론은 자의적인 권력 혹은 권력의 남용으로부터 개인의 자유와 권리를 보장하는 데 그 목적이 있다.

③ 권력분립론은 모든 제도를 정당화시키는 최고의 헌법원리이다.

④ 뢰벤슈타인(Lowenstein)은 권력분립에 대한 비판에서 국가작용을 정책결정, 정책집행, 정책통제로 구분하였다.

⑤ 적극적으로 능률을 증진시키기 위한 원리가 아니라, 권력의 남용 또는 권력의 자의적인 행사를 방지하려는 소극적인 권리이다.

16 다음 중 헌법의 개정과 유사한 개념 중에서 기존 헌법을 배제하고 수평적 헌법전의 교체가 이루어지는 것은?

① 헌법의 폐지   ② 헌법의 파괴
③ 헌법의 정지   ④ 헌법의 침해
⑤ 헌법의 개정

17 다음 중 행정기관이 그 소관 사무의 범위에서 일정한 행정목적을 실현하기 위하여 특정인에게 일정한 행위를 하거나 하지 아니하도록 지도, 권고, 조언 등을 하는 행정작용은?

① 행정예고   ② 행정계획
③ 행정지도   ④ 의견제출
⑤ 행정소송

18 다음 중 우리나라의 민법상의 주소, 거소, 가주소에 대한 설명으로 옳지 않은 것은?

① 민법에서는 객관주의와 복수주의를 택한다.

② 국내에 주소가 없거나 주소를 알 수 없을 때에는 거소를 주소로 본다.

③ 법인의 주소효력은 주된 사무소의 소재지로부터 생긴다.

④ 현재지가 주소로서의 효력을 가지는 경우 등의 예외는 있다.

⑤ 어디를 가주소로 정하는지는 당사자의 자유이며, 실제생활과는 아무 관계없이 임의로 정할 수 있다.

19 다음 중 법과 도덕에 대한 설명으로 옳지 않은 것은?

① 법은 행위의 외면성을, 도덕은 행위의 내면성을 다룬다.

② 법은 강제성을, 도덕은 비강제성을 갖는다.

③ 법은 타율성을, 도덕은 자율성을 갖는다.

④ 권리 및 의무의 측면에서 법은 일면적이나, 도덕은 양면적이다.

⑤ 법은 정의(定義)의 실현을, 도덕은 선(善)의 실현을 추구한다.

20 다음 중 법원(法源)으로서 조례(條例)에 대한 설명으로 옳은 것은?

① 조례는 규칙의 하위규범이다.

② 국제법상의 기관들은 자체적으로 조약을 체결할 수 없다.

③ 시의회가 법률의 위임 범위 안에서 제정한 규범은 조례에 해당한다.

④ 재판의 근거로 사용된 조리(條理)는 조례가 될 수 있다.

⑤ 의원발의의 경우 재적의원 1/3 이상 또는 5인 이상의 의원의 연서가 필요하다.

21 다음 글의 ㉠에 대한 설명으로 옳은 것은?

> ___㉠___ 이란 상대적으로 많이 가진 계층 또는 집단으로부터 적게 가진 계층 또는 집단으로 재산·소득·권리 등의 일부를 이전시키는 정책을 말한다. 이를테면 누진세 제도의 실시, 생활보호 대상자에 대한 의료보호, 영세민에 대한 취로사업, 무주택자에 대한 아파트 우선적 분양, 저소득 근로자들에게 적용시키는 근로소득보전세제 등의 정책이 이에 속한다.

① 정책 과정에서 이해당사자들 상호 간 이익이 되는 방향으로 협력하는 로그롤링(Log Rolling) 현상이 나타난다.
② 계층 간 갈등이 심하고 저항이 발생할 수 있어 국민적 공감대를 형성할 때 정책의 변화를 가져오게 된다.
③ 체제 내부를 정비하는 정책으로 대외적 가치배분에는 큰 영향이 없으나, 대내적으로는 게임의 법칙이 발생한다.
④ 대체로 국민 다수에게 돌아가지만 사회간접시설과 같이 특정지역에 보다 직접적인 편익이 돌아가는 경우도 많다.
⑤ 법령에서 제시하는 광범위한 기준을 근거로 국민들에게 강제적으로 특정한 부담을 지우는 것이다.

22 다음 중 발생주의 회계의 특징으로 옳은 것은?

① 현금의 유출입 발생 시 회계 장부에 기록하는 방법을 의미한다.
② 실질적 거래의 발생을 회계처리에 정확히 반영할 수 있다는 장점이 있다.
③ 회계연도 내 경영활동과 성과에 대해 정확히 측정하기 어렵다는 한계가 있다.
④ 재화나 용역의 인수 및 인도 시점을 기준으로 장부에 기입한다.
⑤ 수익과 비용이 대응되지 않는다는 한계가 있다.

23 다음 중 신공공관리론(NPM)의 오류에 대한 반작용으로 대두된 신공공서비스론(NPS)에서 주장하는 원칙에 해당하는 것은?

① 지출보다는 수익 창출
② 노젓기보다는 방향잡기
③ 서비스 제공보다 권한 부여
④ 고객이 아닌 시민에 대한 봉사
⑤ 시장기구를 통한 변화 촉진

24 다음 중 예산제도에 대한 설명으로 옳지 않은 것은?

① 계획 예산제도(PPBS)는 기획, 사업구조화, 그리고 예산을 연계시킨 시스템적 예산제도이다.
② 계획 예산제도(PPBS)의 단점으로는 의사결정이 지나치게 집권화되고 전문화되어 외부통제가 어렵다는 점과 대중적인 이해가 쉽지 않아 정치적 실현가능성이 낮다는 점이 있다.
③ 품목별 예산제도(LIBS)는 정부의 지출을 체계적으로 구조화한 최초의 예산제도로서 지출대상별 통제를 용이하게 할 뿐 아니라 지출에 대한 근거를 요구하고 확인할 수 있다.
④ 성과 예산제도(PBS)는 사업별, 활동별로 예산을 편성하고, 성과평가를 통하여 행정통제를 합리화할 수 있다.
⑤ 품목별 예산제도(LIBS)는 왜 돈을 지출해야 하는지, 무슨 일을 하는지에 대하여 구체적인 정보를 제공하는 장점이 있다.

25 다음 행정이론을 시기순으로 바르게 나열한 것은?

> (가) 최소의 노동과 비용으로 최대의 능률을 올릴 수 있는 표준적 작업절차를 정하고 이에 따라 예정된 작업량을 달성하기 위한 가장 좋은 방법을 발견하려는 이론이다.
> (나) 기존의 거시적인 제도나 구조가 아닌 개인의 표출된 행태를 객관적·실증적으로 분석하는 이론이다.
> (다) 조직구성원들의 사회적·심리적 욕구와 조직 내 비공식집단 등을 중시하며, 조직의 목표와 조직구성원들의 목표 간의 균형 유지를 지향하는 민주적·참여적 관리 방식을 처방하는 이론이다.
> (라) 시민적 담론과 공익에 기반을 두고 시민에게 봉사하는 정부의 역할을 강조하는 이론이다.

① (가) – (나) – (다) – (라)   ② (가) – (다) – (나) – (라)
③ (가) – (다) – (라) – (나)   ④ (나) – (다) – (가) – (라)
⑤ (나) – (라) – (다) – (가)

26 다음 중 균형성과표(BSC; Balanced Score Card)에 대한 설명으로 옳지 않은 것은?

① 재무적 관점의 성과지표로는 매출, 자본수익률, 예산 대비 차이 등이 있다.
② 정부는 성과평가에 있어서 재무적 관점보다는 국민이 원하는 정책을 개발하고 재화와 서비스를 제공하는지에 대한 고객의 관점을 중요한 위치에 놓는다.
③ 학습과 성장의 관점은 민간부문과 정부부문이 큰 차이를 둘 필요가 없는 부분이다.
④ 업무처리 관점은 정부부문에서 정책결정과정, 정책집행과정, 재화와 서비스의 전달과정 등을 포괄하는 넓은 의미를 가진다.
⑤ 고객 관점은 BSC의 4가지 관점 중에서 행동지향적 관점에 해당한다.

27 다음 중 빈칸에 공통으로 들어갈 용어는?

> • _____은 밀러(Gerald J. Miller)가 비합리적 의사결정모형을 예산에 적용하여 1991년에 개발한 예산이론(모형)이다.
> • _____은 독립적인 조직들이나 조직의 하위단위들이 서로 느슨하게 연결되어 독립성과 자율성을 누릴 수 있는 조직의 예산결정에 적합한 예산이론(모형)이다.

① 모호성 모형
② 단절적 균형 이론
③ 다중합리성 모형
④ 쓰레기통 모형
⑤ 무의사결정론

28 다음 〈보기〉 중 킹던(John Kingdon)의 정책창 모형과 관련된 내용으로 옳은 것을 모두 고르면?

> 보기
> ㄱ. 방법론적 개인주의
> ㄴ. 쓰레기통 모형
> ㄷ. 정치의 흐름
> ㄹ. 점화장치
> ㅁ. 표준운영절차

① ㄱ, ㄴ, ㄷ
② ㄱ, ㄴ, ㄹ
③ ㄱ, ㄹ, ㅁ
④ ㄴ, ㄷ, ㄹ
⑤ ㄴ, ㄷ, ㅁ

29 다음 중 ㉠, ㉡에 들어갈 말로 옳은 것은?

> _____㉠_____은/는 지출이 직접 수입을 수반하는 경비로서 기획재정부장관이 지정하는 것을 의미하며 전통적 예산원칙 중 _____㉡_____의 예외에 해당한다.

	㉠	㉡
①	수입금마련경비	통일성의 원칙
②	수입대체경비	통일성의 원칙
③	수입금마련지출	한정성의 원칙
④	수입대체경비	한정성의 원칙
⑤	수입금마련지출	통일성의 원칙

30 다음 〈보기〉 중 행정통제에 대한 설명으로 옳은 것을 모두 고르면?

> **보기**
> ㄱ. 행정통제는 통제시기의 적시성과 통제내용의 효율성이 고려되어야 한다.
> ㄴ. 옴부즈만 제도는 공무원에 대한 국민의 책임 추궁의 창구 역할을 하며 입법·사법통제의 한계를 보완하는 제도이다.
> ㄷ. 외부통제는 선거에 의한 통제와 이익집단에 의한 통제를 포함한다.
> ㄹ. 입법통제는 합법성을 강조하므로 위법행정보다 부당행정이 많은 현대행정에서는 효율적인 통제가 어렵다.

① ㄱ, ㄴ
② ㄴ, ㄹ
③ ㄱ, ㄴ, ㄷ
④ ㄱ, ㄷ, ㄹ
⑤ ㄴ, ㄷ, ㄹ

31 다음 〈보기〉 중 국세이며 간접세인 것을 모두 고르면?

> **보기**
> ㄱ. 자동차세
> ㄴ. 주세
> ㄷ. 담배소비세
> ㄹ. 부가가치세
> ㅁ. 개별소비세
> ㅂ. 종합부동산세

① ㄱ, ㄴ, ㄷ
② ㄱ, ㄹ, ㅂ
③ ㄴ, ㄷ, ㅁ
④ ㄴ, ㄹ, ㅁ
⑤ ㄷ, ㄹ, ㅁ

32 다음 중 빈칸에 들어갈 말로 옳은 것은?

> _____은 재정권을 독점한 정부에서 정치가나 관료들이 독점적 권력을 국민에게 남용하여 재정규모를 과도하게 팽창시키는 행위를 의미한다는 내용을 담고 있다.

① 로머와 로젠탈(Tomas Romer & Howard Rosenthal)의 회복수준 이론
② 파킨슨(Cyril N. Parkinson)의 법칙
③ 니스카넨(William Niskanen)의 예산극대화 가설
④ 지대추구이론
⑤ 리바이어던(Leviathan) 가설

33 다음 〈보기〉 중 국가재정법상 예산제도에 대한 설명으로 옳은 것을 모두 고르면?

> **보기**
>
> ㄱ. 기획재정부장관은 국가회계법에서 정하는 바에 따라 회계연도마다 작성하여 대통령의 승인을 받은 국가결산보고서를 다음 연도 4월 10일까지 감사원에 제출하여야 한다.
> ㄴ. 차관물자대(借款物資貸)의 경우 전년도 인출예정분의 부득이한 이월 또는 환율 및 금리의 변동으로 인하여 세입이 그 세입예산을 초과하게 되는 때에는 그 세출예산을 초과하여 지출할 수 없다.
> ㄷ. 정부는 예산이 여성과 남성에게 미칠 영향을 미리 분석한 보고서를 작성하여야 한다.
> ㄹ. 각 중앙관서의 장은 예산요구서를 제출할 때에 다음 연도 예산의 성과계획서 및 전년도 예산의 성과보고서를 기획재정부장관에게 함께 제출하여야 한다.

① ㄱ, ㄴ
② ㄱ, ㄴ, ㄷ
③ ㄱ, ㄷ, ㄹ
④ ㄴ, ㄷ, ㄹ
⑤ ㄱ, ㄴ, ㄷ, ㄹ

34 다음 중 점증주의에 대한 설명으로 옳지 않은 것은?

① 정책을 결정할 때 현존의 정책에서 약간만 변화시킨 대안을 고려한다.
② 고려하는 정책대안이 가져올 결과를 모두 분석하지 않고 제한적으로 비교·분석하는 방법을 사용한다.
③ 경제적 합리성보다는 정치적 합리성을 추구하여 타협과 조정을 중요시한다.
④ 일단 불완전한 예측을 전제로 하여 정책대안을 실시하고 그때 나타나는 결과가 잘못된 점이 있으면 그 부분만 다시 수정·보완하는 방식을 택하기도 한다.
⑤ 수단과 목표가 명확히 구분되지 않으므로 흔히 목표 – 수단의 분석이 부적절하거나 제한되는 경우가 많으며, 정책 목표달성을 극대화하는 정책을 최선의 정책으로 평가한다.

35 다음 중 시장실패에 따른 정부의 대응에 대한 설명으로 옳지 않은 것은?

① 공공재에 대한 무임승차 현상 발생 시 정부는 공적공급을 통해 해결할 수 있다.
② 외부효과가 발생할 때는 규제를 통한 부정적 외부효과 제한만이 문제를 해결할 수 있다.
③ 정보 비대칭 발생 시 공적규제를 통해 사회주체 간 정보격차를 완화할 수 있다.
④ 불완전경쟁 문제를 해결하기 위해서는 공적규제를 시행하는 것이 효과적이다.
⑤ 자연독점에 따른 시장실패 발생 시 정부에 의한 공급뿐만 아니라 규제를 통해서도 해결할 수 있다.

36 다음 〈보기〉 중 정책 참여자 간의 관계에 대한 설명으로 옳은 것을 모두 고르면?

> **보기**
> ㄱ. 정책공동체는 일시적이고 느슨한 형태의 집합체라는 점에서 이슈네트워크와 공통점을 가진다.
> ㄴ. 다원주의에서의 정부는 집단들 간에 조정자 역할 또는 심판자의 역할을 할 것으로 기대된다.
> ㄷ. 이슈네트워크는 참여자 간의 상호의존성이 낮고 불안정하며, 상호 간의 불평등 관계가 존재하기도 한다.
> ㄹ. 국가조합주의는 이익집단과 자율적 결성과 능동적 참여를 보장한다.

① ㄱ, ㄴ
② ㄱ, ㄷ
③ ㄴ, ㄷ
④ ㄴ, ㄹ
⑤ ㄷ, ㄹ

37 다음 중 대표관료제에 대한 설명으로 옳지 않은 것은?

① 관료의 행정에 출신배경이 고려되므로 합리적 행정이 저해될 수 있다.
② 행정의 합리성보다는 민주성이 강조되는 제도이다.
③ 공직임용에 소외된 계층에 대한 균형인사가 가능하다.
④ 대표관료제는 실적주의에 입각한 제도이다.
⑤ 사회주체에 의한 외적 통제가 강화된 형태이다.

38 다음 설명에 해당하는 것은?

> 경제학적인 분석도구를 관료행태, 투표자행태, 정당정치, 이익집단 등의 비시장적 분석에 적용함으로써 공공서비스의 효율적 공급을 위한 제도적 장치를 탐색한다.

① 과학적 관리론　　　　　　　　② 공공선택론
③ 행태주의　　　　　　　　　　　④ 발전행정론
⑤ 현상학

39 다음 〈보기〉 중 강제배분법으로 방지할 수 있는 근무성적평정의 오류로 옳은 것을 모두 고르면?

> **보기**
> ㄱ. 첫머리 효과　　　　　　　　　ㄴ. 집중화 경향
> ㄷ. 엄격화 경향　　　　　　　　　ㄹ. 선입견에 의한 오류

① ㄱ, ㄴ　　　　　　　　　　　　② ㄱ, ㄷ
③ ㄴ, ㄷ　　　　　　　　　　　　④ ㄴ, ㄹ
⑤ ㄷ, ㄹ

40 다음 중 정책문제의 구조화기법과 설명이 바르게 연결된 것은?

(가) 경계분석(Boundary Analysis)
(나) 가정분석(Assumption Analysis)
(다) 계층분석(Hierarchy Analysis)
(라) 분류분석(Classification Analysis)

㉠ 정책문제와 관련된 여러 구조화되지 않은 가설들을 창의적으로 통합하기 위해 사용하는 기법으로, 이전에 건의된 정책부터 분석한다.

㉡ 간접적이고 불확실한 원인으로부터 차츰 확실한 원인을 차례로 확인해 나가는 기법으로, 인과관계 파악을 주된 목적으로 한다.

㉢ 정책문제의 존속기간 및 형성과정을 파악하기 위해 사용하는 기법으로, 포화표본추출(Saturation Sampling)을 통해 관련 이해당사자를 선정한다.

㉣ 문제상황을 정의하기 위해 당면문제를 그 구성요소들로 분해하는 기법으로, 논리적 추론을 통해 추상적인 정책문제를 구체적인 요소들로 구분한다.

	(가)	(나)	(다)	(라)
①	㉠	㉢	㉡	㉣
②	㉠	㉢	㉣	㉡
③	㉢	㉠	㉡	㉣
④	㉢	㉠	㉣	㉡
⑤	㉢	㉣	㉠	㉡

01 다음 중 내연기관에 대한 설명으로 옳지 않은 것은?

① 디젤기관의 압축비가 가솔린기관의 압축비보다 높다.

② 가솔린기관에서는 노크(Knock)를 저감하기 위해 실린더 체적을 작게 한다.

③ 디젤기관에서는 노크(Knock)를 저감하기 위해 압축비를 높인다.

④ 벤투리(Venturi)는 공기의 압력을 높이기 위해서 설치한 단면이 좁은 통로이다.

⑤ 내연기관은 사용하는 연료에 의해 가스기관·가솔린기관·석유기관·디젤기관 등으로 분류된다.

02 다음 중 연삭가공에 대한 설명으로 옳지 않은 것은?

① 연삭입자는 불규칙한 형상을 가진다.

② 연삭입자는 깨짐성이 있어 가공면의 치수정확도가 떨어진다.

③ 연삭입자는 평균적으로 큰 음의 경사각을 가진다.

④ 경도가 크고 취성이 있는 공작물 가공에 적합하다.

⑤ 연삭기의 종류로는 원통연삭기, 내면연삭기, 평면연삭기, 만능연삭기 등을 볼 수 있다.

03 다음 중 기계요소를 설계할 때 응력집중 및 응력집중계수에 대한 설명으로 옳지 않은 것은?

① 응력집중이란 단면이 급격히 변화하는 부위에서 힘의 흐름이 심하게 변화함으로 인해 발생하는 현상이다.

② 응력집중계수는 단면부의 평균응력에 대한 최대응력의 비율이다.

③ 응력집중계수는 탄성영역 내에서 부품의 형상효과와 재질이 모두 고려된 것으로, 형상이 같더라도 재질이 다르면 그 값이 다르다.

④ 응력집중을 완화하려면 단이 진 부분의 곡률반지름을 크게 하거나 단면이 완만하게 변화하도록 한다.

⑤ 응력집중은 일반적으로 구조요소의 파손·파괴의 원인이 되기 쉬우므로 설계할 때에는 탄소성 계산이나 광탄소성 해석, 스트레인미터에 의한 실험적 해석을 하여 충분히 검토해야 한다.

04 다음 〈보기〉 중 유체기계 사용 시 점성을 동반하는 유체 유동의 동점성계수(Kinematic Viscosity)를 설명한 내용으로 옳은 것을 모두 고르면?

> **보기**
>
> ㄱ. 유체의 압력을 밀도로 나눈 값이다.
> ㄴ. 유체의 점성계수(Coefficient of Viscosity)를 밀도로 나눈 값이다.
> ㄷ. 단위는 Poise(P)이다.
> ㄹ. 단위는 Stoke(St)이다.

① ㄱ, ㄷ   ② ㄱ, ㄹ
③ ㄴ, ㄷ   ④ ㄴ, ㄹ
⑤ ㄷ, ㄹ

05 다음 중 원형축에 비틀림모멘트를 가했을 경우에 축의 비틀림각에 대한 설명으로 옳은 것은?

① 축재질의 전단탄성계수 값이 작을수록 비틀림각은 감소한다.
② 축길이가 증가할수록 비틀림각은 감소한다.
③ 단면 극관성모멘트 값이 클수록 비틀림각은 감소한다.
④ 축지름이 작을수록 비틀림각은 감소한다.
⑤ 비틀림각을 구하는 공식은 $\dfrac{32\,T\times L}{G\times\pi d^4}$ 이다(T : 토크, L : 축의 길이, G : 전단탄성계수).

06 다음 중 제품의 시험검사에 대한 설명으로 옳지 않은 것은?

① 인장시험으로 항복점, 연신율, 단면감소율, 변형률을 알아낼 수 있다.
② 브리넬시험은 강구를 일정 하중으로 시험편의 표면에 압입시킨다. 경도값은 압입자국의 표면적과 하중의 비로 표현한다.
③ 비파괴검사에는 초음파검사, 자분탐상검사, 액체침투검사 등이 있다.
④ 아이조드 충격시험은 양단이 단순 지지된 시편의 노치를 회전하는 해머로 파단시킨다.
⑤ 샤르피식 충격시험은 해머로 노치부를 타격하여 연성 파괴인지, 취성 파괴인지 판정하는 시험법이다.

07 다음 중 박판성형가공법의 하나로 선반의 주축에 다이를 고정하고, 심압대로 소재를 밀어서 소재를 다이와 함께 회전시키면서 외측에서 롤러로 소재를 성형하는 가공법은?

① 스피닝(Spinning)
② 벌징(Bulging)
③ 비딩(Beading)
④ 컬링(Curling)
⑤ 드로잉(Drawing)

08 다음 〈보기〉 중 소모성 전극을 사용하지 않는 용접법을 모두 고르면?

> **보기**
>
> ㄱ. 일렉트로가스 용접(Electrogas Welding)
> ㄴ. 플라스마 아크 용접(Plasma Arc Welding)
> ㄷ. 원자 수소 용접(Atomic Hydrogen Welding)
> ㄹ. 플래시 용접(Flash Welding)

① ㄱ, ㄴ
② ㄴ, ㄷ
③ ㄷ, ㄹ
④ ㄱ, ㄷ, ㄹ
⑤ ㄴ, ㄷ, ㄹ

09 다음 중 미끄럼베어링의 특징이 아닌 것은?

① 동력손실이 크다.
② 윤활성이 좋지 않다.
③ 시동할 때 마찰저항이 작다.
④ 진동과 소음이 작다.
⑤ 구조가 간단하며 수리가 쉽다.

10 다음 중 기계가공의 하나로 표면거칠기가 가장 우수한 것은?

① 내면연삭가공

② 래핑가공

③ 평면연삭가공

④ 호닝가공

⑤ 슈퍼피니싱

11 다음 중 소성가공에서 압출가공에 대한 설명으로 옳은 것은?

① 소재를 용기에 넣고 높은 압력을 가하여 다이구멍으로 통과시켜 형상을 만드는 가공법이다.

② 소재를 일정온도 이상으로 가열하고 해머 등으로 타격하여 모양이나 크기를 만드는 가공법이다.

③ 원뿔형 다이구멍으로 통과시킨 소재의 선단을 끌어당기는 방법으로 형상을 만드는 가공법이다.

④ 회전하는 한 쌍의 롤 사이로 소재를 통과시켜 두께와 단면적을 감소시키고 길이방향으로 늘리는 가공법이다.

⑤ 소재나 공구(롤) 또는 그 양쪽을 회전시켜서 밀어붙여 공구의 모양과 같은 형상을 소재에 각인하는 가공법이다.

12 평벨트의 접촉각이 θ, 평벨트와 풀리 사이의 마찰계수가 μ, 긴장측 장력이 T_t, 이완측 장력이 T_s일 때, $\dfrac{T_t}{T_s}$ 의 비는?(단, 평벨트의 원심력은 무시한다)

① $e^{\mu\theta}$

② $\dfrac{1}{e^{\mu\theta}}$

③ $1 - e^{\mu\theta}$

④ $1 - \dfrac{1}{e^{\mu\theta}}$

⑤ $1 + \dfrac{1}{e^{\mu\theta}}$

13 다음 중 인벌루트치형을 갖는 평기어의 백래시(Backlash)에 대한 설명으로 옳은 것은?

① 피치원 둘레상에서 측정된 치면 사이의 틈새이다.

② 피치원상에서 측정한 이와 이 사이의 거리이다.

③ 피치원으로부터 이끝원까지의 거리이다.

④ 맞물린 한 쌍의 기어에서 한 기어의 이끝원에서 상대편 기어의 이뿌리원까지의 중심선상 거리이다.

⑤ 백래시가 너무 적으면 윤활이 충분해지면서 치면끼리의 마찰이 줄어든다.

14 다음 중 캐비테이션(Cavitation) 현상이 일어날 때 관계가 없는 것은?

① 소음과 진동 발생　　　　　② 펌프의 효율 증가

③ 가동날개에 부식 발생　　　④ 심한 충격 발생

⑤ 펌프의 유량 저하

15 다음 설명에 해당하는 것은?

> 판재가공에서 모양과 크기가 다른 판재조각을 레이저 용접한 후, 그 판재를 성형하여 최종형상으로 만드는 기술이다.

① 테일러블랭킹　　　　　② 전자기성형

③ 정밀블랭킹　　　　　　④ 하이드로포밍

⑤ 디프드로잉

16 다음과 같이 지름이 D_1인 A피스톤에 F_1의 힘이 작용하였을 때, 지름이 D_2인 B실린더에 작용하는 유압은?(단, $D_2 = 4D_1$이다)

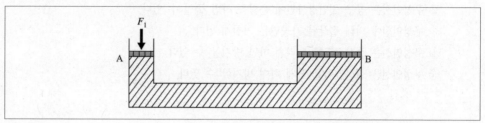

① $\dfrac{4F_1}{\pi D_1{}^2}$

② $\dfrac{F_1}{\pi D_1{}^2}$

③ $\dfrac{F_1}{2\pi D_1{}^2}$

④ $\dfrac{F_1}{3\pi D_1{}^2}$

⑤ $\dfrac{F_1}{4\pi D_1{}^2}$

17 다음 설명에 해당하는 것은?

성형품의 냉각이 비교적 높은 부분에서 발생하는 성형 수축으로 표면에 나타나는 오목한 부분의 결함을 말한다. 이를 제거하기 위해서는 성형품의 두께를 균일하게 하고, 스프루, 러너, 게이트를 크게 하여 금형 내의 압력이 균일하도록 하며, 성형온도를 낮게 억제한다. 두께가 두꺼운 위치에 게이트를 설치하여 성형온도를 낮게 억제한다.

① 플래시현상

② 싱크마크현상

③ 플로마크현상

④ 제팅현상

⑤ 웰드마크현상

18 다음 중 딥드로잉된 컵의 두께를 더욱 균일하게 만들기 위한 후속공정은?

① 아이어닝(Ironing)

② 코이닝(Coining)

③ 랜싱(Lancing)

④ 허빙(Hubbing)

⑤ 엠보싱(Embossing)

19 다음 중 구성인선(Built Up Edge)에 대한 설명으로 옳지 않은 것은?

① 구성인선은 일반적으로 연성재료에서 많이 발생한다.

② 구성인선은 공구 윗면경사면에 윤활을 하면 줄일 수 있다.

③ 구성인선에 의해 절삭된 가공면은 거칠게 된다.

④ 구성인선은 절삭속도를 느리게 하면 방지할 수 있다.

⑤ 구성인선은 절삭깊이를 작게 하여 방지할 수 있다.

20 다음 중 키(Key)에 대한 설명으로 옳지 않은 것은?

① 축과 보스(풀리, 기어)를 결합하는 기계요소이다.

② 원주방향과 축방향 모두를 고정할 수 있지만 축방향은 고정하지 않아 축을 따라 미끄럼운동을 할 수도 있다.

③ 축방향으로 평행한 평행형이 있고 구배진 테이퍼형이 있다.

④ 키홈은 깊이가 깊어서 응력집중이 일어나지 않는 좋은 체결기구이다.

⑤ 주로 경강(硬鋼)으로 만들며, 일반적으로 키의 윗면에 1/100 정도의 기울기를 두어 쐐기와 같은 작용을 하게 한다.

21 다음 중 압연가공에 대한 설명으로 옳은 것은?

① 윤활유는 압연하중과 압연토크를 증가시킨다.

② 마찰계수는 냉간가공보다 열간가공에서 작아진다.

③ 압연롤러와 공작물 사이의 마찰력은 중립점을 경계로 반대방향으로 작용한다.

④ 공작물이 자력으로 압입되기 위해서는 롤러의 마찰각이 접촉각보다 작아야 한다.

⑤ 냉간압연은 압연동력이 작아도 되고, 큰 변형을 쉽게 할 수 있는 장점이 있다.

22 다음 중 잔류응력(Residual Stress)에 대한 설명으로 옳지 않은 것은?

① 변형 후 외력을 제거한 상태에서 소재에 남아 있는 응력을 말한다.

② 물체 내의 온도구배에 의해서도 발생할 수 있다.

③ 잔류응력은 추가적인 소성변형에 의해서도 감소될 수 있다.

④ 표면의 인장잔류응력은 소재의 피로수명을 향상시킨다.

⑤ 변태로 인해 생기는 응력은 표면에는 인장력이 나타나고 내부에는 압축잔류응력이 발생한다.

23 다음 중 재결정온도에 대한 설명으로 옳은 것은?

① 1시간 안에 완전하게 재결정이 이루어지는 온도이다.
② 재결정이 시작되는 온도이다.
③ 시간에 상관없이 재결정이 완결되는 온도이다.
④ 재결정이 완료되어 결정립성장이 시작되는 온도이다.
⑤ 가공도가 클수록 낮아지는 온도이다.

24 다음 중 금속결정에서 체심입방격자(BCC)의 단위격자에 속하는 원자의 수는?

① 1개   ② 2개
③ 4개   ④ 8개
⑤ 10개

25 다음 중 기어의 설계 시 이의 간섭에 대한 설명으로 옳지 않은 것은?

① 이에서 간섭이 일어난 상태로 회전하면 언더컷이 발생한다.
② 전위기어를 사용하여 이의 간섭을 방지할 수 있다.
③ 압력각을 작게 하여 물림길이가 짧아지면 이의 간섭을 방지할 수 있다.
④ 피니언과 기어의 잇수 차이를 줄이면 이의 간섭을 방지할 수 있다.
⑤ 치형을 수정하면 이의 간섭을 방지할 수 있다.

26 다음 중 정상유동이 일어나는 때로 옳은 것은?

① 유동상태가 모든 점에서 시간에 따라 변화하지 않을 때
② 유동상태가 시간에 따라 점차적으로 변화할 때
③ 모든 순간에 유동상태가 이웃하는 점들과 같을 때
④ $\partial V/\partial t$가 일정할 때
⑤ $\partial V/\partial s = 0$일 때

27 다음 사출성형품의 불량원인과 대책에 대한 글에서 설명하는 현상은?

> 금형의 파팅라인(Parting Line)이나 이젝터핀(Ejector Pin) 등의 틈에서 흘러 나와 고화 또는 경화된 얇은 조각 모양의 수지가 생기는 것을 말하는 것으로, 이를 방지하기 위해서는 금형 자체의 밀착성을 좋게 하도록 체결력을 높여야 한다.

① 플로마크(Flow Mark) 현상　　　② 싱크마크(Sink Mark) 현상
③ 웰드마크(Weld Mark) 현상　　　④ 플래시(Flash) 현상
⑤ 스프링백(Spring Back) 현상

28 다음 중 선반을 이용한 가공으로 옳지 않은 것은?

① 나사깎기(Threading)　　　② 보링(Boring)
③ 구멍뚫기(Drilling)　　　④ 브로칭(Broaching)
⑤ 널링(Knurling)

29 다음 중 두 축의 중심이 일치하지 않는 경우에 사용할 수 있는 커플링은?

① 올덤 커플링(Oldham's Coupling)
② 머프 커플링(Muff Coupling)
③ 마찰 원통 커플링(Friction Clip Coupling)
④ 셀러 커플링(Seller Coupling)
⑤ 유니버셜 커플링(Universal Coupling)

30 다음 중 호칭이 2N M8×1인 나사에 대한 설명으로 옳지 않은 것은?

① 리드는 2mm이다.　　　② 오른나사이다.
③ 피치는 1mm이다.　　　④ 유효지름은 8mm이다.
⑤ M은 미터나사를 말한다.

31 다음 중 금속의 접촉부를 상온 또는 가열한 상태에서 압력을 가하여 결합시키는 용접은?

① 가스용접　　　　　　　　　② 아크용접
③ 전자빔용접　　　　　　　　④ 저항용접
⑤ 초음파용접

32 다음 중 연삭가공 및 특수가공에 대한 설명으로 옳지 않은 것은?

① 방전가공에서 방전액은 냉각제의 역할을 한다.
② 전해가공은 공구의 소모가 크다.
③ 초음파가공 시 공작물은 연삭입자에 의해 미소 치핑이나 침식작용을 받는다.
④ 전자빔가공은 전자의 운동에너지로부터 얻는 열에너지를 이용한다.
⑤ 레이저가공은 특수한 빛을 가진 에너지를 열에너지로 변환시켜 공작물을 국부적으로 가열한다.

33 외경 선삭에서 가공 전과 후의 평균 지름이 100mm인 황동봉을 절삭깊이 1mm, 이송속도 0.3mm/rev, 주축 회전속도 1,000rpm으로 가공하였을 때, 재료 제거율은?(단, π는 3.14로 하고 가공 전과 후의 평균 지름, 평균 절삭속도를 이용하여 재료 제거율을 계산한다)

① 30cm^3/min　　　　　　　② 300cm^3/min
③ 9.42cm^3/min　　　　　　④ 94.2cm^3/min
⑤ 942cm^3/min

34 다음 중 비커스 경도(HV) 시험에 대한 설명으로 옳지 않은 것은?

① 꼭지각이 136°인 다이아몬드 사각추를 압입한다.

② 경도는 작용한 하중을 압입 자국의 깊이로 나눈 값이다.

③ 질화강과 침탄강의 경도 시험에 적합하다.

④ 압입자국의 대각선 길이는 현미경으로 측정한다.

⑤ 시험 하중에 무관계하게 경도의 측정값이 같은 수치로 된다고 하는 상사(相似)의 법칙이 성립된다.

35 다음 중 유압회로에서 사용되는 릴리프밸브에 대한 설명으로 옳은 것은?

① 유압회로의 압력을 제어한다.

② 유압회로의 흐름의 방향을 제어한다.

③ 유압회로의 유량을 제어한다.

④ 유압회로의 온도를 제어한다.

⑤ 유압회로의 전류를 제어한다.

36 다음 중 상온에서 소성변형을 일으킨 후에 열을 가하면 원래의 모양으로 돌아가는 성질을 가진 재료는?

① 비정질합금

② 내열금속

③ 초소성 재료

④ 형상기억합금

⑤ 비금속

37 다음 중 마그네슘(Mg)에 대한 설명으로 옳은 것은?

① 산소와 반응하지 않는다.

② 비중이 1.85로 공업용 금속 중 가장 가볍다.

③ 전기 화학적으로 전위가 높아서 내식성이 좋다.

④ 열전도율은 구리(Cu)보다 낮다.

⑤ 우주에서 9번째로 풍부한 원소이다.

38 절삭속도 628m/min, 밀링커터의 날수를 10, 밀링커터의 지름을 100mm, 1날당 이송을 0.1mm로 할 경우 테이블의 1분간 이송량은?(단, π는 3.14이다)

① 1,000mm/min
② 2,000mm/min

③ 3,000mm/min
④ 4,000mm/min

⑤ 5,000mm/min

39 다음 중 알루미늄의 특징에 대한 설명으로 옳지 않은 것은?

① 열과 전기가 잘 통한다.

② 전연성이 좋은 성질을 가지고 있다.

③ 공기 중에서 산화가 계속 일어나는 성질을 가지고 있다.

④ 같은 부피이면 강보다 가볍다.

⑤ 염산이나 황산 등의 무기산에 잘 부식된다.

40 다음 중 탄소강의 표면경화열처리법이 아닌 것은?

① 어닐링법
② 질화법

③ 침탄법
④ 고주파경화법

⑤ 화염경화법

01 다음 중 3상 교류 발전기의 기전력에 대하여 $\frac{\pi}{2}$ rad 뒤진 전기자 전류가 흐를 때, 전기자 반작용으로 옳은 것은?

① 횡축 반작용으로 기전력을 증가시킨다.

② 증자작용을 하여 기전력을 증가시킨다.

③ 감자작용을 하여 기전력을 감소시킨다.

④ 교차 자화작용으로 기전력을 감소시킨다.

⑤ 전기자 반작용으로 기전력을 감소시킨다.

02 다음 중 저항값이 같은 두 개의 도선을 병렬로 연결한 경우의 합성 저항은?

① 한 도선 저항과 같다.

② 한 도선 저항의 2배이다.

③ 한 도선 저항의 $\frac{1}{2}$ 이다.

④ 한 도선 저항의 $\frac{2}{3}$ 이다.

⑤ 한 도선 저항의 3배이다.

03 다음 중 배전방식에 대한 설명으로 옳지 않은 것은?

① 환상식 방식은 전류 통로에 대한 융통성이 있다.

② 수지식 방식은 전압 변동이 크고 정전 범위가 좁다.

③ 뱅킹 방식은 전압 강하 및 전력 손실을 경감한다.

④ 망상식 방식은 건설비가 비싸다.

⑤ 망상식 방식은 무정전 공급이 가능하다.

04 다음 중 녹아웃 펀치(Knockout Punch)와 용도가 같은 것은?

① 리머(Reamer)   ② 벤더(Bender)

③ 클리퍼(Clipper)   ④ 홀소(Hole Saw)

⑤ 후커(Hooker)

05 다음 중 PN접합 다이오드의 대표적인 작용으로 옳은 것은?

① 정류작용   ② 변조작용

③ 증폭작용   ④ 발진작용

⑤ 복조작용

06 다음 중 전자기파에 대한 설명으로 옳은 것은?

① 진공 중에서의 전파 속도는 파장에 따라 다르다.

② 음극선은 전자기파의 일종이다.

③ 전기장과 자기장의 방향은 평행이다.

④ 시간에 따른 전기장의 변화가 자기장을 유도한다.

⑤ 전자기파는 양자들의 집합이다.

07 다음 중 도체의 저항값에 대한 설명으로 옳지 않은 것은?

① 저항값은 도체의 고유 저항에 비례한다.

② 저항값은 도체의 단면적에 비례한다.

③ 저항값은 도체의 길이에 비례한다.

④ 저항값은 도체의 단면적에 반비례한다.

⑤ $R = \rho \dfrac{l}{A}$ 이다.

08 다음 중 전류에 의한 자기장 현상에 대한 설명으로 옳지 않은 것은?

① 렌츠(Lenz)의 법칙으로 유도기전력의 방향을 알 수 있다.

② 직선도체에 흐르는 전류 주위에는 원형의 자기력선이 발생한다.

③ 직선도체에 전류가 흐를 때 자기력선의 방향은 앙페르(Ampère)의 오른나사법칙을 따른다.

④ 플레밍(Fleming)의 오른손법칙으로 직선도체에 흐르는 전류의 방향과 자기장의 방향이 수직인 경우, 직선도체가 자기장에서 받는 힘의 방향을 알 수 있다.

⑤ 플레밍(Fleming)의 왼손법칙은 자기장의 방향과 도선에 흐르는 전류의 방향으로 도선이 받는 힘의 방향을 결정하는 규칙이다.

09 다음 중 나트륨 등(Sodium Lamp)에 대한 설명으로 옳지 않은 것은?

① 단색에 가까운 황색 광선을 낸다.

② 나트륨 증기를 방전시켜 빛을 낸다.

③ 백열전구에 비해 효율이 좋다.

④ 안개 속에서도 빛을 잘 투과한다.

⑤ 형광등과 달리 안정기가 필요하지 않다.

10 다음 중 옥내 배선에서 전선 접속에 대한 설명으로 옳지 않은 것은?

① 접속 부위의 전기 저항을 증가시킨다.

② 전선의 강도를 20% 이상 감소시키지 않는다.

③ 접속 슬리브를 사용하여 접속한다.

④ 전선 접속기를 사용하여 접속한다.

⑤ 접속부분의 온도상승값이 접속부 이외의 온도상승값을 넘지 않도록 한다.

11 다음 중 교류회로에 대한 설명으로 옳지 않은 것은?

① 저항 부하만의 회로는 역률이 1이 된다.

② RLC 직렬 교류회로에서 유효전력은 전류의 제곱과 전체 임피던스에 비례한다.

③ RLC 직렬 교류회로에서 L을 제거하면 전류가 진상이 된다.

④ R과 L의 직렬 교류회로의 역률을 보상하기 위해서는 C를 추가하면 된다.

⑤ 교류회로에서 전류와 전압은 실효값이 개념을 사용한다.

12 다음 중 쿨롱의 법칙(Coulomb's Law)에 대한 설명으로 옳지 않은 것은?

① 힘의 크기는 전하 사이의 거리에 반비례한다.

② 힘의 크기는 두 전하량의 곱에 비례한다.

③ 작용하는 힘의 방향은 두 전하를 연결하는 직선과 일치한다.

④ 작용하는 힘은 두 전하가 존재하는 매질에 따라 다르다.

⑤ 법칙이 성립하기 위해서는 상호작용하는 전하는 상대적으로 멈춰 있어야 한다.

13 다음 〈보기〉 중 도체의 전기저항 $R[\Omega]$과 고유저항 $\rho[\Omega \cdot m]$, 단면적 $A[m^2]$, 길이 $l[m]$의 관계에 대한 설명으로 옳은 것을 모두 고르면?

> 보기
>
> ㄱ. 전기저항 R은 고유저항 ρ에 비례한다.
> ㄴ. 전기저항 R은 단면적 A에 비례한다.
> ㄷ. 전기저항 R은 길이 l에 비례한다.
> ㄹ. 도체의 길이를 n배 늘리고 단면적을 $\frac{1}{n}$배만큼 감소시키는 경우, 전기저항 R은 n^2배로 증가한다.

① ㄱ, ㄴ   ② ㄱ, ㄷ

③ ㄴ, ㄷ   ④ ㄷ, ㄹ

⑤ ㄱ, ㄷ, ㄹ

14 다음 중 케이블 공사에서 비닐 외장 케이블을 조영재의 옆면에 따라 붙이는 경우 전선의 지지점 간의 거리는 최대 몇 m인가?

① 1.0m

② 1.5m

③ 2.0m

④ 2.5m

⑤ 3.0m

15 동기 발전기의 동기 리액턴스는 3Ω이고, 무부하 시의 선간 전압이 220V이다. 다음 그림과 같이 3상 단락되었을 때 단락 전류는?

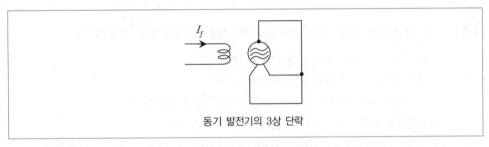

동기 발전기의 3상 단락

① 약 24A

② 약 42.3A

③ 약 73.3A

④ 약 127A

⑤ 약 134A

16 다음 그림과 같이 3Ω, 7Ω, 10Ω의 세 개의 저항을 직렬로 접속하여 이 양단에 100V 직류 전압을 가했을 때, 세 개의 저항에 흐르는 전류는?

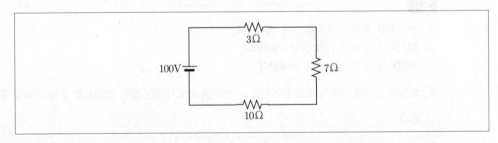

① 1A

② 5A

③ 8A

④ 15A

⑤ 18A

17 다음 그림과 같은 변압기 회로에서 부하 R_2에 공급되는 전력이 최대로 되는 변압기의 권수비 a는?

$$R_1 = 1\text{k}\Omega$$

$$V = 10\text{V}$$

$$R_2 = 100\,\Omega$$

$$a : 1$$

① 5

② $\sqrt{5}$

③ 10

④ $\sqrt{10}$

⑤ 15

18 다음 그림의 회로에서 등가(합성) 인덕턴스 L_{eq}[H]로 옳은 것은?

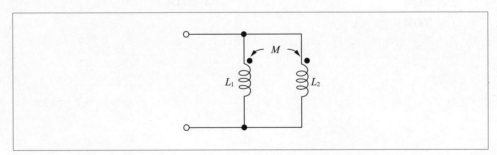

① $\dfrac{L_1L_2 + M^2}{L_1 + L_2 - 2M}$[H]

② $\dfrac{L_1L_2 - M^2}{L_1 + L_2 - 2M}$[H]

③ $\dfrac{L_1L_2 + M^2}{L_1 + L_2 + 2M}$[H]

④ $\dfrac{L_1L_2 - M^2}{L_1 + L_2 + 2M}$[H]

⑤ $\dfrac{L_1L_2 - M^2}{L_1 - L_2 - 2M}$[H]

19 다음 중 저항체로서 필요한 조건이 아닌 것은?

① 고유 저항이 클 것

② 저항의 온도 계수가 작을 것

③ 구리에 대한 열기전력이 작을 것

④ 요구전압이 높을 것

⑤ 내구성이 좋을 것

20 다음 중 비사인파 교류회로의 전력에 대한 설명으로 옳은 것은?

① 전압의 제3고조파와 전류의 제3고조파 성분 사이에서 소비전력이 발생한다.

② 전압의 제2고조파와 전류의 제3고조파 성분 사이에서 소비전력이 발생한다.

③ 전압의 제3고조파와 전류의 제5고조파 성분 사이에서 소비전력이 발생한다.

④ 전압의 제5고조파와 전류의 제7고조파 성분 사이에서 소비전력이 발생한다.

⑤ 전압의 제5고조파와 전류의 제3고조파 성분 사이에서 소비전력이 발생한다.

21 환상철심에 감은 코일에 10A의 전류를 흘리면, 1,000AT의 기자력을 발생시킬 경우에 코일의 권수는 몇 회인가?

① 50회

② 100회

③ 200회

④ 250회

⑤ 500회

22 다음 중 유전체의 경계면 조건에 대한 설명으로 옳지 않은 것은?

① 완전유전체 내에서는 자유전하가 존재하지 않는다.

② 유전율이 서로 다른 두 유전체의 경계면에서 전계의 수평(접선) 성분이 같다.

③ 유전체의 경계면에서 전속밀도의 수직(법선) 성분은 서로 다르고 불연속적이다.

④ 유전체의 표면전하 밀도는 유전체 내의 구속전하의 변위 현상에 의해 발생한다.

⑤ 경계면에 외부 전하가 있으면 유전체의 외부와 내부의 전하는 평형을 이루지 않는다.

23 다음 중 축전지의 특징으로 옳지 않은 것은?

① 납축전지는 완전히 방전되기 전에 충전하는 것이 좋다.

② 납축전지는 비교적 경제적이지만, 용량에 비해 무거운 편이다.

③ 알칼리축전지는 납축전지에 비해 충전시간이 짧다.

④ 알칼리축전지는 저온에서의 안정성이 떨어진다.

⑤ 리튬이온전지는 비교적 가볍고 자기 방전이 적다.

24 두 개의 코일이 직렬로 연결되어 있는 다음 그림의 회로에 1A의 전류가 흐를 경우에 이 합성코일에 축적되는 에너지는 몇 J인가?[단, $L_1 = 30\text{mH}$, $L_2 = 60\text{mH}$, 결합계수(k)$= 0.5$이다]

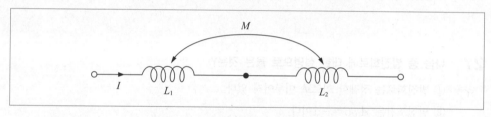

① $4.4 \times 10^{-2}\text{J}$ ② $6.6 \times 10^{-2}\text{J}$

③ $6.6 \times 10^{-3}\text{J}$ ④ $4.4 \times 10^{-4}\text{J}$

⑤ $6.6 \times 10^{-4}\text{J}$

25 다음 중 코일과 콘덴서에서 급격히 변화할 수 없는 요소가 바르게 나열된 것은?

	코일	콘덴서
①	전류	전류
②	전압	전압
③	저항	전류
④	전류	전압
⑤	전압	저항

26 다음 중 RC직렬회로 과도현상에 대한 설명으로 옳지 않은 것은?

① 시정수 $\tau = CR$[sec]이다.

② 시정수가 클수록 과도현상은 오래 지속된다.

③ 스위치를 닫는 순간 과도전류 $i_{(t)} = \dfrac{E}{R} e^{-\frac{t}{CR}}$[A]이다.

④ 스위치를 열 때 과도전류 $i_{(t)} = -\dfrac{Q_0}{CR} e^{-\frac{t}{CR}}$[A]이다.

⑤ 기울기 $\tan\theta = \dfrac{\tau}{I}$이다.

27 다음 중 발진회로에 대한 설명으로 옳은 것은?

① 발진회로는 정궤환 회로로 이루어져 있다.

② 발진조건은 $A_V\beta = -1$이다.

③ 위상 변위 발진기의 궤환 회로는 출력신호의 위상이 90도 변위가 일어난다.

④ 개방 루프 이득을 이론값보다 조금 낮게 설정하면 발진이 잘 일어난다.

⑤ 발진주파수는 주파수 체배기를 사용하여 안정시킬 수 있다.

28 다음 중 자기회로의 자기저항에 대한 설명으로 옳지 않은 것은?

① 자기회로 길이에 비례한다.

② 자기회로 단면적에 비례한다.

③ 지기회로 투자율에 반비례한다.

④ 자기선속 대비 기전력의 비율이다.

⑤ 자기저항의 역수는 퍼미언스이다.

29 다음 중 레일리 산란에 대한 설명으로 옳지 않은 것은?

① λ^4에 비례한다.

② 파장이 길수록 레일리 산란 손실은 적다.

③ 광섬유 유리 중 파장보다도 미세한 굴절률의 흔들림에 의해 일어나는 것이다.

④ 전송되는 모드 및 코어의 직경과는 무관하다.

⑤ 맑은 하늘이 푸른 것은 공기분자에 의한 태양복사의 레일리 산란 때문이다.

30 다음 중 이상적인 연산증폭기의 특징에 대한 설명으로 옳지 않은 것은?

① 개방 루프 전압이득이 무한대이다.

② 입력 오프셋 전압은 0이다.

③ 출력저항이 0이다.

④ 입력 바이어스 전류가 무한대이다.

⑤ 입력저항이 무한대이다.

31 다음 중 기본적인 트랜지스터에서 스위치 작용으로 옳은 것은?

① 전압이득은 출력전압의 비례이다.

② 차단상태와 포화상태로 작용한다.

③ R_c는 전압이득을 결정한다.

④ 작은 신호를 크게 증폭시킨다.

⑤ 교류를 직류로 변환한다.

32 다음 중 고주파 증폭회로의 트랜지스터에 대한 설명으로 옳은 것은?

① 트랜지스터의 베이스 폭은 고주파 증폭과 무관하다.

② 트랜지스터의 베이스 폭이 두꺼울수록 고주파 증폭에 적합하다.

③ 컬렉터 용량의 영향으로 출력이 궤환된다.

④ 컬렉터 용량이 클수록 고주파 특성이 좋다.

⑤ 컬렉터 용량의 영향으로 입력 임피던스는 증가한다.

33 다음 중 광도전 효과를 이용한 도전체가 아닌 것은?

① 태양전지

② 화재경보기

③ 광다이오드

④ Cds도전셀

⑤ 자동점멸장치

34 다음 중 열전자를 방출하기 위한 재료의 조건으로 옳지 않은 것은?

① 융점이 낮아야 한다.

② 일함수가 작아야 한다.

③ 방출 효율이 좋아야 한다.

④ 진공 상태에서 쉽게 증발되지 않아야 한다.

⑤ 가공 공작이 용이해야 한다.

35 다음 중 인코딩 기법을 평가하는 요소에 해당되지 않는 것은?

① 데이터 전송률　　　　　　　　　② 신호의 스펙트럼

③ 신호의 동기화 능력　　　　　　　④ 에러 검출 능력

⑤ 잡음에 대한 면역성

36 다음 중 HDLC 절차에 대한 설명으로 옳지 않은 것은?

① 고속의 전송에 적합한 비트 전송을 기본으로 한다.

② 컴퓨터 네트워크에도 적합하다.

③ 전송 효율이 향상된다.

④ 부호에 대한 교환성이 우수하다.

⑤ 단말 장치는 고가이다.

37 다음 중 위성 통신의 장점으로 옳지 않은 것은?

① 다원 접속이 가능하다.

② 고품질의 광대역 통신이 가능하다.

③ 유연한 회선 설정이 가능하다.

④ Point to Point 또는 멀티포인트로 다양한 네트워크를 구성할 수 있다.

⑤ 초고속 전송이 가능해진다.

38 다음 중 기억장치에 대한 설명으로 옳지 않은 것은?

① 주기억장치는 프로그램 영역과 입력자료를 기억하는 영역, 출력자료를 기억하는 영역, 작업영역으로 구성된다.

② 주기억장치로는 기억장소로 전원이 끊어져도 기억된 내용이 보존되는 롬(ROM)과 전원이 꺼지면 모든 내용이 지워지는 휘발성 메모리 타입의 램(RAM)이 있다.

③ 보조기억장치는 주기억장치보다 속도가 빠르지만, 많은 자료를 영구적으로 보관할 수 없다.

④ 보조기억장치에는 자기테이프, 자기 디스크, 자기드럼, 플로피 디스크 등이 있다.

⑤ 주기억장치의 기억매체는 과거의 경우 자기코어를 사용하였으나, 현재는 대부분 반도체 기억장치를 사용하고 있다.

39 다음 중 MPU(Micro Processing Unit)에 대한 설명으로 옳지 않은 것은?

① 사람에 견주면 뇌에 해당한다고 볼 수 있다.

② MPU는 컴퓨터 시스템에서 기억장치를 포함하여 모든 CPU의 기능을 탑재한 것이다.

③ MPU는 미세한 알루미늄 줄로 연결된 수백만 개의 트랜지스터로 구성되어 있다.

④ MPU는 동시에 전송되어 등록기에 보관될 수 있는 정보의 비트 수에 따라 분류된다.

⑤ MPU에는 정보를 실행하는 많은 작업들을 위한 프로그램을 넣을 수 있다.

40 다음 설명에 해당하는 것은?

> 기판 위에 진공증착 등의 방법으로 형성된 박막을 이용하여 만들어진 트랜지스터로, 제작을 위해서는 반도체와 절연체, 그리고 금속의 박막을 차례로 증착하여 만든다. 대면적 기판 위에 형성될 수 있는 장점을 이용해 현재에 이르기까지 액정디스플레이, 레이저프린터 헤드 등의 주변 소자, 그리고 스캐너 등의 이미지센서로 개발되어 실용화되었다.

① FET   ② SCR

③ TFT   ④ UJT

⑤ CRT

PART 3

최종점검 모의고사

제1회
최종점검 모의고사

※ 한국에너지공단 최종점검 모의고사는 채용공고를 기준으로 구성한 것으로
  실제 시험과 다를 수 있습니다.

■ 취약영역 분석

번호	O/×	영역	번호	O/×	영역	번호	O/×	영역
1			21			41		
2			22			42		자원관리능력
3			23			43		
4			24			44		
5			25			45		
6			26		수리능력	46		대인관계능력
7			27			47		
8		의사소통능력	28			48		
9			29			49		직업윤리
10			30			50		
11			31					
12			32					
13			33					
14			34		문제해결능력			
15			35					
16			36					
17			37					
18		수리능력	38					
19			39		자원관리능력			
20			40					

평가문항	50문항	평가시간	60분
시작시간	:	종료시간	:
취약영역			

🕐 응시시간 : 60분   📋 문항 수 : 50문항   정답 및 해설 p.098

01 다음 빈칸에 들어갈 문장을 〈보기〉에서 찾아 순서대로 바르게 나열한 것은?

> 인간은 자신의 필요에 맞게 에너지의 형태를 변환하여 사용한다. ＿＿＿＿＿＿＿＿＿＿ 그
> 런데 이러한 변환 과정에서 일부 에너지는 쓸모없는 것이 되어 사방으로 흩어진다. 즉, 의미 없이
> 버려지는 에너지들이 나타나게 되는 것이다. 이러한 까닭에 과학자들은 손실되는 에너지를 활용하
> 기 위한 효율적인 방안을 연구하게 되었고, 이 과정에서 에너지 하베스팅 기술이 등장하였다.
> 에너지 하베스팅을 위해서는 에너지를 모을 수 있는 소자를 제작해야 하는데, 이때 몇 가지 원리가
> 작용한다. 먼저 압전 효과가 있다. 압전 효과는 생활환경에서 발생하는 진동과 압력, 충격과 같은
> 역학적 에너지를 전기 에너지로 변환하는 현상이다. ＿＿＿＿＿＿＿＿＿＿ 실제로 한 회사
> 는 무릎을 구부릴 때마다 압전 소자에서 전기를 만들어 내는 제품을 생산하여 실험 중에 있다. 버튼
> 을 누르는 운동 에너지로 전기를 만들어 내는 리모컨을 개발하여 출시하기도 하였다.
> 또 다른 원리로는 열에너지와 전기 에너지가 상호 작용하는 현상인 열전 효과가 있다. 온도가 다른
> 두 물질을 접합하면 그 온도 차이에 의해 전류가 흐르게 되는데 이 방식을 적용하여 열전 소자를
> 만들 수 있다. 이 소자를 착용형 기기에 부착하면 인간의 신체에서 발생하는 열을 전기로 전환하여
> 기기를 충전하는 것이 가능하다. 이외에도 빛 에너지를 전기 에너지로 변환하는 데 이용되는 광전
> 효과와 전자기파를 수집하여 전기 에너지로 변환하는 데 이용되는 전자기 공명도 에너지 하베스팅
> 에 활용되는 원리이다.
> ＿＿＿＿＿＿＿＿＿＿ 작은 에너지를 큰 에너지로 저장하지 않고 직접 소형기기에 전
> 달하여 사용하는 기술 방식 때문이다. 인류는 여전히 화석 연료의 고갈과 기후 변화라는 문제를 안
> 고 있기에 현재의 인류와 미래의 인류가 함께 살아가기 위해서는 에너지 하베스팅과 같은 대체 에너
> 지 기술 개발이 반드시 필요하다. 에너지 하베스팅은 보다 적극적인 에너지 절약의 한 방법이 될
> 수 있을 뿐만 아니라 그러한 문제 상황을 개선하는 좋은 방법으로 활용될 수 있을 것이다.

보기

> ㉠ 예를 들면 연료의 화학 에너지를 열에너지로 전환한 후 자동차를 움직이는 운동 에너지로 바꾸어
>   사용하는 것이다.
> ㉡ 에너지 하베스팅은 최근 등장한 이동 통신 기기나 착용형 기기 등 소형기기에 적합한 에너지 활
>   용 기술이 될 것으로 평가받고 있다.
> ㉢ 이러한 원리를 바탕으로 제작된 압전 소자를 제품에 부착하여 전기 에너지를 만들 수 있다.

① ㉠ - ㉡ - ㉢   ② ㉠ - ㉢ - ㉡
③ ㉡ - ㉠ - ㉢   ④ ㉡ - ㉢ - ㉠

02 다음 제시된 문장을 읽고, 이어질 내용을 논리적 순서대로 바르게 나열한 것은?

> ESS(에너지 저장 시스템)란 장치 혹은 물리적 매체를 이용하여 에너지를 저장하는 것을 말한다.

(가) 또한 피크 수요 시점의 전력 부하를 조절해 발전 설비에 대한 과잉 투자를 막아주며, 돌발적인 정전 시에도 안정적으로 전력을 공급할 수 있도록 해준다. 즉, 불규칙한 수요와 공급을 조절하고 수시로 변화하는 주파수를 조정해 전력망의 신뢰도를 향상시킬 수 있도록 해준다는 것이다.

(나) 이러한 ESS가 관심 받고 있는 이유는 스마트 그리드에서 중요하게 쓰이기 때문이다. 이것을 이용하면 원하는 시간에 생산하기 어려운 태양광, 풍력 등의 신재생에너지를 미리 저장했다가 필요한 시간대에 사용할 수 있기 때문이다.

(다) 이로 인해 일본과 미국은 이미 과거부터 ESS에 대해 적극적으로 지원한 바 있으며, 우리나라 또한 2011년부터 2020년을 목표로 연구 개발 및 설비 투자를 정부 지원 하에 추진하고 있다.

(라) 또 이 에너지를 저장하는 데 쓰이는 장치를 축압기라고 하고, 일반적으로 수백 kWh 이상의 전력을 저장할 수 있으며 저장방식에 따라 크게 물리적 에너지저장과 화학적 에너지 저장으로 구분할 수 있다.

① (나) - (가) - (다) - (라)
② (나) - (가) - (라) - (다)
③ (라) - (가) - (나) - (다)
④ (라) - (나) - (가) - (다)

03 다음 중 빈칸에 들어갈 내용으로 가장 적절한 것은?

포논(Phonon)이라는 용어는 소리(Pho-)라는 접두어에 입자(-non)라는 접미어를 붙여 만든 단어로, 실제로 포논이 고체 안에서 소리를 전달하기 때문에 이런 이름이 붙었다. 어떤 고체의 한쪽을 두드리면 포논이 전파해 반대쪽에서 소리를 들을 수 있다.

아인슈타인이 새롭게 만든 고체의 비열 공식(아인슈타인 모형)은 실험결과와 상당히 잘 맞았다. 그런데 그의 성공은 고체 내부의 진동을 포논으로 해석한 데에만 있지 않다. 그는 포논이 보존(Boson) 입자라는 사실을 간파하고, 고체 내부의 세상에 보존의 물리학(보즈 – 아인슈타인 통계)을 적용했다. 비로소 고체의 비열이 온도에 따라 달라진다는 결론을 얻을 수 있었다.

양자역학의 세계에서 입자는 스핀 상태에 따라 분류된다. 스핀이 1/2의 홀수배(1/2, 3/2, …)인 입자들은 원자로를 개발한 유명한 물리학자 엔리코 페르미의 이름을 따 '페르미온'이라고 부른다. 오스트리아의 이론물리학자 볼프강 파울리는 페르미온들은 같은 에너지 상태를 가질 수 없고 서로 배척한다는 사실을 알아냈다(즉, 같은 에너지 상태에서는 + / – 반대의 스핀을 갖는 페르미온끼리만 같이 존재할 수 있다). 이를 '파울리의 배타원리'라고 한다. 페르미온은 대개 양성자, 중성자, 전자 같은 물질을 구성하며, 파울리의 배타원리에 따라 페르미온 입자로 이뤄진 물질은 우리가 손으로 만질 수 있다.

스핀이 0, 1, 2, … 등 정수 값인 입자도 있다. 바로 보존이다. 인도의 무명 물리학자였던 사티엔드라 나트 보즈의 이름을 본 땄다. 보즈는 페르미가 개발한 페르미 통계를 공부하고 보존의 물리학을 만들었다. 당시 그는 박사학위도 없는 무명의 물리학자여서 논문을 작성한 뒤 아인슈타인에게 편지로 보냈다. 다행히 아인슈타인은 그 논문을 쓰레기통에 넣지 않고 꼼꼼히 읽어본 뒤 자신의 생각을 첨가하고 독일어로 번역해 학술지에 제출했다. 바로 보존 입자의 물리학(보즈 – 아인슈타인 통계)이다. 이에 따르면, 보존 입자는 페르미온과 달리 파울리의 배타원리를 따르지 않는다. 따라서 같은 에너지 상태를 지닌 입자라도 서로 겹쳐서 존재할 수 있다. 만져지지 않는 에너지 덩어리인 셈이다. 이들 보존 입자는 대개 힘을 매개한다.

빛 알갱이, 즉 _____ 빛은 실험을 해보면 입자의 특성을 보이지만, 질량이 없고 물질을 투과하며 만져지지 않는다. 포논은 어떨까? 원자 사이의 용수철 진동을 양자화한 것이므로 물질이 아니라 단순한 에너지의 진동으로서 파울리의 배타원리를 따르지 않는다. 즉, 포논은 광자와 마찬가지로 스핀이 0인 보존 입자다.

① 광자는 파울리의 배타원리를 따른다.
② 광자는 스핀 상태에 따라 분류할 수 없다.
③ 광자는 스핀이 1/2의 홀수배인 입자의 대표적인 예다.
④ 광자는 보존의 대표적인 예다.

04 다음 글에서 밑줄 친 부분의 맞춤법이 옳은 것은?

> 조직에 문제가 발생하면 우리는 먼저 원인을 <u>일일히</u> 분석합니다. 이후 구성원 모두가 해결 방안을 찾기 위해 머리를 <u>맏대고</u> 함께 고민합니다. 이때 우리는 '<u>어떻게든</u> 되겠지.'라는 안일한 생각을 버리고, '<u>흐터지면</u> 죽는다.'는 마음으로 뭉쳐야 합니다. 조직의 위기를 함께 극복할 때 우리는 더 나은 모습으로 성장할 수 있습니다.

① 일일히
② 맏대고
③ 어떻게든
④ 흐터지면

05 다음 글의 주제로 가장 적절한 것은?

> 서양에서는 아리스토텔레스가 중용을 강조했다. 하지만 우리의 중용과는 다르다. 아리스토텔레스가 말하는 중용은 균형을 중시하는 서양인의 수학적 의식에 기초했으며 또한 우주와 천체의 운동을 완벽한 원과 원운동으로 이해한 우주관에 기초한 것이다. 그러므로 그것은 명백한 대칭과 균형의 의미를 갖는다. 팔씨름에 비유해 보면 아리스토텔레스는 두 팔이 똑바로 서 있을 때 중용이라고 본 데 비해 우리는 팔이 한 쪽으로 완전히 기울었다 해도 아직 승부가 나지 않았으면 중용이라고 보는 것이다. 그러므로 비대칭도 균형을 이루면 중용을 이룰 수 있다는 생각은 분명 서양의 중용관과는 다르다.
>
> 이러한 정신은 병을 다스리고 약을 쓰는 방법에도 나타난다. 서양의 의학은 병원체와의 전쟁이고 그 대상을 완전히 제압하는 데 반해, 우리 의학은 각 장기 간의 균형을 중시한다. 만약 어떤 이가 간장이 나쁘다면 서양 의학은 그 간장의 능력을 회생시키는 방향으로만 애를 쓴다. 그런데 우리는 만약 더 이상 간장 기능을 강화할 수 없다고 할 때 간장과 대치되는 심장의 기능을 약하게 만드는 방법을 쓰는 것이다. 한쪽의 기능이 치우치면 병이 심해진다고 보기 때문이다. 우리는 의학 처방에 있어서조차 중용관에 기초해서 서양의 그것과는 다른 가치관과 세계관을 적용하면서 살아온 것이다.

① 아리스토텔레스의 중용의 의미
② 서양 의학과 우리 의학의 차이
③ 서양과 우리 가치관의 공통점
④ 서양 중용관과 우리 중용관의 차이

※ 다음 글을 읽고 이어지는 질문에 답하시오. [6~7]

지난 2002년 프랑스의 보케 교수는 물수제비 횟수는 돌의 속도가 빠를수록 증가하며, 최소 한 번 이상 튀게 하려면 시속 1km는 되어야 한다는 실험 결과를 발표하면서 수평으로 걸어준 회전이 또한 중요한 변수라고 지적했다. 즉, 팽이가 쓰러지지 않고 균형을 잡는 것처럼 돌에 회전을 걸어주면 돌이 수평을 유지하여 평평한 쪽이 수면과 부딪칠 수 있다. 그러면 돌은 물의 표면장력을 효율적으로 이용해 위로 튕겨 나간다는 것이다. 물수제비 현상에서는 또 다른 물리적 원리를 생각할 수 있다. 단면(斷面)이 원형인 물체를 공기 중에 회전시켜 던지면 물체 표면 주변의 공기가 물체에 끌려 물체와 동일한 방향으로 회전하게 된다. 또한, 물체 외부의 공기는 물체의 진행 방향과는 반대 방향으로 흐르게 된다. 이때 베르누이의 원리에 따르면, 물체 표면의 회전하는 공기가 물체 진행 방향과 반대편으로 흐르는 쪽은 공기의 속도가 빨라져 압력이 작아지지만, 물체 진행 방향과 동일한 방향으로 흐르는 쪽의 공기는 속도가 느려 압력이 커지게 되고, 결국 회전하는 물체는 압력이 낮은 쪽으로 휘어 날아가게 된다. 이를 '마그누스 효과'라고 하는데, 돌을 회전시켜 던지면 바로 이런 마그누스 효과로 인해 물수제비가 더 잘 일어날 수 있는 것이다. 이에 보케 교수는 공기의 저항을 줄이기 위해 돌에 구멍을 내는 것도 물수제비 발생에 도움이 될 것이라고 말했다.

최근 프랑스 물리학자 클라네 박사와 보케 교수가 밝혀낸 바에 따르면 물수제비의 핵심은 돌이 수면을 치는 각도에 있었다. 이들은 알루미늄 원반을 자동 발사하는 장치를 만들고 1백 분의 1초 이하의 순간도 잡아내는 고속 비디오카메라로 원반이 수면에 부딪치는 순간을 촬영했다. 그 결과 알루미늄 원반이 물에 빠지지 않고 최대한 많이 수면을 튕겨 가게 하려면 원반과 수면의 각도를 20°에 맞춰야 한다는 사실을 알아냈다. 클라네 박사의 실험에서 20°보다 낮은 각도로 던져진 돌은 일단 수면에서 튕겨 가기는 하지만 그 다음엔 수면에 맞붙어 밀려가면서 운동에너지를 모두 잃어버리고 물에 빠져 버렸다. 돌이 수면과 부딪치는 각도가 45°보다 크게 되면 곧바로 물에 빠져 들어가 버렸다.

물수제비를 실제로 활용한 예도 있다. 2차 대전이 한창이던 1943년, 영국군은 독일 루르 지방의 수력 발전용 댐을 폭파해 군수 산업에 치명타를 가했다. 고공 폭격으로는 댐을 정확하게 맞추기 어렵고, 저공으로 날아가 폭격을 하자니 폭격기마저 폭발할 위험이 있었다. 그래서 영국 공군은 4t 무게의 맥주통 모양 폭탄을 제작하여 18m의 높이로 저공비행을 하다가 댐 약 800m 앞에서 폭탄을 분당 500회 정도의 역회전을 시켜 투하시켰다. 포탄은 수면을 몇 번 튕겨 나간 다음 의도한 대로 정확히 댐 바로 밑에서 폭발했다.

이러한 물수제비 원리가 응용된 것이 성층권 비행기 연구이다. 즉, 이륙 후 약 40km 상공의 성층권까지 비행기가 올라가서 엔진을 끈 후 아래로 떨어지다가 밀도가 높은 대기층을 만나면 물수제비처럼 튕겨 오르게 된다. 이때 엔진을 다시 점화해 성층권까지 올라갔다가 또 다시 아래로 떨어지면서 대기층을 튕겨 가는 방식을 되풀이한다. 과학자들은 비행기가 이런 식으로 18번의 물수제비를 뜨면 시카고에서 로마까지 72분에 갈 수 있을 것으로 기대하고 있다. 과학자들은 ㉠ 우리 주변에서 흔히 보는 물수제비를 바탕으로 초고속 비행기까지 생각해냈다. 그 통찰력이 참으로 놀랍다.

06 다음 중 윗글의 내용으로 가장 적절한 것은?

① 돌이 무거울수록 물수제비 현상은 더 잘 일어난다.
② 돌의 표면이 거칠수록 물의 표면장력은 더 커진다.
③ 돌을 회전시켜 던지면 공기 저항을 최소화할 수 있다.
④ 수면에 부딪친 돌의 운동에너지가 유지되어야 물수제비가 일어난다.

07 다음 중 밑줄 친 ㉠과 유사한 사례로 볼 수 없는 것은?

① 프리즘을 통해 빛이 분리되는 것을 알고 무지개 색을 규명해냈다.

② 새가 날아갈 때 날개에 양력이 생김을 알고 비행기를 발명하게 되었다.

③ 푸른곰팡이에 세균을 죽이는 성분이 있음을 알고 페니실린을 만들어냈다.

④ 물이 넘치는 것을 통해 부력이 존재함을 알고 거대한 유조선을 바다에 띄웠다.

08 J사원은 상사인 M사장으로부터 거래처인 H회사에 보낼 문서 두 건에 대한 지시를 받았다. 그 내용은 '만찬 초대에 대한 감사장'과 '부품 가격 인상 건'에 대한 공문이었다. 다음 중 문서 작성 및 처리 방법으로 가장 적절한 것은?

① 두 건의 문서를 별도로 작성하고 따로 발송하였다.

② 문서 두 건은 같은 회사로 보낼 것이므로 '가격인상에 대한 고지 및 초대에 대한 감사'라는 제목으로 사외문서 한 장으로 작성하였다.

③ 하나의 문서에 두 개의 제목(제목 : 부품가격 인상 건 / 제목 : 초대에 대한 감사)을 쓰고 문서 내용은 1, 2로 작성하였다.

④ 두 건의 문서를 별도로 작성하고 같은 봉투에 두 장의 문서를 함께 발송하였다.

09 다음 밑줄 친 단어의 한자 표기로 가장 적절한 것은?

> 인간 존엄성은 민주주의의 궁극적인 <u>가치</u>이다.

① 價値   ② 家計
③ 事實   ④ 實在

10 H회사의 신입사원인 A ~ E는 회사에서 문서 작성 시 주의해야 할 사항에 대한 교육을 받은 뒤 이에 대해 서로 이야기를 나누었다. 〈보기〉 중 잘못된 내용을 이야기하고 있는 사람을 모두 고르면?

> 보기
>
> A사원 : 문서를 작성할 때는 주로 '누가, 언제, 어디서, 무엇을, 어떻게, 왜'의 육하원칙에 따라 작성해야 해.
> B사원 : 물론 육하원칙에 따라 글을 작성하는 것도 중요하지만, 되도록 글이 한눈에 들어올 수 있도록 하나의 사안은 한 장의 용지에 작성해야 해.
> C사원 : 글은 한 장의 용지에 작성하되, 자료는 최대한 많이 첨부하여 문서를 이해하는 데 어려움이 없도록 하는 것이 좋아.
> D사원 : 문서를 작성한 후에는 내용을 다시 한 번 검토해 보면서 높임말로 쓰인 부분은 없는지 살펴보고, 있다면 이를 낮춤말인 '해라체'로 고쳐 써야 해.
> E사원 : 특히 문서나 첨부 자료에 금액이나 수량, 일자 등이 사용되었다면 정확하게 쓰였는지 다시 한 번 꼼꼼하게 검토하는 것이 좋겠지.

① A사원, B사원   ② A사원, C사원
③ B사원, E사원   ④ C사원, D사원

11 다음 글의 빈칸에 들어갈 접속어로 가장 적절한 것은?

> 이번 달 자동차 수출량은 전년 대비 3% 증가하였지만, 지난 분기와 비교하면 7% 감소하며 부진한 모습을 보여주고 있다. _____ 정부는 내년 경기가 되살아나면서 수출도 반등할 것으로 내다보았다.

① 그리고　　　　　　　　　② 하지만
③ 그러므로　　　　　　　　④ 즉

12 밑줄 친 부분과 같은 의미로 쓰인 것은?

> <u>노는</u> 시간에 잠 좀 그만 자고 소설책이라도 읽어라.

① 우리 가게는 월요일에 <u>논다</u>.
② 앞니가 흔들흔들 <u>논다</u>.
③ 뱃속에서 아기가 <u>논다</u>.
④ 동생이 공놀이를 하며 <u>논다</u>.

13 다음 빈칸에 들어갈 단어로 적절한 것은?

> 300km/h 속도의 KTX를 기반으로 한국이 ㉠ <u>개발 / 계발</u>한 고속차량 KTX – 산천, ITX – 새마을 등 코레일의 여객사업은 나날이 새로워지고 있습니다. KTX 인천국제공항 직통 노선 및 KTX 호남선, KTX 서울 – 포항 직결 노선을 개통하여 전국 반나절권 시대를 실현하고 국토 균형발전의 토대를 더욱 ㉡ <u>튼튼이 / 튼튼히</u> 했습니다. 2017년 개통 예정인 KTX 인천국제공항 – 강릉 노선은 수도권과 강원권을 1시간대로 운행하여 2018년 평창 동계올림픽의 성공적 ㉢ <u>개최 / 계최</u>와 지역 경제 발전의 원동력이 될 것입니다.

	㉠	㉡	㉢
①	개발	튼튼히	개최
②	개발	튼튼히	계최
③	개발	튼튼이	개최
④	계발	튼튼히	계최

14 다음 글의 (가) ~ (라) 문단을 논리적 순서대로 바르게 나열한 것은?

아놀드 토인비는 『역사의 연구』를 펴내며 역사 연구의 기본단위를 국가가 아닌 문명으로 설정했다. 그는 예를 들어 영국이 대륙과 떨어져 있을지라도 유럽의 다른 나라들과 서로 영향을 미치며 발전해 왔으므로, 영국의 역사는 그 자체만으로는 제대로 이해할 수 없고 서유럽 문명이라는 틀 안에서 바라보아야 한다고 하였다. 그는 문명 중심의 역사를 이해하기 위한 몇 가지 가설들을 세웠다. 그리고 방대한 사료를 바탕으로 그 가설들을 검증하여 문명의 발생과 성장 그리고 쇠퇴 요인들을 규명하려 하였다.

(가) 여기서 중요한 것은 그 환경이 역경이라는 점이다. 인간의 창의적 행동은 역경을 당해 이를 이겨 내려는 분투 과정에서 발생하기 때문이다.

(나) 토인비가 세운 가설들의 중심축은 '도전과 응전' 및 '창조적 소수와 대중의 모방' 개념이다. 그에 의하면 환경의 도전에 대해 성공적으로 응전하는 인간 집단이 문명을 발생시키고 성장시킨다.

(다) 즉 도전의 강도가 지나치게 크면 응전이 성공적일 수 없게 되며, 반대로 너무 작을 경우에는 전혀 반응이 나타나지 않고, 최적의 도전에서만 성공적인 응전이 나타난다는 것이다.

(라) 토인비는 이 가설이 단순하게 도전이 강력할수록 그 도전이 주는 자극의 강도가 커지고 응전의 효력도 이에 비례한다는 식으로 해석되는 것을 막기 위해, 소위 '세 가지 상호 관계의 비교'를 제시하여 이 가설을 보완하고 있다.

이렇게 성공적인 응전을 통해 나타난 문명이 성장하기 위해서는 그 후에도 지속적으로 나타나는 문제, 즉 새로운 도전들을 해결해야만 한다. 토인비에 따르면 이를 해결하기 위해서는 그 사회의 창조적 인문들이 역량을 발휘해야 한다. 그러나 이들은 소수이기 때문에 응전을 성공적으로 이끌기 위해서는 다수의 대중까지 힘을 결집해야 한다. 이때 대중은 일종의 사회적 훈련인 '모방'을 통해 그들의 역할을 수행한다. 물론 모방은 모든 사회의 일반적인 특징으로서 문명을 발생시키지 못한 원시 사회에서도 찾아볼 수 있다. 여기에 대해 토인비는 모방의 유무가 중요한 것이 아니라 모방의 작용 방향이 중요하다고 설명한다.

① (가) – (나) – (라) – (다)
② (나) – (가) – (라) – (다)
③ (나) – (라) – (다) – (가)
④ (라) – (다) – (나) – (가)

15 다음 제시된 문단을 읽고, 이어질 내용을 논리적 순서대로 바르게 나열한 것은?

> 미적 판단은 대상에 대한 경험에서 생겨나며 감상자의 주관적 반응에 밀접하게 관련되기 때문에, 동일한 대상에 대한 미적 판단은 감상자에 따라 다양하게 나타날 수 있다. 이러한 미적 판단의 차이로 인해 실재론자와 반실재론자 간에 열띤 논쟁이 벌어지기도 한다.

> (가) 예컨대 '베토벤의 운명 교향곡이 웅장하다.'는 판단이 객관적 참이라면 '웅장함'이라는 미적 속성이 실재한다는 식이다. 이 경우 '웅장하다'는 미적 판단은 '웅장함'이라는 객관적으로 실재하는 미적 속성에 관한 기술이다. 동일한 미적 대상에 대한 감상자들 간의 판단이 일치하지 않는 것은 그 미적 판단 간에 옳고 그름이 존재한다는 것이며, 그 옳고 그름의 여부는 실재하는 미적 속성에 관한 확인을 통해 밝힐 수 있다.
>
> (나) 그러나 반실재론자들은 미적 판단이 단순한 객관적 실재의 기술이라기보다는 이미 주관적 평가가 개입된 경우가 많다는 점을 근거로 실재론에 반론을 제기한다. 이들의 주장에 따르면 미적 판단은 감상자의 주관적 반응에 의존하는 것으로, 앞에서 언급된 '웅장함'이라는 미적 속성은 '웅장하다'는 미적 판단을 내리는 감상자에 의해 발견되는 것이다.
>
> (다) 실재론자들은 '미적 속성이 존재한다는 전제하에 이것이 대상에 실재한다.'는 주장을 내세우면서, 미적 판단의 객관성을 지지한다. 이들에 의하면 미적 속성 P에 관한 진술인 미적 판단 J가 객관적으로 참일 때, 미적 속성 P가 실재한다.
>
> (라) 이 주장은 미적 판단의 주관성과 경험성에 주목한다는 점에서 미적 판단의 다양성을 설명하는 데 용이하다. 이에 따르면 미적 판단의 불일치란 굳이 해소해야 하는 문제적 현상이라기보다는 개인의 다양한 경험, 취미와 감수성의 차이에 따라 발생하는 자연스러운 현상이다.

① (가) – (나) – (다) – (라) 　　　② (나) – (가) – (라) – (다)
③ (나) – (다) – (가) – (라) 　　　④ (다) – (가) – (나) – (라)

16

$$\frac{101}{399} \quad \frac{126}{374} \quad (\quad) \quad \frac{221}{279} \quad \frac{284}{216}$$

① $\frac{112}{578}$　　　　　　　　② $\frac{67}{312}$

③ $\frac{19}{481}$　　　　　　　　④ $\frac{77}{223}$

17

$$-5 \quad 1 \quad (\quad) \quad \frac{3}{2} \quad -3 \quad \frac{7}{4} \quad -0.5 \quad \frac{23}{12}$$

① -4.5　　　　　　　　② -3.5

③ -2.5　　　　　　　　④ -1.5

18 작년에 동아리에 가입한 사원 수는 총 90명이었다. 올해 가입한 동아리원 수는 작년보다 남성은 10% 감소하고 여성은 12% 증가하여 작년보다 총 2명이 증가했다. 올해 동아리에 가입한 여성의 수는?

① 40명　　　　　　　　② 44명

③ 50명　　　　　　　　④ 56명

※ 다음은 2024년 정부지원금 수혜자 200명을 대상으로 조사한 자료이다. 이어지는 질문에 답하시오.
[19~20]

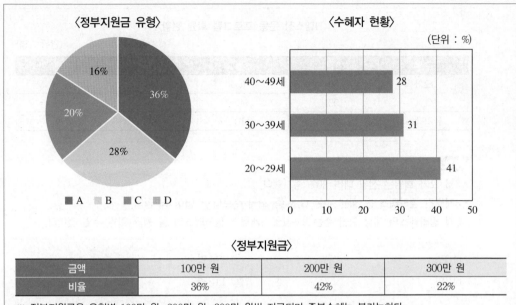

금액	100만 원	200만 원	300만 원
비율	36%	42%	22%

※ 정부지원금은 유형별 100만 원, 200만 원, 300만 원씩 지급되며 중복수혜는 불가능하다.
※ 제시된 자료는 한 사람당 정부지원금 수령 총금액이다.

19 다음 중 자료에 대한 설명으로 옳지 <u>않은</u> 것은?(단, 소수점 둘째 자리에서 반올림한다)

① 정부지원금에 들어간 총비용은 30,000만 원 이상이다.
② 정부지원금 A유형 수령자가 모두 20대라고 할 때, 전체 20대 중 정부지원금 A유형 수령자가 차지하는 비율은 85% 이하이다.
③ 모든 20대의 정부지원금 금액이 200만 원이라고 할 때, 200만 원 수령자 중 20대가 차지하는 비율은 95% 이상이다.
④ 정부지원금 수혜자가 2배 증가하고 수혜자 현황 비율이 동일하다면, 정부지원금에 들어간 비용도 2배이다.

20 정부지원금 300만 원 수령자의 반은 20대이고, 나머지 반은 30대이다. 20대·30대에서 정부지원금 300만 원 미만 수령자가 차지하는 비율은?(단, 소수점 첫째 자리에서 반올림한다)

① 55%   ② 61%
③ 69%   ④ 74%

21 다음은 H헬스장의 2~4월 3개월간 프로그램 회원 수와 5월 예상 회원 수에 대한 자료이다. 〈조건〉을 보고 방정식 $2a+b=c+d$가 성립할 때, b에 들어갈 수로 옳은 것은?

〈H헬스장 운동 프로그램 회원 현황〉

(단위 : 명)

구분	2월	3월	4월	5월
요가	50	a	b	
G.X	90	98	c	
필라테스	106	110	126	d

조건

- 3월 요가 회원은 전월 대비 20% 증가했다.
- 3개월간 필라테스 총 회원 수는 G.X 총 회원 수보다 37명이 더 많다.
- 5월 필라테스의 예상 회원 수는 2~4월 3개월간 필라테스의 월 평균 회원 수일 것이다.

① 110명
② 111명
③ 112명
④ 113명

22 다음 글을 근거로 판단할 때, 사자바둑기사단이 선발할 수 있는 출전선수 조합의 총 가짓수는?

- 사자바둑기사단과 호랑이바둑기사단이 바둑시합을 한다.
- 시합은 일대일 대결로 총 3라운드로 진행되며, 한 명의 선수는 하나의 라운드에만 출전할 수 있다.
- 호랑이바둑기사단은 1라운드에는 갑을, 2라운드에는 을을, 3라운드에는 병을 출전시킨다.
- 사자바둑기사단은 라운드별로 이길 수 있는 확률이 0.6 이상이 되도록 7명의 선수(A~G) 중 3명을 선발한다.
- A~G가 갑, 을, 병에 대하여 이길 수 있는 확률은 다음 표와 같다.

선수	갑	을	병
A	0.42	0.67	0.31
B	0.35	0.82	0.49
C	0.81	0.72	0.15
D	0.13	0.19	0.76
E	0.66	0.51	0.59
F	0.54	0.28	0.99
G	0.59	0.11	0.64

① 18가지
② 17가지
③ 16가지
④ 15가지

23 D사원은 비품 구입을 위해 한 자루에 500원 하는 볼펜과 한 자루에 700원 하는 색연필을 합하여 12자루를 샀다. 구입한 비품을 1,000원짜리 쇼핑백에 넣고 총 8,600원을 지불했을 때, D사원이 구입한 볼펜은 몇 자루인가?

① 7자루   ② 6자루

③ 5자루   ④ 4자루

24 방식이 다른 두 종류의 프린터 A, B가 있다. 두 프린터를 동시에 사용하여 100장을 프린트한다고 할 때, A프린터 3대와 B프린터 2대를 사용하면 4분이 걸리고, A프린터 4대와 B프린터 1대를 사용하면 5분이 걸린다. A프린터 2대와 B프린터 3대를 동시에 사용할 때, 100장을 프린트하는 데 걸리는 시간은?(단, 각 프린터마다 1장을 프린트하는 시간은 일정하다)

① 4분 20초   ② 4분

③ 3분 20초   ④ 3분

25 다음은 H대학교 학생 2,500명을 대상으로 진행한 인터넷 쇼핑 이용 현황에 대한 자료이다. 이에 대한 설명으로 옳지 않은 것은?(단, 매년 조사 인원수는 동일하다)

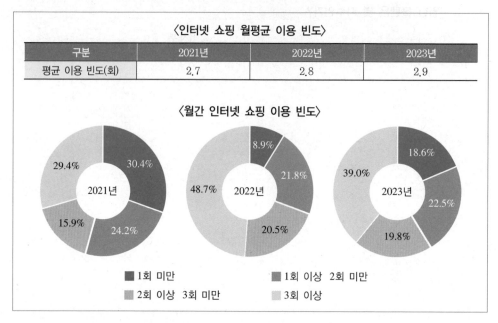

〈인터넷 쇼핑 월평균 이용 빈도〉			
구분	2021년	2022년	2023년
평균 이용 빈도(회)	2.7	2.8	2.9

〈월간 인터넷 쇼핑 이용 빈도〉

① 인터넷 쇼핑 월평균 이용 빈도는 지속적으로 증가했다.

② 2022년 월간 인터넷 쇼핑을 3회 이상 이용했다고 응답한 사람은 1,210명 이상이다.

③ 3년간의 인터넷 쇼핑 이용 빈도수를 누적했을 때, 두 번째로 많이 응답한 인터넷 쇼핑 이용 빈도수는 1회 미만이다.

④ 2023년 월간 인터넷 쇼핑을 2회 이상 3회 미만 이용했다고 응답한 사람은 2022년 1회 미만으로 이용했다고 응답한 사람보다 2배 이상 많다.

26 다음은 연령별 선물환거래 금액 비율을 나타낸 자료이다. 이에 대한 설명으로 옳은 것은?

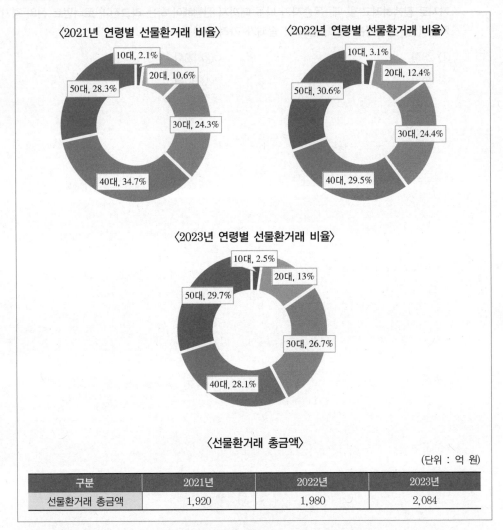

〈2021년 연령별 선물환거래 비율〉

10대, 2.1%
20대, 10.6%
30대, 24.3%
40대, 34.7%
50대, 28.3%

〈2022년 연령별 선물환거래 비율〉

10대, 3.1%
20대, 12.4%
30대, 24.4%
40대, 29.5%
50대, 30.6%

〈2023년 연령별 선물환거래 비율〉

10대, 2.5%
20대, 13%
30대, 26.7%
40대, 28.1%
50대, 29.7%

〈선물환거래 총금액〉

(단위 : 억 원)

구분	2021년	2022년	2023년
선물환거래 총금액	1,920	1,980	2,084

① 2022 ~ 2023년의 전년 대비 10대와 20대의 선물환거래 금액 비율 증감 추이는 같다.

② 2022년 대비 2023년 50대 선물환거래 금액 증가량은 13억 원 이상이다.

③ 2022 ~ 2023년 동안 전년 대비 매년 40대 선물환거래 금액은 지속적으로 감소하고 있다.

④ 2023년 10 ~ 40대 선물환거래 금액 총비율은 2022년 50대 비율의 2.5배 이상이다.

27 10명의 학생들이 모여 줄넘기 대회를 진행하려고 한다. 경기 방식을 리그전과 토너먼트 방식 두 가지로 진행하려고 할 때, 우승자가 나올 때까지 진행해야 하는 리그전과 토너먼트 전의 경기 수의 차는?(단, 동점자는 없고, 반드시 승패가 가려진다)

① 28회

② 32회

③ 36회

④ 40회

28 경현이는 반려동물로 고슴도치와 거북이를 한 마리씩 키우고 있다. 주말을 맞아 집에 놀러온 영수와 고슴도치와 거북이를 거실에서 경주를 시켜 약 몇 분에 결승점에 들어오는지 맞히는 내기를 하였다. 영수는 거북이, 경현이는 고슴도치 완주시간을 맞혔다고 할 때, 반려동물들이 경주한 거리는?

⟨반려동물 완주 예상시간⟩

구분	고슴도치	거북이
경현	30초	2분
영수	25초	2.5분

※ 고슴도치 속력은 3m/분, 거북이는 고슴도치 속력의 $\frac{1}{5}$ 이다.

① 1.5m

② 1.7m

③ 1.9m

④ 2.1m

29 다음은 A국과 B국의 축구 대결을 앞두고 양국의 골키퍼, 수비(중앙 수비, 측면 수비), 미드필드, 공격(중앙 공격, 측면 공격) 능력을 영역별로 평가한 결과이다. 이에 대한 설명으로 적절하지 않은 것은?(단, 원 중심에서 멀어질수록 점수가 높아진다)

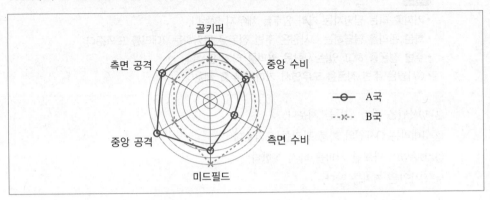

① A국은 공격보다 수비에 약점이 있다.
② B국은 미드필드보다 수비에서의 능력이 뛰어나다.
③ A국과 B국은 측면 수비 능력에서 가장 큰 차이가 난다.
④ A국과 B국 사이에 가장 작은 차이를 보이는 영역은 중앙 수비이다.

30 용민이와 효린이가 호수를 같은 방향으로 도는데 용민이는 7km/h, 효린이는 3km/h로 걷는다고 한다. 두 사람이 다시 만났을 때, 7시간이 지나 있었다면 호수의 둘레는?

① 24km   ② 26km
③ 28km   ④ 30km

31 같은 회사에 근무 중인 L주임, O사원, C사원, J대리가 이번 달 직원 휴게실 청소 당번이 되었다. 서로 역할을 분담한 뒤 결정한 청소 당번 규칙이 다음 〈조건〉과 같을 때, 항상 참이 되는 것은?

> **조건**
> • 커피를 타는 담당자는 커피 원두를 채우지 않는다.
> • 화분 관리를 담당하는 O사원은 주변 정돈을 담당하는 J대리를 도와준다.
> • 주변 정돈을 하고 있는 사람은 커피를 타지 않는다.
> • C사원은 주변 정돈을 도우면서 커피 원두를 채운다.

① O사원은 커피 원두를 채운다.
② J대리는 O사원의 화분 관리를 도와준다.
③ L주임이 바쁘면 커피를 타지 못한다.
④ C사원은 커피를 탄다.

32 H사 인사팀 직원인 A씨는 사내 설문조사를 통해 요즘 사람들이 연봉보다는 일과 삶의 균형을 더 중요시하고 직무의 전문성을 높이고 싶어 한다는 결과를 도출했다. 다음 중 설문조사 결과와 H사 임직원의 근무 여건을 참고하여 인사제도를 합리적으로 변경한 것은?

〈임직원 근무 여건〉

구분	주당 근무 일수(평균)	주당 근무시간(평균)	직무교육 여부	퇴사율
정규직	6일	52시간 이상	○	17%
비정규직 1	5일	40시간 이상	○	12%
비정규직 2	5일	20시간 이상	×	25%

① 정규직의 연봉을 7% 인상한다.
② 정규직을 비정규직으로 전환한다.
③ 비정규직 1의 직무교육을 비정규직 2와 같이 조정한다.
④ 정규직의 주당 근무시간을 비정규직 1과 같이 조정하고 비정규직 2의 직무교육을 시행한다.

33 귀하는 전세버스 대여를 전문으로 하는 여행업체인 H사에 근무하고 있다. 지난 10년 동안 상당한 규모로 성장해 온 H사는 현재 보유하고 있는 버스의 현황을 실시간으로 파악할 수 있도록 식별 코드를 부여하였다. 식별 코드 부여 방식과 자사보유 전세버스 현황이 다음과 같을 때, 옳지 않은 것은?

〈식별 코드 부여 방식〉

[버스등급] – [승차인원] – [제조국가] – [모델번호] – [제조연월]

버스등급	코드	제조국가	코드
대형버스	BX	한국	KOR
중형버스	MF	독일	DEU
소형버스	RT	미국	USA

예 BX – 45 – DEU – 15 – 2406
2024년 6월 독일에서 생산된 45인승 대형버스 15번 모델

〈자사보유 전세버스 현황〉

BX – 28 – DEU – 24 – 1308	MF – 35 – DEU – 15 – 0910	RT – 23 – KOR – 07 – 0628
MF – 35 – KOR – 15 – 1206	BX – 45 – USA – 11 – 0712	BX – 45 – DEU – 06 – 1105
MF – 35 – DEU – 20 – 1110	BX – 41 – DEU – 05 – 1408	RT – 16 – USA – 09 – 0712
RT – 25 – KOR – 18 – 0803	RT – 25 – DEU – 12 – 0904	MF – 35 – KOR – 17 – 0901
BX – 28 – USA – 22 – 1404	BX – 45 – USA – 19 – 1108	BX – 28 – USA – 15 – 1012
RT – 16 – DEU – 23 – 1501	MF – 35 – KOR – 16 – 0804	BX – 45 – DEU – 19 – 1312
MF – 35 – DEU – 20 – 1005	BX – 45 – USA – 14 – 1007	–

① 보유하고 있는 소형버스의 절반 이상은 독일에서 생산되었다.
② 대형버스 중 28인승은 3대이며, 한국에서 생산된 차량은 없다.
③ 보유 중인 대형버스는 전체의 40% 이상을 차지한다.
④ 중형버스는 3대 이상이며, 모두 2013년 이전에 생산되었다.

34 퇴직을 앞둔 회사원 L씨는 1년 뒤 샐러드 도시락 프랜차이즈 가게를 운영하고자 한다. 다음은 L씨가 회사 근처 샐러드 도시락 프랜차이즈 가게에 대해 SWOT 분석을 실시한 결과이다. 〈보기〉에서 분석에 따른 대응 전략으로 적절한 것을 모두 고르면?

〈샐러드 도시락 프랜차이즈 SWOT 분석 결과〉

강점(Strength)	약점(Weakness)
• 다양한 연령층을 고려한 메뉴 • 월별 새로운 메뉴 제공	• 부족한 할인 혜택 • 홍보 및 마케팅 전략의 부재
기회(Opportunity)	위협(Threat)
• 건강한 식단에 대한 관심 증가 • 회사원들의 간편식 점심 수요 증가	• 경기 침체로 인한 외식 소비 위축 • 주변 음식점과의 경쟁 심화

보기

ㄱ. 다양한 연령층이 이용할 수 있도록 새로운 한식 도시락을 출시한다.
ㄴ. 계절 채소를 이용한 샐러드 런치 메뉴를 출시한다.
ㄷ. 제품의 가격 상승을 유발하는 홍보 방안보다 먼저 품질 향상 방안을 마련해야 한다.
ㄹ. 주변 회사와 제휴하여 이용 고객에 대한 할인 서비스를 제공한다.

① ㄱ, ㄴ ② ㄱ, ㄷ
③ ㄴ, ㄷ ④ ㄴ, ㄹ

35 H공사의 기획팀 B팀장은 C사원에게 H공사에 대한 마케팅 전략 보고서를 요청하였다. C사원이 B팀장에게 제출한 SWOT 분석 결과가 다음과 같을 때, 밑줄 친 ㉠ ~ ㉣ 중 적절하지 않은 것은?

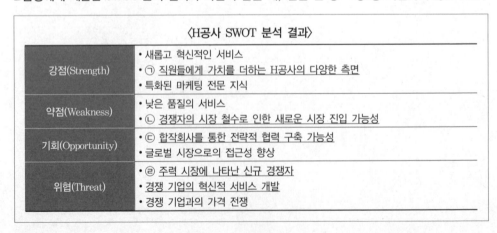

〈H공사 SWOT 분석 결과〉

강점(Strength)	• 새롭고 혁신적인 서비스 • ㉠ 직원들에게 가치를 더하는 H공사의 다양한 측면 • 특화된 마케팅 전문 지식
약점(Weakness)	• 낮은 품질의 서비스 • ㉡ 경쟁자의 시장 철수로 인한 새로운 시장 진입 가능성
기회(Opportunity)	• ㉢ 합작회사를 통한 전략적 협력 구축 가능성 • 글로벌 시장으로의 접근성 향상
위협(Threat)	• ㉣ 주력 시장에 나타난 신규 경쟁자 • 경쟁 기업의 혁신적 서비스 개발 • 경쟁 기업과의 가격 전쟁

① ㉠ ② ㉡
③ ㉢ ④ ㉣

36 H공단에서는 직원들을 해외로 파견하고자 한다. 제시된 파견 조건에 따라 각 직원들의 파견여부와 파견국가가 결정된다고 할 때, 다음 〈보기〉 중 반드시 참인 것을 모두 고르면?

〈파견 조건〉

- A대리가 인도네시아로 파견되지 않는다면, E주임은 몽골로 파견되지 않는다.
- D주임이 뉴질랜드로 파견된다면, B대리는 우즈베키스탄으로 파견된다.
- C주임은 아일랜드로 파견된다.
- E주임이 몽골로 파견되거나, C주임이 아일랜드로 파견되지 않는다.
- A대리가 인도네시아로 파견되지 않거나, B대리가 우즈베키스탄으로 파견되지 않는다.

보기

ㄱ. B대리는 우즈베키스탄으로 파견되지 않는다.
ㄴ. D주임은 뉴질랜드로 파견되지 않는다.
ㄷ. A대리는 인도네시아로 파견되고, E주임은 몽골로 파견되지 않는다.
ㄹ. C주임과 E주임은 같은 국가로 파견된다.

① ㄱ, ㄴ
② ㄱ, ㄷ
③ ㄴ, ㄷ
④ ㄴ, ㄹ

37 다음은 A, B사원의 직업기초능력을 평가한 결과이다. 이에 대한 설명으로 가장 적절한 것은?

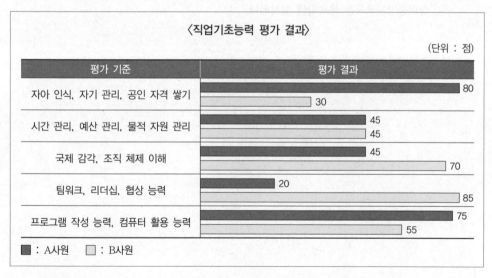

〈직업기초능력 평가 결과〉

(단위 : 점)

평가 기준	평가 결과
자아 인식, 자기 관리, 공인 자격 쌓기	80 / 30
시간 관리, 예산 관리, 물적 자원 관리	45 / 45
국제 감각, 조직 체제 이해	45 / 70
팀워크, 리더십, 협상 능력	20 / 85
프로그램 작성 능력, 컴퓨터 활용 능력	75 / 55

■ : A사원 □ : B사원

① A사원은 B사원보다 스스로를 관리하고 개발하는 능력이 우수하다.
② A사원은 B사원보다 조직의 체제와 경영을 이해하는 능력이 우수하다.
③ B사원은 A사원보다 정보를 검색하고 정보기기를 활용하는 능력이 우수하다.
④ B사원은 A사원보다 업무 수행에 필요한 시간, 자본 등의 자원을 예측 계획하여 할당하는 능력이 우수하다.

38 H공단에서는 5월 한 달 동안 임직원을 대상으로 금연교육 4회, 부패방지교육 2회, 성희롱방지교육 1회를 진행하려고 한다. 다음 〈조건〉을 근거로 판단할 때 옳은 것은?

〈5월 달력〉

일	월	화	수	목	금	토
			1	2	3	4
5	6	7	8	9	10	11
12	13	14	15	16	17	18
19	20	21	22	23	24	25
26	27	28	29	30	31	

조건

• 교육은 하루에 하나만 실시할 수 있고, 주말에는 교육을 실시할 수 없다.
• 매주 월요일은 부서회의로 인해 교육을 실시할 수 없다.
• 5월 1일부터 3일까지는 공단의 주요 행사 기간이므로 어떠한 교육도 실시할 수 없다.
• 금연교육은 정해진 같은 요일에 주1회 실시한다.
• 부패방지교육은 20일 이전 수요일 또는 목요일에 시행하며, 이틀 연속 실시할 수 없다.
• 성희롱방지교육은 5월 31일에 실시한다.

① 5월 넷째 주에는 금연교육만 실시된다.
② 금연교육은 금요일에 실시될 수 있다.
③ 부패방지교육은 같은 요일에 실시되어야 한다.
④ 성희롱방지교육은 목요일에 실시된다.

39 다음은 어느 기업의 팀별 성과급 지급 기준 및 영업팀의 분기별 평가표이다. 영업팀에게 지급되는 성과급의 1년 총액은?(단, 성과평가등급이 A등급이면 직전 분기 차감액의 50%를 가산하여 지급한다)

〈성과급 지급 기준〉

성과평가 점수	성과평가 등급	분기별 성과급 지급액
9.0 이상	A	100만 원
8.0 ~ 8.9	B	90만 원(10만 원 차감)
7.0 ~ 7.9	C	80만 원(20만 원 차감)
6.9 이하	D	40만 원(60만 원 차감)

〈영업팀 평가표〉

구분	1/4분기	2/4분기	3/4분기	4/4분기
유용성	8	8	10	8
안정성	8	6	8	8
서비스 만족도	6	8	10	8

※ (성과평가 점수)=[(유용성)×0.4]+[(안정성)×0.4]+[(서비스 만족도)×0.2]

① 350만 원
② 360만 원
③ 370만 원
④ 380만 원

40 H의류회사는 제품의 판매촉진을 위해 TV광고를 기획하고 있는데, 다음은 광고모델 후보 A ~ D에 대한 자료이다. 이를 토대로 1년 동안 광고효과가 가장 높은 사람을 모델로 선발한다고 할 때, 가장 적합한 모델은?

〈광고모델별 1년 계약금 및 광고 1회당 광고효과〉

(단위 : 천 원)

모델	1년 계약금	1회당 광고비	1회당 광고효과(예상)	
			수익 증대 효과	브랜드 가치 증대 효과
A	120,000		140,000	130,000
B	80,000	2,500	80,000	110,000
C	100,000		100,000	120,000
D	90,000		80,000	90,000
비고	• (총광고효과)=(1회당 광고효과)×(1년 광고횟수) • (1회당 광고효과)=(1회당 수익 증대 효과)+(1회당 브랜드 가치 증대 효과) • (1년 광고횟수)=(1년 광고비)÷(1회당 광고비) • (1년 광고비)=1억 8천만 원－(1년 계약금)			

① A ② B
③ C ④ D

---

41 다음은 효율적인 시간 관리를 위한 10가지 유의사항을 나타낸 것이다. 유의사항 중 적절하지 않은 내용은 모두 몇 가지인가?

〈효율적인 시간 관리를 위한 10가지 유의사항〉

• 규모가 큰 업무나 등가의 업무는 따로 처리하라.
• 의도적으로 외부의 방해를 받아들여라.
• 회의 시간을 제한하고 안건마다 기한을 설정하라.
• 모든 업무에 대해 우선순위를 설정하라.
• 가능한 한 정말로 중요한 것만 하라.
• 위임 가능성을 충분히 활용하라.
• 큰 규모의 업무는 한 번에 해결하라.
• A급 과제의 처리 기한은 자신에게 가장 적합하게 설정하라.
• 중점 과제는 나중에 처리하라.
• 능률을 고려하여 계획을 세워라.

① 1가지 ② 2가지
③ 3가지 ④ 4가지

42 다음은 H공단 직원들의 10월 연차 계획표이다. 하루에 3명 이상 연차를 쓸 수 없고, 직원들은 각자 연속하여 4일 이상 연차를 신청할 수 없다. 연차 일정을 한 명만 수정한다고 할 때, 수정해야 하는 사람은?

〈연차 계획표〉

성명	연차 일정	성명	연차일정
임미리	10월 2일 목요일 ~ 10월 7일 화요일	조유라	10월 7일 화요일
정지수	10월 6일 월요일	최한결	10월 8일 수요일 ~ 10월 13일 화요일
김창은	10월 1일 수요일 ~ 10월 2일 목요일	유라희	10월 10일 금요일
유소정	10월 6일 월요일 ~ 10월 7일 화요일	최하람	10월 1일 수요일, 10월 8일 수요일

※ 개천절 : 10월 3일 금요일
※ 한글날 : 10월 9일 목요일

① 조유라　　　　　　　　　　　② 정지수
③ 최한결　　　　　　　　　　　④ 유소정

43 H공단에서 근무하는 K사원은 신입사원 채용시험을 위한 시설을 대관하려고 한다. 채용시험 시설 선정기준과 시설별 조건을 고려하였을 때, K사원이 대관할 시설은?

〈채용시험 시설 선정기준〉

• 300명 이상 수용이 가능 시설
• 방송시설을 보유한 시설
• 칠판 또는 화이트보드를 보유한 시설
• 대관료가 저렴한 시설
• 3시간 이상 연속으로 대여 가능한 시설

〈시설별 조건〉

구분	수용 인원	시간당 대관료	보유 기자재	대관 가능 시간
A중학교	300명	80만 원	칠판, 방송시설	오전 10시 ~ 오후 12시
B고등학교	350명	90만 원	칠판, 방송시설	오전 9시 ~ 오후 3시
C체육관	500명	100만 원	방송시설	오전 9시 ~ 오후 6시
D호텔	280명	200만 원	×	오전 10시 ~ 오전 11시 오후 3시 ~ 오후 5시

① A중학교　　　　　　　　　　② B고등학교
③ C체육관　　　　　　　　　　④ D호텔

PART 3

44 다음 글은 예산관리 시스템의 유형 중 하나인 '항목별 예산 관리'에 대해 설명한 글이다. 다음 중 예산 관리의 특징으로 적절하지 않은 것은?

> 항목별 예산 관리는 대개 회계연도를 기준으로 하는 가장 기본적인 예산형식이며, 사회복지 조직에서 가장 많이 사용되고 있는 형식으로서, 지출항목별 회계와 전년도에 기초하여 작성되며 액수의 점진적인 증가에 기초를 둔 점진주의적 특징을 가진다.

① 지출근거가 명확하므로 예산 통제에 효과적이다.
② 예산 항목별로 지출이 정리되므로 회계에 유리하다.
③ 예산 증감의 신축성을 가진다.
④ 예산 증감의 기준의 타당성이 희박하고 효율성을 무시한다.

45 다음은 서비스에 불만족한 고객을 불만 표현 유형별로 구분한 것이다. (A) ~ (D)를 상대하는 데 있어 주의해야 할 사항으로 적절하지 않은 것은?

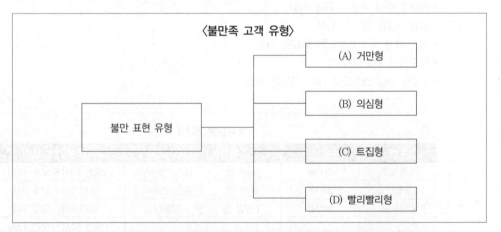

〈불만족 고객 유형〉

불만 표현 유형
- (A) 거만형
- (B) 의심형
- (C) 트집형
- (D) 빨리빨리형

① (A)의 경우 상대방의 과시욕이 채워질 수 있도록 무조건 정중하게 대하는 것이 좋다.
② (B)의 경우 분명한 증거나 근거를 제시하여 스스로 확신을 갖도록 유도해야 한다.
③ (C)의 경우 이야기를 경청하고, 맞장구치고, 추켜세우고, 설득해 가는 방법이 효과적이다.
④ (D)의 경우 애매한 화법을 사용하여 최대한 시간을 끌어야 한다.

46 다음 (A) ~ (D)의 사례에 대하여 효과적인 동기부여 방법을 제시한다고 할 때, 적절하지 않은 방법은?

(A) K사원은 부서에서 최고의 성과를 올리는 영업사원으로 명성이 자자하지만, 서류 작업을 정시에 마친 적이 한 번도 없다. 그가 서류 작업을 지체하기 때문에 팀 전체의 생산성에 차질이 빚어지고 있다.

(B) 팀의 프로젝트 진행에 문제가 생겨서 일정이 지연되고 있다. S사원은 프로젝트를 일정 안에 끝내기 위해 밤늦게까지 일에 매진하고 있다. 그는 조금도 불평하지 않은 채, 최선을 다해 프로젝트를 수행하고 있다. 그의 노력에 힘입어 프로젝트는 예정된 일정대로 무사히 마무리되었고, 기대 이상의 좋은 결과도 얻었다.

(C) A사원의 업무 속도가 점점 나빠지고 있다. 그는 업무에 눈곱만큼도 관심이 없는 것 같고, 업무 자체를 지겨워하는 것처럼 보인다.

(D) B사원은 2년간 P부장의 부하직원으로 일했으며 업무능력이 대단히 뛰어났다. 최근 P부장은 B사원에게 회사 뉴스레터를 새로 디자인하라고 지시했는데, 결과물은 의외로 좋지 않았다. B사원이 레이아웃 프로그램을 익숙하게 다루지 못해 뉴스레터에서 아마추어 분위기가 심하게 난 것이다.

---

① (A) : K사원에게 서류 작업을 지체함으로써 팀 전체의 생산성에 어떠한 차질을 빚고 있는지를 자세히 설명하고, 이 문제와 관련해 최소한 두 가지 정도의 해결책을 스스로 찾아내도록 격려한다.

② (B) : S사원에게 프로젝트를 뛰어나게 수행했다는 점과 그에 대해 높이 평가하고 있다는 점을 알려, 그의 태도를 훌륭한 본보기로 삼아 팀원들에게 동기부여를 하도록 한다.

③ (C) : A사원에게 현재의 행동이 징계의 원인이 될 수 있다는 점과 새로운 직원이 채용될 수 있다는 점을 알려, 업무 속도를 스스로 변화시킬 수 있도록 유도한다.

④ (D) : B사원이 레이아웃 프로그램을 익숙하게 다루지 못해 일어난 일이므로 프로그램을 능숙하게 다루는 직원을 B사원과 함께 일하게 하거나, B사원이 프로그램을 능숙하게 다룰 수 있도록 지원한다.

47 다음 중 팀워크를 촉진시키기 위한 행동으로 적절하지 않은 것은?

〈팀워크를 촉진시키기 위한 행동〉

• 동료 피드백 장려하기
• 갈등을 해결하기
• 창의력 조성을 위해 협력하기
• 참여적으로 의사결정하기
• 양질의 결정 내리기
• 구성원들의 동참 구하기

---

① 아이디어에 대해 아무런 제약을 가하지 않는 환경을 조성할 때 성공적인 팀워크를 달성할 수 있다.
② 조직 현장에서 팀원들에게 업무 재량을 위임하고, 자주적이고 주체적인 결정을 내릴 수 있도록 권한을 부여해야 한다.
③ 모든 팀원들이 결정에 동의하였는지 확인하고, 결정을 실행함에 있어 각자의 역할을 이해하고 있는지 확인해야 한다.
④ 팀원 사이의 갈등을 발견할 경우 제3자로서 개입하기보다는 둘이 스스로 원만하게 풀기를 기다린다.

48 다음 글에서 강조하고 있는 내용으로 가장 적절한 것은?

요즘 우리 사회에 부정부패가 심각하다. 이를 막기 위해 자신이 속한 조직이 저지른 부도덕한 행위를 외부에 공식적으로 알림으로써, 부정의를 시정하고 조직의 변화를 모색하는 내부 고발을 하는 경우가 있다. 내부 고발은 조직에 혼란을 준다고 비난받기도 하지만, 결과적으로 개인의 양심에 입각해 사회 전체의 공익을 위한 행동을 하는 것이므로 옳다고 할 수 있다. 또한, 조직의 부당한 행위가 지속될 경우 발생하게 되는 위험을 제거한다는 면에서 조직에도 도움이 된다.
… (중략) …

---

① 개인의 양심보다는 자신이 속한 조직의 이익을 우선해야 한다.
② 내부 고발은 구성원의 사기 저하를 가져와 조직의 효율적인 운용을 저해한다.
③ 사회 정의 실현뿐 아니라 조직의 이익을 위해서도 내부 고발은 필요하다.
④ 내부 고발은 사회 변화를 유도하기 어렵다.

49 다음 〈보기〉 중 직업에 대한 설명으로 적절하지 않은 것을 모두 고르면?

> **보기**
>
> ⊙ 본인의 자발적 의사에 의한 것이어야 하며, 경제적인 보상이 있어야 한다.
> ⊙ 직(職)은 일 또는 행위, 더 나아가서는 불교에서의 인연이다.
> ⊙ 업(業)은 사회적 역할의 분배인 직분(職分)을 의미한다.
> ⊙ 장기적으로 계속해서 일하는 지속성이 있어야 한다.
> ⊙ 취미활동이나 아르바이트, 강제노동 등은 직업에 포함되지 않는다.
> ⊙ 다른 사람들과 함께 인간관계를 쌓을 수 있는 기회가 된다.

① ㉠, ㉡   ② ㉡, ㉢

③ ㉢, ㉣   ④ ㉤, ㉥

50 다음은 성희롱과 관련된 용어에 대한 대화 내용이다. 잘못된 내용을 말한 사람은?

> A사원 : 성희롱, 성추행, 성폭행은 모두 성폭력의 개념에 포함된다고 볼 수 있어.
> B사원 : 성희롱은 피해자가 가해자에 대한 부서전환, 징계 등의 조치를 요구할 수 있고, 피해자가
> 원하기만 한다면 형사처벌의 대상도 될 수 있어.
> C사원 : 성추행과 성폭행은 성폭력의 정도가 성희롱을 넘어 범죄로 처벌되는 것으로 볼 수 있어.
> 즉 강제추행과 강간으로 말할 수 있지.
> D사원 : 일방적으로 전화를 하거나 쫓아다니는 스토킹(Stalking)도 넓은 의미로 보면 성폭력에 포
> 함시킬 수 있어.

① A사원   ② B사원

③ C사원   ④ D사원

제2회
최종점검 모의고사

※ 한국에너지공단 최종점검 모의고사는 채용공고를 기준으로 구성한 것으로
실제 시험과 다를 수 있습니다.

■ 취약영역 분석

번호	O/×	영역	번호	O/×	영역	번호	O/×	영역
1			21			41		
2			22			42		자원관리능력
3			23			43		
4			24			44		
5			25		수리능력	45		
6			26			46		대인관계능력
7			27			47		
8		의사소통능력	28			48		
9			29			49		직업윤리
10			30			50		
11			31					
12			32					
13			33					
14			34		문제해결능력			
15			35					
16			36					
17			37					
18		수리능력	38					
19			39		자원관리능력			
20			40					

평가문항	50문항	평가시간	60분
시작시간	:	종료시간	:
취약영역			

🕐 응시시간 : 60분　　📋 문항 수 : 50문항　　　　　　　　　　　　　　정답 및 해설 p.108

01　다음 글의 뒤에 이어질 내용으로 가장 적절한 것은?

테레민이라는 악기는 손을 대지 않고 연주하는 악기이다. 이 악기를 연주하기 위해 연주자는 허리 높이쯤에 위치한 상자 앞에 선다. 오른손은 상자에 수직으로 세워진 안테나 주위에서 움직인다. 오른손의 엄지손가락과 집게손가락으로 고리를 만들고 손을 흔들면서 나머지 손가락을 하나씩 펴면 안테나에 손이 닿지 않고서도 음이 들린다. 이때 들리는 음은 피아노 건반을 눌렀을 때 나는 것처럼 정해진 음이 아니고 현악기를 연주하는 것과 같은 연속음이며, 소리는 손과 손가락의 움직임에 따라 변한다. 왼손은 손가락을 펼친 채로 상자에서 수평으로 뻗은 안테나 위에서 서서히 오르내리면서 소리를 조절한다.

오른손으로는 수직 안테나와의 거리에 따라 음고(音高)를 조절하고, 왼손으로는 수평 안테나와의 거리에 따라 음량을 조절한다. 따라서 오른손과 수직 안테나는 음고를 조절하는 회로에 속하고 왼손과 수평 안테나는 음량을 조절하는 또 다른 회로에 속한다. 이 두 회로가 하나로 합쳐지면서 두 손의 움직임에 따라 음고와 음량을 변화시킬 수 있다.

어떻게 테레민에서 다른 음고의 음이 발생하는지 알아보자. 음고를 조절하는 회로는 가청주파수 범위 바깥의 주파수를 갖는 서로 다른 두 개의 음파를 발생시킨다. 이 두 개의 음파 사이에 존재하는 주파수의 차이 값에 의해 가청주파수를 갖는 새로운 진동이 발생하는데 그것으로 소리를 만든다. 가청주파수 범위 바깥의 주파수 중 하나는 고정된 주파수를 갖고 다른 하나는 연주자의 손 움직임에 따라 주파수가 바뀐다. 이렇게 발생한 주파수의 변화에 의해 진동이 발생하고 이 진동의 주파수는 가청주파수 범위 내에 있기 때문에 그 진동을 증폭시켜 스피커로 보내면 소리가 들린다.

① 수직 안테나에 손이 닿으면 소리가 발생하는 원리
② 왼손의 손가락 모양에 따라 음고가 바뀌는 원리
③ 수평 안테나와 왼손 사이의 거리에 따라 음량이 조절되는 원리
④ 음고를 조절하는 회로에서 가청주파수의 진동이 발생하는 원리

02 다음 글의 맥락과 유사한 내용으로 가장 적절한 것은?

> 무시무시한 자연재해가 자연을 정복하려는 인간에 대한 자연의 '보복'이라고 자책할 필요는 없다. 자연이 만물의 영장인 우리에게 특별한 관심을 보여 주기를 바라는 것은 우리의 소박한 희망일 뿐이다. 자연은 누구에게도 그런 너그러움을 보여 줄 뜻이 없는 것이 확실하다. 위험한 자연에서 스스로 생존을 지켜내는 것은 우리의 가장 중요한 책무이다. 따라서 과학을 이용해 자연재해의 피해를 줄이고, 더욱 안전하고 안락한 삶을 추구하려는 우리의 노력은 계속되어야 한다.

① 과학의 발달로 인해 인간보다 자연이 더 큰 피해를 입었다.

② 과욕을 버리면 질병이 치유될 수 있다. 왜냐하면 질병은 인간의 과욕이 부른 결과이기 때문이다.

③ 의약품이 인간의 질병을 치유한 경우도 많다. 그러나 의약품 때문에 발생하는 질병도 많다.

④ 의학은 인간의 자연 치유력을 감소시킨 측면이 있다. 하지만 질병을 극복하기 위해서는 의학이 필요하다.

03 다음 밑줄 친 부분과 같은 의미로 쓰인 것은?

> 요새 남부 지방에 가뭄이 <u>져서</u> 큰일이다.

① 그는 중요한 시합에서 <u>지는</u> 바람에 큰 수모를 겪어야 했다.

② 달이 서산 너머로 <u>지고</u> 난 새벽 어스름에 나는 길을 나섰다.

③ 나비가 노닐던 봄이 지나자 만개했던 개나리도 하나둘 <u>지고</u> 있다.

④ 급히 뛰어오는 바람에 처음 입은 새 옷에 주름이 <u>졌다</u>.

04 다음 글의 빈칸에 들어갈 내용으로 가장 적절한 것은?

동물들은 홍채에 있는 근육의 수축과 이완을 통해 눈동자를 크게 혹은 작게 만들어 눈으로 들어오는 빛의 양을 조절하므로 눈동자 모양이 원형인 것이 가장 무난하다. 그런데 고양이와 늑대와 같은 육식동물은 세로로, 양이나 염소와 같은 초식동물은 가로로 눈동자 모양이 길쭉하다. 특별한 이유가 있는 것일까?

육상동물 중 모든 육식동물의 눈동자가 세로로 길쭉한 것은 아니다. 주로 매복형 육식동물의 눈동자가 세로로 길쭉하다. 이는 숨어서 기습을 하는 사냥 방식과 밀접한 관련이 있는데, 세로로 길쭉한 눈동자가 _____

일반적으로 매복형 육식동물은 양쪽 눈으로 초점을 맞춰 대상을 보는 양안시로, 각 눈으로부터 얻는 영상의 차이인 양안시차를 하나의 입체 영상으로 재구성하면서 물체와의 거리를 파악한다. 그런데 이러한 양안시차뿐만 아니라 거리지각에 대한 정보를 주는 요소로 심도 역시 중요하다. 심도란 초점이 맞는 공간의 범위를 말하며, 심도는 눈동자의 크기에 따라 결정된다. 즉 눈동자의 크기가 커져 빛이 많이 들어오게 되면, 커지기 전보다 초점이 맞는 범위가 좁아진다. 이렇게 초점의 범위가 좁아진 경우를 '심도가 얕다.'고 하며, 반대인 경우를 '심도가 깊다.'고 한다.

① 사냥감의 주변 동태를 정확히 파악하는 데 효과적이기 때문이다.
② 사냥감의 움직임을 정확히 파악하는 데 효과적이기 때문이다.
③ 사냥감의 위치를 정확히 파악하는 데 효과적이기 때문이다.
④ 사냥감과의 거리를 정확히 파악하는 데 효과적이기 때문이다.

05 다음 문장을 논리적 순서대로 바르게 나열한 것은?

(가) 점차 우리의 생활에서 집단이 차지하는 비중이 커지고, 사회가 조직화되어 가는 현대 사회에서는 개인의 윤리 못지않게 집단의 윤리, 즉 사회 윤리의 중요성도 커지고 있다.

(나) 따라서 우리는 현대 사회의 특성에 맞는 사회 윤리의 정립을 통해 올바른 사회를 지향하는 노력을 계속해야 할 것이다.

(다) 그러나 이러한 사회 윤리가 단순히 개개인의 도덕성이나 윤리 의식의 강화에 의해서만 이루어지는 것은 아니다.

(라) 물론 그것은 인격을 지니고 있는 개인과는 달리 전체의 이익을 합리적으로 추구하는 사회의 본질적 특성에서 연유하는 것이기도 하다.

(마) 그것은 개개인이 도덕적이라는 것과 그들로 이루어진 사회가 도덕적이라는 것은 별개의 문제이기 때문이다.

① (가) – (다) – (마) – (라) – (나)
② (가) – (라) – (나) – (다) – (마)
③ (나) – (가) – (마) – (라) – (다)
④ (다) – (나) – (가) – (라) – (마)

하와이 원주민들이 사용하던 토속어는 1898년 하와이가 미국에 병합된 후 미국이 하와이 학생들에게 사용을 금지하면서 급격히 소멸되었다. 그러나 하와이 원주민들이 소멸한 토속어를 부활시키기 위해 1983년 '아하 푸나나 레오'라는 기구를 설립하여 취학 전 아동부터 중학생까지의 원주민들을 대상으로 집중적으로 토속어를 교육한 결과 언어 복원에 성공했다.

한편, 언어의 다양성을 지키려는 노력뿐만 아니라 언어의 통일성을 추구하려는 노력도 있었다. 안과 의사였던 자멘호프는 유태인, 폴란드인, 독일인, 러시아인들이 서로 다른 언어를 사용함으로써 갈등과 불화가 생긴다고 판단하고 예외와 불규칙이 없는 문법과 알기 쉬운 어휘에 기초해 국제공통어 에스페란토를 만들어 1887년 발표했다. 그의 구상은 '1민족 2언어주의'에 입각하여 같은 민족끼리는 모국어를, 다른 민족과는 중립적이고 배우기 쉬운 에스페란토를 사용하자는 것이었다.

에스페란토의 문자는 영어 알파벳 26개 문자에서 Q, X, W, Y의 4개 문자를 빼고 영어 알파벳에는 없는 Ĉ, Ĝ, Ĥ, Ĵ, Ŝ, Ŭ의 6개 문자를 추가하여 만들어졌다. 문법의 경우 가급적 불규칙 변화를 없애고 각 어간에 품사 고유의 어미를 붙여 명사는 '-o', 형용사는 '-a', 부사는 '-e', 동사원형은 '-i로 끝낸다. 예를 들어 '사랑'은 'amo', '사랑의'는 'ama', '사랑으로'는 'ame', '사랑하다'는 'ami'이다. 시제의 경우 어간에 과거형은 '-is', 현재형은 '-as', 미래형은 '-os'를 붙여 표현한다.

또한, 1자 1음의 원칙에 따라 하나의 문자는 하나의 소리만 내고, 소리 나지 않는 문자도 없으며, 단어의 강세는 항상 뒤에서 두 번째 모음에 있기 때문에 사전 없이도 쉽게 읽을 수 있다. 특정한 의미를 갖는 접두사와 접미사를 활용하여 많은 단어를 파생시켜 사용하므로 단어 암기를 위한 노력이 크게 줄어드는 것도 중요한 특징이다. 아버지는 'patro', 어머니는 'patrino', 장인은 'bopatro', 장모는 'bopatrino'인 것이 그 예이다.

※ 에스페란토에서 모음은 A, E, I, O, U이며 반모음은 Ŭ이다.

보기

ㄱ. 에스페란토의 문자는 모두 28개로 만들어졌다.
ㄴ. 미래형인 '사랑할 것이다.'는 에스페란토로 'amios'이다.
ㄷ. '어머니'와 '장모'를 에스페란토로 말할 때 강세가 있는 모음은 같다.
ㄹ. 자멘호프의 구상에 따르면 동일한 언어를 사용하는 하와이 원주민끼리도 에스페란토만을 써야 한다.

① ㄱ, ㄷ
② ㄱ, ㄹ
③ ㄴ, ㄹ
④ ㄱ, ㄴ, ㄷ

유럽, 특히 영국에서 가장 사랑받는 음료인 홍차의 기원은 16세기 중엽 중국에서 시작된 것으로 전해지고 있다. __(가)__ 본래 홍차보다 덜 발효된 우롱차가 중국에서 만들어져 유럽으로 수출되기 시작했고, 그중에서도 강하게 발효된 우롱차가 환영을 받으면서 홍차가 탄생하게 되었다는 것이다. 중국인들이 녹차와 우롱차의 차이를 설명하는 과정에서 쓴 영어 'Black Tea'가 홍차의 어원이 되었다는 것이 가장 강력한 가설로 꼽히고 있다. __(나)__

홍차는 1662년 찰스 2세가 포르투갈 출신의 캐서린 왕비와 결혼하면서 영국에 전해지게 되었는데, 18세기 초에 영국은 홍차의 최대 소비국가가 된다. __(다)__ 영국에서의 홍차 수요가 급증함과 동시에 홍차의 가격이 치솟아 무역적자가 심화되자, 영국 정부는 자국 내에서 직접 차를 키울 수는 없을까 고민했지만 별다른 방법을 찾지 못했고, 홍차의 고급화는 점점 가속화됐다. __(라)__

하지만 영국의 탐험가인 로버트 브루스 소령이 아삼 지방에서 차나무의 존재를 발견하면서 홍차 산업의 혁명이 도래하는데, 아삼 지방에서 발견한 차는 찻잎의 크기가 중국종의 3배쯤이며 열대 기후에 강하고, 홍차로 가공했을 때 중국 차보다 뛰어난 맛을 냈다.

그러나 아이러니하게도 아삼 홍차는 3대 홍차에 꼽히지 않는데, 이는 19세기 영국인들이 지닌 차에 대한 인식 때문이다. 당시 중국차에 대한 동경과 환상을 지녔던 영국인들은 식민지에서 자생한 차나무가 중국의 차나무보다 우월할 것이라고 믿지 못했기에 아삼차를 서민적인 차로 취급한 것이었다.

보기

이처럼 홍차가 귀한 취급을 받았던 이유는 중국이 차의 수출국이란 유리한 입지를 지키기 위하여 차의 종자, 묘목의 수출 등을 엄중하게 통제함과 동시에 차의 기술이나 제조법을 극단적으로 지켰기 때문이다.

① (가) ② (나)
③ (다) ④ (라)

08 다음 글의 핵심 내용으로 가장 적절한 것은?

BMO 금속 및 광업 관련 리서치 보고서에 따르면 최근 가격 강세를 지속해 온 알루미늄, 구리, 니켈 등 산업금속들의 4분기 중 공급부족 심화와 가격 상승세가 전망된다. 산업금속이란 산업에 필수적으로 사용되는 금속들을 말하는데, 앞서 제시한 알루미늄, 구리, 니켈뿐만 아니라 비교적 단단한 금속에 속하는 은이나 금 등도 모두 산업에 많이 사용될 수 있는 금속이므로 산업금속의 카테고리에 속한다고 할 수 있다. 이러한 산업금속은 물품을 생산하는 기계의 부품으로서 필요하기도 하고, 전자제품 등의 소재로 쓰이기도 하기 때문에 특정 분야의 산업이 활성화되면 특정 금속의 가격이 뛰거나 심각한 공급난을 겪기도 한다.

지난 4일 금융투자업계에 따르면 최근 전세계적인 경제 회복 조짐과 함께 탈 탄소 트렌드, 즉 '그린 열풍'에 따른 수요 증가로 산업금속 가격이 초강세이다. 런던금속거래소에서 발표한 자료에 따르면 올해 들어 지난달까지 알루미늄은 20.7%, 구리는 47.8%, 니켈은 15.9% 각 가격이 상승했다. 자료에서도 알 수 있듯이 구리 수요를 필두로 알루미늄, 니켈 등 전반적인 산업금속 섹터의 수요량이 증가하였다. 이는 전기자동차 산업의 확충과 관련이 있다. 전기자동차의 핵심적인 부품인 배터리를 만드는 데 구리와 니켈이 사용되기 때문이다. 이때, 배터리 소재 중 니켈의 비중을 높이면 배터리의 용량을 키울 수 있으나 배터리의 안정성이 저하된다. 기존의 전기자동차 배터리는 니켈의 사용량이 높았기 때문에 더욱 안정성 문제가 제기되어 왔다. 그래서 연구 끝에 적정량의 구리를 배합하는 것이 배터리 성능과 안정성을 모두 향상시키기 위해서 중요하다는 것을 밝혀내었다. 구리가 전기자동차 산업의 핵심 금속인 셈이다.

이처럼 전기자동차와 배터리 등 친환경 산업에 필수적인 금속들의 수요는 증가하는 반면, 세계 각국의 환경 규제 강화로 인해 금속의 생산은 오히려 감소하고 있기 때문에 산업금속에 대한 공급난과 가격 인상이 우려되고 있다.

① 전기자동차의 배터리 성능을 향상하는 기술
② 세계적인 '그린 열풍' 현상 발생의 원인
③ 필수적인 산업금속 공급난으로 인한 문제
④ 전기자동차 산업 확충에 따른 산업금속 수요의 증가

09 다음 글의 제목으로 가장 적절한 것은?

보건복지부에 따르면 현재 등록 장애인만 250만 명이 넘는다. 여기에 비등록 장애인까지 포함시킨다면 실제 장애인 수는 400만 명에 다다를 것으로 예상된다.

특히 이들 가정은 경제적·사회적 어려움에 봉착해 있을 뿐만 아니라 많은 장애인 자녀들이 부모의 돌봄 없이는 일상생활 유지가 어려운 상황인데, 특히 법적인 부분에서 훨씬 더 문제가 된다. 부모 사망 이후 장애인 자녀가 상속인으로서 제대로 된 권리를 행사하기 어려울 뿐만 아니라, 본인도 모르게 유산 상속 포기 절차가 진행되는 경우가 이에 해당한다.

따라서 장애인 자녀의 부모들은 상속 과정에서 자녀들이 부딪힐 수 있는 문제들에 대해 더 꼼꼼하게 대비해야 할 필요성이 있으며, 이에 해당하는 내용을 크게 두 가지로 살펴볼 수 있다. 자녀의 생활 안정 및 유지를 위한 '장애인 신탁'과 상속 시의 세금 혜택인 '장애인 보험금 비과세'가 그것이다.

먼저 장애인 신탁은 직계존비속이나 일정 범위 내 친족으로부터 재산을 증여받은 장애인이 증여세 신고기한 이내에 신탁회사에 증여받은 재산을 신탁하고, 그 신탁의 이익 전부에 대해 장애인이 수익자가 되면 재산가액 5억 원까지 증여세를 면제해주는 제도로, 이를 통해 장애인은 생계유지와 안정적인 자산 이전을 받을 수 있다.

다음으로 수익자가 장애인 자녀인 보험에 가입한 경우 보험금의 4,000만 원까지는 상속세 및 증여세법에 의해 과세하지 않는다. 이때, 후견인 등이 보험금을 가로챌 수 있는 여지를 차단하기 위해 중도 해지가 불가능하고 평생 동안 매월 연금으로 수령할 수 있는 종신형 연금보험을 선택하는 것이 장애인 자녀의 생활 안정에 유리하다.

① 부모 사망 시 장애인 자녀의 유산 상속 과정
② 부모 사망 시 장애인 자녀가 받을 수 있는 혜택
③ 부모 사망 시 장애인 자녀가 직면한 사회적 문제
④ 부모 사망 시 장애인 자녀의 생활 안정 및 세금 혜택

10 다음 글의 '빌렌도르프의 비너스'에 대한 설명으로 가장 적절한 것은?

1909년 오스트리아 다뉴브 강가의 빌렌도르프 근교에서 철도 공사를 하던 중 구석기 유물이 출토되었다. 이 중 눈여겨볼 만한 것이 '빌렌도르프의 비너스'라 불리는 여성 모습의 석상이다. 대략 기원전 2만 년의 작품으로 추정되나 구체적인 제작연대나 용도 등에 대해 알려진 바가 거의 없다. 높이 11.1cm의 이 작은 석상은 굵은 허리와 둥근 엉덩이에 커다란 유방을 늘어뜨리는 등 여성 신체가 과장되어 묘사되어 있다. 가슴 위에 올려놓은 팔은 눈에 띄지 않을 만큼 작으며, 땋은 머리에 가려 얼굴이 보이지 않는다. 출산, 다산의 상징으로 주술적 숭배의 대상이 되었던 것이라는 의견이 지배적이다. 태고의 이상적인 여성을 나타내는 것이라고 보는 의견이나 선사시대 유럽의 풍요와 안녕의 상징이었다고 보는 의견도 있다.

① 팔은 떨어져 나가고 없다.
② 빌렌도르프라는 사람에 의해 발견되었다.
③ 부족장의 부인을 모델로 만들어졌다.
④ 구석기 시대의 유물로 추정된다.

11 다음 글이 비판의 대상으로 삼는 주장으로 가장 적절한 것은?

경제 문제는 대개 해결이 가능하다. 대부분의 경제 문제에는 몇 개의 해결책이 있다. 그러나 모든 해결책은 누군가가 상당한 손실을 반드시 감수해야 한다는 특징을 갖고 있다. 하지만 누구도 이 손실을 자발적으로 감수하고자 하지 않으며, 우리의 정치제도는 누구에게도 이 짐을 짊어지라고 강요할 수 없다. 우리의 정치적·경제적 구조로는 실질적으로 제로섬(Zero-sum)적인 요소를 지니는 경제 문제에 전혀 대처할 수 없기 때문이다.

대개의 경제적 해결책은 대규모의 제로섬적인 요소를 갖기 때문에 큰 손실을 수반한다. 모든 제로섬 게임에는 승자가 있다면 반드시 패자가 있으며, 패자가 존재해야만 승자가 존재할 수 있다. 경제적 이득이 경제적 손실을 초과할 수도 있지만, 손실의 주체에게 손실의 의미란 상당한 크기의 경제적 이득을 부정할 수 있을 만큼 매우 중요하다. 어떤 해결책으로 인해 평균적으로 사회는 더 잘살게 될 수도 있지만, 이 평균이 훨씬 더 잘살게 된 수많은 사람과 훨씬 더 못살게 된 수많은 사람을 감춘다. 만약 당신이 더 못살게 된 사람 중 하나라면 내 수입이 줄어든 것보다 다른 누군가의 수입이 더 많이 늘었다고 해서 위안을 얻지는 않을 것이다. 결국 우리는 우리 자신의 수입을 보호하기 위해 경제적 변화가 일어나는 것을 막거나 사회가 우리에게 손해를 입히는 공공정책이 강제로 시행되는 것을 막기 위해 싸울 것이다.

① 빈부격차를 해소하는 것만큼 중요한 정책은 없다.
② 사회의 총생산량이 많아지게 하는 정책이 좋은 정책이다.
③ 경제문제에서 모두가 만족하는 해결책은 존재하지 않는다.
④ 경제적 변화에 대응하는 정치제도의 기능에는 한계가 존재한다.

12 다음 글에서 추론할 수 있는 것은?

조선이 임진왜란 중에도 필사적으로 보존하고자 한 서적이 바로 조선왕조실록이다. 실록은 원래 서울의 춘추관과 성주·충주·전주 4곳의 사고(史庫)에 보관되었으나, 임진왜란 이후 전주 사고의 실록만 온전한 상태였다. 전란이 끝난 후 단 1벌 남은 실록을 다시 여러 벌 등서하자는 주장이 제기되었다. 우여곡절 끝에 실록 인쇄가 끝난 시기는 1606년이었다. 재인쇄 작업의 결과, 원본을 포함해 모두 5벌의 실록을 갖추게 되었다. 원본은 강화도 마니산에 봉안하고 나머지 4벌은 서울의 춘추관과 평안도 묘향산, 강원도의 태백산과 오대산에 봉안했다.

이 5벌 중에서 서울 춘추관의 것은 1624년 이괄의 난 때 불에 타 없어졌고, 묘향산의 것은 1633년 후금과의 관계가 악화되자 전라도 무주의 적상산에 사고를 새로 지어 옮겼다. 강화도 마니산의 것은 1636년 병자호란 때 청군에 의해 일부 훼손되었던 것을 현종 때 보수하여 숙종 때 강화도 정족산에 다시 봉안했다. 결국 내란과 외적 침입으로 인해 5곳 가운데 1곳의 실록은 소실되었고, 1곳의 실록은 장소를 옮겼으며, 1곳의 실록은 손상을 입었던 것이다.

그 후 정족산, 태백산, 적상산, 오대산 4곳의 실록은 안전하게 지켜졌다. 그러나 일본이 다시 여기에 손을 대었다. 1910년 조선 강점 이후 일제는 정족산과 태백산에 있던 실록을 조선총독부로 이관하고, 적상산의 실록을 구황궁 장서각으로 옮겼으며, 오대산의 실록은 일본 동경제국대학으로 반출했다. 일본으로 반출한 것은 1923년 관동 대지진 때 거의 소실되었다. 정족산과 태백산의 실록은 1930년에 경성제국대학으로 옮겨져 지금까지 서울대학교에 보존되어 있다. 한편 장서각의 실록은 6·25 전쟁 때 북한으로 옮겨져 현재 김일성종합대학에 소장되어 있다.

① 재인쇄하였던 실록은 모두 5벌이다.
② 태백산에 보관하였던 실록은 현재 일본에 있다.
③ 현재 한반도에 남아 있는 실록은 모두 4벌이다.
④ 현존하는 실록 중에서 가장 오래된 것은 서울대학교에 있다.

13 다음 중 밑줄 친 단어와 바꿔 사용할 수 있는 것은?

최저임금법 시행령 제5조 제1항 제2호 및 제3호는 주 단위 또는 월 단위로 지급된 임금에 대해 1주 또는 월의 소정근로시간 수로 나눈 금액을 시간에 대한 임금으로 규정하고 있다. 그러나 최저임금 산정을 위한 소정근로시간 수에 대해 고용노동부와 대법원의 해석이 <u>어긋나</u> 눈길을 끈다. 고용노동부는 소정근로시간에 유급주휴시간을 포함하여 계산하여 통상임금 산정기준 근로시간 수와 동일하게 본 반면, 대법원은 최저임금 산정을 위한 소정근로시간 수에 유급주휴시간을 제외하고 산정하였다.

① 배치되어
② 도치되어
③ 대두되어
④ 전도되어

14 다음 글에서 〈보기〉의 문장이 들어갈 위치로 가장 적절한 곳은?

(가) 다시 말해서 현상학적 측면에서 볼 때 철학도 지식의 내용이 존재하는 어떤 것이라는 점에서는 과학적 지식의 구조와 다를 바가 없다. 존재하는 것과 그 존재하는 무엇으로 의식되는 것과의 사이에는 근본적인 구별이 선다. 백두산의 금덩어리는 누가 그것을 의식하든 말든 그대로 있고, 화성에서 일어나는 여러 가지 물리적 현상도 누가 의식하든 말든 그대로 존재한다. 존재와 의식과의 위와 같은 관계를 우리는 존재차원과 의미차원이란 말로 구별할 수 있을 것이다. 여기서 차원이란 말을 붙인 까닭은 의식 이전의 백두산과 의식 이후의 백두산은 순전히 관점의 문제, 즉 백두산을 생각할 수 있는 차원의 문제이기 때문이다. 현상학적 사고를 존재차원에서 이루어지는 것이라고 말할 수 있다면 분석철학에서 주장하는 사고는 의미차원에서 이루어진다. 바꿔 말하자면 현상학적 측면에서 볼 때 철학은 아무래도 어떤 존재를 인식하는 데 그 근본적인 기능이 있다고 보아야 하는 데 반해서, 분석철학의 측면에서 볼 때 철학은 존재와는 아무런 직접적인 관계없이 존재에 대한 이야기, 서술을 대상으로 한다. 구체적으로 말해서 철학은 그것이 서술할 존재의 대상을 갖고 있지 않고, 오직 어떤 존재를 서술한 언어만을 갖고 있다. 그러나 철학이 언어를 사고의 대상으로 삼는다고 말은 하지만, 사실상 철학은 언어학과 다르다. (나) 그래서 언어학은 한 언어의 기원이라든지, 한 언어가 왜 그러한 특정한 기호, 발음 혹은 문법을 갖게 되었는가, 또는 그것들이 각기 어떻게 체계화되는가 등을 알려고 한다. (다) 이에 반해서 분석철학은 언어를 대상으로 하되, 그 언어의 구체적인 면에는 근본적인 관심을 두지 않고 그와 같은 구체적인 언어가 가진 의미를 밝히고자 한다. 여기서 철학의 기능은 한 언어가 가진 개념을 해명하고 이해하는 데 있다. 바꿔 말해서, 철학의 기능은 언어가 서술하는 어떤 존재를 인식하는 데 있지 않고, 그와는 관계없이 한 언어가 무엇인가를 서술하는 경우, 무엇인가의 느낌을 표현하는 경우 또는 그 밖의 경우에 그 언어가 정확히 어떻게 의미가 있는가를 이해하는 데 있다. (라) 개념은 어떤 존재하는 대상을 표상(表象)하는 경우도 많으므로, 존재와 그것을 의미하는 개념과는 어떤 인과적 관계가 있는 듯하다. (마)

> **보기**
>
> ㉠ 과학에서 말하는 현상과 현상학에서 말하는 현상은 다른 내용을 가지고 있지만, 그것들은 다 같이 어떤 존재, 즉 우주 안에서 일어나는 사건을 가리킨다.
> ㉡ 언어학은 과학의 한 분야로서 그 연구의 대상을 하나의 구체적 사물로 취급한다.

	㉠	㉡		㉠	㉡
①	(가)	(나)	②	(가)	(다)
③	(나)	(다)	④	(나)	(마)

15 다음 글을 읽고 비판할 수 있는 내용으로 가장 적절한 것은?

철학이 현실 정치에서 꼭 필요한 것이라고 생각하는 사람은 드물 것이다. 인간 사회는 다양한 개인들이 모여 구성한 것이며 현실의 다양한 이해와 가치가 충돌하는 장이다. 이 현실의 장에서 철학은 비현실적이고 공허한 것으로 보이기 쉽다. 그렇다면 올바른 정치를 하기 위해 통치자가 해야 할 책무는 무엇일까? 통치자는 대립과 갈등의 인간 사회를 조화롭고 평화롭게 만들기 위해서 선과 악, 옳고 그름을 명확히 판단할 수 있는 기준을 제시해야 할 것이다.

개인들은 자신의 입장에서 자신의 이해관계를 관철시키기 위해 의견을 개진한다. 의견들을 제시하여 소통함으로써 사람들은 합의를 도출하기도 하고 상대방을 설득하기도 한다. 이렇게 보면 의견의 교환과 소통은 선과 악, 옳고 그름을 판단하는 기준을 마련해 줄 수 있을 것처럼 보인다. 하지만 의견을 통한 합의나 설득은 사람들로 하여금 일시적으로 옳은 것을 옳다고 믿게 할 수는 있지만, 절대적이고 영원한 기준을 찾을 수는 없다.

절대적이고 영원한 기준은 현실의 가변적 상황과는 무관한, 진리 그 자체여야 한다. 따라서 인간 사회의 판단 기준을 제시할 수 있는 사람은 바로 철학자이다. 철학자야말로 진리와 의견의 차이점을 분명히 파악할 수 있으며 절대적 진리를 궁구할 수 있기 때문이다. 따라서 철학자가 통치해야 인간 사회의 갈등을 완전히 해소하고 사람들의 삶을 올바르게 이끌 수 있다.

① 인간 사회의 판단기준이 가변적이라 해도 개별 상황에 적합한 합의 도출을 통해 사회 갈등을 완전히 해소할 수 있다.

② 다양한 의견들의 합의를 이루기 위해서는 개별 상황 판단보다 높은 차원의 판단 능력과 기준이 필요하다.

③ 인간 사회의 판단 기준이 현실의 가변적 상황과 무관하다고 해서 비현실적인 것은 아니다.

④ 정치적 의견은 이익을 위해 왜곡될 수 있지만 철학적 의견은 진리에 순종한다.

16 6%의 소금물 700g에서 한 컵의 소금물을 퍼내고, 퍼낸 양만큼 13%의 소금물을 넣었더니 9%의 소금물이 되었다. 이때, 퍼낸 소금물의 양은?

① 300g   ② 320g

③ 350g   ④ 390g

17 양궁 대회에 참여한 진수, 민영, 지율, 보라 네 명의 최고점이 모두 달랐다. 진수의 최고점과 민영이의 최고점의 2배를 합한 점수가 10점이었고, 지율이의 최고점과 보라의 최고점의 2배를 합한 점수가 35점이었다. 진수의 2배, 민영이의 4배와 지율이의 5배를 한 총점이 85점이었다면, 보라의 최고점은 몇 점인가?

① 8점   ② 9점

③ 10점   ④ 11점

18 A기차와 B기차가 36m/s의 일정한 속력으로 달리고 있다. 600m 길이의 터널을 완전히 통과하는데 A기차가 25초, B기차가 20초 걸렸다면 각 기차의 길이가 바르게 짝지어진 것은?

	A기차	B기차
①	200m	150m
②	300m	100m
③	150m	120m
④	300m	120m

19 다음은 실적 및 투여경로별 의약품 생산 및 수입 실적 현황에 대한 자료이다. 이에 대한 〈보기〉 중 옳지 않은 것을 모두 고르면?

〈2023년 상반기 실적 및 투여경로별 의약품 생산 및 수입 실적 현황〉

(단위 : 개, 억 원)

실적별	투여경로별	전체의약품		전문의약품		일반의약품	
		품목 수	금액	품목 수	금액	품목 수	금액
생산실적	전체	19,494	159,048	13,901	134,131	5,593	24,917
	경구약	14,659	111,025	10,308	91,225	4,351	19,800
	주사제	2,460	34,313	2,460	34,313	0	0
	외용약 등	2,375	13,710	1,133	8,593	1,242	5,117
수입실적	전체	2,194	43,717	1,954	42,262	240	1,455
	경구약	916	23,429	817	22,590	99	839
	주사제	789	15,851	789	15,851	0	0
	외용약 등	489	4,437	348	3,821	141	616

〈2024년 상반기 실적 및 투여경로별 의약품 생산 및 수입 실적 현황〉

(단위 : 개, 억 원)

실적별	투여경로별	전체의약품		전문의약품		일반의약품	
		품목 수	금액	품목 수	금액	품목 수	금액
생산실적	전체	19,632	172,181	13,982	143,646	5,650	28,535
	경구약	14,766	118,945	10,346	96,478	4,420	22,467
	주사제	2,476	37,979	2,476	37,979	0	0
	외용약 등	2,390	15,257	1,160	9,189	1,230	6,068
수입실적	전체	2,202	42,717	1,979	41,336	223	1,381
	경구약	926	21,246	836	20,545	90	701
	주사제	779	16,359	779	16,359	0	0
	외용약 등	497	5,112	364	4,432	133	680

※ 모든 의약품은 경구약, 주사제, 외용약 등으로만 구분된다.

보기

ㄱ. 2023년과 2024년 상반기 모두 일반의약품 품목 수가 전문의약품 품목 수보다 모든 품목에서 많다.

ㄴ. 전체 수입경구약 품목 수는 2023년 대비 2024년 상반기에 5% 이상 감소하였다.

ㄷ. 2024년 상반기 경구약 전문의약품의 생산금액은 수입금액의 3.5배 이상이다.

ㄹ. 전체의약품의 생산금액과 전문의약품의 생산금액은 2023년과 2024년 상반기 모두 전년 대비 20% 이상 증가하였다.

① ㄱ, ㄴ
② ㄱ, ㄹ
③ ㄴ, ㄷ
④ ㄱ, ㄴ, ㄹ

20 다음은 H제철소에서 생산한 철강의 출하량을 분야별로 기록한 자료이다. 2023년도에 세 번째로 많은 생산을 했던 분야의 2022년 대비 2023년의 변화율에 대한 설명으로 옳은 것은?

〈H제철소 철강 출하량〉

(단위 : 천 톤)

구분	자동차	선박	토목 / 건설	일반기계	기타
2022년	5,230	3,210	6,720	4,370	3,280
2023년	6,140	2,390	5,370	4,020	4,590
2024년	7,570	2,450	6,350	5,730	4,650

① 약 10% 증가하였다.
② 약 10% 감소하였다.
③ 약 8% 증가하였다.
④ 약 8% 감소하였다.

21 다음 자료를 근거로 할 때, H회사가 하루 동안 고용할 수 있는 최대 인원은?

〈H회사의 예산과 인건비〉

총예산	본예산	500,000원
	예비비	100,000원
인건비	1인당 수당	50,000원
	산재보험료	(수당)×0.504%
	고용보험료	(수당)×1.3%

① 10명
② 11명
③ 12명
④ 13명

22 다음은 2023년 테니스 팀 A∼E의 선수 인원수 및 총연봉과 각각의 전년 대비 증가율에 대한 자료이다. 이에 대한 설명으로 옳지 않은 것은?

〈2023년 테니스 팀 A∼E의 선수 인원수 및 총연봉〉

(단위 : 명, 억 원)

테니스 팀	선수 인원수	총연봉
A	5	15
B	10	25
C	8	24
D	6	30
E	6	24

※ (팀 선수 평균 연봉)= $\dfrac{(총연봉)}{(선수\ 인원수)}$

〈2023년 테니스 팀 A∼E의 선수 인원수 및 총연봉의 전년 대비 증가율〉

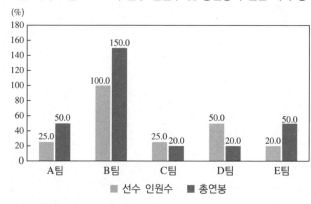

① 2023년 테니스 팀 선수당 평균 연봉은 D팀이 가장 많다.
② 2023년 전년 대비 증가한 선수 인원수는 C팀과 D팀이 동일하다.
③ 2023년 A팀의 팀 선수 평균 연봉은 전년 대비 증가하였다.
④ 2022년 총연봉은 A팀이 E팀보다 많다.

※ 다음은 산업별 취업자 수에 대한 자료이다. 이어지는 질문에 답하시오. [23~24]

〈2015 ~ 2023년 산업별 취업자 수〉

(단위 : 천 명)

연도	총계	농·임·어업		광공업		사회간접자본 및 기타·서비스업				
		합계	농·임업	합계	제조업	합계	건설업	도소매·음식·숙박업	전기·운수·통신·금융업	사업·개인·공공 서비스 및 기타
2015년	21,156	2,243	2,162	4,311	4,294	14,602	1,583	5,966	2,074	4,979
2016년	21,572	2,148	2,065	4,285	4,267	15,139	1,585	5,874	2,140	5,540
2017년	22,169	2,069	1,999	4,259	4,241	15,841	1,746	5,998	2,157	5,940
2018년	22,139	1,950	1,877	4,222	4,205	15,967	1,816	5,852	2,160	6,139
2019년	22,558	1,825	1,749	4,306	4,290	16,427	1,820	5,862	2,187	6,558
2020년	22,855	1,815	1,747	4,251	4,234	16,789	1,814	5,806	2,246	6,923
2021년	23,151	1,785	1,721	4,185	4,167	17,181	1,835	5,762	2,333	7,251
2022년	23,432	1,726	1,670	4,137	4,119	17,569	1,850	5,726	7,600	2,393
2023년	23,577	1,686	–	3,985	3,963	17,906	1,812	5,675	2,786	7,633

23 다음 중 자료에 대한 설명으로 옳지 않은 것은?

① 2015년 도소매·음식·숙박업 분야에 종사하는 사람의 수는 총 취업자 수의 30% 미만이다.

② 2015 ~ 2023년 농·임·어업 분야의 취업자 수는 꾸준히 감소하고 있다.

③ 2015 ~ 2023년 건설업 분야의 취업자 수는 꾸준히 증가하고 있다.

④ 2022년 취업자 수의 2015년 대비 증감률이 50% 이상인 분야는 2곳이다.

24 다음 〈보기〉 중 자료에 대한 설명으로 옳은 것을 모두 고르면?

> 보기
> ㄱ. 2018년 어업 분야의 취업자 수는 73천 명이다.
> ㄴ. 2022년 취업자 수가 가장 많은 분야는 전기·운수·통신·금융업이다.
> ㄷ. 2023년 이후 농·임업 분야의 종사자는 계속 줄어들 것이지만, 어업 분야의 종사자는 현상을 유지하거나 늘어난다고 볼 수 있다.

① ㄱ   ② ㄴ

③ ㄱ, ㄴ   ④ ㄱ, ㄷ

PART 3

25 A씨는 공원에서 강아지와 함께 2일마다 한 번 산책하고, B씨는 혼자 3일마다 산책한다. A는 월요일에 산책했고, B는 그다음 날에 산책했다면 처음으로 A와 B가 만나는 날은?

① 화요일
② 수요일
③ 목요일
④ 금요일

26 차량 A와 B가 트랙을 각각 다른 속도로 돌고 있다. A는 $\dfrac{x}{2}$ m/s의 속력으로 트랙을 돌고, B는 A보다 $\dfrac{x}{6}$ m/s 더 빠른 속력으로 돌고 있다. 두 차량이 같은 위치에서 출발할 때, A가 B보다 a초 먼저 출발한다면, 몇 초 후에 B에게 따라잡히겠는가?(단, A와 B는 같은 방향으로 주행한다)

① $\dfrac{5}{2}a$초
② $3a$초
③ $\dfrac{7}{2}a$초
④ $4a$초

※ 다음은 A ~ C사의 농기계(트랙터, 이앙기, 경운기)에 대한 만족도를 나타낸 자료이다. 이어지는 질문에 답하시오. [27~28]

〈트랙터 만족도〉

(단위 : 점)

구분	가격	성능	안전성	디자인	연비	사후관리
A사	5	4	5	4	2	4
B사	4	5	3	4	3	4
C사	4	4	4	4	3	5

〈이앙기 만족도〉

(단위 : 점)

구분	가격	성능	안전성	디자인	연비	사후관리
A사	4	3	5	4	3	4
B사	5	5	4	4	2	4
C사	4	5	4	5	4	5

〈경운기 만족도〉

(단위 : 점)

구분	가격	성능	안전성	디자인	연비	사후관리
A사	3	3	5	5	4	4
B사	4	4	3	4	4	4
C사	5	4	3	4	3	5

※ 모든 항목의 만족도는 1(최하) ~ 5점(최상)으로 1점 단위로 평가한다.
※ 각 농기계(트랙터, 이앙기, 경운기)의 만족도는 가격, 성능, 안전성, 디자인, 연비, 사후관리 만족도 점수의 총합이다.

27 세 가지 농기계의 만족도를 모두 고려했을 때, 농기계 만족도가 가장 높은 회사와 그 점수를 구하면?(단, 각 회사의 농기계 만족도 비교는 세 가지 농기계 만족도 점수의 총합으로 한다)

① A사, 71점 ② B사, 70점
③ B사, 73점 ④ C사, 75점

28 가격과 성능의 만족도만을 고려할 때, 만족도가 가장 높은 회사와 그 점수는 어떻게 되는가?(단, 각 회사의 만족도 비교는 세 가지 농기계 해당 점수의 총합으로 한다)

① A사, 22점 ② B사, 27점
③ C사, 26점 ④ B사, 28점

※ 다음은 1970년 이후 주요 작물 재배면적의 비중에 대한 자료이다. 이어지는 질문에 답하시오. **[29~30]**

〈주요 작물 재배면적의 비중〉

(단위 : %)

구분	식량작물			채소류			과실류		
	전체	미곡	맥류	전체	배추	양파	전체	사과	감귤
1970년	82.9	44.6	30.9	7.8	27.5	1.6	1.8	35.0	10.0
1975년	80.2	48.3	30.2	7.8	15.6	1.7	2.4	41.9	12.2
1980년	71.7	62.2	18.2	13.0	12.7	2.0	3.6	46.5	12.1
1985년	68.7	69.5	14.4	13.0	11.2	2.4	4.2	34.9	14.7
1990년	69.3	74.5	9.6	11.5	13.9	2.5	5.5	36.8	14.3
1995년	61.3	78.5	6.7	14.7	9.9	3.1	7.8	28.7	13.8
2000년	62.7	81.3	5.2	14.1	11.9	4.1	8.1	16.8	15.6
2005년	64.1	79.4	4.9	12.5	11.4	5.2	7.2	17.4	14.2
2010년	63.3	80.9	4.9	12.6	13.0	5.6	7.9	18.4	13.8
2016년	62.6	81.7	4.8	12.0	11.2	6.4	8.0	18.8	13.6
2021년	62.3	81.7	4.9	12.2	12.4	6.8	8.1	19.5	13.6
2022년	60.1	82.0	4.8	11.5	11.8	7.1	8.1	19.7	13.4
2023년	60.0	82.0	3.6	11.3	10.2	9.0	8.6	19.1	13.0

※ 식량작물, 채소류, 과실류 항목의 수치는 전체 경지이용면적 대비 각 작물의 재배면적 비중을 의미함
※ 미곡, 맥류 등 세부품목의 수치는 식량작물, 채소류, 과실류의 재배면적 대비 각 품목의 재배면적 비중을 의미함

29 다음 중 자료에 대한 설명으로 옳은 것은?

① 2022년과 2023년의 미곡 재배면적은 동일하다.
② 2005년 과실류의 재배면적이 1970년에 비하여 100% 증가하였다고 가정할 경우, 전체 경지이용 면적은 동일한 기간 동안 절반 수준으로 감소한 것으로 추정할 수 있다.
③ 1975년 과실류의 재배면적 중 사과의 재배면적이 가장 넓다.
④ 2000년 감귤의 재배면적은 배추의 재배면적보다 넓다.

30 1970년에 비해서 2005년 비중이 가장 크게 감소한 작물의 감소치는 얼마인가?

① 26.0%p
② 27.3%p
③ 29.7%p
④ 31.4%p

31 H병원은 현재 영양제 할인행사를 진행하고 있다. H병원에서 근무하는 A씨가 할인행사에 대한 고객들의 문의내용에 다음과 같이 답변했을 때, 답변내용으로 가장 적절한 것은?

〈H병원 영양제 할인행사 안내〉

▶ 대상 : H병원 모든 외래·입원환자
▶ 기간 : 8월 1일~8월 31일 한 달간

구분	웰빙코스	케어코스	헬스코스	종합코스	폼스티엔에이페리주 치료
대상	• 만성피로 직장인 • 간 질환자	• 노인성 질환자 • 수험생 • 비만인	• 집중력·기억력 감퇴자 • 급성·만성 간염 환자 • 운동선수	• 당뇨병 환자 • 심혈관 환자 • 만성피로 증후군 • 노인, 직장인 • 비만인, 수험생 • 운동선수	• 경구 또는 위장관 영양공급이 불가능·불충분하거나 제한되어 경정맥에 영양공급을 해야하는 환자
효능	• 간 해독효과 • 피로회복 • 식욕부진 • 피부질환	• 손발 저림 • 어깨통증 • 피로회복 • 집중력 증대 • 다이어트	• 간세포 괴사 억제 • 전신 권태감 개선 • 인식력 저하 개선 • 학습능력 향상	• 피로회복 • 간 기능 개선 • 집중력 증대 • 손발 저림 • 어깨통증 • 다이어트 • 피부질환	• 칼로리, 아미노산 공급 • 필수지방, 오메가-3 지방산 공급
가격	85,000원 → 59,500원	70,000원 → 49,000원	75,000원 → 52,500원	100,000원 → 70,000원	120,000원 → 84,000원

① 문의 : H병원에서 영양제 할인행사를 한다고 들었는데 얼마나 할인되는건가요?
　 답변 : 폼스티엔에이페리주 치료를 제외한 전체 코스에서 모두 30% 할인됩니다.
② 문의 : 제가 요새 식욕부진으로 고생 중인데 어떤 영양제 코스를 받는 게 좋을까요?
　 답변 : 할인을 통해 52,500원인 헬스코스를 추천드립니다.
③ 문의 : 손발 저림에 효과있는 영양제 코스가 있을까요?
　 답변 : 케어코스가 있습니다. 혹시 피부질환도 치료를 원하실 경우 종합코스를 추천드립니다.
④ 문의 : 제가 좀 비만이라 다이어트에 도움되는 코스도 있을까요?
　 답변 : 다이어트에 도움을 주는 케어코스 어떠실까요? 9월까지 할인행사 진행 중입니다.

※ H사는 모든 임직원에게 다음과 같은 규칙으로 사원번호를 부여하고 있다. 이어지는 질문에 답하시오.
[32~33]

〈사원번호 부여 기준〉

M	0	1	2	4	0	1	0	1
성별	부서		입사연도		입사월		입사순서	

• 사원번호 부여 순서 : [성별] – [부서] – [입사연도] – [입사월] – [입사순서]
• 성별 구분

남성	여성
M	W

• 부서 구분

총무부	인사부	기획부	영업부	생산부
01	02	03	04	05

• 입사년도 : 연도별 끝자리를 2자리 숫자로 기재(예 2024년 – 24)
• 입사월 : 2자리 숫자로 기재(예 5월 – 05)
• 입사순서 : 해당 월의 누적 입사순서(예 해당 월의 3번째 입사자 – 03)
※ H사에 같은 날 입사자는 없다.

32 다음 중 사원번호가 'W05240401'인 사원에 대한 설명으로 적절하지 않은 것은?

① 생산부서 최초의 여직원이다.
② 2024년에 입사하였다.
③ 4월에 입사한 여성이다.
④ 'M03240511'인 사원보다 입사일이 빠르다.

33 다음 H사의 2024년 신입사원 명단을 참고할 때, 기획부에 입사한 여성은 모두 몇 명인가?

M01240903	W03241005	M05240912	W05240913	W01241001	W04241009
W02240901	M04241101	W01240905	W03240909	M02241002	W03241007
M03240907	M01240904	W02240902	M04241008	M05241107	M01241103
M03240908	M05240910	M02241003	M01240906	M05241106	M02241004
M04241101	M05240911	W03241006	W05241105	W03241104	M05241108

① 2명　　　　　　　　　　② 3명
③ 4명　　　　　　　　　　④ 5명

34 K리그의 네 팀(서울, 울산, 전북, 제주)에 대한 〈조건〉을 참고할 때, 다음 중 항상 옳지 않은 것은?

> **조건**
> • 경기는 하루에 한 경기만 열린다.
> • 화요일에는 전북이 제주와 원정 경기를 하고, 토요일에는 서울이 전북과 홈경기를 한다.
> • 원정 경기를 치른 다음날은 반드시 쉰다.
> • 이틀 연속으로 홈경기를 하면 다음날은 반드시 쉰다.
> • 각 팀은 모두 일주일에 세 번 각각 다른 팀과 경기를 한다.
> • 각 팀은 적어도 한 번은 홈경기를 한다.

① 제주가 원정 경기를 할 수 있는 날은 모두 평일이다.

② 제주가 수요일에 경기를 한다면, 목요일에는 경기를 할 수 없다.

③ 서울이 주말에 모두 경기를 한다면, 월요일에는 경기를 할 수 없다.

④ 전북이 목요일에 경기를 한다면, 금요일의 경기는 서울과 제주의 경기이다.

35 국내 금융그룹의 SWOT 분석 결과가 다음과 같을 때, 이에 대응하는 전략과 그 내용이 바르게 짝지어진 것은?

〈국내 금융그룹 SWOT 분석 결과〉	
〈S(강점)〉	**〈W(약점)〉**
• 탄탄한 국내 시장 지배력 • 뛰어난 위기관리 역량 • 우수한 자산건전성 지표 • 수준 높은 금융 서비스	• 은행과 이자수익에 편중된 수익구조 • 취약한 해외 비즈니스와 글로벌 경쟁력 • 낙하산식 경영진 교체와 관치금융 우려 • 외화 자금 조달 리스크
〈O(기회)〉	**〈T(위협)〉**
• 해외 금융시장 진출 확대 • 기술 발달에 따른 핀테크의 등장 • IT 인프라를 활용한 새로운 수익 창출 • 계열사 간 협업을 통한 금융 서비스	• 새로운 금융 서비스의 등장 • 은행의 영향력 약화 가속화 • 글로벌 금융사와의 경쟁 심화 • 비용 합리화에 따른 고객 신뢰 저하

① SO전략 : 해외 비즈니스TF팀 신설로 상반기 해외 금융시장 진출 대비

② ST전략 : 금융 서비스를 다방면으로 확대해 글로벌 경쟁사와의 경쟁에서 우위 차지

③ WO전략 : 국내의 탄탄한 시장점유율을 기반으로 핀테크 사업 진출

④ WT전략 : 국내 금융사의 우수한 자산건전성 지표를 홍보하여 고객 신뢰 회복

36 H공장에서 제조하는 화장품 용기의 일련번호는 다음과 같이 구성된다. 일련번호는 '형태 – 용량 – 용기높이 – 재질 – 용도' 순서로 표시할 때, 다음 제품 정보의 일련번호로 가능하지 않은 것은?

<일련번호 구성요소>

형태	기본형		단지형		튜브형	
	CR		SX		TB	
용량	100mL 이하		150mL 이하		150mL 초과	
	K		Q		Z	
용기높이	4cm 미만	8cm 미만		15cm 미만	15cm 이상	
	040	080		150	151	
재질	유리		플라스틱A		플라스틱B	
	G1		P1		P2	
용도	스킨	토너		에멀전	크림	
	S77	T78		E85	C26	

<제품 정보>

ㄱ. A화장품 토너 기본형 용기로 높이는 14cm이며, 유리로 만들어졌다.
ㄴ. 용량이 100mL인 플라스틱 튜브형 크림은 용기 높이가 약 17cm이다.
ㄷ. 특별 프로모션으로 나온 K회사 화장품 에멀전은 150mL의 유리용기에 담겨있다.
ㄹ. B코스메틱의 스킨은 200mL로 플라스틱B 기본형 용기에 들어있다.

① TBK151P2C26
② CRZ150P1S77
③ CRQ080G1E85
④ CRZ150G1T78

37 다음은 두 고생물학자 간에 벌어진 가상 대화이다. 두 사람의 보고와 주장이 모두 참이라고 가정할 경우, 〈보기〉 중 거짓만을 모두 고르면?

> A : 지난해 일본 북해도에서는 다양한 암모나이트 화석이 많이 발견되었고, 그 때문에 북해도는 세계적으로 유명한 암모나이트 산지로 알려지게 되었습니다. 중생대 표준화석은 여러 가지가 있지만, 그중에서도 암모나이트는 세계적으로 대표적인 표준화석입니다. 표준화석은 지층의 지질 시대를 지시하는 화석으로, 특징 있는 형태와 넓은 분포, 다량의 산출 및 한정된 지질 시대에 생존했다는 조건을 갖춘 화석을 의미합니다.
>
> B : 그렇습니다. 암모나이트는 중생대 바다를 지배한 동물이었고, 중생대 육지에서는 공룡이 군림하였습니다. 공룡 화석은 다양한 지역에서 산출되며, 중생대에만 한정되어 생존하였습니다. 그런데 우리나라에서는 경상도 지역을 중심으로 분포된 중생대 지층에서 암모나이트 화석은 발견되지 않았고, 공룡 화석만 발견된다고 들었습니다.
>
> A : 말씀하신 것처럼, 경상도 지역에서 표준화석인 암모나이트가 산출되고 있지 않지만 공룡 화석들은 많이 산출되고 있습니다. 그리고 지금까지는 경상도 지역의 바다 환경에서 퇴적된 중생대 지층이 확인되었다는 보고가 없습니다.
>
> B : 저는 가까운 일본에서 암모나이트가 발견되는 것을 보면 경상도 지역에서도 분명히 암모나이트가 나올 가능성이 있다고 생각합니다. 중생대에 우리나라 바다에서 퇴적된 해성층이 있었을 가능성이 있으므로 다시 조사해야 할 필요가 있습니다.

보기

ㄱ. 우리나라 경상도 지역은 옛날 중생대 때에는 모두 육지였다.
ㄴ. 공룡 화석은 암모나이트 화석과 같은 중생대 표준화석이 아니다.
ㄷ. 우리나라에서도 암모나이트 화석이 발견될 가능성이 있다.
ㄹ. 세계적으로 중생대에는 육지와 바다가 모두 존재하였다.
ㅁ. 일본 북해도 지역에는 바다에서 퇴적된 해성층이 분포되어 있다.
ㅂ. 경상도에서 암모나이트 화석이 산출되지 않는 것을 보면, 경상도 지역에는 중생대 지층이 없다.

① ㄱ, ㄴ, ㄷ
② ㄱ, ㄴ, ㄹ
③ ㄱ, ㄴ, ㅂ
④ ㄴ, ㅁ, ㅂ

38 H공사는 상수원의 여과기 정비 업체를 새로 선정하려고 한다. 입찰 업체 A ~ E의 1년 계약금 및 수질개선효과는 다음과 같다. 수질개선점수 산출방식에 따라 점수가 가장 큰 업체 두 곳을 선정한다고 할 때, 선정될 업체는?(단, 모든 계산 시 소수점은 생략한다)

<업체별 계약금 및 수질개선효과>

업체	1년 계약금 (만 원)	정비 1회당 수질개선효과		
		장비수명 개선(점)	여과효율 개선(점)	관리효율 개선(점)
A	3,950	75	65	80
B	4,200	79	68	84
C	4,800	74	62	84
D	4,070	80	55	90
E	5,100	83	70	86

※ 항목별 개선효과는 여과업체선정위원회에서 심사위원들이 업체별로 1 ~ 100점을 부과한 점수의 평균값이다.

<수질개선점수 산출방식>

- (수질개선점수)=(정비 1회당 수질개선효과)×(분기별 정비횟수)÷100
- (정비 1회당 수질개선효과)=(장비수명 개선)+(여과효율 개선)+(관리효율 개선)
- (분기별 정비횟수)=$\dfrac{[\text{1년 정비비용(만 원)}]}{30}$
- (1년 정비비용)=6,000만 원−(1년 계약금)

① A업체, B업체　　　　　② A업체, D업체
③ B업체, C업체　　　　　④ C업체, E업체

※ A부장은 H종합병원의 간호인력의 고용을 합리화하고자 한다. 병원이 24시간 운영된다고 할 때, 다음 자료를 참고하여 이어지는 질문에 답하시오. [39~40]

〈시간대별 필요 간호인력 수〉

시간대	02:00 ~ 06:00	06:00 ~ 10:00	10:00 ~ 14:00	14:00 ~ 18:00	18:00 ~ 22:00	22:00 ~ 02:00
필요인력(명)	5	20	30	15	50	10

〈근무 수칙〉

1) 간호인력은 휴게 시간을 포함하여 8시간 동안 연속으로 근무한다.
2) H종합병원 간호인력은 8시간마다 교대한다.
3) 교대 시 인수인계 시간은 고려하지 않는다.

39 A부장이 시간대별 소요 간호인력 수에 따라 최소 간호인력 수를 산정한다고 할 때, 다음 중 H종합병원에 필요한 최소 간호인력 수는 몇 명인가?

① 75명
② 85명
③ 95명
④ 105명

40 H종합병원에서는 02:00 ~ 06:00 사이 중환자 및 응급환자의 수요가 증가함에 따라 필요 간호인력 수를 20명으로 확충하기로 하였다. 이때, 필요한 최소 간호인력 수는 몇 명인가?

① 85명
② 100명
③ 110명
④ 125명

※ B씨는 주말 동호회의 회장으로, 상반기 결산을 맞아 회식을 주최하려고 한다. 동호회 회원은 B씨를 포함하여 30명이며, 제비뽑기를 통해 상품을 증정하기로 하였다. 다음 자료를 참고하여 이어지는 질문에 답하시오. [41~42]

〈등수별 상품 품목 선호도〉

(단위 : 명)

등수	품목	선호도
1등	노트북	5
	무선 청소기	14
	호텔 숙박권	11
2등	에어프라이어	12
	백화점 상품권 4매	6
	전기 그릴	12
3등	백화점 상품권 2매	17
	외식 상품권	2
	커피 쿠폰	11

※ 30명의 회원들은 등수별로 품목 하나씩을 선택했다.

〈상품별 할인 혜택〉

상품	금액	할인 혜택
노트북	1,200,000원	세일 기간으로 20% 할인
무선 청소기	800,000원	-
호텔 숙박권	600,000원	온라인 구매로 7% 할인
에어프라이어	300,000원	특가 상품으로 15% 할인
백화점 상품권 1매	50,000원	-
전기 그릴	250,000원	온라인 구매로 8% 할인
외식 상품권	100,000원	-
커피 쿠폰	50,000원	-

41 B씨가 다음 〈조건〉에 따라 등수별 상품을 구매한다고 할 때, 모든 상품 구매비용으로 옳은 것은?
(단, 금액은 할인 혜택 적용 후 총구매금액으로 계산한다)

> **조건**
> • 구성원의 선호도를 우선으로 등수별 상품을 선택한다.
> • 1등 상품의 선호도가 동일할 경우 저렴한 상품을 선택한다.
> • 2·3등 상품의 선호도가 동일한 경우 각각 1등과 2등에 선택된 상품의 총금액보다 저렴한 상품을
>   선택한다(단, 모든 상품이 저렴할 시 가장 비싼 상품을 택한다).
> • 당첨자는 1등 1명, 2등 2명, 3등 3명이다.

① 1,610,000원　　　　　　　　　　② 1,600,000원
③ 1,560,000원　　　　　　　　　　④ 1,530,000원

PART 3

42 B씨는 상품 총구매비용을 150만 원 이하로 구성하려고 한다. 등수별 선호도가 가장 낮은 상품은
제외하고 예산에 맞게 상품 목록을 정리해보았다. 다음 중 최대한 예산에 가까운 상품 목록은 무엇
인가?(단, 금액은 할인 혜택 적용 후 금액으로 계산한다)

	1등	2등	3등
①	호텔 숙박권	에어프라이어	커피 쿠폰
②	호텔 숙박권	전기 그릴	커피 쿠폰
③	무선 청소기	에어프라이어	커피 쿠폰
④	무선 청소기	에어프라이어	백화점 상품권 2매

43 H기업은 영농철을 맞아 하루 동안 B마을의 농촌일손돕기 봉사활동을 펼친다. 1 ~ 3팀이 팀별로 점심시간을 제외하고 2시간씩 번갈아가면서 모내기 작업을 도울 예정이다. 봉사활동을 펼칠 하루 스케줄이 다음과 같을 때, 2팀이 일손을 도울 가장 적절한 시간대는?(단, 팀별로 시간은 겹칠 수 없으며 2시간 연속으로 일한다)

〈팀별 스케줄〉

시간	팀별 스케줄		
	1팀	2팀	3팀
09:00 ~ 10:00	상품기획 회의		시장조사
10:00 ~ 11:00			
11:00 ~ 12:00			비품 요청
12:00 ~ 13:00	점심시간	점심시간	점심시간
13:00 ~ 14:00			사무실 청소
14:00 ~ 15:00	업무지원	상품기획 회의	
15:00 ~ 16:00			
16:00 ~ 17:00	경력직 면접		마케팅 전략 회의
17:00 ~ 18:00			

① 10:00 ~ 12:00

② 11:00 ~ 13:00

③ 13:00 ~ 15:00

④ 16:00 ~ 18:00

44 A와 B는 각각 해외에서 직구로 물품을 구매하였다. 해외 관세율이 다음과 같을 때, A와 B 중 어떤 사람이 더 관세를 많이 냈으며 그 금액은 얼마인가?

〈해외 관세율〉

(단위 : %)

품목	관세	부가세
책	5	5
유모차, 보행기	5	10
노트북	8	10
스킨, 로션 등 화장품	6.5	10
골프용품, 스포츠용 헬멧	8	10
향수	7	10
커튼	13	10
카메라	8	10
신발	13	10
TV	8	10
휴대폰	8	10

※ 향수 화장품의 경우 개별소비세 7%, 농어촌특별세 10%, 교육세 30%가 추가된다.
※ 100만 원 이상 전자제품(TV, 노트북, 카메라, 핸드폰 등)은 개별소비세 20%, 교육세 30%가 추가된다.

〈구매 품목〉

A : TV(110만 원), 화장품(5만 원), 휴대폰(60만 원), 스포츠용 헬멧(10만 원)
B : 책(10만 원), 카메라(80만 원), 노트북(110만 원), 신발(10만 원)

① A, 91.5만 원
② B, 90.5만 원
③ A, 94.5만 원
④ B, 92.5만 원

45 다음 특징에 해당하는 리더십 유형으로 가장 적절한 것은?

> • 리더는 조직 구성원들 중 한 명일 뿐이다. 물론 다른 조직 구성원들보다 경험이 더 풍부하겠지만 다른 구성원들보다 더 비중 있게 대우받아서는 안 된다.
> • 집단의 모든 구성원들은 의사결정 및 팀의 방향을 설정하는 데 참여한다.
> • 집단의 모든 구성원들은 집단의 행동의 성과 및 결과에 대해 책임을 공유한다.

① 독재자 유형　　　　　　　　　　② 민주주의에 근접한 유형
③ 파트너십 유형　　　　　　　　　　④ 변혁적 유형

46 신입사원 A씨는 갈등 관리에 대한 책을 읽고 그 내용에 대해 정리해 보았다. 이에 대한 설명으로 적절하지 않은 것은?

① 어려운 문제여도 피하지 말고 맞서야 한다.
② 자신의 의견을 명확하게 밝히고 지속적으로 강화한다.
③ 대화에 적극적으로 참여하고 있음을 드러내기 위해 상대방과 눈을 자주 마주친다.
④ 갈등이 인지되자마자 접근할 것이 아니라 가만히 두면 자연히 가라앉는 경우도 있기 때문에 시간을 두고 지켜보는 것이 좋다.

47 최근 H사에 입사한 Y사원은 며칠 전 민원상담을 진행하는 데 어려움을 겪었다고 선임인 귀하에게 토로하였다. 귀하는 Y사원이 민원상담을 잘 수행할 수 있도록 민원처리 매뉴얼에 대해 설명하고자 한다. 다음 중 귀하의 발언으로 적절하지 않은 것은?

① 적절한 해결책이 있다면 고객에게 제시하여 해결하도록 하고, 향후 반복적인 문제가 발생하지 않도록 개인 업무노트에 기록해 두고 수시로 확인하는 것이 중요해.
② 민원처리 시 감정이 상한 고객이 있다면 먼저 공감하는 자세로 고객의 마음을 헤아리도록 노력해야 해.
③ 사실을 확인한 민원에 대해서는 적절한 해결책이 무엇인지 모색하여야 하는데, 만약 H사의 과실에 대한 것이라면 이를 인정하고 먼저 사과해야 해.
④ 고객이 민원을 제기할 때에는 주장하는 내용을 정확하게 파악할 수 있도록 경청하는 것이 중요해. 만약 부정확한 내용이 있다면 반드시 다시 확인해야 해.

※ 다음 글을 읽고 이어지는 질문에 답하시오. [48~49]

이대리와 김사원은 1박 2일 일정으로 아침 일찍 지방 출장을 함께 가게 되었다. 기차를 타고 가는 내내 이대리는 김사원이 작성해 온 고객사 미팅 자료는 보지 않고 모바일 게임에 빠져 있었다. 김사원은 이대리와 고객사 미팅에 대해 이야기를 나누고 싶었지만, 이대리는 김사원의 질문에 시종일관 건성으로 대답하며 멀리 가는 길이니 좀 쉬라는 얘기만 했다.

이대리가 주도한 고객사 미팅은 예상대로 순조롭지 않았고 협의사항에 대한 결말을 내지 못한 채 오후 4시쯤 마무리가 되었다. 미팅 후 지방 사무소에서 회의 내용에 대해 전화 통화를 하라는 팀장님의 지시가 있었지만, 이대리는 고객사 앞에서 팀장님에게 간략히 보고 전화를 하고 곧바로 숙소를 찾아보았다. 퇴근 시간 1시간 전에 숙소에 짐을 풀고 모바일 게임을 계속하던 이대리는 6시가 넘자 김사원에게 저녁식사를 하러 나가자고 했다. 김사원은 선배의 모습을 보면서 '이래도 되나?'라는 생각에 빠지게 되었다.

48 다음 중 김사원이 생각할 수 있는 이대리의 문제점으로 적절하지 않은 것은?

① 업무시간에 모바일 게임을 한 점

② 긴 이동시간에 후배를 생각해 재충전의 시간을 준 점

③ 팀장의 지시사항을 이행하지 않고 자신의 편의대로 행동한 점

④ 고객사 미팅 전에 시간이 있었음에도 불구하고 김사원이 작성해 온 고객사 미팅 자료를 검토하지 않은 점

49 다음 중 직업윤리 관점에서 향후 이대리가 보완해야 할 점으로 적절하지 않은 것은?

① 업무시간에 일에 집중하는 것

② 근무시간을 성실하게 지키는 것

③ 업무미팅을 성실하게 준비하는 것

④ 업무미팅 결과에 대해 후배에게 책임을 미루지 않는 것

50 다음 사례에서 찾아볼 수 없는 직업윤리의 덕목은?

> 김사원은 그동안의 경력상 홍보부서로의 발령을 원했지만, 한 번도 해보지 않은 경영부서로 발령이 떨어지면서 착잡하고 심란하였다. 하지만 김사원은 이를 하늘이 주신 배움의 기회라 여기고 긍정적으로 생각하기로 다짐했다. 또 비록 원하던 부서가 아니어서 의욕은 떨어졌지만, 경영부서 역시 우리 회사의 중요한 역할이고 전문성이 있어야만 할 수 있는 일이라 생각하고 성실하게 책임을 갖고 배우기 시작했다. 하지만 해본 적이 없을뿐더러 관심도 없었던 일이었기에 김사원의 적성과는 너무 맞지 않아 김사원은 하루하루 지쳐갔다.

① 소명 의식   ② 직분 의식
③ 천직 의식   ④ 책임 의식

PART 4

채용 가이드

1. 블라인드 채용이란?

채용 과정에서 편견이 개입되어 불합리한 차별을 야기할 수 있는 출신지, 가족관계, 학력, 외모 등의 편견요인은 제외하고, 직무능력만을 평가하여 인재를 채용하는 방식입니다.

2. 블라인드 채용의 필요성

- 채용의 공정성에 대한 사회적 요구
  - 누구에게나 직무능력만으로 경쟁할 수 있는 균등한 고용기회를 제공해야 하나, 아직도 채용의 공정성에 대한 불신이 존재
  - 채용상 차별금지에 대한 법적 요건이 권고적 성격에서 처벌을 동반한 의무적 성격으로 강화되는 추세
  - 시민의식과 지원자의 권리의식 성숙으로 차별에 대한 법적 대응 가능성 증가
- 우수인재 채용을 통한 기업의 경쟁력 강화 필요
  - 직무능력과 무관한 학벌, 외모 위주의 선발로 우수인재 선발기회 상실 및 기업경쟁력 약화
  - 채용 과정에서 차별 없이 직무능력중심으로 선발한 우수인재 확보 필요
- 공정한 채용을 통한 사회적 비용 감소 필요
  - 편견에 의한 차별적 채용은 우수인재 선발을 저해하고 외모·학벌 지상주의 등의 심화로 불필요한 사회적 비용 증가
  - 채용에서의 공정성을 높여 사회의 신뢰수준 제고

3. 블라인드 채용의 특징

편견요인을 요구하지 않는 대신 직무능력을 평가합니다.

※ 직무능력중심 채용이란?
기업의 역량기반 채용, NCS기반 능력중심 채용과 같이 직무수행에 필요한 능력과 역량을 평가하여 선발하는 채용방식을 통칭합니다.

4. 블라인드 채용의 평가요소

직무수행에 필요한 지식, 기술, 태도 등을 과학적인 선발기법을 통해 평가합니다.

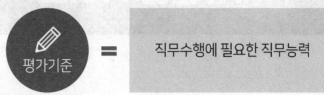

평가기준 = 직무수행에 필요한 직무능력

※ 과학적 선발기법이란?
직무분석을 통해 도출된 평가요소를 서류, 필기, 면접 등을 통해 체계적으로 평가하는 방법으로 입사지원서, 자기소개서, 직무수행능력평가, 구조화 면접 등이 해당됩니다.

5. 블라인드 채용 주요 도입 내용

• 입사지원서에 인적사항 요구 금지
  - 인적사항에는 출신지역, 가족관계, 결혼여부, 재산, 취미 및 특기, 종교, 생년월일(연령), 성별, 신장 및 체중, 사진, 전공, 학교명, 학점, 외국어 점수, 추천인 등이 해당
  - 채용 직무를 수행하는 데 있어 반드시 필요하다고 인정될 경우는 제외
    예 특수경비직 채용 시 : 시력, 건강한 신체 요구
       연구직 채용 시 : 논문, 학위 요구 등
• 블라인드 면접 실시
  - 면접관에게 응시자의 출신지역, 가족관계, 학교명 등 인적사항 정보 제공 금지
  - 면접관은 응시자의 인적사항에 대한 질문 금지

6. 블라인드 채용 도입의 효과성

• 구성원의 다양성과 창의성이 높아져 기업 경쟁력 강화
  - 편견을 없애고 직무능력 중심으로 선발하므로 다양한 직원 구성 가능
  - 다양한 생각과 의견을 통하여 기업의 창의성이 높아져 기업경쟁력 강화
• 직무에 적합한 인재선발을 통한 이직률 감소 및 만족도 제고
  - 사전에 지원자들에게 구체적이고 상세한 직무요건을 제시함으로써 허수 지원이 낮아지고, 직무에 적합한 지원자 모집 가능
  - 직무에 적합한 인재가 선발되어 직무이해도가 높아져 업무효율 증대 및 만족도 제고
• 채용의 공정성과 기업이미지 제고
  - 블라인드 채용은 사회적 편견을 줄인 선발 방법으로 기업에 대한 사회적 인식 제고
  - 채용과정에서 불합리한 차별을 받지 않고 실력에 의해 공정하게 평가를 받을 것이라는 믿음을 제공하고, 지원자들은 평등한 기회와 공정한 선발과정 경험

서류전형 가이드

01 채용공고문

1. 채용공고문의 변화

기존 채용공고문	변화된 채용공고문
• 취업준비생에게 불충분하고 불친절한 측면 존재 • 모집분야에 대한 명확한 직무관련 정보 및 평가기준 부재 • 해당분야에 지원하기 위한 취업준비생의 무분별한 스펙 쌓기 현상 발생	• NCS 직무분석에 기반한 채용공고를 토대로 채용전형 진행 • 지원자가 입사 후 수행하게 될 업무에 대한 자세한 정보 공지 • 직무수행내용, 직무수행 시 필요한 능력, 관련된 자격, 직업기초능력 제시 • 지원자가 해당 직무에 필요한 스펙만을 준비할 수 있도록 안내
• 모집부문 및 응시자격 • 지원서 접수 • 전형절차 • 채용조건 및 처우 • 기타사항	• 채용절차 • 채용유형별 선발분야 및 예정인원 • 전형방법 • 선발분야별 직무기술서 • 우대사항

2. 지원 유의사항 및 지원요건 확인

채용 직무에 따른 세부사항을 공고문에 명시하여 지원자에게 적격한 지원 기회를 부여함과 동시에 채용과정에서의 공정성과 신뢰성을 확보합니다.

구성	내용	확인사항
모집분야 및 규모	고용형태(인턴 계약직 등), 모집분야, 인원, 근무지역 등	채용직무가 여러 개일 경우 본인이 해당되는 직무의 채용규모 확인
응시자격	기본 자격사항, 지원조건	지원을 위한 최소자격요건을 확인하여 불필요한 지원을 예방
우대조건	법정·특별·자격증 가점	본인의 가점 여부를 검토하여 가점 획득을 위한 사항을 사실대로 기재
근무조건 및 보수	고용형태 및 고용기간, 보수, 근무지	본인이 생각하는 기대수준에 부합하는지 확인하여 불필요한 지원을 예방
시험방법	서류·필기·면접전형 등의 활용방안	전형방법 및 세부 평가기법 등을 확인하여 지원전략 준비
전형일정	접수기간, 각 전형 단계별 심사 및 합격자 발표일 등	본인의 지원 스케줄을 검토하여 차질이 없도록 준비
제출서류	입사지원서(경력·경험기술서 등), 각종 증명서 및 자격증 사본 등	지원요건 부합 여부 및 자격 증빙서류 사전에 준비
유의사항	임용취소 등의 규정	임용취소 관련 법적 또는 기관 내부 규정을 검토하여 해당여부 확인

02 직무기술서

직무기술서란 직무수행의 내용과 필요한 능력, 관련 자격, 직업기초능력 등을 상세히 기재한 것으로 입사 후 수행하게 될 업무에 대한 정보가 수록되어 있는 자료입니다.

1. 채용분야

설명

NCS 직무분류 체계에 따라 직무에 대한 「대분류 – 중분류 – 소분류 – 세분류」 체계를 확인할 수 있습니다. 채용 직무에 대한 모든 직무기술서를 첨부하게 되며 실제 수행 업무를 기준으로 세부적인 분류정보를 제공합니다.

채용분야	분류체계			
사무행정	대분류	중분류	소분류	세분류
분류코드	02. 경영·회계·사무	03. 재무·회계	01. 재무	01. 예산
				02. 자금
			02. 회계	01. 회계감사
				02. 세무

2. 능력단위

설명

직무분류 체계의 세분류 하위능력단위 중 실질적으로 수행할 업무의 능력만 구체적으로 파악할 수 있습니다.

능력단위	(예산)	03. 연간종합예산수립 05. 확정예산 운영	04. 추정재무제표 작성 06. 예산실적 관리
	(자금)	04. 자금운용	
	(회계감사)	02. 자금관리 05. 회계정보시스템 운용 07. 회계감사	04. 결산관리 06. 재무분석
	(세무)	02. 결산관리 07. 법인세 신고	05. 부가가치세 신고

3. 직무수행내용

설명

세분류 영역의 기본정의를 통해 직무수행내용을 확인할 수 있습니다. 입사 후 수행할 직무내용을 구체적으로 확인할 수 있으며, 이를 통해 입사서류 작성부터 면접까지 직무에 대한 명확한 이해를 바탕으로 자신의 희망직무인지 아닌지, 해당 직무가 자신이 알고 있던 직무가 맞는지 확인할 수 있습니다.

직무수행내용	(예산) 일정기간 예상되는 수익과 비용을 편성, 집행하며 통제하는 일
	(자금) 자금의 계획 수립, 조달, 운용을 하고 발생 가능한 위험 관리 및 성과평가
	(회계감사) 기업 및 조직 내·외부에 있는 의사결정자들이 효율적인 의사결정을 할 수 있도록 유용한 정보를 제공, 제공된 회계정보의 적정성을 파악하는 일
	(세무) 세무는 기업의 활동을 위하여 주어진 세법범위 내에서 조세부담을 최소화시키는 조세전략을 포함하고 정확한 과세소득과 과세표준 및 세액을 산출하여 과세당국에 신고·납부하는 일

4. 직무기술서 예시

태도	(예산) 정확성, 분석적 태도, 논리적 태도, 타 부서와의 협조적 태도, 설득력
	(자금) 분석적 사고력
	(회계 감사) 합리적 태도, 전략적 사고, 정확성, 적극적 협업 태도, 법률준수 태도, 분석적 태도, 신속성, 책임감, 정확한 판단력
	(세무) 규정 준수 의지, 수리적 정확성, 주의 깊은 태도
우대 자격증	공인회계사, 세무사, 컴퓨터활용능력, 변호사, 워드프로세서, 전산회계운용사, 사회조사분석사, 재경관리사, 회계관리 등
직업기초능력	의사소통능력, 문제해결능력, 자원관리능력, 대인관계능력, 정보능력, 조직이해능력

5. 직무기술서 내용별 확인사항

항목	확인사항
모집부문	해당 채용에서 선발하는 부문(분야)명 확인 예 사무행정, 전산, 전기
분류체계	지원하려는 분야의 세부직무군 확인
주요기능 및 역할	지원하려는 기업의 전사적인 기능과 역할, 산업군 확인
능력단위	지원분야의 직무수행에 관련되는 세부업무사항 확인
직무수행내용	지원분야의 직무군에 대한 상세사항 확인
전형방법	지원하려는 기업의 신입사원 선발전형 절차 확인
일반요건	교육사항을 제외한 지원 요건 확인(자격요건, 특수한 경우 연령)
교육요건	교육사항에 대한 지원요건 확인(대졸 / 초대졸 / 고졸 / 전공 요건)
필요지식	지원분야의 업무수행을 위해 요구되는 지식 관련 세부항목 확인
필요기술	지원분야의 업무수행을 위해 요구되는 기술 관련 세부항목 확인
직무수행태도	지원분야의 업무수행을 위해 요구되는 태도 관련 세부항목 확인
직업기초능력	지원분야 또는 지원기업의 조직원으로서 근무하기 위해 필요한 일반적인 능력사항 확인

1. 입사지원서의 변화

기존지원서
직무와 관련 없는 학점, 개인신상, 어학점수, 자격, 수상경력 등을 나열하도록 구성

VS

능력중심 채용 입사지원서
해당 직무수행에 꼭 필요한 정보들을 제시할 수 있도록 구성

직무기술서

직무수행내용

요구지식 / 기술

관련 자격증

사전직무경험

인적사항	성명, 연락처, 지원분야 등 작성 (평가 미반영)
교육사항	직무지식과 관련된 학교교육 및 직업교육 작성
자격사항	직무관련 국가공인 또는 민간자격 작성
경력 및 경험사항	조직에 소속되어 일정한 임금을 받거나(경력) 임금 없이(경험) 직무와 관련된 활동 내용 작성

PART 4

2. 교육사항

- 지원분야 직무와 관련된 학교 교육이나 직업교육 혹은 기타교육 등 직무에 대한 지원자의 학습 여부를 평가하기 위한 항목입니다.
- 지원하고자 하는 직무의 학교 전공교육 이외에 직업교육, 기타교육 등을 기입할 수 있기 때문에 전공 제한 없이 직업교육과 기타교육을 이수하여 지원이 가능하도록 기회를 제공합니다.

(기타교육 : 학교 이외의 기관에서 개인이 이수한 교육과정 중 지원직무와 관련이 있다고 생각되는 교육내용)

구분	교육과정(과목)명	교육내용	과업(능력단위)

3. 자격사항

- 채용공고 및 직무기술서에 제시되어 있는 자격 현황을 토대로 지원자가 해당 직무를 수행하는 데 필요한 능력을 가지고 있는지를 평가하기 위한 항목입니다.
- 채용공고 및 직무기술서에 기재된 직무관련 필수 또는 우대자격 항목을 확인하여 본인이 보유하고 있는 자격사항을 기재합니다.

자격유형	자격증명	발급기관	취득일자	자격증번호

4. 경력 및 경험사항

- 직무와 관련된 경력이나 경험 여부를 표현하도록 하여 직무와 관련한 능력을 갖추었는지를 평가하기 위한 항목입니다.
- 해당 기업에서 직무를 수행함에 있어 필요한 사항만을 기록하게 되어 있기 때문에 직무와 무관한 스펙을 갖추지 않아도 됩니다.
- 경력 : 금전적 보수를 받고 일정기간 동안 일했던 경우
- 경험 : 금전적 보수를 받지 않고 수행한 활동

※ 기업에 따라 경력 / 경험 관련 증빙자료 요구 가능

구분	조직명	직위 / 역할	활동기간(년 / 월)	주요과업 / 활동내용

Tip

입사지원서 작성 방법

○ 경력 및 경험사항 작성
- 직무기술서에 제시된 지식, 기술, 태도와 지원자의 교육사항, 경력(경험)사항, 자격사항과 연계하여 개인의 직무역량에 대해 스스로 판단 가능

○ 인적사항 최소화
- 개인의 인적사항, 학교명, 가족관계 등을 노출하지 않도록 유의

부적절한 입사지원서 작성 사례
- 학교 이메일을 기입하여 학교명 노출
- 거주지 주소에 학교 기숙사 주소를 기입하여 학교명 노출
- 자기소개서에 부모님이 재직 중인 기업명, 직위, 직업을 기입하여 가족관계 노출
- 자기소개서에 석·박사 과정에 대한 이야기를 언급하여 학력 노출
- 동아리 활동에 대한 내용을 학교명과 더불어 언급하여 학교명 노출

1. 자기소개서의 변화

- 기존의 자기소개서는 지원자의 일대기나 관심 분야, 성격의 장·단점 등 개괄적인 사항을 묻는 질문으로 구성되어 지원자가 자신의 직무능력을 제대로 표출하지 못합니다.
- 능력중심 채용의 자기소개서는 직무기술서에 제시된 직업기초능력(또는 직무수행능력)에 대한 지원자의 과거 경험을 기술하게 함으로써 평가 타당도의 확보가 가능합니다.

1. 우리 회사와 해당 지원 직무분야에 지원한 동기에 대해 기술해 주세요.

2. 자신이 경험한 다양한 사회활동에 대해 기술해 주세요.

3. 지원 직무에 대한 전문성을 키우기 위해 받은 교육과 경험 및 경력사항에 대해 기술해 주세요.

4. 인사업무 또는 팀 과제 수행 중 발생한 갈등을 원만하게 해결해 본 경험이 있습니까? 당시 상황에 대한 설명과 갈등의 대상이 되었던 상대방을 설득한 과정 및 방법을 기술해 주세요.

5. 과거에 있었던 일 중 가장 어려웠던(힘들었던) 상황을 고르고, 어떤 방법으로 그 상황을 해결했는지를 기술해 주세요.

자기소개서 작성 방법

① 자기소개서 문항이 묻고 있는 평가 역량 추측하기

> 예시
> • 팀 활동을 하면서 갈등 상황 시 상대방의 니즈나 의도를 명확히 파악하고 해결하여 목표 달성에 기여했던 경험에 대해서 작성해 주시기 바랍니다.
> • 다른 사람이 생각해내지 못했던 문제점을 찾고 이를 해결한 경험에 대해 작성해 주시기 바랍니다.

② 해당 역량을 보여줄 수 있는 소재 찾기(시간×역량 매트릭스)

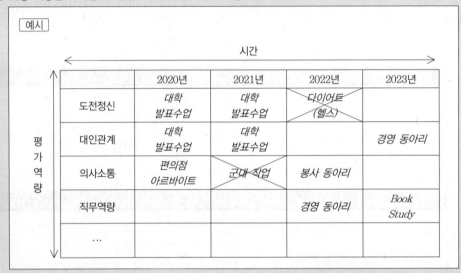

		2020년	2021년	2022년	2023년
	도전정신	대학 발표수업	대학 발표수업	~~다이어트 (헬스)~~	
평가역량	대인관계	대학 발표수업	대학 발표수업		경영 동아리
	의사소통	편의점 아르바이트	~~군대 작업~~	봉사 동아리	
	직무역량			경영 동아리	Book Study
	...				

③ 자기소개서 작성 Skill 익히기
  • 두괄식으로 작성하기
  • 구체적 사례를 사용하기
  • '나'를 중심으로 작성하기
  • 직무역량 강조하기
  • 경험 사례의 차별성 강조하기

01 인성검사 유형

인성검사는 지원자의 성격특성을 객관적으로 파악하고 그것이 각 기업에서 필요로 하는 인재상과 가치에 부합하는가를 평가하기 위한 검사입니다. 인성검사는 KPDI(한국인재개발진흥원), K-SAD(한국사회적성개발원), KIRBS(한국행동과학연구소), SHR(에스에이치알) 등의 전문기관을 통해 각 기업의 특성에 맞는 검사를 선택하여 실시합니다. 대표적인 인성검사의 유형에는 크게 다음과 같은 세 가지가 있으며, 채용 대행업체에 따라 달라집니다.

1. KPDI 검사

조직적응성과 직무적합성을 알아보기 위한 검사로 인성검사, 인성역량검사, 인적성검사, 직종별 인적성검사 등의 다양한 검사 도구를 구현합니다. KPDI는 성격을 파악하고 정신건강 상태 등을 측정하고, 직무검사는 해당 직무를 수행하기 위해 기본적으로 갖추어야 할 인지적 능력을 측정합니다. 역량검사는 특정 직무 역할을 효과적으로 수행하는 데 직접적으로 관련 있는 개인의 행동, 지식, 스킬, 가치관 등을 측정합니다.

2. KAD(Korea Aptitude Development) 검사

K-SAD(한국사회적성개발원)에서 실시하는 적성검사 프로그램입니다. 개인의 성향, 지적 능력, 기호, 관심, 흥미도를 종합적으로 분석하여 적성에 맞는 업무가 무엇인가 파악하고, 직무수행에 있어서 요구되는 기초능력과 실무능력을 분석합니다.

3. SHR 직무적성검사

직무수행에 필요한 종합적인 사고 능력을 다양한 적성검사(Paper and Pencil Test)로 평가합니다. SHR의 모든 직무능력검사는 표준화 검사입니다. 표준화 검사는 표본집단의 점수를 기초로 규준이 만들어진 검사이므로 개인의 점수를 규준에 맞추어 해석·비교하는 것이 가능합니다. S(Standardized Tests), H(Hundreds of Version), R(Reliable Norm Data)을 특징으로 하며, 직군·직급별 특성과 선발 수준에 맞추어 검사를 적용할 수 있습니다.

PART 4

인성검사는 특히 면접질문과 관련성이 높습니다. 면접관은 지원자의 인성검사 결과를 토대로 질문을 하기 때문입니다. 일관적이고 이상적인 답변을 하는 것이 가장 좋지만, 실제 시험은 매우 복잡하여 전문가라 해도 일정 성격을 유지하면서 답변을 하는 것이 힘듭니다. 또한, 인성검사에는 라이 스케일(Lie Scale) 설문이 전체 설문 속에 교묘하게 섞여 들어가 있으므로 겉치레적인 답을 하게 되면 회답태도의 허위성이 그대로 드러나게 됩니다. 예를 들어 '거짓말을 한 적이 한 번도 없다.'에 '예'로 답하고, '때로는 거짓말을 하기도 한다.'에 '예'라고 답하여 라이 스케일의 득점이 올라가게 되면 모든 회답의 신빙성이 사라지고 '자신을 돋보이게 하려는 사람'이라는 평가를 받을 수 있으므로 주의해야 합니다. 따라서 모의테스트를 통해 인성검사의 유형과 실제 시험 시 어떻게 문제를 풀어야 하는지 연습해 보고 체크한 부분 중 자신의 단점과 연결되는 부분은 면접에서 질문이 들어왔을 때 어떻게 대처해야 하는지 생각해 보는 것이 좋습니다.

03 유의사항

1. 기업의 인재상을 파악하라!

인성검사를 통해 개인의 성격 특성을 파악하고 그것이 기업의 인재상과 가치에 부합하는지를 평가하는 시험이기 때문에 해당 기업의 인재상을 먼저 파악하고 시험에 임하는 것이 좋습니다. 모의테스트에서 인재상에 맞는 가상의 인물을 설정하고 문제에 답해 보는 것도 많은 도움이 됩니다.

2. 일관성 있는 대답을 하라!

짧은 시간 안에 다양한 질문에 답을 해야 하는데, 그 안에는 중복되는 질문이 여러 번 나옵니다. 이때 앞서 자신이 체크했던 대답을 잘 기억해뒀다가 일관성 있는 답을 하는 것이 중요합니다.

3. 모든 문항에 대답하라!

많은 문제를 짧은 시간 안에 풀려다 보니 다 못 푸는 경우도 종종 생깁니다. 하지만 대답을 누락하거나 끝까지 다 못했을 경우 좋지 않은 결과를 가져올 수도 있으니 최대한 주어진 시간 안에 모든 문항에 답할 수 있도록 해야 합니다.

※ 모의테스트는 질문 및 답변 유형 연습을 위한 것으로 실제 시험과 다를 수 있습니다.
※ 인성검사는 정답이 따로 없는 유형의 검사이므로 결과지를 제공하지 않습니다.

번호	내용	예	아니요
001	나는 솔직한 편이다.	☐	☐
002	나는 리드하는 것을 좋아한다.	☐	☐
003	법을 어겨서 말썽이 된 적이 한 번도 없다.	☐	☐
004	거짓말을 한 번도 한 적이 없다.	☐	☐
005	나는 눈치가 빠르다.	☐	☐
006	나는 일을 주도하기보다는 뒤에서 지원하는 것을 선호한다.	☐	☐
007	앞일은 알 수 없기 때문에 계획은 필요하지 않다.	☐	☐
008	거짓말도 때로는 방편이라고 생각한다.	☐	☐
009	사람이 많은 술자리를 좋아한다.	☐	☐
010	걱정이 지나치게 많다.	☐	☐
011	일을 시작하기 전 재고하는 경향이 있다.	☐	☐
012	불의를 참지 못한다.	☐	☐
013	처음 만나는 사람과도 이야기를 잘 한다.	☐	☐
014	때로는 변화가 두렵다.	☐	☐
015	나는 모든 사람에게 친절하다.	☐	☐
016	힘든 일이 있을 때 술은 위로가 되지 않는다.	☐	☐
017	결정을 빨리 내리지 못해 손해를 본 경험이 있다.	☐	☐
018	기회를 잡을 준비가 되어 있다.	☐	☐
019	때로는 내가 정말 쓸모없는 사람이라고 느낀다.	☐	☐
020	누군가 나를 챙겨주는 것이 좋다.	☐	☐
021	자주 가슴이 답답하다.	☐	☐
022	나는 내가 자랑스럽다.	☐	☐
023	경험이 중요하다고 생각한다.	☐	☐
024	전자기기를 분해하고 다시 조립하는 것을 좋아한다.	☐	☐

PART 4

025	감시받고 있다는 느낌이 든다.	☐	☐
026	난처한 상황에 놓이면 그 순간을 피하고 싶다.	☐	☐
027	세상엔 믿을 사람이 없다.	☐	☐
028	잘못을 빨리 인정하는 편이다.	☐	☐
029	지도를 보고 길을 잘 찾아간다.	☐	☐
030	귓속말을 하는 사람을 보면 날 비난하고 있는 것 같다.	☐	☐
031	막무가내라는 말을 들을 때가 있다.	☐	☐
032	장래의 일을 생각하면 불안하다.	☐	☐
033	결과보다 과정이 중요하다고 생각한다.	☐	☐
034	운동은 그다지 할 필요가 없다고 생각한다.	☐	☐
035	새로운 일을 시작할 때 좀처럼 한 발을 떼지 못한다.	☐	☐
036	기분 상하는 일이 있더라도 참는 편이다.	☐	☐
037	업무능력은 성과로 평가받아야 한다고 생각한다.	☐	☐
038	머리가 맑지 못하고 무거운 느낌이 든다.	☐	☐
039	가끔 이상한 소리가 들린다.	☐	☐
040	타인이 내게 자주 고민상담을 하는 편이다.	☐	☐

※ 모의테스트는 질문 및 답변 유형 연습을 위한 것으로 실제 시험과 다를 수 있습니다.
※ 인성검사는 정답이 따로 없는 유형의 검사이므로 결과지를 제공하지 않습니다.

※ 이 성격검사의 각 문항에는 서로 다른 행동을 나타내는 네 개의 문장이 제시되어 있습니다. 이 문장들을 비교하여, 자신의 평소 행동과 가장 가까운 문장을 'ㄱ' 열에 표기하고, 가장 먼 문장을 'ㅁ' 열에 표기하십시오.

01   나는 _____

	ㄱ	ㅁ
A. 실용적인 해결책을 찾는다.	☐	☐
B. 다른 사람을 돕는 것을 좋아한다.	☐	☐
C. 세부 사항을 잘 챙긴다.	☐	☐
D. 상대의 주장에서 허점을 잘 찾는다.	☐	☐

02   나는 _____

	ㄱ	ㅁ
A. 매사에 적극적으로 임한다.	☐	☐
B. 즉흥적인 편이다.	☐	☐
C. 관찰력이 있다.	☐	☐
D. 임기응변에 강하다.	☐	☐

03   나는 _____

	ㄱ	ㅁ
A. 무서운 영화를 잘 본다.	☐	☐
B. 조용한 곳이 좋다.	☐	☐
C. 가끔 울고 싶다.	☐	☐
D. 집중력이 좋다.	☐	☐

04   나는 _____

	ㄱ	ㅁ
A. 기계를 조립하는 것을 좋아한다.	☐	☐
B. 집단에서 리드하는 역할을 맡는다.	☐	☐
C. 호기심이 많다.	☐	☐
D. 음악을 듣는 것을 좋아한다.	☐	☐

05 나는 _____

	ㄱ	ㅁ
A. 타인을 늘 배려한다.	☐	☐
B. 감수성이 예민하다.	☐	☐
C. 즐겨하는 운동이 있다.	☐	☐
D. 일을 시작하기 전에 계획을 세운다.	☐	☐

06 나는 _____

	ㄱ	ㅁ
A. 타인에게 설명하는 것을 좋아한다.	☐	☐
B. 여행을 좋아한다.	☐	☐
C. 정적인 것이 좋다.	☐	☐
D. 남을 돕는 것에 보람을 느낀다.	☐	☐

07 나는 _____

	ㄱ	ㅁ
A. 기계를 능숙하게 다룬다.	☐	☐
B. 밤에 잠이 잘 오지 않는다.	☐	☐
C. 한 번 간 길을 잘 기억한다.	☐	☐
D. 불의를 보면 참을 수 없다.	☐	☐

08 나는 _____

	ㄱ	ㅁ
A. 종일 말을 하지 않을 때가 있다.	☐	☐
B. 사람이 많은 곳을 좋아한다.	☐	☐
C. 술을 좋아한다.	☐	☐
D. 휴양지에서 편하게 쉬고 싶다.	☐	☐

09 나는 _____

	ㄱ	ㅁ
A. 뉴스보다는 드라마를 좋아한다.	☐	☐
B. 길을 잘 찾는다.	☐	☐
C. 주말엔 집에서 쉬는 것이 좋다.	☐	☐
D. 아침에 일어나는 것이 힘들다.	☐	☐

10 나는 _____

	ㄱ	ㅁ
A. 이성적이다.	☐	☐
B. 할 일을 종종 미룬다.	☐	☐
C. 어른을 대하는 게 힘들다.	☐	☐
D. 불을 보면 매혹을 느낀다.	☐	☐

11 나는 _____

	ㄱ	ㅁ
A. 상상력이 풍부하다.	☐	☐
B. 예의 바르다는 소리를 자주 듣는다.	☐	☐
C. 사람들 앞에 서면 긴장한다.	☐	☐
D. 친구를 자주 만난다.	☐	☐

12 나는 _____

	ㄱ	ㅁ
A. 나만의 스트레스 해소 방법이 있다.	☐	☐
B. 친구가 많다.	☐	☐
C. 책을 자주 읽는다.	☐	☐
D. 활동적이다.	☐	☐

PART 4

01   면접유형 파악

1. 면접전형의 변화

기존 면접전형에서는 일상적이고 단편적인 대화나 지원자의 첫인상 및 면접관의 주관적인 판단 등에 의해서 입사 결정 여부를 판단하는 경우가 많았습니다. 이러한 면접전형은 면접 내용의 일관성이 결여되거나 직무 관련 타당성이 부족하였고, 면접에 대한 신뢰도에 영향을 주었습니다.

기존 면접(전통적 면접)		능력중심 채용 면접(구조화 면접)

• 일상적이고 단편적인 대화
• 인상, 외모 등 외부 요소의 영향
• 주관적인 판단에 의존한 총점 부여
 	
⇩
 	
• 면접 내용의 일관성 결여
• 직무관련 타당성 부족
• 주관적인 채점으로 신뢰도 저하
	VS	• 일관성
		  – 직무관련 역량에 초점을 둔 구체적 질문 목록
		  – 지원자별 동일 질문 적용
		• 구조화
		  – 면접 진행 및 평가 절차를 일정한 체계에 의해 구성
		• 표준화
		  – 평가 타당도 제고를 위한 평가 Matrix 구성
		  – 척도에 따라 항목별 채점, 개인 간 비교
		• 신뢰성
		  – 면접진행 매뉴얼에 따라 면접위원 교육 및 실습

2. 능력중심 채용의 면접 유형

① 경험 면접
- 목적 : 선발하고자 하는 직무 능력이 필요한 과거 경험을 질문합니다.
- 평가요소 : 직업기초능력과 인성 및 태도적 요소를 평가합니다.

② 상황 면접
- 목적 : 특정 상황을 제시하고 지원자의 행동을 관찰함으로써 실제 상황의 행동을 예상합니다.
- 평가요소 : 직업기초능력과 인성 및 태도적 요소를 평가합니다.

③ 발표 면접
- 목적 : 특정 주제와 관련된 지원자의 발표와 질의응답을 통해 지원자 역량을 평가합니다.
- 평가요소 : 직무수행능력과 인지적 역량(문제해결능력)을 평가합니다.

④ 토론 면접
- 목적 : 토의과제에 대한 의견수렴 과정에서 지원자의 역량과 상호작용능력을 평가합니다.
- 평가요소 : 직무수행능력과 팀워크를 평가합니다.

1. 경험 면접

① 경험 면접의 특징

- 주로 직업기초능력에 관련된 지원자의 과거 경험을 심층 질문하여 검증하는 면접입니다.
- 직무능력과 관련된 과거 경험을 평가하기 위해 심층 질문을 하며, 이 질문은 지원자의 답변에 대하여 '꼬리에 꼬리를 무는 형식'으로 진행됩니다.

- 능력요소, 정의, 심사 기준
  - 평가하고자 하는 능력요소, 정의, 심사기준을 확인하여 면접위원이 해당 능력요소 관련 질문을 제시합니다.
- Opening Question
  - 능력요소에 관련된 과거 경험을 유도하기 위한 시작 질문을 합니다.
- Follow-up Question
  - 지원자의 경험 수준을 구체적으로 검증하기 위한 질문입니다.
  - 경험 수준 검증을 위한 상황(Situation), 임무(Task), 역할 및 노력(Action), 결과(Result) 등으로 질문을 구분합니다.

경험 면접의 형태

[면접관 1] [면접관 2] [면접관 3]

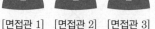

[면접관 1] [면접관 2] [면접관 3]

[지원자]

〈일대다 면접〉

[지원자 1] [지원자 2] [지원자 3]

〈다대다 면접〉

PART 4

② 경험 면접의 구조

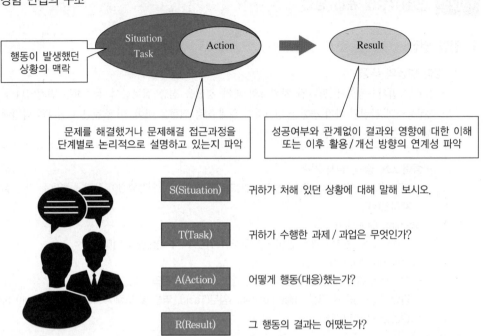

행동이 발생했던 상황의 맥락

문제를 해결했거나 문제해결 접근과정을 단계별로 논리적으로 설명하고 있는지 파악

성공여부와 관계없이 결과와 영향에 대한 이해 또는 이후 활용 / 개선 방향의 연계성 파악

S(Situation) 귀하가 처해 있던 상황에 대해 말해 보시오.

T(Task) 귀하가 수행한 과제 / 과업은 무엇인가?

A(Action) 어떻게 행동(대응)했는가?

R(Result) 그 행동의 결과는 어땠는가?

( )에 관한 과거 경험에 대하여 말해 보시오.

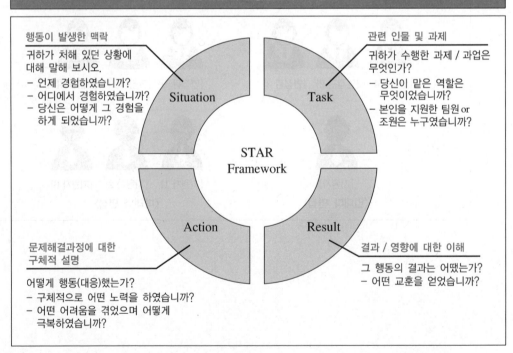

행동이 발생한 맥락

귀하가 처해 있던 상황에 대해 말해 보시오.
- 언제 경험하였습니까?
- 어디에서 경험하였습니까?
- 당신은 어떻게 그 경험을 하게 되었습니까?

관련 인물 및 과제

귀하가 수행한 과제 / 과업은 무엇인가?
- 당신이 맡은 역할은 무엇이었습니까?
- 본인을 지원한 팀원 or 조원은 누구였습니까?

STAR Framework

Situation

Task

Action

Result

문제해결과정에 대한 구체적 설명

어떻게 행동(대응)했는가?
- 구체적으로 어떤 노력을 하였습니까?
- 어떤 어려움을 겪었으며 어떻게 극복하였습니까?

결과 / 영향에 대한 이해

그 행동의 결과는 어땠는가?
- 어떤 교훈을 얻었습니까?

③ 경험 면접 질문 예시(직업윤리)

시작 질문	
1	남들이 신경 쓰지 않는 부분까지 고려하여 절차대로 업무(연구)를 수행하여 성과를 낸 경험을 구체적으로 말해 보시오.
2	조직의 원칙과 절차를 철저히 준수하며 업무(연구)를 수행한 것 중 성과를 향상시킨 경험에 대해 구체적으로 말해 보시오.
3	세부적인 절차와 규칙에 주의를 기울여 실수 없이 업무(연구)를 마무리한 경험을 구체적으로 말해 보시오.
4	조직의 규칙이나 원칙을 고려하여 성실하게 일했던 경험을 구체적으로 말해 보시오.
5	타인의 실수를 바로잡고 원칙과 절차대로 수행하여 성공적으로 업무를 마무리하였던 경험에 대해 말해 보시오.

후속 질문		
상황 (Situation)	상황	구체적으로 언제, 어디에서 경험한 일인가?
		어떤 상황이었는가?
	조직	어떤 조직에 속해 있었는가?
		그 조직의 특성은 무엇이었는가?
		몇 명으로 구성된 조직이었는가?
	기간	해당 조직에서 얼마나 일했는가?
		해당 업무는 몇 개월 동안 지속되었는가?
	조직규칙	조직의 원칙이나 규칙은 무엇이었는가?
임무 (Task)	과제	과제의 목표는 무엇이었는가?
		과제에 적용되는 조직의 원칙은 무엇이었는가?
		그 규칙을 지켜야 하는 이유는 무엇이었는가?
	역할	당신이 조직에서 맡은 역할은 무엇이었는가?
		과제에서 맡은 역할은 무엇이었는가?
	문제의식	규칙을 지키지 않을 경우 생기는 문제점 / 불편함은 무엇인가?
		해당 규칙이 왜 중요하다고 생각하였는가?
역할 및 노력 (Action)	행동	업무 과정의 어떤 장면에서 규칙을 철저히 준수하였는가?
		어떻게 규정을 적용시켜 업무를 수행하였는가?
		규정은 준수하는 데 어려움은 없었는가?
	노력	그 규칙을 지키기 위해 스스로 어떤 노력을 기울였는가?
		본인의 생각이나 태도에 어떤 변화가 있었는가?
		다른 사람들은 어떤 노력을 기울였는가?
	동료관계	동료들은 규칙을 철저히 준수하고 있었는가?
		팀원들은 해당 규칙에 대해 어떻게 반응하였는가?
		규칙에 대한 태도를 개선하기 위해 어떤 노력을 하였는가?
		팀원들의 태도는 당신에게 어떤 자극을 주었는가?
	업무추진	주어진 업무를 추진하는 데 규칙이 방해되진 않았는가?
		업무수행 과정에서 규정을 어떻게 적용하였는가?
		업무 시 규정을 준수해야 한다고 생각한 이유는 무엇인가?

		규칙을 어느 정도나 준수하였는가?
		그렇게 준수할 수 있었던 이유는 무엇이었는가?
	평가	업무의 성과는 어느 정도였는가?
		성과에 만족하였는가?
		비슷한 상황이 온다면 어떻게 할 것인가?
결과 (Result)	피드백	주변 사람들로부터 어떤 평가를 받았는가?
		그러한 평가에 만족하는가?
		다른 사람에게 본인의 행동이 영향을 주었다고 생각하는가?
	교훈	업무수행 과정에서 중요한 점은 무엇이라고 생각하는가?
		이 경험을 통해 느낀 바는 무엇인가?

2. 상황 면접

① 상황 면접의 특징

직무 관련 상황을 가정하여 제시하고 이에 대한 대응능력을 직무관련성 측면에서 평가하는 면접입니다.

- 상황 면접 과제의 구성은 크게 2가지로 구분
  - 상황 제시(Description) / 문제 제시(Question or Problem)
- 현장의 실제 업무 상황을 반영하여 과제를 제시하므로 직무분석이나 직무전문가 워크숍 등을 거쳐 현장성을 높임
- 문제는 상황에 대한 기본적인 이해능력(이론적 지식)과 함께 실질적 대응이나 변수 고려능력(실천적 능력) 등을 고르게 질문해야 함

상황 면접의 형태

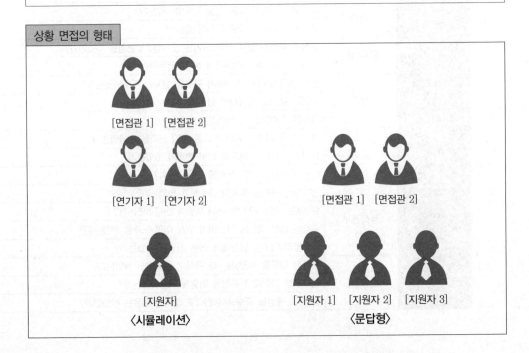

② 상황 면접 예시

상황 제시	인천공항 여객터미널 내에는 다양한 용도의 시설(사무실, 통신실, 식당, 전산실, 창고 면세점 등)이 설치되어 있습니다.	실제 업무 상황에 기반함
	금년에 소방배관의 누수가 잦아 메인 배관을 교체하는 공사를 추진하고 있으며, 당신 은 이번 공사의 담당자입니다.	배경 정보
	주간에는 공항 운영이 이루어져 주로 야간에만 배관 교체 공사를 수행하던 중, 시공하 는 기능공의 실수로 배관 연결 부위를 잘못 건드려 고압배관의 소화수가 누출되는 사고가 발생하였으며, 이로 인해 인근 시설물에 누수에 의한 피해가 발생하였습니다.	구체적인 문제 상황
문제 제시	일반적인 소방배관의 배관연결(이음)방식과 배관의 이탈(누수)이 발생하는 원인 에 대해 설명해 보시오.	문제 상황 해결을 위한 기본 지식 문항
	담당자로서 본 사고를 현장에서 긴급히 처리하는 프로세스를 제시하고, 보수완료 후 사후적 조치가 필요한 부분 및 재발방지 방안에 대해 설명해 보시오.	문제 상황 해결을 위한 추가 대응 문항

3. 발표 면접

① 발표 면접의 특징
• 직무관련 주제에 대한 지원자의 생각을 정리하여 의견을 제시하고, 발표 및 질의응답을 통해 지원자
의 직무능력을 평가하는 면접입니다.
• 발표 주제는 직무와 관련된 자료로 제공되며, 일정 시간 후 지원자가 보유한 지식 및 방안에 대한
발표 및 후속 질문을 통해 직무적합성을 평가합니다.

> • 주요 평가요소
> − 설득적 말하기 / 발표능력 / 문제해결능력 / 직무관련 전문성
> • 이미 언론을 통해 공론화된 시사 이슈보다는 해당 직무분야에 관련된 주제가 발표면접의 과제로 선
> 정되는 경우가 최근 들어 늘어나고 있음
> • 짧은 시간 동안 주어진 과제를 빠른 속도로 분석하여 발표문을 작성하고 제한된 시간 안에 면접관에
> 게 효과적인 발표를 진행하는 것이 핵심

발표 면접의 형태

[면접관 1] [면접관 2]

[면접관 1] [면접관 2]

[지원자]

〈개별 과제 발표〉

[지원자 1] [지원자 2] [지원자 3]

〈팀 과제 발표〉

※ 면접관에게 시각적 효과를 사용하여 메시지를 전달하는 쌍방향 커뮤니케이션 방식
※ 심층면접을 보완하기 위한 방안으로 최근 많은 기업에서 적극 도입하는 추세

② 발표 면접 예시

1. 지시문

당신은 현재 A사에서 직원들의 성과평가를 담당하고 있는 팀원이다. 인사팀은 지난주부터 사내 조직문화관련 인터뷰를 하던 도중 성과평가제도에 관련된 개선 니즈가 제일 많다는 것을 알게 되었다. 이에 팀장님은 인터뷰 결과를 종합하려 성과평가제도 개선 아이디어를 A4용지에 정리하여 신속 보고할 것을 지시하셨다. 당신에게 남은 시간은 1시간이다. 자료를 준비하는 대로 당신은 팀원들이 모인 회의실에서 5분 간 발표할 것이며, 이후 질의응답을 진행할 것이다.

2. 배경자료

〈성과평가제도 개선에 대한 인터뷰〉

최근 A사는 회사 사세의 급성장으로 인해 작년보다 매출이 두 배 성장하였고, 직원 수 또한 두 배로 증가하였다. 회사의 성장은 임금, 복지에 대한 상승 등 긍정적인 영향을 주었으나 업무의 불균형 및 성과보상의 불평등 문제가 발생하였다. 또한 수시로 입사하는 신입직원과 경력직원, 퇴사하는 직원들까지 인원들의 잦은 변동으로 인해 평가해야 할 대상이 변경되어 현재의 성과평가제도로는 공정한 평가가 어려운 상황이다.

[생산부서 김상호]
우리 팀은 지난 1년 동안 생산량이 급증했기 때문에 수십 명의 신규인력이 급하게 채용되었습니다. 이 때문에 저희 팀장님은 신규 입사자들의 이름조차 기억 못 할 때가 많이 있습니다. 성과평가를 제대로 하고 있는지 의문이 듭니다.

[마케팅 부서 김흥민]
개인의 성과평가의 취지는 충분히 이해합니다. 그러나 현재 평가는 실적기반이나 정성적인 평가가 많이 포함되어 있어 객관성과 공정성에는 의문이 드는 것이 사실입니다. 이러한 상황에서 평가제도를 재수립하지 않고, 인센티브에 계속 반영한다면, 평가제도에 대한 반감이 커질 것이 분명합니다.

[교육부서 홍경민]
현재 교육부서는 인사팀과 밀접하게 일하고 있습니다. 그럼에도 인사팀에서 실시하는 성과평가제도에 대한 이해가 부족한 것 같습니다.

[기획부서 김경호 차장]
저는 저의 평가자 중 하나가 연구부서의 팀장님인데, 일 년에 몇 번 같이 일하지 않는데 어떻게 저를 평가할 수 있을까요? 특히 연구팀은 저희가 예산을 배정하는데, 저에게는 좋지만….

4. 토론 면접

① 토론 면접의 특징
- 다수의 지원자가 조를 편성해 과제에 대한 토론(토의)을 통해 결론을 도출해가는 면접입니다.
- 의사소통능력, 팀워크, 종합인성 등의 평가에 용이합니다.

> - 주요 평가요소
>   - 설득적 말하기, 경청능력, 팀워크, 종합인성
> - 의견 대립이 명확한 주제 또는 채용분야의 직무 관련 주요 현안을 주제로 과제 구성
> - 제한된 시간 내 토론을 진행해야 하므로 적극적으로 자신 있게 토론에 임하고 본인의 의견을 개진할 수 있어야 함

토론 면접의 형태

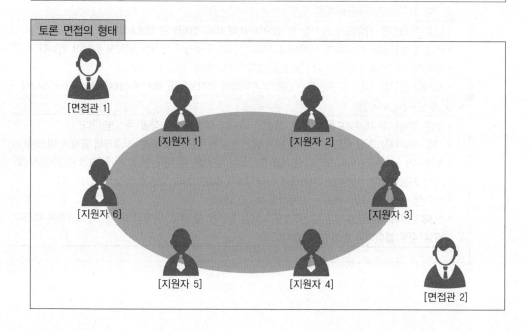

② 토론 면접 예시

고객 불만 고충처리

1. 들어가며

최근 우리 상품에 대한 고객 불만의 증가로 고객고충처리 TF가 만들어졌고 당신은 여기에 지원해 배치받았다. 당신의 업무는 불만을 가진 고객을 만나서 애로사항을 듣고 처리해 주는 일이다. 주된 업무로는 고객의 니즈를 파악해 방향성을 제시해 주고 그 해결책을 마련하는 일이다. 하지만 경우에 따라서 고객의 주관적인 의견으로 인해 제대로 된 방향으로 의사결정을 하지 못할 때가 있다. 이럴 경우 설득이나 논쟁을 해서라도 의견을 관철시키는 것이 좋을지 아니면 고객의 의견대로 진행하는 것이 좋을지 결정해야 할 때가 있다. 만약 당신이라면 이러한 상황에서 어떤 결정을 내릴 것인지 여부를 자유롭게 토론해 보시오.

2. 1분 자유 발언 시 준비사항

• 당신은 의견을 자유롭게 개진할 수 있으며 이에 따른 불이익은 없습니다.

• 토론의 방향성을 이해하고, 내용의 장점과 단점이 무엇인지 문제를 명확히 말해야 합니다.

• 합리적인 근거에 기초하여 개선방안을 명확히 제시해야 합니다.

• 제시한 방안을 실행 시 예상되는 긍정적·부정적 영향요인도 동시에 고려할 필요가 있습니다.

3. 토론 시 유의사항

• 토론 주제문과 제공해드린 메모지, 볼펜만 가지고 토론장에 입장할 수 있습니다.

• 사회자의 지정 또는 발표자가 손을 들어 발언권을 획득할 수 있으며, 사회자의 통제에 따릅니다.

• 토론회가 시작되면, 팀의 의견과 논거를 정리하여 1분간의 자유발언을 할 수 있습니다. 순서는 사회자가 지정합니다. 이후에는 자유롭게 상대방에게 질문하거나 답변을 하실 수 있습니다.

• 핸드폰, 서적 등 외부 매체는 사용하실 수 없습니다.

• 논제에 벗어나는 발언이나 지나치게 공격적인 발언을 할 경우, 위에서 제시한 유의사항을 지키지 않을 경우 불이익을 받을 수 있습니다.

1. 면접 Role Play 편성

- 교육생끼리 조를 편성하여 면접관과 지원자 역할을 교대로 진행합니다.
- 지원자 입장과 면접관 입장을 모두 경험해 보면서 면접에 대한 적응력을 높일 수 있습니다.

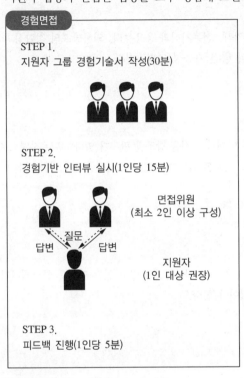

경험면접

STEP 1.
지원자 그룹 경험기술서 작성(30분)

STEP 2.
경험기반 인터뷰 실시(1인당 15분)

면접위원
(최소 2인 이상 구성)

질문
답변 답변

지원자
(1인 대상 권장)

STEP 3.
피드백 진행(1인당 5분)

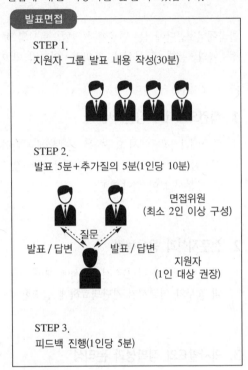

발표면접

STEP 1.
지원자 그룹 발표 내용 작성(30분)

STEP 2.
발표 5분+추가질의 5분(1인당 10분)

면접위원
(최소 2인 이상 구성)

질문
발표 / 답변 발표 / 답변

지원자
(1인 대상 권장)

STEP 3.
피드백 진행(1인당 5분)

> **Tip**
>
> 면접 준비하기
> 1. 면접 유형 확인 필수
>   - 기업마다 면접 유형이 상이하기 때문에 해당 기업의 면접 유형을 확인하는 것이 좋음
>   - 일반적으로 실무진 면접, 임원면접 2차례에 거쳐 면접을 실시하는 기업이 많고 실무진 면접과 임원 면접에서 평가요소가 다르기 때문에 유형에 맞는 준비방법이 필요
> 2. 후속 질문에 대한 사전 점검
>   - 블라인드 채용 면접에서는 주요 질문과 함께 후속 질문을 통해 지원자의 직무능력을 판단
>   → STAR 기법을 통한 후속 질문에 미리 대비하는 것이 필요

PART 4

한국에너지공단 면접 기출질문

한국에너지공단에서는 면접에서 직원으로서의 정신자세, 전문지식과 응용능력, 의사발표의 정확성과 논리성, 예의·품행 및 성실성, 창의력·의지력 및 기타 발전 가능성을 평가한다.

1. 직원으로서의 정신자세

한국에너지공단에서 요구하는 인재상에 부합하는 인재라는 점을 강조할 필요가 있다. 우선 직원으로서의 성실함과 적극성은 당연히 어필해야 하며, 앞으로 어떠한 업무들을 어떻게 진행할지에 대한 관심과 이해를 충분히 보여 줘야 한다.

2. 전문지식과 응용능력

면접 중 직무와 관련된 전문지식에 대한 질문이 있을 수 있다. 본인이 알고 있는 지식을 한국에너지공단 내 직무와 연결시켜 간단명료하게 설명할 수 있어야 한다.

3. 의사발표의 정확성과 논리성

면접 경험이 적은 사람은 상대적으로 자신이 말하고자 하는 바를 조리 있게 설명하는 것이 어렵다. 단기간에 실력을 높이기 힘들기 때문에 사전에 예상되는 면접 질문 목록을 만들고 그에 맞는 답변을 조리 있게 작성하여 많은 연습을 할 필요가 있다.

4. 예의·품행 및 성실성

면접은 자신을 평가하는 사람과의 첫 만남이다. 면접장에 들어와서 대기하는 순간부터 면접을 종료하고 퇴실할 때까지 긴장을 늦춰서는 안 된다. 특히 면접장에 입장했을 때는 단정한 옷차림새와 반듯한 인사로 면접관들에게 좋은 인상을 남기도록 해야 한다.

5. 창의력·의지력 및 기타 발전 가능성

한국에너지공단은 기존의 틀에 박힌 관념에 사로잡히지 않고 서울 지하철 이용승객의 이용편의 증진을 위한 새로운 아이디어를 창출해 낼 수 있는 창의력 있는 인재를 선발하고자 한다. 또한 이를 실현시킬 수 있는 의지력과 발전성을 요구한다.

6. 2023년 면접 기출질문

- 자신의 소통 역량을 어필할 수 있는 경험이 있다면 말해 보시오.
- 본인의 강점과 업무상 필요한 자질을 연관 지어 이야기해 보시오.
- 대학 시절 전공 외에 노력하여 성취한 것이 있다면 말해 보시오.
- 경쟁하던 상대방을 배려한 경험이 있다면 말해 보시오.
- 책에서 배우지 않았던 지식을 활용했던 경험이 있다면 말해 보시오.
- 타인과의 소통에 실패했던 경험이 있는지, 이를 통해 느낀 점은 무엇인지 말해 보시오.
- 본인의 직업관을 솔직하게 말해 보시오.
- 정보를 수집하는 본인만의 기준이 있다면 말해 보시오.
- 긍정적인 에너지를 발휘했던 경험이 있다면 말해 보시오.
- 한국에너지공단과 관련하여 최근 접한 이슈가 있는지, 그에 대한 본인의 생각은 어떠한지 말해 보시오.
- 팀 프로젝트 과정 중에 문제를 겪었던 경험이 있는지, 그런 경험이 있다면 문제를 어떻게 효과적으로 해결했는지 말해 보시오.
- 본인은 주위 사람들로부터 어떤 평가를 받는 사람인지 말해 보시오.
- 본인이 맡은 바보다 더 많은 일을 해 본 경험이 있는지 말해 보시오.
- 평소 생활에서 안전을 지키기 위해 노력했던 습관이 있다면 말해 보시오.
- 기대했던 목표보다 더 높은 성과를 거둔 경험이 있다면 말해 보시오.
- 공공데이터의 활용 방안에 대해 말해 보시오.
- 상대방을 설득하는 본인만의 방법에 대해 말해 보시오.
- 본인의 스트레스 해소 방안에 대해 말해 보시오.
- 한국에너지공단에 입사하기 위해 참고했던 자료 중 세 가지를 골라 말해 보시오.
- 본인의 악성민원 응대 방법에 대해 말해 보시오.
- 기획안을 작성하고자 할 때 어떤 자료를 어떻게 참고할 것인지 말해 보시오.
- 상사의 부당한 지시에 어떻게 반응할 것인지 말해 보시오.
- 신재생에너지가 갖고 있는 문제점들을 어떻게 보완할 것인지 말해 보시오.
- 졸업 후 자기개발을 위해 하고 있는 것이 있는지, 최근 그것에 대해 공부하거나 본 적은 있는지 말해 보시오.

7. 과년도 면접 기출질문

- 공직자에게 가장 중요한 신념이 무엇이라고 생각하는지 말해 보시오.
- 봉사활동 경험이 있는지 말해 보시오.
- 갈등해결 경험이 있는지, 있다면 어떠한 갈등해결 전략을 어떻게 활용하였는지 말해 보시오.
- 직무에 대한 본인의 강점은 무엇인지 말해 보시오.
- 자기계발 경험에 대하여 간략하게 말해 보시오.
- 리더십을 발휘한 경험이 있는지 말해 보시오.
- 목표를 이루기 위하여 꾸준히 노력한 경험이 있는지 말해 보시오.
- 한국에너지공단에 입사하기 위해 특별히 노력한 부분이 있는지 말해 보시오.
- 한국에너지공단에서 시행 중인 4차 산업혁명 관련 사업을 아는 대로 말해 보시오.
- 지하철 관련 사건·사고에 대해서 아는 대로 말해 보시오.
- 공기업 직원으로서 가장 중요한 덕목이 무엇인지 말해 보시오.
- 갈등 상황에서 Win – Win 전략을 사용한 적이 있는지 말해 보시오.
- 다른 회사와 비교할 때 한국에너지공단만의 장단점에 대해 말해 보시오.
- 역무원으로서 가져야 할 자세와 그에 대한 경험에 대해 말해 보시오.
- 역무원 업무에서 4차 산업혁명 기술을 이용할 수 있는 방안에 대해 말해 보시오.
- 부정승차를 대처할 수 있는 방안에 대해 말해 보시오.
- 컴플레인에 대처할 수 있는 방안에 대해 말해 보시오.
- 지하철 혼잡도를 낮추고 승객 스트레스를 줄이기 위한 방안에 대해 말해 보시오.
- 지하철 공간 활용 방안에 대해 말해 보시오.
- 일회용 교통권 회수율 상승 방안에 대해 말해 보시오.
- 특정 분야의 전문가가 되기 위해 노력했던 경험이 있는지, 이를 한국에너지공단에서 어떻게 발휘할 것
  인지 말해 보시오.
- 지금의 자신을 가장 명확하게 표현할 수 있는 과거의 경험이 있다면 말해 보시오.
- 교대 근무에 대한 생각을 말해 보시오.
- 접지저항의 종별 크기에 대하여 말해 보시오.
- 본인의 친화력을 보여 주는 경험이 있다면 말해 보시오.
- 영어로 자기소개를 할 수 있다면 간략하게 해 보시오.
- 평상시 한국에너지공단에 바라는 개선점이 있었다면 말해 보시오.
- 우리나라 지하철을 이용하며 느낀 장단점에 대하여 말해 보시오.
- 소속 집단을 위하여 사소하게라도 희생한 경험이 있다면 말해 보시오.

- 분기기에 대해 말해 보시오.
- 이론교점과 실제교점에 대해 말해 보시오.
- 크로싱부에 대해 말해 보시오.
- 궤도틀림에 대해 말해 보시오.
- 궤도 보수에 사용되는 장비에 대해 말해 보시오(MTT, STT 등).
- 온도 변화 신축관이란 무엇인지, 피뢰기와 피뢰침, 조합논리회로와 순차논리회로에 대한 개념과 비교하여 말해 보시오.
- 노인 무임승차 해결방안에 대해 말해 보시오.
- 혼잡한 시간대에 열차를 증차하면 그에 따르는 추가비용은 어떻게 감당할 것인지에 대한 방안을 빅데이터를 활용해서 말해 보시오.
- 대중교통 이용을 통해 건강문제를 해결할 수 있는 방안에 대해 말해 보시오.
- 지하철 성범죄 예방방법에 대해 말해 보시오.
- 신호체계 혼재로 인한 안전사고 해결방안에 대해 말해 보시오.
- 4차 산업의 빅데이터를 활용하여 지하철 출퇴근 시간의 붐비는 현상을 개선할 방안에 대해 말해 보시오.
- 지하철 안내판 개선방법에 대해 말해 보시오.
- 지하철 불법 광고 근절 방안에 대해 말해 보시오.
- 교통체계 시스템 개선 방안에 대해 말해 보시오.
- 국민들이 사기업보다 공기업 비리에 더 분노하는 이유는 무엇이라고 생각하는지 말해 보시오.
- 사람과 대화할 때 가장 중요한 것이 무엇이라고 생각하는지 말해 보시오.
- 본인을 색으로 표현하면 무슨 색이고 왜 그 색인지 이유에 대해 말해 보시오.
- 창의적으로 무언가를 주도했던 경험을 말해 보시오.

"오늘 당신의 노력은 아름다운 꽃의 물이 될 것입니다."

그러나, 이 꽃을 볼 때 사람들은 이 꽃의 아름다움과 향기만을 사랑하고 칭찬하였지, 이 꽃을 그렇게 아름답게 어여쁘게 만들어 주는 병 속의 물은 조금도 생각지 않는 것이 보통입니다.

만일 이 꽃병 속에 들어 있는 물을 죄다 쏟아 버리고 빈 병에다 이 꽃을 꽂아 보십시오.

아무리 아름답고 어여쁜 꽃이기로서니 단 한 송이의 꽃을 피울 수 있으며, 단 한 번이라도 꽃 향기를 날릴 수 있겠습니까?

우리는 여기서 아무리 본바탕이 좋고 아름다운 꽃이라도 보이지 않는 물의 숨은 힘이 없으면 도저히 그 빛과 향기를 자랑할 수 없는 것을 알았습니다.

－방정환의 「우리 뒤에 숨은 힘」 중－

남에게 이기는 방법의 하나는 예의범절로 이기는 것이다.

- 조쉬 빌링스 -

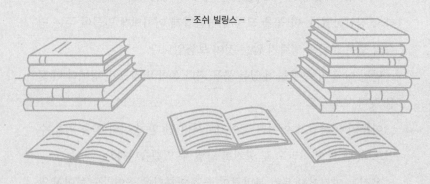

현재 나의 실력을 객관적으로 파악해 보자!

모바일 OMR
답안채점 / 성적분석 서비스

도서에 수록된 모의고사에 대한 객관적인 결과(정답률, 순위)를 종합적으로 분석하여 제공합니다.

OMR 입력

성적분석

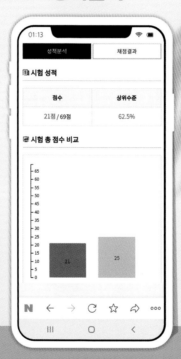

채점결과

※OMR 답안채점 / 성적분석 서비스는 등록 후 30일간 사용 가능합니다.

도서 내 모의고사 우측 상단에 위치한 QR코드 찍기 → 로그인 하기 → '시작하기' 클릭 → '응시하기' 클릭 → 나의 답안을 모바일 OMR 카드에 입력 → '성적분석 & 채점결과' 클릭 → 현재 내 실력 확인하기

2024
최신판

판매량
1위
한국에너지공단
YES24

한국
에너지공단

정답 및 해설

NCS+전공+모의고사 4회

편저 | SDC(Sidae Data Center)

기출복원문제부터
대표기출유형 및
모의고사까지

한 권으로
마무리!

SDC
SDC는 시대에듀 데이터 센터의 약자로
약 30만 개의 NCS·적성 문제 데이터를
바탕으로 최신 출제경향을 반영하여
문제를 출제합니다.

시대에듀

Add+

특별부록

끝까지 책임진다! 시대에듀!

QR코드를 통해 도서 출간 이후 발견된 오류나 개정법령, 변경된 시험 정보, 최신기출문제, 도서 업데이트 자료 등이 있는지 확인해 보세요! **시대에듀 합격 스마트 앱**을 통해서도 알려 드리고 있으니 구글 플레이나 앱 스토어에서 다운받아 사용하세요. 또한, 파본 도서인 경우에는 구입하신 곳에서 교환해 드립니다.

2024년 상반기 주요 공기업
NCS 기출복원문제

01	02	03	04	05	06	07	08	09	10	11	12	13	14	15	16	17	18	19	20
③	④	⑤	③	②	③	①	③	④	⑤	②	③	③	①	④	②	①	⑤	①	②
21	22	23	24	25	26	27	28	29	30	31	32	33	34	35	36	37	38	39	40
①	④	③	③	②	④	③	②	②	④	②	④	③	④	①	②	④	③	②	③
41	42	43	44	45	46	47	48	49	50										
③	③	③	⑤	②	④	②	②	①	⑤										

01

정답 ③

제시된 시는 신라시대 6두품 출신의 문인인 최치원이 지은 『촉규화』이다. 최치원은 자신을 향기 날리는 탐스런 꽃송이에 비유하여 뛰어난 학식과 재능을 뽐내고 있지만, 수레와 말 탄 사람에 비유한 높은 지위의 사람들이 자신을 외면하는 현실을 한탄하고 있다.

> **최치원**
> 신라시대 6두품 출신의 문인으로, 12세에 당나라로 유학을 간 후 6년 만에 당의 빈공과에 장원으로 급제할 정도로 학문적 성취가 높았다. 그러나 당나라에서 제대로 인정을 받지 못했고, 신라에 돌아와서도 6두품이라는 출신의 한계로 원하는 만큼의 관직에 오르지는 못하였다. 『촉규화』는 최치원이 당나라 유학시절에 지은 시로 알려져 있으며, 자신을 알아주지 않는 시대에 대한 개탄을 담고 있다. 최치원은 인간 중심의 보편성과 그에 따른 다양성을 강조하였고, 신라의 쇠퇴로 인해 이러한 그의 정치 이념과 사상은 신라 사회에서는 실현되지 못하였으나 이후 고려 국가의 체제 정비에 영향을 미쳤다.

02

정답 ④

네 번째 문단에서 백성들이 적지 않고, 토산품이 구비되어 있지만 이로운 물건이 세상에 나오지 않고, 그렇게 하는 방법을 모르기 때문에 경제를 윤택하게 하는 것 자체를 모른다고 하였다. 따라서 조선의 경제가 윤택하지 못한 이유를 부족한 생산량이 아니라 유통의 부재로 보고 있다.

[오답분석]
① 세 번째 문단에서 쓸모없는 물건을 사용하여 유용한 물건을 유통하고 거래하지 않는다면 유용한 물건들이 대부분 한 곳에 묶여서 고갈될 것이라고 하며 유통이 원활하지 않은 현실을 비판하고 있다.
② 세 번째 문단에서 옛날의 성인과 제왕은 유통의 중요성을 알고 있었기 때문에 주옥과 화폐 등의 물건을 조성하여 재물이 원활하게 유통될 수 있도록 노력했다고 하며 재물 유통을 위한 성현들의 노력을 제시하고 있다.
③ 여섯 번째 문단에서 재물을 우물에 비유하여 설명하고 있다. 재물의 소비를 하지 않으면 물을 길어내지 않는 우물처럼 말라 버릴 것이며, 소비를 한다면 물을 퍼내는 우물처럼 물이 가득할 것이라며 재물에 대한 소비가 경제의 규모를 늘릴 것이라고 강조하고 있다.
⑤ 여섯 번째 문단에서 비단옷을 입지 않으면 비단을 짜는 사람과 베를 짜는 여인 등 관련 산업 자체가 황폐해질 것이라고 하고 있다. 따라서 산업의 발전을 위한 적당한 사치(소비)가 있어야 함을 주장하고 있다.

03

'말로는 친한 듯 하나 속으로는 해칠 생각이 있음'을 뜻하는 한자성어는 '口蜜腹劍(구밀복검)'이다.
• 刻舟求劍(각주구검) : 융통성 없이 현실에 맞지 않는 낡은 생각을 고집하는 어리석음

오답분석

① 水魚之交(수어지교) : 아주 친밀하여 떨어질 수 없는 사이
② 結草報恩(결초보은) : 죽은 뒤에라도 은혜를 잊지 않고 갚음
③ 靑出於藍(청출어람) : 제자나 후배가 스승이나 선배보다 나음
④ 指鹿爲馬(지록위마) : 윗사람을 농락하여 권세를 마음대로 함

04

③에서 '뿐이다'는 체언(명사, 대명사, 수사)인 '셋'을 수식하므로 조사로 사용되었다. 따라서 앞말과 붙여 써야 한다.

오답분석

① 종결어미 '−는지'는 앞말과 붙여 써야 한다.
② '만큼'은 용언(동사, 형용사)인 '애쓴'을 수식하므로 의존명사로 사용되었다. 따라서 앞말과 띄어 써야 한다.
④ '큰지'와 '작은지'는 모두 연결어미 '−ㄴ지'로 쓰였으므로 앞말과 붙여 써야 한다.
⑤ '−판'은 앞의 '씨름'과 합성어를 이루므로 붙여 써야 한다.

05

'채이다'는 '차이다'의 잘못된 표기이다. 따라서 '차였다'로 표기해야 한다.
• 차이다 : 주로 남녀 관계에서 일방적으로 관계가 끊기다.

오답분석

① 금세 : 지금 바로. '금시에'의 준말
③ 핼쑥하다 : 얼굴에 핏기가 없고 파리하다.
④ 낯설다 : 전에 본 기억이 없어 익숙하지 아니하다.
⑤ 곰곰이 : 여러모로 깊이 생각하는 모양

06

한자어에서 'ㄹ' 받침 뒤에 연결되는 'ㄷ, ㅅ, ㅈ'은 된소리로 발음되므로 [몰쌍식]으로 발음해야 한다.

오답분석

①・④ 받침 'ㄴ'은 'ㄹ'의 앞이나 뒤에서 [ㄹ]로 발음하지만, 결단력, 공권력, 상견례 등에서는 [ㄴ]으로 발음한다.
② 받침 'ㄱ(ㄲ, ㅋ, ㄳ, ㄺ), ㄷ(ㅅ, ㅆ, ㅈ, ㅊ, ㅌ, ㅎ), ㅂ(ㅍ, ㄼ, ㄿ, ㅄ)'은 'ㄴ, ㅁ' 앞에서 [ㅇ, ㄴ, ㅁ]으로 발음한다.
⑤ 받침 'ㄷ, ㅌ(ㄾ)'이 조사나 접미사의 모음 'ㅣ'와 결합되는 경우에는 [ㅈ, ㅊ]으로 바꾸어서 뒤 음절 첫소리로 옮겨 발음한다.

07

$865 \times 865 + 865 \times 270 + 135 \times 138 - 405$
$= 865 \times 865 + 865 \times 270 + 135 \times 138 - 135 \times 3$
$= 865 \times (865 + 270) + 135 \times (138 - 3)$
$= 865 \times 1,135 + 135 \times 135$
$= 865 \times (1,000 + 135) + 135 \times 135$
$= 865 \times 1,000 + (865 + 135) \times 135$
$= 865,000 + 135,000$
$= 1,000,000$

따라서 식을 계산하여 나온 수의 백의 자리는 0, 십의 자리는 0, 일의 자리는 0이다.

08
정답 ③

터널의 길이를 xm라 하면 다음과 같은 식이 성립한다.

$$\frac{x+200}{60} : \frac{x+300}{90} = 10 : 7$$

$$\frac{x+300}{90} \times 10 = \frac{x+200}{60} \times 7$$

$$\rightarrow 600(x+300) = 630(x+200)$$

$$\rightarrow 30x = 54,000$$

$$\therefore x = 1,800$$

따라서 터널의 길이는 1,800m이다.

09
정답 ④

나열된 수의 규칙은 (첫 번째 수)×[(두 번째 수)−(세 번째 수)]=(네 번째 수)이다.
따라서 빈칸에 들어갈 수는 9×(16−9)=63이다.

10
정답 ⑤

제시된 수열은 +3, +5, +7, +9, … 씩 증가하는 수열이다.
따라서 빈칸에 들어갈 수는 97+21=118이다.

11
정답 ②

A반과 B반 모두 2번의 경기를 거쳐 결승에 만나는 경우는 다음과 같다.

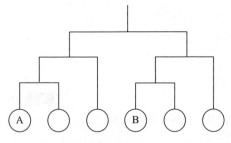

이때 남은 네 반을 배치할 때마다 모두 다른 경기가 진행되므로 구하고자 하는 경우의 수는 4!=24가지이다.

12
정답 ③

첫 번째 조건에 따라 ①, ②는 70대 이상에서 도시의 여가생활 만족도(1.7점)가 같은 연령대의 농촌(ㄹ) 만족도(3.5점)보다 낮으므로 제외되고, 두 번째 조건에 따라 도시에서 10대의 여가생활 만족도는 농촌에서 10대(1.8점)의 2배보다 높으므로 1.8×2=3.6점을 초과해야 하나 ④는 도시에서 10대(ㄱ)의 여가생활 만족도가 3.5점이므로 제외된다. 또한, 세 번째 조건에 따라 ⑤는 도시에서 여가생활 만족도가 가장 높은 연령대인 40대(3.9점)보다 30대(ㄴ)가 4.0점으로 높으므로 제외된다.
따라서 마지막 조건까지 만족하는 것은 ③이다.

13

K제품의 가격을 10,000원 인상할 때 판매량은 $(10,000-160)$개이고, 20,000원 인상할 때 판매량은 $(10,000-320)$개이다. 또한, 가격을 10,000원 인하할 때 판매량은 $(10,000+160)$개이고, 20,000원 인하할 때 판매량은 $(10,000+320)$개이다. 따라서 가격이 $(500,000+10,000x)$원일 때 판매량은 $(10,000-160x)$개이므로, 총판매금액을 y원이라 하면 $(500,000+10,000x)\times(10,000-160x)$원이 된다.

y는 x에 대한 이차식이므로 이를 표준형으로 표현하면 다음과 같다.

$$y=(500,000+10,000x)\times(10,000-160x)$$
$$=-1,600,000\times(x+50)\times(x-62.5)$$
$$=-1,600,000\times(x^2-12.5x-3,125)$$
$$=-1,600,000\times\left(x-\frac{25}{4}\right)^2+1,600,000\times\left(\frac{25}{4}\right)^2+1,600,000\times3,125$$

따라서 $x=\dfrac{25}{4}$일 때 총판매금액이 최대이지만 가격은 10,000원 단위로만 변경할 수 있으므로 $\dfrac{25}{4}$와 가장 가까운 자연수인 $x=6$일 때 총판매금액이 최대가 된다. 그러므로 제품의 가격은 $500,000+10,000\times6=560,000$원이다.

14

방사형 그래프는 여러 평가 항목에 대하여 중심이 같고 크기가 다양한 원 또는 다각형을 도입하여 구역을 나누고, 각 항목에 대한 도수 등을 부여하여 점을 찍은 후 그 점끼리 이어 생성된 다각형으로 자료를 분석할 수 있다. 따라서 방사형 그래프인 ①을 사용하면 항목별 비교 및 균형을 쉽게 파악할 수 있다.

15

3월의 경우 K톨게이트를 통과한 영업용 승합차 수는 229천 대이고, 영업용 대형차 수는 139천 대이다.
$139\times2=278>229$이므로 3월의 영업용 승합차 수는 영업용 대형차 수의 2배 미만이다.
따라서 모든 달에서 영업용 승합차 수는 영업용 대형차 수의 2배 이상이 아니므로 옳지 않은 설명이다.

오답분석
① 각 달의 전체 승용차 수와 전체 승합차 수의 합은 다음과 같다.
- 1월 : $3,807+3,125=6,932$천 대
- 2월 : $3,555+2,708=6,263$천 대
- 3월 : $4,063+2,973=7,036$천 대
- 4월 : $4,017+3,308=7,325$천 대
- 5월 : $4,228+2,670=6,898$천 대
- 6월 : $4,053+2,893=6,946$천 대
- 7월 : $3,908+2,958=6,866$천 대
- 8월 : $4,193+3,123=7,316$천 대
- 9월 : $4,245+3,170=7,415$천 대
- 10월 : $3,977+3,073=7,050$천 대
- 11월 : $3,953+2,993=6,946$천 대
- 12월 : $3,877+3,040=6,917$천 대

따라서 전체 승용차 수와 승합차 수의 합이 가장 많은 달은 9월이고, 가장 적은 달은 2월이다.
② 4월을 제외하고 K톨게이트를 통과한 비영업용 승합차 수는 월별 3,000천 대(=300만 대)를 넘지 않는다.
③ 모든 달에서 (영업용 대형차 수)$\times10\geq$ (전체 대형차 수)이므로 영업용 대형차 수의 비율은 모든 달에서 전체 대형차 수의 10% 이상이다.
⑤ 승용차가 가장 많이 통과한 달은 9월이고, 이때 영업용 승용차 수의 비율은 9월 전체 승용차 수의 $\dfrac{140}{4,245}\times100≒3.3\%$로 3% 이상이다.

16
정답 ②

제시된 열차의 부산역 도착시간을 계산하면 다음과 같다.
- KTX

  8:00(서울역 출발) → 10:30(부산역 도착)
- ITX-청춘

  7:20(서울역 출발) → 8:00(대전역 도착) → 8:15(대전역 출발) → 11:05(부산역 도착)
- ITX-마음

  6:40(서울역 출발) → 7:20(대전역 도착) → 7:35(대전역 출발) → 8:15(울산역 도착) → 8:30(울산역 출발) → 11:00(부산역 도착)
- 새마을호

  6:30(서울역 출발) → 7:30(대전역 도착) → 7:40(ITX-마음 출발 대기) → 7:55(대전역 출발) → 8:55(울산역 도착) → 9:10(울산역 출발) → 10:10(동대구역 도착) → 10:25(동대구역 출발) → 11:55(부산역 도착)
- 무궁화호

  5:30(서울역 출발) → 6:50(대전역 도착) → 7:05(대전역 출발) → 8:25(울산역 도착) → 8:35(ITX-마음 출발 대기) → 8:50(울산역 출발) → 10:10(동대구역 도착) → 10:30(새마을호 출발 대기) → 10:45(동대구역 출발) → 12:25(부산역 도착)

따라서 가장 늦게 도착하는 열차는 무궁화호로, 12시 25분에 부산역에 도착한다.

[오답분석]
① ITX-청춘은 11시 5분에 부산역에 도착하고, ITX-마음은 11시에 부산역에 도착한다.
③ ITX-마음은 정차역인 대전역과 울산역에서 다른 열차와 시간이 겹치지 않는다.
④ 부산역에 가장 빨리 도착하는 열차는 KTX로, 10시 30분에 도착한다.
⑤ 무궁화호는 울산역에서 8시 15분에 도착한 ITX-마음으로 인해 8시 35분까지 대기하며, 동대구역에서 10시 10분에 도착한 새마을호로 인해 10시 30분까지 대기한다.

17
정답 ①

A과장과 팀원 1명은 7시 30분까지 사전 회의를 가져야 하므로 8시에 출발하는 KTX만 이용할 수 있다. 남은 팀원 3명은 11시 30분까지 부산역에 도착해야 하므로 10시 30분에 도착하는 KTX, 11시 5분에 도착하는 ITX-청춘, 11시에 도착하는 ITX-마음을 이용해야 하며, 이 중 가장 저렴한 열차를 이용해야 하므로 ITX-마음을 이용한다. 따라서 KTX 2인, ITX-마음 3인의 요금을 계산하면 $(59,800\times2)+(42,600\times3)=119,600+127,800=247,400$원이다.

18
정답 ⑤

A는 B의 부정적인 의견들을 구조화하여 B가 그러한 논리를 가지게 된 궁극적 원인인 경쟁력 부족을 찾아내었고, 이러한 원인을 해소할 수 있는 방법을 찾아 자신의 계획을 재구축하여 B에게 설명하였다. 따라서 제시문에서 나타난 논리적 사고의 구성요소는 상대 논리의 구조화이다.

[오답분석]
① 설득 : 논증을 통해 나의 생각을 다른 사람에게 이해 · 공감시키고, 타인이 내가 원하는 행동을 하도록 하는 것이다.
② 구체적인 생각 : 상대가 말하는 것을 잘 알 수 없을 때, 이미지를 떠올리거나 숫자를 활용하는 등 구체적인 방법을 활용하여 생각하는 것이다.
③ 생각하는 습관 : 논리적 사고를 개발하기 위해 일상적인 모든 것에서 의문점을 가지고 그 원인을 생각해 보는 습관이다.
④ 타인에 대한 이해 : 나와 상대의 주장이 서로 반대될 때, 상대의 주장 전부를 부정하지 않고 상대의 인격을 존중하는 것이다.

19
정답 ①

마지막 조건에 따라 C는 항상 두 번째에 도착하게 되고, 첫 번째 조건에 따라 A-B가 순서대로 도착했으므로 A, B는 첫 번째로 도착할 수 없다. 또한 두 번째 조건에서 D는 E보다 늦게 도착하므로 가능한 경우를 정리하면 다음과 같다.

구분	첫 번째	두 번째	세 번째	네 번째	다섯 번째
경우 1	E	C	A	B	D
경우 2	E	C	D	A	B

따라서 E는 항상 가장 먼저 도착한다.

20

정답 ②

전제 1의 전건(P)인 'TV를 오래 보면'은 후건(Q)인 '눈이 나빠진다.'가 성립하는 충분조건이며, 후건은 전건의 필요조건이 된다(P → Q). 그러나 삼단논법에서 단순히 전건을 부정한다고 해서 후건 또한 부정되지는 않는다(~ P → ~ Q, 역의 오류). 철수가 TV를 오래 보지 않아도 눈이 나빠질 수 있는 가능성은 얼마든지 있기 때문이다. 이러한 형식적 오류를 '전건 부정의 오류'라고 한다.

오답분석
① 사개명사의 오류 : 삼단논법에서 개념이 4개일 때 성립하는 오류이다(A는 B이고, A와 C는 모두 D이다. 따라서 B는 C이다).
③ 후건 긍정의 오류 : 후건을 긍정한다고 전건 또한 긍정이라고 하는 오류이다(P → Q이므로 Q → P이다. 이의 오류).
④ 선언지 긍정의 오류 : 어느 한 명제를 긍정하는 것이 필연적으로 다른 명제의 부정을 도출한다고 여기는 오류이다(A는 B와 C이므로 A가 B라면 반드시 C는 아니다. ∵ B와 C 둘 다 해당할 가능성이 있음).
⑤ 매개념 부주연의 오류 : 매개념(A)이 외연 전부(B)에 대하여 성립되지 않을 때 발생하는 오류이다(A는 B이고 C는 B이므로 A는 C이다).

21

정답 ①

K공단에서 위촉한 자문 약사는 다제약물 관리사업 대상자가 먹고 있는 약물의 복용상태, 부작용, 중복 등을 종합적으로 검토하고 그 결과를 바탕으로 상담, 교육 및 처방조정 안내를 실시한다. 또한 우리나라는 2000년에 시행된 의약 분업의 결과, 일부 예외사항을 제외하면 약사는 환자에게 약물의 처방을 할 수 없다. 따라서 약사는 환자의 약물점검 결과를 의사에게 전달하여 처방에 반영될 수 있도록 할 뿐 직접적인 처방을 할 수는 없다.

오답분석
② 다제약물 관리사업으로 인해 중복되는 약물을 파악하고 조치할 수 있다. 실제로 세 번째 문단의 다제약물 관리사업 평가에서 효능이 유사한 약물을 중복해서 복용하는 환자가 40.2% 감소되는 등의 효과가 확인되었다.
③ 다제약물 관리사업은 10종 이상의 약을 복용하는 만성질환자를 대상으로 약물관리 서비스를 제공하는 사업이다.
④ 병원의 경우 입원 및 외래환자를 대상으로 의사, 약사 등으로 구성된 다학제팀이 약물관리 서비스를 제공하는 반면, 지역사회에 서는 다학제 협업 시스템이 미흡하다는 의견이 나오고 있다. 이에 K공단은 도봉구 의사회와 약사회, 전문가로 구성된 지역협의 체를 구성하여 의·약사 협업 모형을 개발하였다.

22

정답 ④

제시문의 첫 번째 문단은 아토피 피부염의 정의를 나타내므로 이어서 연결될 수 있는 문단은 아토피 피부염의 원인을 설명하는 (라) 문단이다. 또한, (가) 문단의 앞부분 내용이 (라) 문단의 뒷부분과 연계되므로 (가) 문단이 다음에 오는 것이 적절하다. 그리고 (나) 문단의 첫 번째 문장에서 앞의 약물치료와 더불어 일상생활에서의 예방법을 말하고 있으므로 (나) 문단의 앞에는 아토피 피부염의 약물치료 방법인 (다) 문단이 오는 것이 가장 자연스럽다. 따라서 (라) - (가) - (다) - (나)의 순서로 나열해야 한다.

23

정답 ③

제시문은 뇌경색이 발생하는 원인과 발생했을 때 치료 방법을 소개하고 있다. 따라서 글의 주제로 가장 적절한 것은 '뇌경색의 발병 원인과 치료 방법'이다.

오답분석
① 뇌경색의 주요 증상에 대해서는 제시문에서 언급하고 있지 않다.
② 뇌경색 환자는 기전에 따라 항혈소판제나 항응고제 약물 치료를 한다고 하였지만, 글의 전체 내용을 담는 주제는 아니다.
④ 뇌경색이 발생했을 때의 조치사항은 제시문에서 언급하고 있지 않다.

24

2021년의 건강보험료 부과 금액은 전년 대비 69,480−63,120=6,360십억 원 증가하였다. 이는 2020년 건강보험료 부과 금액의 10%인 63,120×0.1=6,312십억 원보다 크므로 2021년의 건강보험료 부과 금액은 전년 대비 10% 이상 증가하였음을 알 수 있다. 2022년 또한 76,775−69,480=7,295십억 > 69,480×0.1=6,948십억 원이므로 건강보험료 부과 금액은 전년 대비 10% 이상 증가하였다.

오답분석

① 제시된 자료를 통해 확인할 수 있다.

② 연도별 전년 대비 1인당 건강보험 급여비 증가액을 구하면 다음과 같다.
- 2020년 : 1,400,000−1,300,000=100,000원
- 2021년 : 1,550,000−1,400,000=150,000원
- 2022년 : 1,700,000−1,550,000=150,000원
- 2023년 : 1,900,000−1,700,000=200,000원

따라서 1인당 건강보험 급여비가 전년 대비 가장 크게 증가한 해는 2023년이다.

④ 2019년 대비 2023년의 1인당 건강보험 급여비 증가율은 $\frac{1,900,000-1,300,000}{1,300,000} \times 100 = 46\%$이므로 40% 이상 증가하였다.

25

'잎이 넓다.'를 P, '키가 크다.'를 Q, '더운 지방에서 자란다.'를 R, '열매가 많이 맺힌다.'를 S라 하면, 첫 번째 명제는 P → Q, 두 번째 명제는 ~P → ~R, 네 번째 명제는 R → S이다. 두 번째 명제의 대우인 R → P와 첫 번째 명제인 P → Q에 따라 R → P → Q이므로 네 번째 명제가 참이 되려면 Q → S인 명제 또는 이와 대우 관계인 ~S → ~Q인 명제가 필요하다.

오답분석

① ~P → S이므로 참인 명제가 아니다.

③ 제시된 모든 명제와 관련이 없는 명제이다.

④ R → Q와 대우 관계인 명제이지만, 네 번째 명제가 참임을 판단할 수 없다.

26

'풀을 먹는 동물'을 P, '몸집이 크다.'를 Q, '사막에서 산다.'를 R, '물속에서 산다.'를 S라 하면, 첫 번째 명제는 P → Q, 두 번째 명제는 R → ~S, 네 번째 명제는 S → Q이다. 네 번째 명제가 참이 되려면 두 번째 명제와 대우 관계인 S → ~R에 의해 ~R → P인 명제 또는 이와 대우 관계인 ~P → R인 명제가 필요하다.

오답분석

① Q → S로 네 번째 명제의 역이지만, 어떤 명제가 참이라고 해서 그 역이 반드시 참이 될 수는 없다.

② 제시된 모든 명제와 관련이 없는 명제이다.

③ R → Q이므로 참인 명제가 아니다.

27

모든 1과 사원은 가장 실적이 많은 2과 사원보다 실적이 많고, 3과 사원 중 일부는 가장 실적이 많은 2과 사원보다 실적이 적다. 따라서 3과 사원 중 일부는 모든 1과 사원보다 실적이 적다.

28

- A : 초청 목적이 6개월가량의 외국인 환자의 간병이므로 G-1-10 비자를 발급받아야 한다.
- B : 초청 목적이 국내 취업조건을 모두 갖춘 자의 제조업체 취업이므로 E-9-1 비자를 발급받아야 한다.
- C : 초청 목적이 K대학교 교환학생이므로 D-2-6 비자를 발급받아야 한다.
- D : 초청 목적이 국제기구 정상회의 참석이므로 A-2 비자를 발급받아야 한다.

29

정답 ②

나열된 수의 규칙은 [(첫 번째 수)+(두 번째 수)]×(세 번째 수)−(네 번째 수)=(다섯 번째 수)이다.
따라서 빈칸에 들어갈 수는 (9+7)×5−1=79이다.

30

정답 ④

두 주사위 A, B를 던져 나온 수를 각각 a, b라 할 때, 가능한 순서쌍 (a, b)의 경우의 수는 6×6=36가지이다.
이때 $a=b$의 경우의 수는 (1, 1), (2, 2), (3, 3), (4, 4), (5, 5), (6, 6)으로 6가지이므로 $a \neq b$의 경우의 수는 36−6=30가지이다.
따라서 $a \neq b$일 확률은 $\dfrac{30}{36}=\dfrac{5}{6}$이다.

31

정답 ②

$$\dfrac{(빨간색 공 2개 중 1개를 뽑는 경우의 수)\times(노란색 공 3개 중 2개를 뽑는 경우의 수)}{(전체 공 5개 중 3개를 뽑는 경우의 수)}=\dfrac{{}_2C_1 \times {}_3C_2}{{}_5C_3}=\dfrac{2\times 3}{\dfrac{5\times 4\times 3}{3\times 2\times 1}}=\dfrac{3}{5}$$

32

정답 ④

A씨와 B씨가 만날 때 A씨의 이동거리와 B씨의 이동거리의 합은 산책로의 둘레 길이와 같다.
그러므로 두 번째 만났을 때 (A씨의 이동거리)+(B씨의 이동거리)=2×(산책로의 둘레 길이)이다. 이때 A씨가 출발 후 x시간이 지났다면 다음 식이 성립한다.

$$3x+7\left(x-\dfrac{1}{2}\right)=4$$

$$\rightarrow 3x+7x-\dfrac{7}{2}=4$$

$$\therefore x=\dfrac{15}{20}$$

그러므로 $\dfrac{15}{20}$시간, 즉 45분이 지났음을 알 수 있다.
따라서 A씨와 B씨가 두 번째로 만날 때의 시각은 오후 5시 45분이다.

33

정답 ③

모니터 화면을 분할하는 단축키는 '〈Window 로고 키〉+〈화살표 키〉'이다. 임의의 폴더나 인터넷 창 등이 열린 상태에서 '〈Window 로고 키〉+〈왼쪽 화살표 키〉'를 입력하면 모니터 중앙을 기준으로 절반씩 좌우로 나눈 후 열린 폴더 및 인터넷 창 등을 왼쪽 절반 화면으로 밀어서 띄울 수 있다. 이 상태에서 다른 폴더나 인터넷 창 등을 열고 '〈Window 로고 키〉+〈오른쪽 화살표 키〉'를 입력하면 같은 형식으로 오른쪽이 활성화된다. 또한, 왼쪽 또는 오른쪽으로 분할된 상태에서 '〈Window 로고 키〉+〈위쪽 / 아래쪽 화살표 키〉'를 입력하여 최대 4분할까지 가능하다. 단 '〈Window 로고 키〉+〈위쪽 / 아래쪽 화살표 키〉'를 먼저 입력하여 화면을 상하로 분할할 수는 없다. 좌우 분할이 안 된 상태에서 '〈Window 로고 키〉+〈위쪽 / 아래쪽 화살표 키〉'를 입력하면 창을 최소화 / 원래 크기 / 최대 크기로 변경할 수 있다.

34

정답 ④

'〈Window 로고 키〉+〈D〉'를 입력하면 활성화된 모든 창을 최소화하고 바탕화면으로 돌아갈 수 있으며, 이 상태에서 다시 '〈Window 로고 키〉+〈D〉'를 입력하면 단축키를 입력하기 전 상태로 되돌아간다. 비슷한 기능을 가진 단축키로 '〈Window 로고 키〉+〈M〉'이 있지만, 입력하기 전 상태의 화면으로 되돌아갈 수는 없다.

① ⟨Window 로고 키⟩+⟨R⟩ : 실행 대화 상자를 여는 단축키이다.
② ⟨Window 로고 키⟩+⟨I⟩ : 설정 창을 여는 단축키이다.
③ ⟨Window 로고 키⟩+⟨L⟩ : PC를 잠그거나 계정을 전환하기 위해 잠금화면으로 돌아가는 단축키이다.

35   정답 ①

특정 텍스트를 다른 텍스트로 수정하는 함수는 「=SUBSTITUTE(참조 텍스트, 수정해야 할 텍스트, 수정한 텍스트, [위치])」이며,
[위치]가 빈칸이면 모든 수정해야 할 텍스트가 수정한 텍스트로 수정된다.
따라서 입력해야 할 함수식은 「=SUBSTITUTE("서울특별시 영등포구 홍제동", "영등포", "서대문")」이다.

② IF(조건, 참일 때 값, 거짓일 때 값) 함수는 조건부가 참일 때 TRUE 값을 출력하고, 거짓일 때 FALSE 값을 출력하는 함수이다.
"서울특별시 영등포구 홍제동"="영등포"는 항상 거짓이므로 빈칸으로 출력된다.
③ MOD(수, 나눌 수) 함수는 입력한 수를 나눌 수로 나누었을 때 나머지를 출력하는 함수이므로 텍스트를 입력하면 오류가 발생한다.
④ NOT(인수) 함수는 입력된 인수를 부정하는 함수이며, 인수는 1개만 입력할 수 있다.

36   정답 ②

제시된 조건이 포함되는 셀의 수를 구하는 조건부 함수를 사용한다. 따라서 「=COUNTIF(B2:B16, ">50000")」를 입력해야 한다.

37   정답 ④

지정된 자릿수 이하의 수를 버림하는 함수는 「=ROUNDDOWN(버림할 수, 버림할 자릿수)」이다. 따라서 입력해야 할 함수는
「=ROUNDDOWN((AVERAGE(B2:B16)), −2)」이다.

① LEFT 함수는 왼쪽에서 지정된 차례까지의 텍스트 또는 인수를 출력하는 함수이다. 따라서 「=LEFT((AVERAGE(B2:B16)), 2)」
를 입력하면 '65'가 출력된다.
② RIGHT 함수는 오른쪽에서 지정된 차례까지의 텍스트 또는 인수를 출력하는 함수이다. 따라서 「=RIGHT((AVERAGE(B2:B1
6)), 2)」를 입력하면 '33'이 출력된다.
③ ROUNDUP 함수는 지정된 자릿수 이하의 수를 올림하는 함수이다. 따라서 「=ROUNDUP((AVERAGE(B2:B16)), −2)」를 입력하
면 '65,400'이 출력된다.

38   정답 ③

오전 10시부터 오후 12시까지 근무를 할 수 있는 사람은 B뿐이고, 오후 6시부터 오후 8시까지 근무를 할 수 있는 사람은 D뿐이다.
A와 C가 남은 오후 12시부터 오후 6시까지 나누어 근무해야 하지만, A는 오후 5시까지 근무할 수 있고 모든 직원의 최소 근무시간
은 2시간이므로 A가 오후 12시부터 4시까지 근무하고, C가 오후 4시부터 오후 6시까지 근무할 때 인건비가 최소이다.
각 직원의 근무시간과 인건비를 정리하면 다음과 같다.

직원	근무시간	인건비
B	오전 10:00 ~ 오후 12:00	10,500×1.5×2=31,500원
A	오후 12:00 ~ 오후 4:00	10,000×1.5×4=60,000원
C	오후 4:00 ~ 오후 6:00	10,500×1.5×2=31,500원
D	오후 6:00 ~ 오후 8:00	11,000×1.5×2=33,000원

따라서 가장 적은 인건비는 31,500+60,000+31,500+33,000=156,000원이다.

39

「COUNTIF(셀의 범위, "조건")」 함수는 어떤 범위에서 제시되는 조건이 포함되는 셀의 수를 구하는 함수이다. 판매량이 30개 이상인 과일의 수를 구해야 하므로 [C9] 셀에 들어갈 함수식은 「=COUNTIF(C2:C8, ">=30"」이다.

오답분석
① MID 함수 : 지정한 셀의 텍스트의 일부를 추출하는 함수이다.
③ MEDIAN 함수 : 지정한 셀의 범위의 중간값을 구하는 함수이다.
④ AVERAGEIF 함수 : 어떤 범위에 포함되는 셀의 평균을 구하는 함수이다.
⑤ MIN 함수 : 지정한 셀의 범위의 최솟값을 구하는 함수이다.

40
정답 ③

팔로워십의 유형

구분	자아상	동료 / 리더의 시각	조직에 대한 자신의 느낌
소외형	• 자립적인 사람 • 일부러 반대의견 제시 • 조직의 양심	• 냉소적 • 부정적 • 고집이 셈	• 자신을 인정해 주지 않음 • 적절한 보상이 없음 • 불공정하고 문제가 있음
순응형	• 기쁜 마음으로 과업 수행 • 팀플레이를 함 • 리더나 조직을 믿고 헌신함	• 아이디어가 없음 • 인기 없는 일은 하지 않음 • 조직을 위해 자신의 요구를 양보	• 기존 질서를 따르는 것이 중요 • 리더의 의견을 거스르지 못함 • 획일적인 태도와 행동에 익숙함
실무형	• 조직의 운영 방침에 민감 • 사건을 균형 잡힌 시각으로 봄 • 규정과 규칙에 따라 행동함	• 개인의 이익을 극대화하기 위한 흥정에 능함 • 적당한 열의와 수완으로 업무 진행	• 규정 준수를 강조 • 명령과 계획의 빈번한 변경 • 리더와 부하 간의 비인간적 풍토
수동형	• 판단과 사고를 리더에 의존 • 지시가 있어야 행동	• 하는 일이 없음 • 제 몫을 하지 못함 • 업무 수행에는 감독이 필요	• 조직이 나의 아이디어를 원치 않음 • 노력과 공헌을 해도 소용이 없음 • 리더는 항상 자기 마음대로 함

41
정답 ③

갈등의 과정 단계

1. 의견 불일치 : 서로 생각이나 신념, 가치관, 성격이 다르므로 다른 사람들과의 의견 불일치가 발생한다. 의견 불일치는 상대방의 생각과 동기를 설명하는 기회를 주고 대화를 나누다 보면 오해가 사라지고 더 좋은 관계로 발전할 수 있지만, 그냥 내버려 두면 심각한 갈등으로 발전하게 된다.

2. 대결 국면 : 의견 불일치가 해소되지 않아 발생하며, 단순한 해결방안은 없고 다른 새로운 해결점을 찾아야 한다. 대결 국면에 이르게 되면 감정이 개입되어 상대방의 주장에 대한 문제점을 찾기 시작하고, 자신의 입장에 대해서는 그럴듯한 변명으로 옹호하면서 양보를 완강히 거부하는 상태에 이르는 등 상대방의 입장은 부정하면서 자기주장만 하려고 한다. 서로의 입장을 고수하려는 강도가 높아지면 긴장은 높아지고 감정적인 대응이 더욱 격화된다.

3. 격화 국면 : 상대방에 대하여 더욱 적대적으로 변하며, 설득을 통해 문제를 해결하기보다 강압적·위협적인 방법을 쓰려고 하며, 극단적인 경우 언어폭력이나 신체적 폭행으로 번지기도 한다. 상대방에 대한 불신과 좌절, 부정적인 인식이 확산되면서 갈등 요인이 다른 요인으로 번지기도 한다. 격화 국면에서는 상대방의 생각이나 의견, 제안을 부정하고, 상대방은 그에 대한 반격을 함으로써 자신들의 반격을 정당하게 생각한다.

4. 진정 국면 : 계속되는 논쟁과 긴장이 시간과 에너지를 낭비하고 있음을 깨달으며, 갈등상태가 무한정 유지될 수 없다는 것을 느끼고 흥분과 불안이 가라앉으면서 이성과 이해의 원상태로 돌아가려 한다. 이후 협상이 시작된다. 협상과정을 통해 쟁점이 되는 주제를 논의하고 새로운 제안을 하고 대안을 모색하게 된다. 진정 국면에서는 중개자, 조정자 등의 제3자가 개입함으로써 갈등 당사자 간에 신뢰를 쌓고 문제를 해결하는 데 도움이 되기도 한다.

5. 갈등의 해소 : 진정 국면에 들어서면 갈등 당사자들은 문제를 해결하지 않고는 자신들의 목표를 달성하기 어렵다는 것을 알게 된다. 모두가 만족할 수 없는 경우도 있지만, 불일치한 서로 간의 의견을 일치하려고 한다. 갈등의 해소는 회피형, 지배 또는 강압형, 타협형, 순응형, 통합 또는 협력형 등의 방법으로 이루어진다.

42

정답 ③

원만한 직업생활을 위해 직업인이 갖추어야 할 직업윤리는 근로윤리와 공동체윤리로 나누어지며, 각 윤리의 덕목은 다음과 같다.

• 근로윤리 : 일에 대한 존중을 바탕으로 근면하고, 성실하고, 정직하게 업무에 임하는 자세
  – 근면한 태도(㉠)
  – 정직한 행동(㉤)
  – 성실한 자세(㉧)
• 공동체윤리 : 인간존중을 바탕으로 봉사하며, 책임감 있게 규칙을 준수하고, 예의바른 태도로 업무에 임하는 자세
  – 봉사와 책임의식(㉡)
  – 준법성(㉢)
  – 예절과 존중(㉣)

43

정답 ③

직장 내 괴롭힘이 성립하려면 다음의 행위 요건이 성립해야 한다.
• 직장에서의 지위 또는 관계 등의 우위를 이용할 것
• 업무상 적정 범위를 넘는 행위일 것
• 신체적·정신적 고통을 주거나 근무환경을 악화시키는 행위일 것

A팀장이 지위를 이용하여 B사원에게 수차례 업무를 지시했지만 이는 업무상 필요성이 있는 정당한 지시이며, 완수해야 하는 적정 업무에 해당하므로 직장 내 괴롭힘으로 보기 어렵다.

[오답분석]
① 업무 이외에 개인적인 용무를 자주 지시하는 것은 업무상 적정 범위를 넘은 행위이다.
② 업무배제는 업무상 적정 범위를 넘은 행위로, 직장 내 괴롭힘의 주요 사례이다.
④ A대리는 동기인 B대리보다 지위상의 우위는 없으나, 다른 직원과 함께 수적 우위를 이용하여 괴롭혔으므로 직장 내 괴롭힘에 해당한다.
⑤ 지시나 주의, 명령행위의 모습이 폭행이나 과도한 폭언을 수반하는 등 사회 통념상 상당성을 결여하였다면 업무상 적정 범위를 넘었다고 볼 수 있으므로 직장 내 괴롭힘에 해당한다.

44

정답 ⑤

S는 자신의 일이 능력과 적성에 맞다 여기고 발전을 위해 열성을 가지고 성실히 노력하고 있다. 따라서 S의 사례에서 나타난 직업윤리 의식은 천직의식이다.

직업윤리 의식
• 소명의식 : 자신이 맡은 일은 하늘에 의해 맡겨진 일이라고 생각하는 태도이다.
• 천직의식 : 자신의 일이 자신의 능력과 적성에 꼭 맞는다 여기고 그 일에 열성을 가지고 성실히 임하는 태도이다.
• 직분의식 : 자신이 하고 있는 일이 사회나 기업을 위해 중요한 역할을 하고 있다고 믿고 자신의 활동을 수행하는 태도이다.
• 책임의식 : 직업에 대한 사회적 역할과 책무를 충실히 수행하고 책임을 다하는 태도이다.
• 전문가의식 : 자신의 일이 누구나 할 수 있는 것이 아니라 해당 분야의 지식과 교육을 밑바탕으로 성실히 수행해야만 가능한 것이라 믿고 수행하는 태도이다.
• 봉사의식 : 직업 활동을 통해 다른 사람과 공동체에 대하여 봉사하는 정신을 갖추고 실천하는 태도이다.

45

경력개발의 단계별 내용

1. 직업 선택
   - 최대한 여러 직업의 정보를 수집하여 탐색한 후 나에게 적합한 최초의 직업을 선택함
   - 관련 학과 외부 교육 등 필요한 교육을 이수함
2. 조직 입사
   - 원하는 조직에서 일자리를 얻음
   - 정확한 정보를 토대로 적성에 맞는 적합한 직무를 선택함
3. 경력 초기
   - 조직의 규칙과 규범에 대해 배움
   - 직업과 조직에 적응해 감
   - 역량(지식, 기술, 태도)을 증대시키고 꿈을 추구해 나감
4. 경력 중기
   - 경력초기를 재평가하고 더 업그레이드된 꿈으로 수정함
   - 성인 중기에 적합한 선택을 하고 지속적으로 열심히 일함
5. 경력 말기
   - 지속적으로 열심히 일함
   - 자존심을 유지함
   - 퇴직 준비의 자세한 계획을 세움(경력 중기부터 준비하는 것이 바람직)

46

나열된 수는 짝수 개이므로 수를 작은 수부터 순서대로 나열했을 때, 가운데에 있는 두 수의 평균이 중앙값이다.

- 빈칸의 수가 7 이하인 경우 : 가운데에 있는 두 수는 7, 8이므로 중앙값은 $\dfrac{7+8}{2}=7.5$이다.
- 빈칸의 수가 8인 경우 : 가운데에 있는 두 수는 8, 8이므로 중앙값은 8이다.
- 빈칸의 수가 9 이상인 경우 : 가운데에 있는 두 수는 8, 9이므로 중앙값은 $\dfrac{8+9}{2}=8.5$이다.

따라서 중앙값이 8일 때 빈칸에 들어갈 수는 8이다.

47

$1 \sim 200$의 자연수 중에서 2, 3, 5 중 어느 것으로도 나누어떨어지지 않는 수의 개수는 각각 2의 배수, 3의 배수, 5의 배수가 아닌 수의 개수이다.

- $1 \sim 200$의 자연수 중 2의 배수의 개수 : $\dfrac{200}{2}=100$이므로 100개이다.
- $1 \sim 200$의 자연수 중 3의 배수의 개수 : $\dfrac{200}{3}=66\cdots2$이므로 66개이다.
- $1 \sim 200$의 자연수 중 5의 배수의 개수 : $\dfrac{200}{5}=40$이므로 40개이다.
- $1 \sim 200$의 자연수 중 6의 배수의 개수 : $\dfrac{200}{6}=33\cdots2$이므로 33개이다.
- $1 \sim 200$의 자연수 중 10의 배수의 개수 : $\dfrac{200}{10}=20$이므로 20개이다.
- $1 \sim 200$의 자연수 중 15의 배수의 개수 : $\dfrac{200}{15}=13\cdots5$이므로 13개이다.
- $1 \sim 200$의 자연수 중 30의 배수의 개수 : $\dfrac{200}{30}=6\cdots20$이므로 6개이다.

따라서 $1 \sim 200$의 자연수 중에서 2, 3, 5 중 어느 것으로도 나누어떨어지지 않는 수의 개수는 $200-[(100+66+40)-(33+20+13)+6]=200-(206-66+6)=54$개이다.

48

A지점에서 출발하여 최단거리로 이동하여 B지점에 도착하기까지 가능한 경로의 수를 구하면 다음과 같다.

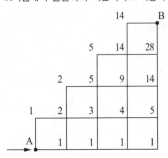

따라서 구하고자 하는 경우의 수는 42가지이다.

49

분침은 60분에 1바퀴 회전하므로 1분 지날 때 분침은 $\dfrac{360}{60}=6°$ 움직이고, 시침은 12시간에 1바퀴 회전하므로 1분 지날 때 시침은

$\dfrac{360}{12\times60}=0.5°$ 움직인다.

따라서 4시 30분일 때 시침과 분침이 만드는 작은 부채꼴의 각도는 $6\times30-0.5\times(60\times4+30)=180-135=45°$이므로,

부채꼴의 넓이와 전체 원의 넓이의 비는 $\dfrac{45}{360}=\dfrac{1}{8}$ 이다.

50

2020 ~ 2023년 동안 전년 대비 전체 설비 발전량 증감량과 신재생 설비 발전 증가량은 다음과 같다.
• 2020년
  전체 설비 발전량 : $563,040-570,647=-7,607$GWh, 신재생 설비 발전량 : $33,500-28,070=5,430$GWh
• 2021년
  전체 설비 발전량 : $552,162-563,040=-10,878$GWh, 신재생 설비 발전량 : $38,224-33,500=4,724$GWh
• 2022년
  전체 설비 발전량 : $576,810-552,162=24,648$GWh, 신재생 설비 발전량 : $41,886-38,224=3,662$GWh
• 2023년
  전체 설비 발전량 : $594,400-576,810=17,590$GWh, 신재생 설비 발전량 : $49,285-41,886=7,399$GWh
따라서 전체 설비 발전량 증가량이 가장 많은 해는 2022년이고, 신재생 설비 발전량 증가량이 가장 적은 해 또한 2022년이다.

[오답분석]
① 2020 ~ 2023년 기력 설비 발전량의 전년 대비 증감 추이는 '감소 – 감소 – 증가 – 감소'이지만, 전체 설비 발전량의 전년 대비
   증감 추이는 '감소 – 감소 – 증가 – 증가'이다.
② 2019 ~ 2023년 전체 설비 발전량의 1%와 수력 설비 발전량을 비교하면 다음과 같다.
  • 2019년 : $7,270>570,647\times0.01≒5,706$GWh
  • 2020년 : $6,247>563,040\times0.01≒5,630$GWh
  • 2021년 : $7,148>552,162\times0.01≒5,522$GWh
  • 2022년 : $6,737>576,810\times0.01≒5,768$GWh
  • 2023년 : $7,256>594,400\times0.01=5,944$GWh
  따라서 2019 ~ 2023년 동안 수력 설비 발전량은 항상 전체 설비 발전량의 1% 이상이다.

③ 2019 ~ 2023년 전체 설비 발전량의 5%와 신재생 설비 발전량을 비교하면 다음과 같다.
- 2019년 : 28,070 < 570,647×0.05 ≒ 28,532GWh
- 2020년 : 33,500 > 563,040×0.05 = 28,152GWh
- 2021년 : 38,224 > 552,162×0.05 ≒ 27,608GWh
- 2022년 : 41,886 > 576,810×0.05 ≒ 28,841GWh
- 2023년 : 49,285 > 594,400×0.05 = 29,720GWh

따라서 2019년 신재생 설비 발전량은 전체 설비 발전량의 5% 미만이고, 그 외에는 5% 이상이다.

④ 신재생 설비 발전량은 꾸준히 증가하였지만 원자력 설비 발전량은 2022년에 전년 대비 감소하였다.

01 경영

01	02	03	04	05	06	07	08	09	10	11	12	13	14	15	16	17	18	19	20
③	⑤	⑤	③	④	③	②	③	①	①	③	④	④	①	②	①	③	④	④	②

01

정답 ③

테일러의 과학적 관리법은 하루 작업량을 과학적으로 설정하고 과업 수행에 따른 임금을 차별적으로 설정하는 차별적 성과급제를 시행한다.

오답분석

① · ② 시간연구와 동작연구를 통해 표준 노동량을 정하고 해당 노동량에 따라 임금을 지급하여 생산성을 향상시킨다.
④ 각 과업을 전문화하여 관리한다.
⑤ 근로자가 노동을 하는 데 필요한 최적의 작업조건을 유지한다.

02

정답 ⑤

기능목록제도는 종업원별로 기능보유색인을 작성하여 데이터베이스에 저장하여 인적자원관리 및 경력개발에 활용하는 제도이며, 근로자의 직무능력 평가에 있어 필요한 정보를 파악하기 위해 개인능력평가표를 활용한다.

오답분석

① 자기신고제도 : 근로자에게 본인의 직무내용, 능력수준, 취득자격 등에 대한 정보를 직접 자기신고서에 작성하여 신고하게 하는 제도이다.
② 직능자격제도 : 직무능력을 자격에 따라 등급화하고 해당 자격을 취득하는 경우 직위를 부여하는 제도이다.
③ 평가센터제도 : 근로자의 직무능력을 객관적으로 발굴 및 육성하기 위한 제도이다.
④ 직무순환제도 : 담당직무를 주기적으로 교체함으로써 직무 전반에 대한 이해도를 높이는 제도이다.

03

정답 ⑤

데이터베이스 마케팅(DB 마케팅)은 고객별로 맞춤화된 서비스를 제공하기 위해 정보 기술을 이용하여 고객의 정보를 데이터베이스로 구축하여 관리하는 마케팅 전략이다. 이를 위해 고객의 성향, 이력 등 관련 정보가 필요하므로 기업과 고객 간 양방향 의사소통을 통해 1 : 1 관계를 구축하게 된다.

04

정답 ③

공정성 이론에 따르면 공정성 유형은 크게 절차적 공정성, 상호작용적 공정성, 분배적 공정성으로 나누어진다.
• 절차적 공정성 : 과정통제, 접근성, 반응속도, 유연성, 적정성
• 상호작용적 공정성 : 정직성, 노력, 감정이입
• 분배적 공정성 : 형평성, 공평성

05

정답 ④

e-비즈니스 기업은 비용절감 등을 통해 더 낮은 가격으로 우수한 품질의 상품 및 서비스를 제공할 수 있다는 장점이 있다.

06

정답 ③

조직시민행동은 조직 구성원의 내재적 만족으로 인해 촉발되므로 구성원에 대한 처우가 합리적일수록 자발적으로 일어난다.

07

정답 ②

협상을 통해 공동의 이익을 확대(Win – Win)하는 것은 통합적 협상에 대한 설명이다.

> **분배적 협상과 통합적 협상의 비교**
> • 분배적 협상
>   – 고정된 자원을 대상으로 합리적인 분배를 위해 진행하는 협상이다.
>   – 한정된 자원량으로 인해 제로섬 원칙이 적용되어 갈등이 발생할 가능성이 많다.
>   – 당사자 간 이익 확보를 목적으로 하며, 협상 참여자 간 관계는 단기적인 성격을 나타낸다.
> • 통합적 협상
>   – 당사자 간 이해관계를 조율하여 더 큰 이익을 추구하기 위해 진행하는 협상이다.
>   – 협상을 통해 확보할 수 있는 자원량이 변동될 수 있어 갈등보다는 문제해결을 위해 노력한다.
>   – 협상 참여자의 이해관계, 우선순위 등이 달라 장기적인 관계를 가지고 통합적인 문제해결을 추구한다.

08

정답 ③

워크 샘플링법은 전체 작업과정에서 무작위로 많은 관찰을 실시하여 직무활동에 대한 정보를 얻는 방법으로, 여러 직무활동을 동시에 기록하기 때문에 전체 직무의 모습을 파악할 수 있다.

오답분석

① 관찰법 : 조사자가 직접 조사대상과 생활하면서 관찰을 통해 자료를 수집하는 방법이다.
② 면접법 : 조사자가 조사대상과 직접 대화를 통해 자료를 수집하는 방법이다.
④ 질문지법 : 설문지로 조사내용을 작성하고 자료를 수집하는 방법이다.
⑤ 연구법 : 기록물, 통계자료 등을 토대로 자료를 수집하는 방법이다.

09

정답 ①

가구, 가전제품 등은 선매품에 해당한다. 전문품에는 명품제품, 자동차, 아파트 등이 해당한다.

10

정답 ①

연속생산은 동일제품을 대량생산하기 때문에 규모의 경제가 적용되어 여러 가지 제품을 소량생산하는 단속생산에 비해 단위당 생산원가가 낮다.

오답분석

② 연속생산의 경우, 표준화된 상품을 대량으로 생산함에 따라 운반에 따른 자동화 비율이 매우 높고, 속도가 빨라 운반비용이 적게 소요된다.
③ · ④ 제품의 수요가 다양하거나 제품의 수명이 짧은 경우 단속생산 방식이 적합하다.
⑤ 연속생산은 작업자의 숙련도와 관계없이 작업에 참여가 가능하다.

11

정답 ③

- (당기순이익)=(총수익)-(총비용)=35억-20억=15억 원
- (기초자본)=(기말자본)-(당기순이익)=65억-15억=50억 원
- (기초부채)=(기초자산)-(기초자본)=100억-50억=50억 원

12

정답 ④

상위에 있는 욕구를 충족시키지 못하면 하위에 있는 욕구는 더욱 크게 증가하여, 하위욕구를 충족시키기 위해 훨씬 더 많은 노력이 필요하게 된다.

[오답분석]

① 심리학자 앨더퍼가 인간의 욕구에 대해 매슬로의 욕구 5단계설을 발전시켜 주장한 이론이다.

② · ③ 존재욕구를 기본적 욕구로 정의하며, 관계욕구, 성장욕구로 계층화하였다.

13

정답 ④

사업 다각화는 무리하게 추진할 경우 수익성에 악영향을 줄 수 있다는 단점이 있다.

[오답분석]

① 지속적인 성장을 추구하여 미래 유망산업에 참여하고, 구성원에게 더 많은 기회를 줄 수 있다.

② 기업이 한 가지 사업만 영위하는 데 따르는 위험에 대비할 수 있다.

③ 보유자원 중 남는 자원을 활용하여 범위의 경제를 실현할 수 있다.

14

정답 ①

ELS는 주가연계증권으로, 사전에 정해진 조건에 따라 수익률이 결정되며 만기가 있다.

[오답분석]

② 주가연계파생결합사채(ELB)에 대한 설명이다.

③ 주가지수연동예금(ELD)에 대한 설명이다.

④ 주가연계신탁(ELT)에 대한 설명이다.

⑤ 주가연계펀드(ELF)에 대한 설명이다.

15

정답 ②

브룸은 동기 부여에 대해 기대이론을 적용하여 기대감, 수단성, 유의성을 통해 구성원의 직무에 대한 동기 부여를 결정한다고 주장하였다.

[오답분석]

① 로크의 목표설정이론에 대한 설명이다.

③ 매슬로의 욕구 5단계이론에 대한 설명이다.

④ 맥그리거의 XY이론에 대한 설명이다.

⑤ 허즈버그의 2요인이론에 대한 설명이다.

16

정답 ①

시장세분화 단계에서는 시장을 기준에 따라 세분화하고, 각 세분시장의 고객 프로필을 개발하여 차별화된 마케팅을 실행한다.

오답분석

② · ③ 표적시장 선정 단계에서는 각 세분시장의 매력도를 평가하여 표적시장을 선정한다.
④ 포지셔닝 단계에서는 각각의 시장에 대응하는 포지셔닝을 개발하고 전달한다.
⑤ 재포지셔닝 단계에서는 자사와 경쟁사의 경쟁위치를 분석하여 포지셔닝을 조정한다.

17

정답 ③

종단분석은 시간과 비용의 제약으로 인해 표본 규모가 작을수록 좋으며, 횡단분석은 집단의 특성 또는 차이를 분석해야 하므로 표본이 일정 규모 이상일수록 정확하다.

18

정답 ④

채권이자율이 시장이자율보다 높아지면 채권가격은 액면가보다 높은 가격에 거래된다. 단, 만기에 가까워질수록 채권가격이 하락하여 가격위험에 노출된다.

오답분석

① · ② · ③ 채권이자율이 시장이자율보다 낮은 할인채에 대한 설명이다.

19

정답 ④

물음표(Question Mark) 사업은 신규 사업 또는 현재 시장점유율은 낮으나, 향후 성장 가능성이 높은 사업이다. 기업 경영 결과에 따라 개(Dog) 사업 또는 스타(Star) 사업으로 바뀔 수 있다.

오답분석

① 스타(Star) 사업 : 성장 가능성과 시장점유율이 모두 높아서 계속 투자가 필요한 유망 사업이다.
② 현금젖소(Cash Cow) 사업 : 높은 시장점유율로 현금창출은 양호하나, 성장 가능성은 낮은 사업이다.
③ 개(Dog) 사업 : 성장 가능성과 시장점유율이 모두 낮아 철수가 필요한 사업이다.

20

정답 ②

테일러의 과학적 관리법에서는 작업에 사용하는 도구 등을 표준화하여 관리 비용을 낮추고 효율성을 높이는 것을 추구한다.

오답분석

① 과학적 관리법의 특징 중 표준화에 대한 설명이다.
③ 과학적 관리법의 특징 중 동기부여에 대한 설명이다.
④ 과학적 관리법의 특징 중 통제에 대한 설명이다.

01	02	03	04	05	06	07	08	09	10	11	12	13	14	15					
⑤	②	①	④	⑤	①	④	③	③	④	④	③	①	③	④					

01

정답 ⑤

가격탄력성이 1보다 크면 탄력적이라고 할 수 있다.

오답분석

①·② 수요의 가격탄력성은 가격의 변화에 따른 수요의 변화를 의미하는 것으로, 분모는 상품 가격의 변화량을 상품 가격으로 나눈 값이고, 분자는 수요량의 변화량을 수요량으로 나눈 값이다.
③ 대체재가 많을수록 해당 상품 가격 변동에 따른 수요의 변화는 더 크게 반응하게 된다.

02

정답 ②

GDP 디플레이터는 명목 GDP를 실질 GDP로 나누어 물가상승 수준을 예측할 수 있는 물가지수로, 국내에서 생산된 모든 재화와 서비스 가격을 반영한다. 따라서 GDP 디플레이터를 구하는 계산식은 (명목 GDP)÷(실질 GDP)×100이다.

03

정답 ①

한계소비성향은 소비의 증가분을 소득의 증가분으로 나눈 값으로, 소득이 1,000만 원 늘었을 때 현재 소비자들의 한계소비성향이 0.7이므로 소비는 700만 원이 늘었다고 할 수 있다. 따라서 소비의 변화폭은 700이다.

04

정답 ④

㉠ 환율이 상승하면 제품을 수입하기 위해 더 많은 원화를 필요로 하고, 이에 따라 수입이 감소하게 되므로 순수출이 증가한다.
㉡ 국내이자율이 높아지면 국내자산 투자수익률이 좋아져 해외로부터 자본유입이 확대되고, 이에 따라 환율은 하락한다.
㉢ 국내물가가 상승하면 상대적으로 가격이 저렴한 수입품에 대한 수요가 늘어나 환율은 상승한다.

05

정답 ⑤

독점적 경쟁시장은 광고, 서비스 등 비가격경쟁이 가격경쟁보다 더 활발히 진행된다.

06

정답 ①

케인스학파는 경기침체 시 정부가 적극적으로 개입하여 총수요의 증대를 이끌어야 한다고 주장하였다.

오답분석

② 고전학파의 거시경제론에 대한 설명이다.
③ 케인스학파의 거시경제론에 대한 설명이다.
④ 고전학파의 이분법에 대한 설명이다.
⑤ 케인스학파의 화폐중립성에 대한 설명이다.

07

정답 ④

오답분석

① 매몰비용의 오류 : 이미 투입한 비용과 노력 때문에 경제성이 없는 사업을 지속하여 손실을 키우는 것을 의미한다.
② 감각적 소비 : 제품을 구입할 때, 품질, 가격, 기능보다 디자인, 색상, 패션 등을 중시하는 소비 패턴을 의미힌다.
③ 보이지 않는 손 : 개인의 사적 영리활동이 사회 전체의 공적 이익을 증진시키는 것을 의미한다.
⑤ 희소성 : 사람들의 욕망에 비해 그 욕망을 충족시켜 주는 재화나 서비스가 부족한 현상을 의미한다.

08

정답 ③

- (실업률)＝(실업자)÷(경제활동인구)×100
- (경제활동인구)＝(취업자)＋(실업자)
- ∴ 5,000÷(20,000＋5,000)×100＝20%

09

정답 ③

(한계비용)＝(총비용 변화분)÷(생산량 변화분)
- 생산량이 50일 때 총비용 : 16(평균비용)×50(생산량)＝800
- 생산량이 100일 때 총비용 : 15(평균비용)×100(생산량)＝1,500
따라서 한계비용은 700÷50＝14이다.

10

정답 ④

A국은 노트북을 생산할 때 기회비용이 더 크기 때문에 TV 생산에 비교우위가 있고, B국은 TV를 생산할 때 기회비용이 더 크기 때문에 노트북 생산에 비교우위가 있다.

구분	노트북 1대	TV 1대
A국	TV 0.75	노트북 1.33
B국	TV 1.25	노트북 0.8

11

정답 ④

다이내믹 프라이싱의 단점은 소비자 후생이 감소해 소비자의 만족도가 낮아진다는 것이다. 이로 인해 기업이 소비자의 불만에 직면할 수 있다는 리스크가 발생한다.

12

정답 ③

ⓒ 빅맥 지수는 동질적으로 판매되는 상품의 가치는 동일하다는 가정하에 나라별 화폐로 해당 제품의 가격을 평가하여 구매력을 비교하는 것이다.
ⓒ 맥도날드의 대표적 햄버거인 빅맥 가격을 기준으로 한 이유는 전 세계에서 가장 동질적으로 판매되고 있기 때문이며, 이처럼 품질, 크기, 재료가 같은 물건이 세계 여러 나라에서 팔릴 때 나라별 물가를 비교하기 수월하다.

오답분석

ⓒ 빅맥 지수는 영국 경제지인 이코노미스트에서 최초로 고안하였다.
ⓒ 빅맥 지수에 사용하는 빅맥 가격은 제품 가격만 반영하고 서비스 가격은 포함하지 않기 때문에 나라별 환율에 대한 상대적 구매력 평가 외에 다른 목적으로 사용하기에는 측정값이 정확하지 않다.

13

확장적 통화정책은 국민소득을 증가시켜 이에 따른 보험료 인상 등 세수확대 요인으로 작용한다.

[오답분석]

② 이자율이 하락하고, 소비 및 투자가 증가한다.
③·④ 긴축적 통화정책이 미치는 영향이다.

14

토지, 설비 등이 부족하면 한계 생산가치가 떨어지기 때문에 노동자를 많이 고용하는 게 오히려 손해이다. 따라서 노동 수요곡선은 왼쪽으로 이동한다.

[오답분석]

① 노동 수요는 재화에 대한 수요가 아닌 재화를 생산하기 위해 파생되는 수요이다.
② 상품 가격이 상승하면 기업은 더 많은 제품을 생산하기 위해 노동자를 더 많이 고용한다.
④ 노동에 대한 인식이 긍정적으로 변화하면 노동시장에 더 많은 노동력이 공급된다.

15

S씨가 달리기를 선택할 경우 (기회비용)=1(순편익)+8(암묵적 기회비용)=9로 기회비용이 가장 작다.

[오답분석]

① 헬스를 선택할 경우
   (기회비용)=2(순편익)+8(암묵적 기회비용)=10
② 수영을 선택할 경우
   (기회비용)=5(순편익)+8(암묵적 기회비용)=13
③ 자전거를 선택할 경우
   (기회비용)=3(순편익)+7(암묵적 기회비용)=10

01	02	03	04	05	06	07	08	09	10	11	12	13	14	15					
③	④	③	②	④	②	②	④	①	②	②	②	②	①	②					

01

정답 ③

현대에는 민주주의의 심화 및 분야별 전문 민간기관의 성장에 따라 정부 등 공식적 참여자보다 비공식적 참여자의 중요도가 높아지고 있다.

오답분석
① 의회와 지방자치단체는 정부, 사법부 등과 함께 대표적인 공식적 참여자에 해당된다.
② 정당과 NGO, 언론 등은 비공식적 참여자에 해당된다.
④ 사회적 의사결정에서 정부의 역할이 줄어들면 비공식적 참여자가 해당 역할을 대체하므로 중요도가 높아진다.

02

정답 ④

효율 증대에 따른 이윤 추구라는 경제적 결정이 중심인 기업경영의 의사결정에 비해, 정책문제는 사회효율 등 수단적 가치뿐만 아니라 형평성, 공정성 등 목적적 가치들도 고려가 필요하므로 고려사항이 더 많고 복잡하다는 특성을 갖는다.

03

정답 ③

회사모형은 사이어트와 마치가 주장한 의사결정 모형으로, 준독립적이고 느슨하게 연결되어 있는 조직들의 상호 타협을 통해 의사결정이 이루어진다고 설명한다.

오답분석
① 드로어는 최적모형에 따른 의사결정 모형을 제시했다.
② 합리적 결정과 점증적 결정이 누적 및 혼합되어 의사결정이 이루어진다고 본 것은 혼합탐사모형이다.
④ 정책결정 단계를 초정책결정 단계, 정책결정 단계, 후정책결정 단계로 구분하여 설명한 것은 최적모형이다.

04

정답 ②

ㄱ. 호혜조직의 1차적 수혜자는 조직 구성원이 맞으나, 은행, 유통업체는 사업조직에 해당되며, 노동조합, 전문가단체, 정당, 사교클럽, 종교단체 등이 호혜조직에 해당된다.
ㄷ. 봉사조직의 1차적 수혜자는 이들과 접촉하는 일반적인 대중이다.

05

정답 ④

특수한 경우를 제외하고 일반적으로 해당 구성원 간 동일한 인사 및 보수 체계를 적용받는 구분은 직급이다.

06

정답 ②

실적주의에서는 개인의 역량, 자격에 따라 인사행정이 이루어지기 때문에 정치적 중립성 확보가 강조되지만, 엽관주의에서는 정치적 충성심 및 기여도에 따라 인사행정이 이루어지기 때문에 조직 수반에 대한 정치적 정합성이 더 강조된다.

오답분석
③ 공공조직에서 엽관주의적 인사가 이루어지는 경우 정치적 충성심에 따라 구성원이 변경되므로, 정치적 사건마다 조직 구성원들의 신분유지 여부에 변동성이 생겨 불안정해진다.

07

정답 ②

발생주의 회계는 거래가 발생한 기간에 기록하는 원칙으로, 영업활동 관련 기록과 현금 유출입이 일치하지 않지만, 수익 및 비용을 합리적으로 일치시킬 수 있다는 장점이 있다.

오답분석

①·③·④·⑤ 현금흐름 회계에 대한 설명이다.

08

정답 ④

ㄴ. X이론에서는 부정적인 인간관을 토대로 보상과 처벌, 권위적이고 강압적인 지도성을 경영전략으로 강조한다.
ㄹ. Y이론의 적용을 위한 대안으로 권한의 위임 및 분권화, 직무 확대, 업무수행능력의 자율적 평가, 목표 관리전략 활용, 참여적 관리 등을 제시하였다.

오답분석

ㄷ. Y이론에 따르면 인간은 긍정적이고 적극적인 존재이므로, 직접적 통제보다는 자율적 통제가 더 바람직한 경영전략이라고 보았다.

09

정답 ①

독립합의형 중앙인사기관의 위원들은 임기를 보장받으며, 각 정당의 추천인사나 초당적 인사로 구성되는 등 중립성을 유지하기 유리하다는 장점을 지닌다. 이로 인해 행정부 수반에 의하여 임명된 기관장 중심의 비독립단독형 인사기관에 비해 엽관주의 영향을 최소화하고, 실적 중심의 인사행정을 실현하기에 유리하다.

오답분석

② 비독립단독형 인사기관은 합의에 따른 의사결정 과정을 거치지 않으므로, 의견 불일치 시 조율을 하는 시간이 불필요하여 상대적으로 의사결정이 신속히 이루어진다.
③ 비독립단독형 인사기관은 기관장의 의사가 강하게 반영되는 만큼 책임소재가 분명한 데 비해, 독립합의형 인사기관은 다수의 합의에 따라 의사결정이 이루어지므로 책임소재가 불분명하다.
④ 독립합의형 인사기관의 개념에 대한 옳은 설명이다.

10

정답 ②

㉠ 정부가 시장에 대해 충분한 정보를 확보하는 데 실패함으로써 정보 비대칭에 따른 정부실패가 발생한다.
㉢ 정부행정은 단기적 이익을 중시하는 정치적 이해관계의 영향을 받아 사회에서 필요로 하는 바보다 단기적인 경향을 보인다. 이처럼 정치적 할인율이 사회적 할인율보다 높기 때문에 정부실패가 발생한다.

오답분석

㉡ 정부는 독점적인 역할을 수행하기 때문에 경쟁에 따른 개선효과가 미비하여 정부실패가 발생한다.
㉣ 정부의 공공재 공급은 사회적 무임승차를 유발하여 지속가능성을 저해하기 때문에 정부실패가 발생한다.

11

정답 ②

공익, 자유, 복지는 행정의 본질적 가치에 해당한다.

> **행정의 가치**
> • 본질적 가치(행정을 통해 실현하려는 궁극적인 가치) : 정의, 공익, 형평, 복지, 자유, 평등
> • 수단적 가치(본질적 가치 달성을 위한 수단적인 가치) : 합법성, 능률성, 민주성, 합리성, 효과성, 가외성, 생산성, 신뢰성, 투명성

12

영국의 대처주의와 미국의 레이거노믹스는 경쟁과 개방, 위임의 원칙을 강조하는 신공공관리론에 입각한 정치기조이다.

[오답분석]

① 뉴거버넌스는 시민 및 기업의 참여를 통한 공동생산을 지향하며, 민영화와 민간위탁을 통한 서비스의 공급은 뉴거버넌스가 제시되기 이전 거버넌스의 내용이다.
③ 뉴거버넌스는 정부가 사회의 문제해결을 주도하는 것이 아니라, 민간 주체들이 논의를 주도할 수 있도록 조력자의 역할을 하는 것을 추구한다.
④ 신공공관리론은 정부실패의 대안으로 등장하였으며, 작고 효율적인 시장지향적 정부를 추구한다.

13

네트워크를 통한 기기 간의 연결을 활용하지 않으므로 사물인터넷을 사용한 것이 아니다.

[오답분석]

① 스마트 팜을 통해 각종 센서를 기반으로 온도와 습도, 토양 등에 대한 정보를 정확하게 확인하고 필요한 영양분(물, 비료, 농약 등)을 시스템이 알아서 제공해 주는 것은 사물인터넷을 활용한 경우에 해당된다.
③ 커넥티드 카는 사물인터넷 기술을 통해 통신망에 연결된 차량으로, 가속기, 브레이크, 속도계, 주행 거리계, 바퀴 등에서 운행 데이터를 수집하여 운전자 행동과 차량 상태를 모두 모니터링할 수 있다.

14

ㄱ. 강임은 현재보다 낮은 직급으로 임명하는 것으로, 수직적 인사이동에 해당한다.
ㄴ. 승진은 직위가 높아지는 것으로, 수직적 인사이동에 해당한다.

[오답분석]

ㄷ. 전보는 동일 직급 내에서 다른 관직으로 이동하는 것으로, 수평적 인사이동에 해당한다.
ㄹ. 전직은 직렬을 변경하는 것으로, 수평적 인사이동에 해당한다.

15

국립공원 입장료는 2007년에 폐지되었다.

[오답분석]

ㄱ. 2023년 5월에 문화재보호법이 개정되면서 국가지정문화재 보유자 및 기관에 대해 정부 및 지방자치단체가 해당 비용을 지원할 수 있게 되어, 많은 문화재에 대한 관람료가 면제되었다. 그러나 이는 요금제가 폐지된 것이 아니라 법규상 유인책에 따라 감면된 것에 해당된다. 원론적으로 국가지정문화재의 소유자가 관람자로부터 관람료를 징수할 수 있음은 유효하기도 했다. 2023년 8월 새로운 개정을 통해 해당 법에서 칭하던 '국가지정문화재'가 '국가지정문화유산'으로 확대되었다.

01	02	03	04	05															
④	①	③	⑤	②															

01

정답 ④

근로자참여 및 협력증진에 관한 법은 집단적 노사관계법으로, 노동조합과 사용자단체 간의 노사관계를 규율한 법이다. 노동조합 및 노동관계조정법, 근로자참여 및 협력증진에 관한 법, 노동위원회법, 교원의 노동조합설립 및 운영 등에 관한 법률, 공무원직장협의회법 등이 이에 해당한다.

나머지는 근로자와 사용자의 근로계약을 체결하는 관계에 대해 규율한 법으로, 개별적 근로관계법이라고 한다. 근로기준법, 최저임금법, 산업안전보건법, 직업안정법, 남녀고용평등법, 선원법, 산업재해보상보험법, 고용보험법 등이 이에 해당한다.

02

정답 ①

용익물권은 타인의 토지나 건물 등 부동산의 사용가치를 지배하는 제한물권으로, 민법상 지상권, 지역권, 전세권이 이에 속한다.

용익물권의 종류
- 지상권 : 타인의 토지에 건물이나 수목 등을 설치하여 사용하는 물권
- 지역권 : 타인의 토지를 자기 토지의 편익을 위하여 이용하는 물권
- 전세권 : 전세금을 지급하고 타인의 토지 또는 건물을 사용·수익하는 물권

03

정답 ③

- 선고유예 : 형의 선고유예를 받은 날로부터 2년이 경과한 때에는 면소된 것으로 간주한다(형법 제60조).
- 집행유예 : 양형의 조건을 참작하여 그 정상에 참작할 만한 사유가 있는 때에는 1년 이상 5년 이하의 기간 형의 집행을 유예할 수 있다(형법 제62조 제1항).

04

정답 ⑤

몰수의 대상(형법 제48조 제1항)
1. 범죄행위에 제공하였거나 제공하려고 한 물건
2. 범죄행위로 인하여 생겼거나 취득한 물건
3. 제1호 또는 제2호의 대가로 취득한 물건

05

정답 ②

상법상 법원에는 상사제정법(상법전, 상사특별법령, 상사조약), 상관습법, 판례, 상사자치법(회사의 정관, 이사회 규칙), 보통거래약관, 조리 등이 있다. 조례는 해당되지 않는다.

01	02	03	04	05	06	07	08	09	10	11	12	13	14	15	16	17	18	19	20
③	③	②	②	④	①	①	①	④	③	②	⑤	③	⑤	②	④	④	⑤	①	③

21	22	23	24	25															
④	②	②	④	④															

01

카르노 사이클은 외부로부터 열을 받아 등온 팽창한다. 이후 팽창한 기체는 외부와의 열 교환 없이 단열 팽창한다. 팽창한 기체는 열을 버리며 등온 수축하게 된다. 이후 수축한 기체는 외부와의 열 교환 없이 단열 수축하여 처음 상태로 돌아온다. 이때 카르노 사이클은 흡열한 열량과 버린 열량의 차이만큼 일을 한다.

02

자동차가 안정적으로 선회하기 위해서는 양 바퀴의 회전수가 달라야 한다. 이를 조절하기 위해 사용하는 기어는 유성기어와 태양기어로, 외부로부터 전달받은 동력은 베벨기어를 통해 링기어를 회전시키고, 회전하는 링기어는 유성기어와 태양기어를 회전시킨다. 정상적인 직선 주행 중에는 양 바퀴의 회전수가 같으므로 유성기어와 태양기어가 같은 속력으로 회전하지만, 선회 시 양 바퀴에 작용하는 마찰저항이 서로 다르게 작용한다. 이를 유성기어, 태양기어에 전달하여 안쪽 바퀴의 회전저항은 증가하고 바깥쪽 바퀴의 회전수는 안쪽 바퀴의 감소한 회전수만큼 증가한다.

03

오답분석

① 정하중 : 하중의 크기, 방향, 작용점이 일정하게 작용하는 하중이다.
③ 반복하중 : 하중이 일정한 크기와 일정한 작용점에서 주기적으로 반복하여 작용하는 하중이다.
④ 충격하중 : 한 작용점에서 매우 짧은 시간 동안 강하게 작용하는 하중이다.
⑤ 임의진동하중 : 하중의 크기, 방향, 작용점이 불규칙적으로 변하는 하중이다.

04

오답분석

① 세라다이징 : 아연(Zn) 분말 속에 재료를 묻고 300 ~ 400℃로 1 ~ 5시간 가열하는 표면처리 방법이다.
③ 칼로라이징 : 알루미늄(Al) 분말 속에 재료를 가열하여 알루미늄이 표면에 확산되도록 하는 표면처리 방법이다.
④ 브로나이징 : 붕산(B)을 침투 및 확산시켜 경도와 내식성을 향상시키는 표면처리 방법이다.
⑤ 크로나이징 : 크롬(Cr)을 1,000 ~ 1,400℃인 환경에서 침투 및 확산시키는 표면처리 방법이다.

05

피로시험(ㄴ), 충격시험(ㄹ), 마멸시험(ㅁ)은 기계재료의 동적시험 방법에 속한다.

06

질량 1kg의 물을 1℃ 가열하는 데 필요한 열량은 1kcal이다. 따라서 질량 10kg의 물을 10℃에서 60℃로 가열하는 데 필요한 열량은 $Q = cm\triangle t = 1 \times 10 \times (60-10) = 500\text{kcal} = 500 \times \dfrac{4.2\,\text{kJ}}{1\,\text{kcal}} = 2,100\text{kJ}$이다.

07

정답 ①

페라이트는 탄소 함량이 매우 적어 무르므로 담금질 효과가 거의 없다.

08

정답 ①

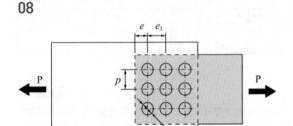

p : 피치
e : 마진
e_i : 뒤피치
D : 리벳지름

오답분석

② 피치 : 같은 줄에 있는 리벳의 중심 사이의 거리이다.
③ 뒤피치 : 여러 줄 리벳 이음에서 리벳의 열과 이웃한 열 사이의 거리이다.
④ 리드 : 나사가 1바퀴 회전할 때 축 방향으로 이동한 거리이다.
⑤ 유효지름 : 나사의 골지름과 바깥지름의 평균인 지름이다.

09

정답 ④

사바테 사이클은 복합 사이클 또는 정적 – 정압 사이클이라고도 하며, 정적 가열과 정압 가열로 열을 받아 일을 한 후 정적 방열을 하는 열 사이클이다. 고속 디젤 기관에서는 짧은 시간 내에 연료를 연소시켜야 하므로 압축행정이 끝나기 전에 연료를 분사하여 행정 말기에 착화되도록 하면 공급된 연료는 정적 아래에서 연소하고 후에 분사된 연료는 대부분 정압 아래에서 연소하게 된다.

오답분석

① 오토 사이클 : 2개의 단열 과정과 2개의 정적 과정으로 이루어진 사이클로, 가솔린 기관 및 가스 터빈의 기본 사이클이다.
② 랭킨 사이클 : 2개의 단열 과정과 2개의 가열 및 팽창과정으로 이루어진 증기 터빈의 기본 사이클이다.
③ 브레이턴 사이클 : 2개의 단열 과정과 2개의 정압 과정으로 이루어진 사이클로, 가스 터빈의 기본 사이클이다.
⑤ 카르노 사이클 : 2개의 단열 과정과 2개의 등온 과정으로 이루어진 사이클로, 모든 과정이 가역적인 가장 이상적인 사이클이다.

열기관 사이클의 P – V 선도와 T – S 선도

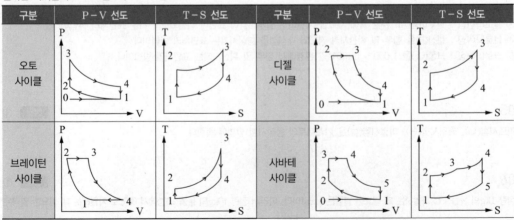

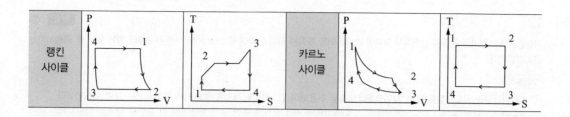

| 랭킨
사이클 | | 카르노
사이클 | |

10

ㄴ. n몰의 단원자 분자인 이상기체의 내부에너지는 $U=\frac{3}{2}nRT$이다.

ㄷ. n몰의 단원자 분자인 이상기체의 엔탈피는 $H=U+W=\frac{5}{2}nRT$이다.

오답분석

ㄱ. n몰의 단원자 분자인 이상기체의 내부에너지는 $U=\frac{3}{2}nRT$, 이원자 분자인 이상기체의 내부에너지는 $U=\frac{5}{2}nRT$, 삼원자

이상의 분자인 이상기체의 내부에너지는 $U=\frac{6}{2}nRT$이다.

ㄹ. 이상기체의 무질서도를 표현한 함수는 엔트로피이다.

11

세레이션은 축과 보스를 결합하기 위해 축에 삼각형 모양의 톱니를 새긴 가늘고 긴 키홈이다.

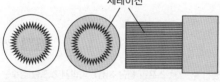

세레이션

오답분석

① 묻힘키 : 보스와 축 모두 키홈을 파낸 후 그 구멍에 키를 끼워 넣어 보스와 축을 고정한 것이다.

③ 둥근키 : 키홈을 원모양으로 만든 묻힘키의 하나이다.

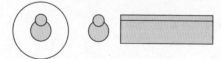

④ 테이퍼 : 경사도가 1/50 이하인 핀이다.

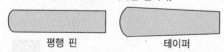

평행 핀   테이퍼

⑤ 스플라인 : 축과 보스를 결합하기 위해 다각형 또는 곡선 형태의 톱니를 새긴 가늘고 긴 홈이다.

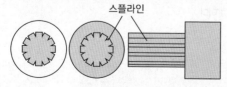

스플라인

12

파텐팅은 오스템퍼링 온도의 상한에서 미세한 소르바이트 조직을 얻기 위하여 오스테나이트 가열온도부터 항온 유지 후 공랭시키는 열처리법이다.

[오답분석]
① 청화법 : 사이안화산칼륨 또는 사이안화나트륨을 이용하여 강 표면에 질소를 침투시켜 경화시키는 표면 처리법이다.
② 침탄법 : 재료의 표면을 단단하게 강화하기 위해 저탄소강을 침탄제 속에 묻고 가열하여 강 표면에 탄소를 침입시키는 표면 열처리법이다.
③ 마퀜칭 : 오스테나이트 구역에서 강 내부의 온도와 외부의 온도가 동일하도록 항온 유지 후 공랭하는 항온 열처리법이다.
④ 질화법 : 강 표면에 질소를 침투시켜 매우 단단한 질소화합물 층을 형성하는 표면 열처리법이다.

13

디퓨저는 유체의 운동에너지를 압력에너지로 변환시키기 위해 관로의 단면적을 서서히 넓게 한 유로이다.

[오답분석]
① 노즐 : 유체의 압력에너지를 운동에너지로 변환시키기 위해 관로의 단면적을 서서히 좁게 한 유로이다.
② 액추에이터 : 유압장치 등으로부터 에너지를 받아 시스템을 제어하는 기계장치이다.
④ 어큐뮬레이터 : 유압유의 압력에너지를 저장하는 유압기기이다.
⑤ 피스톤 로드 : 피스톤에 의해 변환된 힘을 외부로 전달하는 기기이다.

14

$Q = \triangle U + W$에서 $\triangle U = 180\text{kJ}$, $W = 370\text{kJ}$이므로 $180 + 370 = 550\text{kJ}$이다.

15

[스프링 상수(k)]$= \dfrac{P}{\delta} = \dfrac{Gd^4}{8nD^3}$ 이다(G : 횡탄성계수, d : 소선 지름, n : 권선 수, D : 스프링 평균 지름). 따라서 스프링 상수는 횡탄성계수와 비례관계이다.

한편, 푸아송 비(ν)와 종탄성계수(E), 횡탄성계수(G)의 관계는 $G = \dfrac{E}{2(1+\nu)}$ 이므로 푸아송 비는 스프링 상수와 비례관계가 아니다.

16

[오답분석]
① 부력 : 물체가 유체에 잠길 때, 잠긴 부위를 둘러싼 유체가 물체를 위로 밀어 올리는 힘이다.
② 중력 : 지구가 물체를 잡아당기는 힘이다.
③ 항력 : 물체가 유체 내부에서 운동할 때, 물체가 작용하는 저항력이다.
⑤ 마찰력 : 물체가 운동할 때, 접촉면에서 물체의 운동을 방해하는 힘이다.

17

$\left[(\text{섭씨 온도}) \times \dfrac{9}{5}\right] + 32 = (\text{화씨 온도})$이다. 따라서 $55 \times \dfrac{9}{5} + 32 = 131°\text{F}$이다.

18

정답 ⑤

외부에서 기체에 가한 열량을 Q, 내부에너지의 증가량을 $\triangle U$, 기체가 한 일을 W라고 하면, 기체가 단열 변화할 때 $Q=\triangle U+W$에서 $Q=0$이므로 항상 $\triangle U+W=0$이다.

오답분석

① 열역학 제1법칙은 에너지 보존의 법칙과 관련이 있는 법칙이다.
② 어떤 기체에 열을 가하여 정적 변화를 하면 $W=0$이므로 $Q=\triangle U$가 되어 기체에 가한 열은 모두 내부에너지의 증가에 쓰인다.
③ 어떤 기체에 열을 가하여 등온 변화를 하면 $\triangle U=0$이므로 $Q=W$가 되어 기체에 가한 열은 모두 기체가 하는 일로 변환된다.
④ 어떤 기체에 열을 가하여 정압 변화를 하면 $Q=\triangle U+W$이므로 가한 열은 기체 온도의 상승 및 기체가 하는 일로 변환된다.

19

정답 ①

열역학 제2법칙에 따르면 모든 계의 변화는 비가역적이고 엔트로피는 항상 증가하며, 감소하지 않는다. 만약 계의 변화가 가역적이라면 그 계의 엔트로피는 항상 일정할 것이다. 또한, 엔트로피가 0이라는 것은 절대영도($0K=-273.15℃$)의 환경에서 그 어떠한 불규칙성이 존재하지 않는 상태라는 뜻이다.

20

정답 ③

$Q=KAt\dfrac{T_H-T_L}{l}$ 에서 $K=0.6\text{W/m}\cdot\text{K}$, $A=3\text{m}^2$, $=t\,10\times60=600\text{s}$, $T_H-T_L=28-(-2)=30$, $l=0.005\text{m}$이므로

$Q=0.6\times3\times600\times\dfrac{30}{0.005}=6,480,000\text{J}=6,480\text{kJ}$이다.

21

정답 ④

탄소의 양과 탄소 연소 시 필요한 산소의 양의 비는 $1:1$이고 탄소의 원자량은 12, 산소의 원자량은 16이다.

따라서 $12:32=5:x \rightarrow x=\dfrac{32\times6}{12}=16\text{kg}$이므로,

공기 내 산소의 비는 20%이고, 전체 공기의 양은 $\dfrac{16}{0.2}=80\text{kg}$이다.

22

정답 ②

물체의 밀도를 ρ, 물체의 부피를 V, 유체의 밀도를 ρ', 유체에 물체를 둘 때 잠기는 영역의 부피를 V'라고 하자. $\rho gV=\rho'gV'$일 때 물체가 물에 뜨게 된다. 이때 $\rho'gV'$가 부력이며 부력은 유체의 밀도와 유체에 잠기는 영역의 부피와 관련이 있다. 문제에 제시된 실험은 재질과 유체가 동일하고 형상이 다르므로 잠기는 영역의 부피가 변화한 것이다.

23

정답 ②

$\delta=\dfrac{PL}{AE}=\dfrac{4PL}{\pi d^2E}$ 이므로

$1.5\times10^{-3}=\dfrac{4\times100\times10^3\times3}{\pi\times d^2\times250\times10^9}$

$\rightarrow d=\sqrt{\dfrac{4\times100\times10^3\times3}{\pi\times250\times10^9\times1.5\times10^{-3}}}\fallingdotseq0.032\text{m}=3.2\text{cm}$

24

오답분석

① 레이놀즈(Re) 수에 대한 설명이며, 유체의 흐름 상태를 층류와 난류로 파악할 수 있다.
② 마하(Ma) 수에 대한 설명이며, 유체의 압축성을 파악할 수 있다.
③ 스토크(Stk) 수에 대한 설명이며, 유체 입자가 흐름을 따르는 정도를 파악할 수 있다.

25

정답 ④

외팔보에서 작용하는 등분포하중은 $\theta = \dfrac{wl^3}{6EI}$ 이므로 $\theta = \dfrac{10 \times 6^3}{6 \times 10,000} = 3.6 \times 10^{-2} \text{rad}$이다.

06 전기

01	02	03	04	05	06	07	08	09	10	11	12	13	14	15	16	17	18	19	20
④	②	②	③	④	①	③	④	③	⑤	⑤	②	③	②	④	④	④	①	①	②

01

정답 ④

[3상 전압강하(e)] $= V_s - V_r = \sqrt{3}\, I(R\cos\theta + X\sin\theta)$
[송전단 전압(V_s)] $= V_r + \sqrt{3}\, I(R\cos\theta + X\sin\theta)$
$$= 6,000 + \sqrt{3} \times \frac{300 \times 10^3}{\sqrt{3} \times 6,000 \times 0.8} \times [(5 \times 0.8) + (4 \times 0.6)] = 6,400\text{V}$$

02

정답 ②

ㄱ·ㄹ. 임펄스 함수는 하중 함수와 같은 함수이다.

03

정답 ②

단상 유도 전동기를 기동토크가 큰 순서대로 나열하면 반발 기동형 – 반발 유도형 – 콘덴서 기동형 – 분상 기동형 – 셰이딩 코일형이다.

> **단상 유도 전동기의 특징**
> • 교번자계가 발생한다.
> • 기동토크가 없으므로 기동 시 기동장치가 필요하다.
> • 슬립이 0이 되기 전에 토크는 미리 0이 된다.
> • 2차 저항값이 일정값 이상이 되면 토크는 부(−)가 된다.

04

정답 ③

$J = \dfrac{m}{S} = \dfrac{m}{\pi r^2}$ Wb/m^2에서 $m = J \times \pi r^2$이므로

구하고자 하는 전자극의 세기는 $300 \times \pi \times (10 \times 10^{-2})^2 = 3\pi$ Wb이다.

05

정답 ④

$P_r = I^2 X = \left(\dfrac{V}{\sqrt{R^2 + X^2}} \right)^2 X = \dfrac{V^2 X}{R^2 + X^2} = \dfrac{10^2 \times 4}{3^2 + 4^2} = 16$Var

직렬회로의 단상류전력
- 피상전력

  $P_a = I^2 Z = \dfrac{V^2}{Z} = \dfrac{Z}{R^2 + X^2} \, V^2$

- 유효전력

  $P = I^2 R = \left(\dfrac{V}{\sqrt{R^2 + X^2}} \right)^2 R = \dfrac{R}{R^2 + X^2} \, V^2$

- 무효전력

  $P_r = I^2 X = \left(\dfrac{V}{\sqrt{R^2 + X^2}} \right)^2 X = \dfrac{X}{R^2 + X^2} \, V^2$

  $P_a{}^2 = P^2 + P_r{}^2$, $Z = \sqrt{R^2 + X^2}$

06

정답 ①

기전력의 최대전압은 동기발전기의 병렬운전 조건과 관련이 없다.

동기발전기의 병렬운전 조건
- 기전력의 크기가 같을 것
- 기전력의 위상이 같을 것
- 기전력의 파형이 같을 것
- 기전력의 주파수가 같을 것
- 기전력의 상회전 방향이 같을 것

07

정답 ③

$E = V + I_a R_a$에서 계자전류 및 전기자 반작용을 무시하므로 $I_a = I = 40$A이다.

따라서 $E = 220 + 40 \times 0.15 = 226$V이다.

08

정답 ④

전기력선은 자기 자신만으로 폐곡선을 이룰 수 없다.

전기력선의 성질

- 도체 내부에는 전기력선이 존재하지 않는다.
- 전기력선의 방향은 전계의 방향과 같다.
- 전기력선의 방향은 전위가 높은 곳에서 낮은 곳으로 향한다.
- 전기력선은 도체 표면에서 수직으로 지나간다.
- 전기력선의 밀도는 전계의 세기와 같다.
- 전기력선은 정전하에서 시작하여 무한으로 발산하거나 부전하에서 끝난다.
- 전기력선은 자기 자신만으로 폐곡선을 이루지 않는다.

$$\left(\nabla \cdot E = \frac{\rho}{\epsilon_o}\right)$$

- 전기력선은 단위전하당 $\frac{1}{\epsilon_0}$ 개가 출입한다.

$$\left(\frac{N}{q} = \frac{1}{\epsilon_0}\right)$$

09

정답 ③

$$[공진주파수(f)] = \frac{1}{2\pi\sqrt{LC}}[\text{Hz}]$$

공진회로

구분	직렬공진	병렬공진
공진조건	$X_L = X_c,\ \omega L = \dfrac{1}{\omega C}$	$X_L = X_c,\ \omega C = \dfrac{1}{\omega L}$
공진주파수	$f = \dfrac{1}{2\pi\sqrt{LC}}$	$f = \dfrac{1}{2\pi\sqrt{LC}}$
공진상태 의미	• 허수부가 0인 상태 • 전압, 전류가 동일 위상인 상태 • 역률이 1인 상태 • 임피던스가 최소인 상태 • 전류가 최대인 상태	• 허수부가 0인 상태 • 전압, 전류가 동일 위상인 상태 • 역률이 1인 상태 • 어드미턴스가 최소인 상태 • 전류가 최소인 상태

10

정답 ⑤

$Q = CV$이고 Q는 변하지 않는다. 따라서 $C \to C + 3C = 4C$이므로 $V = \dfrac{Q}{C} \to \dfrac{Q}{4C} = \dfrac{1}{4}\,V$이다.

11

정답 ⑤

$$[전압변동률(\epsilon)] = \frac{V_{or} - V_r}{V_r} \times 100 = \frac{143 - 140}{140} \times 100 ≒ 2.14$$

전압변동률

정격전압에 대한 무부하 시 전압 변동의 비율이다.

$$[\text{전압변동률}(\epsilon)] = \frac{V_{or} - V_r}{V_r} \times 100$$

(V_r : 정격전압, V_{or} : 무부하 시 전압)

12
정답 ②

$P = 9.8\eta\,QH = 9.8 \times 0.9 \times 15 \times 100 = 13,230\text{kW}$

13
정답 ③

단락비가 큰 기기는 동기임피던스가 작다.

단락비가 큰 기기의 특징

• 동기임피던스(Z_s), 전압변동률, 전기자반작용, 효율이 작다.
• 출력, 선로의 충전용량, 단락전류가 크다.
• 안정도가 좋다.
• 철손이 크다.
• 중량이 크다.
• 가격이 비싸다.
• 철기계로 저속인 수차발전기에 적합하다.

철기계

단락비가 큰 기기는 자속 분포를 크게 하기 위해 철심을 크게 하여 계자의 구조가 크게 된다. 따라서 계자의 구조에 비례해 전기자의 구조가 커지기 때문에 발전기의 구조가 전반적으로 커진다. 이때, 철심의 분포가 코일인 동보다 더 많기 때문에 철기계라고 한다.

14
정답 ②

오답분석

① 농형 유도전동기 : 고정자 권선에 전압을 인가하고 회전자에는 전압 인가 없이 전압 및 전류가 유도되어 운전하는 방식이다.
③ 분상 기동형 전동기 : 인덕턴스는 작고 저항은 커, 주권선과 기동권선에 흐르는 전류 간 위상차를 만들어 회전자장을 얻는다.
④ 셰이딩 코일형 전동기 : 고정자 자극의 한쪽 끝에 홈을 판 후 셰이딩 코일을 감아 회전자계장을 얻는 방식이다.
⑤ 콘덴서 기동형 전동기 : 기동권선의 권선수를 주권선의 1 ~ 1.5배 정도로 하고, 콘덴서를 통해 접속하여 기동하는 방식이다.

15
정답 ④

커패시터가 전하를 충전할 수 있는 능력을 '충전용량' 혹은 '커패시턴스'라고 한다.

오답분석

① 어드미턴스 : 교류회로에서의 전류가 잘 흐르는 정도이며, 임피던스의 역수이다.
② 인덕턴스 : 회로에서 작용하는 전자기유도 작용에 의해 발생하는 역기전력의 크기이다.
③ 임피던스 : 회로에서 전압이 가해졌을 때 전류의 흐름을 방해하는 정도이다.

16

회전 계자형은 코일을 고정시키고 자석을 회전시킴으로써 전기를 얻는 발전 방식이다. 권선의 배열 및 결선이 회전 전기자형보다 편리하고 절연 또한 유리하며, 슬립링과 브러시의 사용량도 감소하여 대부분의 발전기에서 사용되는 방식이다.

17

정류자는 교류 전원을 직류로 변환하는 발전기 부품이다.

18

직류 전동기의 유도기전력은 $E = \dfrac{PZ}{60a}\phi N$이다.

(P : 자극 수, Z : 전기자 총 도체 수, ϕ : 극당 자속, N : 분당 회전 수, a : 병렬 회로 수)

따라서 전기자 도체 1개에 유도되는 기전력의 크기는 $\dfrac{E}{Z} = \dfrac{P\phi N}{60a}$이다.

이때 중권이므로 $a = P$이고 $\dfrac{0.8 \times 1,800}{60} = 24\text{V}$이다.

19

공기식 발전기는 엔진 내부를 진공으로 만들면 그 진공을 채우기 위해 공기가 유입되고 유입된 공기가 터빈을 작동시키며 전기를 생산해내는 친환경 발전 기기이다.

20

이상적인 연산증폭기 모델의 가정
• 입력 임피던스는 무한대(∞)이고 출력 임피던스는 0일 것
• 입력 전압 및 출력 전압의 범위가 무한대(∞)일 것
• 주파수에 제한을 받지 않을 것
• 슬루율이 무한대(∞)일 것
• 개루프 전압이득이 무한대(∞)일 것
• 입력 전압과 출력 전압은 선형성을 갖출 것
• 오프셋 전압이 0일 것

PART 1

직업기초능력검사

대표기출유형 01 　기출응용문제

01

정답 ④

생리활성 물질은 항암 효과를 가지고 있는데, 새싹 채소와 성체 모두 이를 함유하고 있다.

오답분석

① 성체로 자라기 위해 종자 안에는 각종 영양소가 포함되어 있다.
② 새싹은 성숙한 채소에 비하여 영양성분이 약 3 ~ 4배 정도 더 많이 함유되어 있으며, 종류에 따라서는 수십 배 이상의 차이를 보이기도 한다.
③ 씨에서 바로 나왔을 때가 아닌 어린잎이 두세 개 달릴 즈음이 생명유지와 성장에 필요한 생리활성 물질을 가장 많이 만들어 내는 때이다.

02

정답 ④

이사들의 전원일치로 강ㅁㅁ이 대표이사로 선임되었다.

03

정답 ④

제78조 제1항과 제2항에 따르면 가입자는 지급받은 반환일시금에 이자를 더한 금액을 공단에 낼 수 있으며, 이때 분할하여 납부하려면 반환일시금에 대통령령으로 정하는 이자를 더하여야 한다.

오답분석

① 제77조 제1항 제3호를 통해 알 수 있다.
② 제77조 제1항 제2호를 통해 알 수 있다.
③ 제79조 제1호를 통해 알 수 있다.

대표기출유형 02 　기출응용문제

01

정답 ④

제시된 기사에서는 대기업과 중소기업 간의 상생경영의 중요성을 강조하고 있다. 기존에는 대기업이 시혜적 차원에서 중소기업에게 베푸는 느낌이 강했지만, 현재는 협력사의 경쟁력 향상이 곧 기업의 성장으로 이어질 것으로 보고, 상생경영의 중요성을 높이고 있다. 또 세 번째 문단을 통해 대기업이 지원해준 업체의 기술력 향상으로 더 큰 이득을 보상받는 등 상생협력이 대기업과 중소기업 모두에게 효과적임을 알 수 있다. 따라서 '시혜적 차원에서의 대기업 지원의 중요성'은 기사의 제목으로 적절하지 않다.

02

두 번째 문단의 '시장경제가 제대로 운영되기 위해서는 국가의 소임이 중요하다.'라고 한 부분과 세 번째 문단의 '시장경제에서 국가가 할 일은 크게 세 가지로 나누어 볼 수 있다.'라고 한 부분에서 '시장경제에서의 국가의 역할'이라는 제목을 유추할 수 있다.

03

정답 ①

제시문의 첫 번째 문단에서는 '사회적 자본'이 늘어나면 정치 참여도가 높아진다는 주장을 하였고, 두 번째 문단에서는 '사회적 자본'의 개념을 사이버공동체에 도입하였으나 현실과 잘 맞지 않는다고 하면서 '사회적 자본'의 한계를 서술했다. 그리고 마지막 문단에서는 이 같은 사회적 자본만으로는 정치 참여가 늘어나기 어렵고 이른바 '정치적 자본'의 매개를 통해서만이 가능하다는 주장을 하고 있다. 따라서 ①이 제시문의 주제로 가장 적절하다.

대표기출유형 03 기출응용문제

01

정답 ②

제시된 문단은 신탁 원리의 탄생 배경인 12세기 영국의 상황에 대해 이야기하고 있다. 따라서 이어지는 내용은 (가) 신탁 제도의 형성과 위탁자, 수익자, 수탁자의 관계 등장 → (다) 불안정한 지위의 수익자 → (나) 적극적인 권리 행사가 허용되지 않는 연금 제도에 기반한 신탁 원리 → (라) 연금 운용 권리를 현저히 약화시키는 신탁 원리와 그 대신 부여된 수탁자 책임의 문제점 순서로 나열하는 것이 적절하다.

02

정답 ③

제시문은 역사드라마에 대한 설명으로, 역사드라마가 현대를 살아가는 시청자에 의해 능동적으로 해석됨을 주장하는 (가) 문단이 첫 번째에 오는 것이 적절하며, 다음으로 역사드라마가 가지고 있는 역사적 속성을 설명하는 (라) 문단이 나오는 것이 자연스럽다. 다음으로 현재를 지향하는 역사드라마에 대한 이야기가 나오는 (나) 문단이 나와야 하고, 마지막으로 역사드라마를 통한 현대와 과거 등장인물의 소통인 (다) 문단이 나오는 것이 적절하다.

03

정답 ④

먼저 귀납에 대해 설명하고 있는 (나) 문단이 오는 것이 적절하며, 특성으로 인한 귀납의 논리적 한계가 나타난다는 (라) 문단이 그다음으로 오는 것이 자연스럽다. 이후 이러한 한계에 대한 흄의 의견인 (다) 문단과 구체적인 흄의 주장과 이에 따라 귀납의 정당화 문제에 대해 설명하는 (가) 문단이 차례로 오는 것이 적절하다.

04

정답 ④

제시문은 우리나라 건강보험제도의 진화과정을 나타낸 것으로, (나) 우리나라 건강보험제도의 시작 → (다) 건강보험 적용대상 확대(직장가입자 → 지역가입자) → (가) 보험료 부과체계의 변화 시작 순으로 나열하여야 한다.

05

정답 ①

제시문은 이글루가 따듯해질 수 있는 원리에 대해 설명하고 있다. 따라서 (나) 에스키모는 이글루를 연상시킴 → (라) 이글루는 눈으로 만든 집임에도 불구하고 따듯함 → (가) 눈 벽돌로 이글루를 만들고 안에서 불을 피움 → (마) 온도가 올라가면 눈이 녹으면서 벽의 빈틈을 메우고 눈이 녹으면 출입구를 열어 물을 얼림 → (다) 이 과정을 반복하면서 눈 벽돌집은 얼음집으로 변하여 내부가 따듯해짐 순서로 나열해야 한다.

01

정답 ④

제시문에서는 신재생에너지를 통한 이산화탄소 감축 등 환경 보호를 더 중요한 목표로 본다. 따라서 산업 규모 성장을 우선 목표로 해야 한다는 주장은 글의 내용과 부합하지 않는다.

오답분석

① 신재생에너지가 이산화탄소 감축 목표 달성을 위해 필요하다고 하였다.
② 친환경 산업 구조의 변화를 살펴보고 인력을 양성을 해야 한다고 언급하였다.
③ 시멘트 산업을 예로 들며, 에너지 다소비 산업에 대한 정부 지원 교육사업이 활성화되어야 한다고 언급하였다.

02

정답 ③

경덕왕 시기에는 통일된 석탑양식이 다른 지역으로까지 파급되지는 못하고 경주에 밀집된 모습을 보였다.

오답분석

① 문화가 부흥할 수 있었던 배경에는 안정된 왕권과 정치제도가 깔려 있었다.
② 장항리 오층석탑 역시 통일 신라 경덕왕 시기에 유행했던 통일된 석탑양식으로 주조되었다.
④ 통일된 석탑양식 이전에는 시원양식과 전형기가 유행했다.

03

정답 ④

마지막 문단에 따르면 모든 동물이나 식물종을 보존할 수 없는 것과 같이 언어 소멸 역시 막기 어려운 측면이 있으며, 그럼에도 불구하고 이를 그저 바라만 볼 수는 없다고 하였다. 즉, 언어 소멸 방지의 어려움을 동물이나 식물종을 완전히 보존하기 어려운 것에 비유한 것이지, 언어 소멸 자체가 자연스럽고 필연적인 현상인 것은 아니다.

오답분석

① 첫 번째 문단에 따르면 전 세계적으로 3,000개의 언어가 소멸해 가고 있으며, 이 중에서 약 600개의 언어는 사용자 수가 10만 명을 넘으므로 비교적 안전한 상태이다. 따라서 나머지 약 2,400개의 언어는 사용자 수가 10만 명이 넘지 않는다고 추측할 수 있다.
② 두 번째 문단의 마지막 문장에 의해 히브리어는 지속적으로 공식어로 사용할 의지에 따라 부활한 언어임을 알 수 있다.
③ 마지막 문단의 '가령, 어떤 ~ 초래할 수도 있다.'를 통해 알 수 있다.

01

정답 ④

미생물을 끓는 물에 노출하면 영양세포나 진핵포자는 죽일 수 있으나, 세균의 내생포자는 사멸시키지 못한다. 멸균은 포자, 박테리아, 바이러스 등을 완전히 파괴하거나 제거하는 것이므로 물을 끓여서 하는 열처리 방식으로는 멸균이 불가능함을 알 수 있다. 따라서 빈칸에 들어갈 내용으로는 '소독은 가능하지만, 멸균은 불가능하다.'는 ④가 가장 적절하다.

02

정답 ②

제시문에서 '당분 과다로 뇌의 화학적 균형이 무너져 정신에 장애가 왔다고 주장'한 것과 '정제한 당의 섭취를 원천적으로 차단'한 실험 결과를 토대로 '과다한 정제당 섭취가 반사회적 행동을 유발할 수 있다.'를 추론할 수 있다.

03

정답 ③

빈칸 뒤의 문장은 최근 선진국에서는 스마트팩토리로 인해 해외로 나간 자국 기업들이 다시 본국으로 돌아오는 현상인 '리쇼어링'이 가속화되고 있다는 내용이다. 즉, 스마트팩토리의 발전이 공장의 위치를 해외에서 본국으로 변화시키고 있으므로 빈칸에는 ③이 가장 적절하다.

대표기출유형 06   기출응용문제

01

정답 ③

(가) 문단은 이란의 원유에 대해 서술하고 있으며, (다) 문단은 미국의 이란 원유 수입 중단 정책에 대한 주변국의 반응을 서술하고 있다. 이를 통해 (다) 문단은 (가) 문단의 내용을 뒷받침한다고 보기 어려우며, 앞서 원유 수입 중단을 야기한 (나)의 문단을 뒷받침한다고 볼 수 있다. 따라서 ③은 수정 방안으로 적절하지 않다.

[오답분석]

① 이란의 원유에 대해 서술하는 상황에서 (A)는 내용상 불필요한 내용이므로 삭제한다.
② 규칙이나 규정의 위반에 대하여 제한하거나 금지함을 의미하는 '제재'가 더 적절한 표현이다.
④ 앞의 내용과 뒤의 내용이 상반되는 경우가 아니므로 '그러나'는 적절하지 않다.

02

정답 ④

재산이 많은 사람은 약간의 세율 변동에도 큰 영향을 받는다. 그러므로 '영향이 크기 때문에'로 수정해야 한다.

03

정답 ②

'-로써'는 어떤 일의 수단이나 도구를 나타내는 격조사이며, '-로서'는 지위나 신분 또는 자격을 나타내는 격조사이다. 서비스 이용자의 증가가 오투오 서비스 운영 업체에 많은 수익을 내도록 한 수단이 되므로 ⓒ에는 '증가함으로써'가 적절하다.

04

정답 ④

한글 맞춤법 규정에 따르면 '초점(焦點)'의 경우 고유어가 들어 있지 않으므로 사이시옷이 들어가지 않는다. 따라서 '초점'이 옳은 표기이다.

05

정답 ④

중요한 내용을 두괄식으로 작성함으로써 보고받은 자가 해당 문서를 신속하게 이해하고 의사결정을 하는 데 도움을 주는 것이 바람직하다.

01

정답 ②

'혼동'은 어떤 대상과 다른 대상을 구별하지 못하고 헷갈리는 경우에 사용되며, '혼돈'은 온갖 대상들이 마구 뒤섞여 어지럽고 복잡할 때 사용한다.

• 혼동 : 구별하지 못하고 뒤섞어서 생각함
• 혼돈 : 마구 뒤섞여 있어 갈피를 잡을 수 없음. 또는 그런 상태

02

정답 ②

ⓒ의 '데'는 '일'이나 '것'의 뜻을 나타내는 의존 명사로 사용되었으므로 '수행하는 데'와 같이 띄어 쓴다.

오답분석

ⓐ '만하다' : 어떤 대상이 앞말이 뜻하는 행동을 할 타당한 이유를 가질 정도로 가치가 있음을 나타내는 보조 형용사이다. 보조 용언은 띄어 씀을 원칙으로 하나, ⓐ과 같은 경우 붙여 씀도 허용하므로 앞말에 붙여 쓸 수 있다.
ⓒ '-만' : 다른 것으로부터 제한하여 어느 것을 한정함을 나타내는 보조사로 사용되었으므로 앞말에 붙여 쓴다.

03

정답 ③

• 고객에게 불편을 초례한 경우 … : 초례 → 초래
• 즉시 계선·시정하고 … : 계선 → 개선
• 이를 성실이 준수할 것을 … : 성실이 → 성실히

01

정답 ①

'가치(價値)'는 '사물이 지니고 있는 쓸모'를 의미한다.

오답분석

② 가계(家計), ③ 사실(事實), ④ 실재(實在)

02

정답 ①

'兢'은 떨릴 긍이며, 다툴 경은 '競'이다.

03

정답 ③

제시된 문장은 겉만 그럴듯하고 실속이 없는 경우를 뜻하는 '빛 좋은 개살구'와 관련이 있다.

오답분석

① 겉모양새를 잘 꾸미는 것도 필요함을 이르는 말이다.
② 아주 가망이 없음을 비유적으로 이르는 말이다.
④ 겉모양은 보잘것없으나 내용은 훨씬 훌륭함을 이르는 말이다.

대표기출유형 01 | 기출응용문제

01

정답 ④

물의 중량을 xg이라고 하면 다음과 같다.

$$\frac{75}{75+x} \times 100 = 15$$

$$\rightarrow x + 75 = \frac{75}{15} \times 100$$

$$\therefore x = 500 - 75 = 425$$

따라서 식염 75g을 425g의 물에 넣어야 15%의 식염수가 된다.

02

정답 ①

A소금물과 B소금물의 소금의 양을 구하면 각각 $300 \times 0.09 = 27$g, $250 \times 0.112 = 28$g이다.

이에 따라 C소금물의 농도는 $\frac{27+28}{300+250} \times 100 = \frac{55}{550} \times 100 = 10\%$이다.

소금물을 덜어내도 농도는 변하지 않으므로 소금물은 $550 \times 0.8 = 440$g이고, 소금의 양은 44g이다.

따라서 소금을 10g 더 추가했을 때 소금물의 농도는 $\frac{44+10}{440+10} \times 100 = \frac{54}{450} \times 100 = 12\%$이다.

03

정답 ③

세 자리 수가 홀수가 되려면 끝자리 숫자가 홀수여야 한다.

홀수는 1, 3, 5, 7, 9로 5개이고, 백의 자리와 십의 자리의 숫자의 경우의 수를 고려한다.

백의 자리에 올 수 있는 숫자는 0을 제외한 8가지, 십의 자리는 0을 포함한 8가지 숫자가 올 수 있다.

따라서 홀수인 세 자리 숫자는 모두 $8 \times 8 \times 5 = 320$가지가 가능하다.

04

정답 ③

H야구팀의 작년 경기 횟수를 x회, 작년 승리 횟수를 $0.4x$회라고 하자.

작년과 올해를 합산한 승률이 45%이므로

$$\frac{0.4x+65}{x+120} = 0.45$$

$$\rightarrow 5x = 1,100$$

$$\therefore x = 220$$

작년의 총경기횟수는 220회이고, 승률이 40%이므로 이긴 경기는 $220 \times 0.4 = 88$회이다.

따라서 H야구팀이 작년과 올해에 승리한 총횟수는 $88 + 65 = 153$회이다.

05

정답 ④

10인 단체 티켓 가격은 $10 \times 16{,}000 \times 0.75 = 120{,}000$원이다. 놀이공원에 방문하는 부서원 수를 x명이라 할 때 부서원이 10명 이상이라면 10인 단체 티켓 1장과 개인 티켓을 구매하는 방법이 있고, 10인 단체 티켓 2장을 구매하는 방법이 있다.

이때 두 번째 방법, 즉 단체 티켓 2장을 구매하는 것이 더 유리하기 위해서는 $16{,}000 \times (x-10) > 120{,}000$을 만족해야 하므로, $x > 17.5$이다. 따라서 부서원이 18명 이상일 때, 10인 단체 티켓 2장을 구매하는 것이 더 유리하다.

06

정답 ①

기차의 길이를 xm, 기차의 속력을 ym/s라 하자.

$$\frac{x+400}{y} = 10 \rightarrow x+400 = 10y \rightarrow 10y - x = 400 \cdots \text{㉠}$$

$$\frac{x+800}{y} = 18 \rightarrow x+800 = 18y \rightarrow 18y - x = 800 \cdots \text{㉡}$$

㉠, ㉡을 연립하면 $x = 100$, $y = 50$이 나온다.

따라서 기차의 길이는 100m이고, 기차의 속력은 50m/s이다.

07

정답 ③

두 사람은 이번 주 토요일 이후에 각각 15일, 20일마다 미용실에 간다. 15와 20의 최소공배수를 구하면 60이므로 두 사람은 60일마다 미용실에 함께 가게 된다. $60 \div 7 = 7 \times 8 + 4$이므로 처음으로 다시 두 사람이 미용실에 같이 가는 요일은 토요일의 4일 후인 수요일이다.

08

정답 ①

식물의 나이를 각각 x, y세라고 하자.

$x + y = 8 \cdots \text{㉠}$

$x^2 + y^2 = 34 \cdots \text{㉡}$

㉡을 변형하면 $x^2 + y^2 = (x+y)^2 - 2xy$가 되는데, 여기에 $x+y=8$을 대입하면

$34 = 64 - 2xy \rightarrow xy = 15 \cdots \text{㉢}$

㉠과 ㉢을 만족하는 자연수 순서쌍은 $(x, y) = (5, 3)$, $(3, 5)$이다.

따라서 두 식물의 나이 차는 2세이다.

09

정답 ③

감의 개수를 x개라고 하면 사과는 $(20-x)$개이다.

$400x + 700 \times (20-x) \leq 10{,}000 \rightarrow 14{,}000 - 300x \leq 10{,}000$

$\therefore x \geq \frac{40}{3} = 13.333\cdots$

따라서 감은 최소 14개를 사야 한다.

10

정답 ①

밭은 한 변의 길이가 12m인 정사각형 모양이다. 한 변의 양 끝에 점을 찍고 그사이에 1m 격자 형태로 점을 찍으면 한 변에 13개의 점이 찍히고 인접한 점 사이의 거리는 1m가 된다. 사과나무 169그루는 13^2그루이기 때문에 각 격자점에 한 그루씩 심으면 일정 간격으로 심을 수 있게 된다.

따라서 나무와 나무 사이의 거리는 최소 1m이다.

대표기출유형 02   기출응용문제

01

정답 ③

분자와 분모에 교대로 3씩 곱하는 수열이다.

따라서 $(\quad)=\dfrac{18\times3}{45}=\dfrac{54}{45}$ 이다.

02

정답 ④

앞의 항에 $+2^0\times10$, $+2^1\times10$, $+2^2\times10$, $+2^3\times10$, $+2^4\times10$, $+2^5\times10$, …을 더 하는 수열이다.

따라서 $(\quad)=632+2^6\times10=632+640=1,272$이다.

03

정답 ②

$+2.7$, $\div2$가 반복되는 수열이다.

따라서 $(\quad)=10.2\div2=5.1$이다.

대표기출유형 03   기출응용문제

01

정답 ③

종합청렴도 식은 (종합청렴도)=[(외부청렴도)×0.6+(내부청렴도)×0.3+(정책고객평가)×0.1]−(감점요인)이므로, 내부청렴도에 관한 공식을 만들어보면 다음과 같다.

(내부청렴도)=[(종합청렴도)−(외부청렴도)×0.6−(정책고객평가)×0.1+(감점요인)]$\times\dfrac{10}{3}$

위 식에 연도별 수치를 대입하여 내부청렴도를 구한다.

• 2020년 : $[6.23-8.0\times0.6-6.9\times0.1+(0.7+0.7+0.2)]\times\dfrac{10}{3}=2.34\times\dfrac{10}{3}=7.8$

• 2021년 : $[6.21-8.0\times0.6-7.1\times0.1+(0.7+0.8+0.2)]\times\dfrac{10}{3}=2.4\times\dfrac{10}{3}=8.0$

• 2022년 : $[6.16-8.0\times0.6-7.2\times0.1+(0.7+0.8+0.2)]\times\dfrac{10}{3}=2.34\times\dfrac{10}{3}=7.8$

• 2023년 : $[6.8-8.1\times0.6-7.3\times0.1+(0.5+0.4+0.2)]\times\dfrac{10}{3}=2.31\times\dfrac{10}{3}=7.7$

따라서 내부청렴도가 가장 높은 해는 2021년, 가장 낮은 해는 2023년이다.

02

정답 ①

• (가)=194−(23+13+111+15)=32

• 1차에서 D사를 선택하고 2차에서 C사를 선택한 소비자 수는 21명, 1차에서 E사를 선택하고 2차에서 B사를 선택한 소비자 수는 18명이다. 따라서 차이는 3이다.

03

영업팀별 연간 매출액을 구하면 다음과 같다.

- 영업 A팀 : $50 \times 0.1 + 100 \times 0.1 + 100 \times 0.3 + 200 \times 0.15 = 75$억 원
- 영업 B팀 : $50 \times 0.2 + 100 \times 0.2 + 100 \times 0.2 + 200 \times 0.4 = 130$억 원
- 영업 C팀 : $50 \times 0.3 + 100 \times 0.2 + 100 \times 0.25 + 200 \times 0.15 = 90$억 원
- 영업 D팀 : $50 \times 0.4 + 100 \times 0.5 + 100 \times 0.25 + 200 \times 0.3 = 155$억 원

따라서 연간 매출액이 큰 순서로 팀을 나열하면 D－B－C－A이고, 이때 매출 1위인 영업 D팀의 연 매출액은 155억 원이다.

대표기출유형 04 기출응용문제

01

정답 ③

오답분석

① 1983년의 A국의 석유 수입액은 74억 달러이고, B국의 석유 수입액은 75억 달러이므로 B국이 더 많다.

② 2003년의 A국의 석유 수입액과 석탄 수입액의 합은 110.7억 달러이고, LNG 수입액의 2배는 108.6억 달러이므로 2배보다 많다.

④ 두 국가의 1983년 대비 2023년의 LNG 수입액 증가율은 다음과 같다.

- A국 : $\dfrac{79.9-29.2}{29.2} \times 100 ≒ 173.6\%$
- B국 : $\dfrac{102-30}{30} \times 100 = 240\%$

따라서 증가율은 B국이 더 크다.

02

정답 ③

발굴조사 비용의 비율은 다음과 같다.

- 2019년 : $\dfrac{2,509}{2,591} \times 100 ≒ 96.8\%$
- 2020년 : $\dfrac{2,378}{2,470} \times 100 ≒ 96.3\%$
- 2021년 : $\dfrac{2,300}{2,371} \times 100 ≒ 97.1\%$
- 2022년 : $\dfrac{2,438}{2,515} \times 100 ≒ 96.9\%$
- 2023년 : $\dfrac{2,735}{2,840} \times 100 ≒ 96.3\%$

따라서 발전조사 비용의 비율은 2021년에 가장 높다.

오답분석

① 전체 조사의 평균 건당 비용은 다음과 같으며, 2021년 이후 다시 증가하고 있다.

- 2019년 : $\dfrac{2,591}{3,462} \times 100 ≒ 75\%$
- 2020년 : $\dfrac{2,470}{3,500} \times 100 ≒ 71\%$
- 2021년 : $\dfrac{2,371}{3,651} \times 100 ≒ 65\%$
- 2022년 : $\dfrac{2,515}{3,841} \times 100 ≒ 65\%$
- 2023년 : $\dfrac{2,840}{4,294} \times 100 ≒ 66\%$

② 2021년과 2022년의 발굴조사 평균 건당 비용은 1억 원 이하이다.

④ 전체 건수에 대한 발굴조사 건수 비율은 2020년이 2022년보다 높다.

- 2020년 : $\dfrac{2,364}{3,500} \times 100 ≒ 67.5\%$

- 2022년 : $\dfrac{2,442}{3,841} \times 100 ≒ 63.6\%$

03

생산이 증가한 해에는 수출과 내수 모두 증가했다.

오답분석

① 표에서 ▽는 감소 수치를 나타내고 있으므로 옳은 판단이다.

② 내수가 가장 큰 폭으로 증가한 해는 2021년으로 생산과 수출 모두 감소했다.

③ 수출이 증가한 해는 2019, 2022, 2023년으로 내수와 생산 모두 증가했다.

04 정답 ③

2020년의 인구성장률은 0.63%, 2023년의 인구성장률 0.39%이다. 2023년의 인구성장률은 2020년의 인구성장률에서 40%p 감소한 값인 $0.63 \times (1-0.4) = 0.378\%$보다 값이 크므로 40%p 미만으로 감소하였다.

오답분석

① 표를 보면 2020년 이후 인구성장률이 매년 감소하고 있으므로 옳은 설명이다.

② 2018년부터 2023년까지의 인구성장률이 가장 낮았던 해는 2023년이며, 합계출산율도 2023년에 가장 낮았다.

④ 인구성장률이 높은 순서로 나열하면 2020년 – 2018년, 2021년 – 2019년 – 2022년 – 2023년이다. 합계출산율이 높은 순서로 나열하면 2018년 – 2021년 – 2020년 – 2019년 – 2022년 – 2023년이다. 따라서 인구성장률과 합계출산율이 두 번째로 높은 해는 2021년이다.

05 정답 ③

2021년부터 컴퓨터가 제외된 자리에 전자응용기기가 포함되었다.

06 정답 ③

2017년 대비 2018년에 생산가능인구는 12명 증가했다.

오답분석

① 전년과 비교했을 때 2017, 2018, 2021, 2023년에는 비례관계를, 2020, 2022년에는 반비례관계를 보인다.

② 전년과 비교했을 때 2017년에 경제활동인구가 가장 많이 감소했으며, 감소 인구는 202천 명이다.

④ 분모가 작고 분자가 크면 비율이 높으므로, 고용률이 낮고 실업률이 높은 2020년과 2021년의 비율만 비교하면 된다.

2020년 : $\dfrac{8.1}{40.5} = 0.2\%$, 2021년 : $\dfrac{8}{40.3} ≒ 0.1985\%$

따라서 2020년의 비율이 더 크므로 옳은 설명이다.

대표기출유형 01 | 기출응용문제

01

정답 ④

D팀은 파란색을 선택하였으므로 보라색을 사용하지 않고, B팀과 C팀도 보라색을 사용한 적이 있으므로 A팀은 보라색을 선택한다. B팀은 빨간색을 사용한 적이 있고, 파란색과 보라색은 사용할 수 없으므로 노란색을 선택한다. C팀은 나머지 빨간색을 선택한다.

A팀	B팀	C팀	D팀
보라색	노란색	빨간색	파란색

따라서 항상 참인 것은 ④이다.

오답분석

①·③ 주어진 조건만으로는 판단하기 힘들다.
② A팀의 상징색은 보라색이다.

02

정답 ②

11주 차까지 쓰레기 배출이 가능한 요일을 표로 정리하면 다음과 같다.

구분	일	월	화	수	목	금	토
1주 차	A		B		C		D
2주 차		E		A		B	
3주 차	C		D		E		A
⋮	⋮	⋮	⋮	⋮	⋮	⋮	⋮
8주 차		A		B		C	
9주 차	D		E		A		B
10주 차		C		D		E	
11주 차	A		B		C		D

따라서 10주 차 일요일에는 어떠한 동도 쓰레기를 배출하지 않으며, 11주 차 일요일에 A동이 다시 쓰레기를 배출할 수 있다.

오답분석

① 2주 차만 보더라도 참이다.
③ A동이 쓰레기 배출 가능한 요일을 순서대로 나열하면 '일 – 수 – 토 – 화 – 금 – 월 – 목 – 일'이므로, 모든 요일에 쓰레기를 배출할 수 있다.
④ 처음 2주 차까지만 살펴봐도 2주에 걸쳐 모두 7번의 쓰레기 배출이 이루어지므로 A, B 두 동은 2주 동안 쓰레기를 2회 배출함을 알 수 있다.

03

주어진 조건을 정리해 보면 다음과 같다.

구분	A	B	C	D
경우 1	호밀식빵	우유식빵	밤식빵	옥수수식빵
경우 2	호밀식빵	밤식빵	우유식빵	옥수수식빵

따라서 항상 참인 것은 ③이다.

오답분석
①·②·④ 주어진 조건만으로는 판단하기 힘들다.

04

한 번 배정받은 층은 다시 배정받을 수 없기 때문에 A는 3층, B는 2층에 배정받을 수 있다. C는 1층 또는 4층에 배정받을 수 있지만, D는 1층에만 배정받을 수 있기 때문에, C는 4층, D는 1층에 배정받는다. 이를 표로 정리하면 다음과 같다.

A	B	C	D
3층	2층	4층	1층

따라서 항상 참인 것은 ①이다.

오답분석
②·③ 주어진 조건만으로는 판단하기 힘들다.
④ 매년 새롭게 층을 배정받기 때문에 B 또한 3년 이상 기숙사에 살았을 것이다.

05

주어진 조건에 따라 엘리베이터 검사 순서를 추론해 보면 다음과 같다.

첫 번째	5호기
두 번째	3호기
세 번째	1호기
네 번째	2호기
다섯 번째	6호기
여섯 번째	4호기

따라서 1호기 다음은 2호기, 그 다음이 6호기이고, 6호기는 5번째로 검사한다.

06

을과 무의 진술이 모순되므로 둘 중 한 명은 참, 다른 한 명은 거짓이다. 여기서 을의 진술이 참일 경우 갑의 진술도 거짓이 되어 두 명이 거짓을 진술한 것이 되므로 문제의 조건에 위배된다. 따라서 을의 진술이 거짓, 무의 진술이 참이다. 그러므로 A강좌는 을이, B와 C강좌는 갑과 정이, D강좌는 무가 담당하고, 병은 강좌를 담당하지 않는다.

01

정답 ③

각각의 조건에서 해당되지 않는 쇼핑몰을 체크하여 선지에서 하나씩 제거하는 방법으로 푸는 것이 좋다.
- 철수 : C, D, F는 포인트 적립이 안 되므로 해당 사항이 없다(②, ④ 제외).
- 영희 : A에는 해당 사항이 없다.
- 민수 : A, B, C에는 해당 사항이 없다(① 제외).
- 철호 : 환불 및 송금수수료, 배송료가 포함되었으므로 A, D, E, F에는 해당 사항이 없다.

02

정답 ④

규칙에 따라 사용할 수 있는 숫자는 1, 5, 6을 제외한 나머지 2, 3, 4, 7, 8, 9의 총 6개이다. (한 자리 수)×(두 자리 수)=156이 되는 수를 알기 위해서는 156의 소인수를 구해보면 된다. 156의 소인수는 3, 2^2, 13으로 여기서 156이 되는 수의 곱 중에 조건을 만족하는 것은 2×78과 4×39이다. 따라서 선택지 중에 A팀 또는 B팀에 들어갈 수 있는 암호배열은 39이다.

03

정답 ①

조건에 따라 소괄호 안에 있는 부분을 순서대로 풀이하면
'1 A 5'에서 A는 좌우의 두 수를 더하는 것이지만, 더한 값이 10 미만이면 좌우에 있는 두 수를 곱해야 한다. 1+5=6으로 10 미만이므로 두 수를 곱하여 5가 된다.
'3 C 4'에서 C는 좌우의 두 수를 곱하는 것이지만 곱한 값이 10 미만일 경우 좌우에 있는 두 수를 더한다. 이 경우 3×4=12로 10 이상이므로 12가 된다.
대괄호를 풀어보면 '5 B 12'이다. B는 좌우에 있는 두 수 가운데 큰 수에서 작은 수를 빼는 것이지만, 두 수가 같거나 뺀 값이 10 미만이면 두 수를 곱한다. 12-5=7로 10 미만이므로 두 수를 곱해야 한다. 따라서 60이 된다.
'60 D 6'에서 D는 좌우에 있는 두 수 가운데 큰 수를 작은 수로 나누는 것이지만, 두 수가 같거나 나눈 값이 10 미만이면 두 수를 곱해야 한다. 이 경우 나눈 값이 10이 되므로 답은 10이다.

04

정답 ②

서울 지점의 C씨에게 배송할 제품과 경기남부 지점의 B씨에게 배송할 제품에 대한 기호를 모두 기록해야 한다.
- C씨 : MS11EISS
  - 재료 : 연강(MS)
  - 판매량 : 1box(11)
  - 지역 : 서울(E)
  - 윤활유 사용 : 윤활작용(I)
  - 용도 : 스프링(SS)
- B씨 : AHSS00SSST
  - 재료 : 초고강도강(AHSS)
  - 판매량 : 1set(00)
  - 지역 : 경기남부(S)
  - 윤활유 사용 : 밀폐작용(S)
  - 용도 : 타이어코드(ST)

01

직무관련업체로부터 받은 물품들인 9번, 11번, 12번, 13번, 16번을 보면 모두 즉시 반환되었음을 알 수 있다.

오답분석

① 신고물품 중 직무관련업체로부터 제공받은 경우는 5건이나, 민원인으로부터 제공받은 경우가 7건으로 더 많다.

② 2번과 8번의 경우만 보아도, 신고물품이 접수일시로부터 3일 이후에 처리된 경우가 있음을 알 수 있다.

③ 2021년 4월부터 2023년 9월까지 접수된 신고물품은 2번부터 15번까지 14건으로, 이 중 개인으로부터 제공받은 신고물품은

2 ~ 8번, 10번, 14번, 15번으로 10건이다. 따라서 이 경우의 비중은 $\dfrac{10건}{14건}\times100≒71.4\%$이므로 옳지 않은 설명이다.

02

A씨와 B씨의 일정에 따라 요금을 계산하면 다음과 같다.

• A씨
 - 이용요금 : 1,310원×6×3=23,580원
 - 주행요금 : 92×170원=15,640원
 - 반납지연에 따른 패널티 요금 : (1,310원×9)×2=23,580원
 ∴ 23,580+15,640+23,580=62,800원

• B씨
 - 이용요금
  목요일 : 39,020원
  금요일 : 880원×6×8=42,240원 → 81,260원
 - 주행요금 : 243×170원=41,310원
 ∴ 39,020+81,260+41,310=122,570원

03

글피는 모레의 다음날로 15일이다. 15일은 비가 내리지 않고 최저기온은 영하이다.

오답분석

① 12 ~ 15일의 일교차를 구하면 다음과 같다.
 • 12일 : 11−0=11℃
 • 13일 : 12−3=9℃
 • 14일 : 3−(−5)=8℃
 • 15일 : 8−(−4)=12℃
 따라서 일교차가 가장 큰 날은 15일이다.

② 제시된 자료에서 미세먼지에 관한 내용은 확인할 수 없다.

③ 14일의 경우 비가 예보되어 있지만 낙뢰에 관한 예보는 확인할 수 없다.

04

정답 ③

A사원의 3박 4일간 교통비, 식비, 숙박비를 계산하면 다음과 같다.

• 교통비 : $39,500+38,150=77,650$원

• 식비 : $(8,500×3×2)+(9,100×3×2)=105,600$원

• 숙박비

  − 가 : $(75,200×3)×0.95=214,320$원

  − 나 : $(81,100×3)×0.90=218,970$원

  − 다 : $(67,000×3)=201,000$원

  A사원은 숙박비가 가장 저렴한 다 숙소를 이용하므로 숙박비는 201,000원이다.

따라서 A사원의 출장 경비 총액을 구하면 $77,650+105,600+201,000=384,250$원이다.

05

정답 ①

오염물질 배출사업소 중 부적합 사업소는 2배를 중과하므로 $1m^2$당 500원의 세금을 내야 한다.

오답분석

② 7월 1일 기준 사업장 연면적이 $330m^2$를 초과하여 운영하는 개인 및 법인 사업주는 신고를 해야 한다.

③ 건축물 명세서가 아니라 건축물사용 내역서와 주민세(재산분) 신고서, 임대차 계약서를 작성하여 제출해야 한다.

④ 7월 31일까지 접수를 하지 않을 경우 본세에서 무신고 가산세가 20% 가산된다.

06

정답 ③

구매하려는 소파의 특징에 맞는 제조사를 찾기 위해 제조사별 특징을 대우로 정리하면 다음과 같다.

• A사 : 이탈리아제 천을 사용하면 쿠션재에 스프링을 사용한다. 커버를 교환 가능하게 하면 국내산 천을 사용하지 않는다. → ×

• B사 : 국내산 천을 사용하지 않으면 쿠션재에 우레탄을 사용하지 않는다. 이탈리아제의 천을 사용하면 리클라이닝이 가능하다. → ○

• C사 : 국내산 천을 사용하지 않으면 쿠션재에 패더를 사용한다. 쿠션재에 패더를 사용하면 침대 겸용 소파가 아니다. → ○

• D사 : 이탈리아제 천을 사용하지 않으면 쿠션재에 패더를 사용하지 않는다. 쿠션재에 우레탄을 사용하지 않으면 조립이라고 표시된 소파가 아니다. → ×

따라서 B사 또는 C사의 소파를 구매할 것이다.

01

국내 금융기관에 대한 SWOT 분석 결과는 다음과 같다.

강점(Strength)	약점(Weakness)
• 높은 국내 시장 지배력 • 우수한 자산건전성 • 뛰어난 위기관리 역량	• 은행과 이자수익에 편중된 수익구조 • 취약한 해외 비즈니스와 글로벌 경쟁력
기회(Opportunity)	위협(Threat)
• 해외 금융시장 진출 확대 • 기술 발달에 따른 핀테크의 등장 • IT 인프라를 활용한 새로운 수익 창출	• 새로운 금융 서비스의 등장 • 글로벌 금융기관과의 경쟁 심화

⊙ SO전략은 강점을 살려 기회를 포착하는 전략으로, 강점인 국내 시장 점유율을 기반으로 핀테크 사업에 진출하려는 ⊙은 적절한 SO전략으로 볼 수 있다.

ⓒ ST전략은 강점을 살려 위협을 회피하는 전략으로, 강점인 우수한 자산건전성을 강조하여 글로벌 금융기관과의 경쟁에서 우위를 차지하려는 ⓒ은 적절한 ST전략으로 볼 수 있다.

오답분석

ⓛ WO전략은 약점을 보완하여 기회를 포착하는 전략이다. 그러나 위기관리 역량은 국내 금융기관이 지니고 있는 강점에 해당하므로 WO전략으로 적절하지 않다.

ⓔ 해외 비즈니스 역량을 강화하여 해외 금융시장에 진출하는 것은 약점을 보완하여 기회를 포착하는 WO전략에 해당한다.

02

'일부 시설물 노후 심화'는 기업의 내부환경으로 볼 수 있다. 따라서 SWOT 분석의 약점(Weakness) 요인에 적절한 내용이다.

03

수출 자동차의 환적 물동량이 급증하는 것은 기회(Opportunity) 요인이며, 경기침체 위기는 위협(Threat) 요인이다. 따라서 WO전략(약점 – 기회)의 내용으로 적절하지 않다.

오답분석

① 다기능 항만의 역량 요구(기회)를 위해 경쟁력 있는 화물창출 인프라(강점)를 활용하는 SO전략이다.

② 경기 침체(위협)를 회피하기 위해 수출·입 국내 1위(강점)인 점을 내세우는 ST전략이다.

④ 글로벌 해운동맹의 M&A(위협)에 대비하고, 자체적으로 물량(약점)을 더 창출하도록 하는 WT전략이다.

대표기출유형 01 | 기출응용문제

01

정답 ③

한국(A)이 오전 8시일 때, 오스트레일리아(B)는 오전 10시(시차 : +2), 아랍에미리트(C)는 오전 3시(시차 : -5), 러시아(D)는 오전 2시(시차 : -6)이다. 따라서 업무가 시작되는 오전 9시를 기준으로 오스트레일리아는 이미 2시간 전에 업무를 시작했고, 아랍에미리트는 5시간 후, 러시아는 6시간 후에 업무를 시작한다. 이를 표로 정리하면 다음과 같다.

한국시각 \ 국가	7am	8am	9am	10am	11am	12pm	1pm	2pm	3pm	4pm	5pm	6pm
A사(서울)												
B사(캔버라)												
C사(두바이)												
D사(모스크바)												

따라서 화상회의가 가능한 시간은 한국시각으로 오후 3 ~ 4시이다.

02

정답 ③

밴쿠버 지사에 메일이 도착한 밴쿠버 현지시각은 6월 22일 오전 12시 15분이지만, 업무 시간이 아니므로 메일을 읽을 수 없다. 따라서 밴쿠버 지사에서 가장 빠르게 메일을 읽을 수 있는 시각은 전력 점검이 끝난 6월 22일 오전 10시 15분이다. 모스크바는 밴쿠버와 10시간의 시차가 있으므로 이때의 모스크바 현지시각은 6월 22일 오후 8시 15분이다.

03

정답 ④

다른 직원들의 휴가 일정이 겹치지 않고, 주말과 공휴일이 아닌 평일이며, 전체 일정도 없는 21 ~ 22일이 가장 적절하다.

오답분석

① 3월 1일은 공휴일이므로 휴가일로 적절하지 않다.
② 3월 5일은 H공사 전체회의 일정이 있어 휴가를 사용하지 않는다.
③ 3월 10일은 주말이므로 휴가일로 적절하지 않다.

04

정답 ①

전체회의 일정과 공휴일(삼일절), 주말을 제외하면 3월에 휴가를 사용할 수 있는 날은 총 20일이다. 직원이 총 12명이므로 한 명당 1일을 초과하여 휴가를 쓸 수 없다.

05

- A씨가 인천공항에 도착한 현지 날짜 및 시각

  독일시각   11월 2일 19시 30분
  소요시간   +12시간 20분
  시차   +8시간
  ─────────────────────────
              =11월 3일 15시 50분

인천공항에 도착한 시각은 한국시각으로 11월 3일 15시 50분이고, A씨는 3시간 40분 뒤에 일본으로 가는 비행기를 타야 한다. 비행 출발 시각 1시간 전에는 공항에 도착해야 하므로, 참여 가능한 환승투어 코스는 소요 시간이 두 시간 이내인 엔터테인먼트, 인천시티, 해안관광이며, A씨의 인천공항 도착시각과 환승투어 코스가 바르게 짝지어진 것은 ④이다.

대표기출유형 02 │ 기출응용문제

01

위험 한 단위당 기대수익률은 '(기대수익률)÷(표준편차)'로 구할 수 있다. E는 8÷4=2이며, F는 6÷3=2이다. 따라서 E와 F는 위험 한 단위당 기대수익률이 같다.

[오답분석]

① 지배원리에 의해 동일한 기대수익률이면 최소의 위험을 선택하여야 하므로, 동일한 기대수익률인 A와 E, C와 F는 표준편차를 기준으로 우열을 가릴 수 있다.

② 위험 한 단위당 기대수익률이 높은 투자 대안을 선호한다고 하였으므로 A, B, C, D 중에서 D가 가장 낮다고 평가할 수 있다.

③ G가 기대수익률이 가장 높지만 표준편차도 가장 높기 때문에 가장 바람직한 대안이라고 볼 수 없다.

02

두 번째 조건에서 집과의 거리가 1.2km 이하여야 한다고 하였으므로 K버스는 제외된다. 네 번째 조건에서 나머지 교통편의 왕복시간은 다음과 같이 5시간 이하임을 확인할 수 있다.

- 비행기 : 45분×2=1시간 30분
- E열차 : 2시간 11분×2=4시간 22분
- P버스 : 2시간 25분×2=4시간 50분

또한 각각에 해당하는 4인 가족 교통비를 구하면 다음과 같다.

- 비행기 : 119,000×4×0.97=461,720원
- E열차 : 134,000×4×0.95=509,200원
- P버스 : 116,000×4=464,000원

세 번째 조건에서 E열차는 총금액이 50만 원을 초과하였으므로 조건에 부합하지 않는다. 따라서 비행기와 P버스 중 비행기의 교통비가 더 저렴하므로, 지우네 가족이 이용할 교통편은 비행기이며, 총비용은 461,720원임을 알 수 있다.

03

- A씨 부부의 왕복 비용 : (59,800×2)×2=239,200원
- 만 6세 아들의 왕복 비용 : (59,800×0.5)×2=59,800원
- 만 3세 딸의 왕복 비용 : 59,800×0.25=14,950원

따라서 A씨 가족이 지불한 교통비는 239,200+59,800+14,950=313,950원이다.

04

10잔 이상의 음료 또는 디저트를 구매하면 음료 2잔을 무료로 제공받을 수 있다. 먼저 커피를 못 마시는 두 사람을 위해 NON - COFFEE 메뉴 중 4,500원 이하의 가격인 그린티라테 두 잔을 무료로 제공받고 남은 10명 중 4명은 가장 저렴한 아메리카노를 주문한다(3,500×4＝14,000원). 이때, 2인에 1개씩 음료에 곁들일 디저트를 주문한다고 했으므로 남은 6명은 베이글과 아메리카노를 세트로 시키고 10% 할인을 받으면 (7,000×0.9)×6＝37,800원이다.

따라서 총금액은 14,000＋37,800＝51,800원이므로 전체 회비에서 메뉴를 주문한 후 남는 돈은 240,000－51,800＝188,200원이다.

대표기출유형 03 | 기출응용문제

01

순이익이 많은 매장이 가장 실적이 좋을 것이고, (순이익)＝(판매실적)－(시설투자비)＋[12×(월 유지비)]＋[12×(인력 수)×150만 원]이다. 각 매장의 순이익을 정리하면 다음과 같다.

구분	순이익
A매장	11,000－[2,000＋(12×200)＋(12×3×150)]＝1,200만 원
B매장	15,000－[7,000＋(12×500)＋(12×5×150)]＝－7,000만 원
C매장	10,000－[5,000＋(12×300)＋(12×4×150)]＝－5,800만 원
D매장	17,000－[3,000＋(12×200)＋(12×2×150)]＝8,000만 원

따라서 D매장이 8,000만 원으로 순이익이 가장 높은 매장임을 알 수 있다.

02

정답 ④

가격, 조명도, A/S 등의 요건이 주어진 조건에 모두 부합한다.

오답분석
① 예산이 150만 원이라고 하였으므로 예산을 초과하였다.
② 신속한 A/S가 조건이므로 해외 A/S만 가능하여 적절하지 않다.
③ 가격과 조명도도 적절하고 특이사항도 문제없지만, 가격이 저렴한 제품을 우선으로 한다고 하였으므로 ④가 더 적절하다.

대표기출유형 04 | 기출응용문제

01

• C강사 : 셋째 주 화요일 오전, 목요일, 금요일 오전에 스케줄이 비어 있으므로 목요일과 금요일에 이틀간 강의가 가능하다.
• E강사 : 첫째, 셋째 주 화～목요일 오전에 스케줄이 있으므로 수요일과 목요일 오후에 강의가 가능하다.

오답분석
• A강사 : 매주 수～목요일에 스케줄이 있으므로 화요일과 금요일 오전에 강의가 가능하지만 강의가 연속 이틀에 걸쳐 진행되어야 한다는 조건에 부합하지 않는다.
• B강사 : 화요일과 목요일에 스케줄이 있으므로 수요일 오후와 금요일 오전에 강의가 가능하지만 강의가 연속 이틀에 걸쳐 진행되어야 한다는 조건에 부합하지 않는다.
• D강사 : 수요일 오후와 금요일 오전에 스케줄이 있으므로 화요일 오전과 목요일에 강의가 가능하지만 강의가 연속 이틀에 걸쳐 진행되어야 한다는 조건에 부합하지 않는다.

02

수리능력과 문제해결능력 점수의 합은 다음과 같다.
- 이진기 : 74+84=158점
- 박지민 : 82+99=181점
- 최미정 : 66+87=153점
- 김남식 : 53+95=148점
- 정진호 : 92+91=183점
- 김석준 : 68+100=168점
- 황현희 : 80+92=172점

따라서 총무팀에 배치될 사람은 점수의 합이 높은 박지민, 정진호이다.

03

개인별 필기시험과 면접시험 총점에 가중치를 적용하여 환산점수를 계산하면 다음과 같다.

성명	필기시험 총점	면접시험 총점	환산점수
이진기	92+74+84=250점	60+90=150점	$(250×0.7)+(150×0.3)=220$점
박지민	89+82+99=270점	80+90=170점	$(270×0.7)+(170×0.3)=240$점
최미정	80+66+87=233점	80+40=120점	$(233×0.7)+(120×0.3)=199.1$점
김남식	94+53+95=242점	60+50=110점	$(242×0.7)+(110×0.3)=202.4$점
정진호	73+92+91=256점	50+100=150점	$(256×0.7)+(150×0.3)=224.2$점
김석준	90+68+100=258점	70+80=150점	$(258×0.7)+(150×0.3)=225.6$점
황현희	77+80+92=249점	90+60=150점	$(249×0.7)+(150×0.3)=219.3$점

따라서 환산점수에서 최저점을 받아 채용이 보류되는 사람은 최미정이다.

04

2번 이상 같은 지역을 신청할 수 없으므로, D는 1년차와 2년차 서울 지역에서 근무하였으니 3년차에는 지방으로 가야 한다. 따라서 신청지로 배정받지 못할 것이다. 규정과 신청 내용에 따라 상황을 정리하면 다음과 같다.

직원	1년차 근무지	2년차 근무지	3년차 근무지	이동지역	전년도 평가
A	대구	–	–	종로	–
B	여의도	광주	–	영등포	92
C	종로	대구	여의도	제주 / 광주	88
D	영등포	종로	–	광주 / 제주 / 대구	91
E	광주	영등포	제주	여의도	89

- A는 1년차 근무를 마친 직원이므로 우선 반영되어 자신이 신청한 종로로 이동하게 된다.
- B는 E와 함께 영등포를 신청하였으나, B의 전년도 평가점수가 더 높아 B가 영등포로 이동한다.
- 3년차에 지방 지역인 제주에서 근무한 E는 A가 이동할 종로와 B가 이동할 영등포를 제외한 수도권 지역인 여의도로 이동하게 된다.
- D는 자신이 2년 연속 근무한 적 있는 수도권 지역으로 이동이 불가능하므로, 지방 지역인 광주, 제주, 대구 중 한 곳으로 이동하게 된다.
- 이때, C는 자신이 근무하였던 대구로 이동하지 못하므로, D가 광주로 이동한다면 C는 제주로, D가 대구로 이동한다면 C는 광주 혹은 제주로 이동한다.
- 1년차 신입은 전년도 평가 점수를 100점으로 하므로 신청한 근무지에서 근무할 수 있다. 따라서 1년차에 대구에서 근무한 A는 입사 시 대구를 1년차 근무지로 신청하였을 것임을 알 수 있다.

대표기출유형 01 기출응용문제

01

정답 ③

시험 준비는 각자 자신의 성적을 위한 것으로 팀워크의 특징인 공동의 목적으로 보기 어렵다. 또한 상호관계성을 가지고 협력하는 업무로 보기 어려우므로 팀워크의 사례로 적절하지 않다.

02

정답 ④

팀워크는 개인의 능력이 발휘되는 것도 중요하지만 팀원들 간의 협력이 더 중요하다. 팀워크는 팀원 개개인의 능력이 최대치일 때 가장 뛰어난 것은 아니다.

03

정답 ③

브레인스토밍

일정한 테마에 관하여 회의형식을 채택하고, 구성원의 자유발언을 통한 아이디어의 제시를 요구하여 발상을 찾아내려는 방법을 말한다. 브레인스토밍에서는 어떠한 내용의 발언이라도 그에 대한 비판을 해서는 안 되며, 오히려 자유분방하고 엉뚱한 의견을 출발점으로 해서 아이디어를 전개시켜 나가도록 하고 있다.

대표기출유형 02 기출응용문제

01

정답 ④

수동형 사원은 자신의 능력과 노력이 조직으로부터 인정받지 못해 자신감이 떨어지는 모습을 보인다. 따라서 사원의 의견을 존중해 자신감을 키워주는 것이 가장 적절하다.

오답분석

① 적절한 보상이 없다고 느끼는 소외형 사원에게 팀에 대한 협조의 조건으로 보상을 제시하는 것은 적절하지 못하다.
② 실무형 사원에 대해서는 징계를 통해 억지로 규정 준수를 강조하는 것보다는 의사소통을 통하여 규정 준수를 이해시키는 것이 적절하다.
③ 순응형 사원에 대해서는 그들의 잠재력 개발을 통해 팀 발전을 위한 창의적인 모습을 갖도록 해야 한다.

02

리더는 직원들이 어떠한 일이든 자신의 업무에 책임의식을 갖고 완전히 책임질 수 있도록 권한을 위임하여야 한다.

오답분석

① 관리는 만병통치약이 아니다. 코칭의 기본은 서로가 자유롭게 논의할 수 있고 제안할 수 있어야 한다는 점이다.

③ 리더는 부하직원들을 섣불리 판단하지 않아야 하고, 코칭을 하는 동안 특별한 반응을 보여서도 안 된다.

④ 리더는 서로 다른 기술과 능력을 가지고 있는 직원들에게 어떤 목표를 정해줄 것인지 확실히 판단해야 한다.

대표기출유형 03　기출응용문제

01

여섯 번째 단계에 따라 해결 방안을 확인한 후에는 혼자서 해결하는 것이 아닌 책임을 분할함으로써 다 같이 협동하여 실행해야 한다.

오답분석

① 두 번째 단계에 해당하는 내용이다.

② 네 번째 단계에 해당하는 내용이다.

④ 첫 번째 단계에 해당하는 내용이다.

02

갈등을 발견하고도 즉각적으로 다루지 않는다면 나중에는 팀 성공을 저해하는 장애물이 될 것이다. 그러나 갈등이 존재한다는 사실을 인정하고 해결을 위한 조치를 취한다면, 갈등을 해결하기 위한 하나의 기회로 전환할 수 있다.

대표기출유형 04　기출응용문제

01

기업의 제품이나 서비스의 불만족은 고객이탈로 이어질 수 있다.

02

고객 불만 처리는 정확하게, 그리고 최대한 신속히 이루어져야 한다. 재발 방지 교육은 고객 보고 후 실시해도 무방하므로 신속하게 고객에게 상황을 보고하는 것이 우선이다.

오답분석

① 고객 보고 후 피드백이 이루어지면, 고객 불만처리의 결과를 잘 파악할 수 있다.

③ 고객 불만 접수와 함께 진심어린 사과도 이루어져야 한다.

④ 고객 불만 접수 단계에서는 고객의 불만을 경청함으로써 불만 사항을 잘 파악하는 것이 중요하다.

CHAPTER

06 직업윤리

대표기출유형 01 기출응용문제

01 정답 ③

노동 현장에서는 보수나 진급이 보장되지 않더라도 적극적인 노동 자세가 필요하다.

02 정답 ②

②는 절차 공정성에 대한 설명이다. 절차 공정성은 개인의 의사결정 형성에 적용되는 과정의 타당성에 관한 것이다. 이는 목적이 달성되는 데 사용한 수단에 관한 공정성이며, 의사결정자들이 논쟁 또는 협상의 결과에 도달하기 위해 사용한 정책, 절차, 기준에 관한 공정성이다.

> **분배 공정성**
> 최종적인 결과에 대한 지각이 공정했는가를 나타내며 교환의 주목적인 대상물, 즉 핵심적인 서비스에 대한 지각이 공정했는가를 결정하는 것이다.

03 정답 ①

근면은 스스로 자진해서 행동하는 근면이 있으며, 이와 다르게 외부로부터 강요당한 근면이 있다. ①은 외부(상사의 지시)로부터 강요당한 근면으로, 다른 사례들과 성격이 다르다.

대표기출유형 02 기출응용문제

01 정답 ③

중요한 발표인 만큼 책임감을 가지고 직업윤리를 지켜야 한다. 신고를 하고 주위의 도움을 요청한 후 아이를 인계하는 것과 같이 본인이 할 수 있는 선에서 최대한의 도움을 준 뒤 발표장소로 가서 발표를 마치는 것이 적절하다.

02 정답 ①

봉사는 물질적인 보상이나 대가를 바라지 않고 사회의 공익, 행복을 위해서 하는 일이다. 따라서 적절한 보상에 맞춰 봉사에 참여하는 것은 적절하지 않다.

03 정답 ②

직장인 D씨는 자신이 벌인 일을 책임감 있게 마무리하지 못하여 주변 동료들에게 피해를 주고 있다. 따라서 D씨에게 해 줄 수 있는 조언으로는 ②가 적절하다.

PART 2

직무능력평가시험

01	02	03	04	05	06	07	08	09	10	11	12	13	14	15	16	17	18	19	20
④	⑤	①	①	②	③	②	②	④	⑤	③	②	①	④	④	①	②	⑤	②	①
21	22	23	24	25	26	27	28	29	30	31	32	33	34	35	36	37	38	39	40
④	②	①	③	④	③	②	③	②	②	⑤	⑤	⑤	④	②	①	②	⑤	①	①

01
정답 ④

오답분석
① 자기자본이 아닌 타인자본이 차지하는 비율이다.
② 주당순자산이 아닌 주당순이익의 변동폭이 확대되어 나타난다.
③ 보통주배당이 아닌 우선주배당이다.
⑤ 주당이익의 변동폭은 그만큼 더 크게 된다.

02
정답 ⑤

기업의 생산이나 판매과정 전후에 있는 기업 간의 합병으로, 주로 원자재 공급의 안정성 등을 목적으로 하는 것은 수직적 합병이다.
수평적 합병은 동종 산업에서 유사한 생산단계에 있는 기업 간의 합병으로, 주로 규모의 경제적 효과나 시장지배력을 높이기 위해서
이루어진다.

03
정답 ①

㉠ · ㉡ 푸시 전략(Push Strategy)에 대한 설명이다.

오답분석
㉢ · ㉣ 풀 전략(Pull Strategy)에 대한 설명이다.

04
정답 ①

시장세분화는 수요층별로 시장을 분할해 각 층에 대해 집중적인 마케팅 전략을 펴는 것으로, 인구통계적 세분화는 나이, 성별,
라이프사이클, 가족 수 등을 세분화하여 소비자 집단을 구분하는 데 많이 사용한다.

오답분석
② 사회심리적 세분화는 사회계층, 준거집단, 라이프 스타일, 개성 등으로 시장을 나누는 것이다.
③ 시장표적화는 포지셔닝할 고객을 정하는 단계이다.
④ 시장포지셔닝은 소비자들의 마음속에 자사제품의 바람직한 위치를 형성하기 위하여 제품 효익을 개발하고 커뮤니케이션하는
　활동을 의미한다.
⑤ 행동적 세분화는 구매자의 사용상황, 사용경험, 상표애호도 등으로 시장을 나누는 것이다

05

정답 ②

성장기에는 신제품을 인지시키기 위한 정보제공형 광고에서 소비자의 선호도를 높이기 위한 제품선호형 광고로 전환한다.

06

정답 ③

- 지방자치단체로부터 차입한 자금의 공정가치 : ₩100,000×0.7350=₩73,500
- 지방자치단체로부터 ₩100,000을 차입하였으므로 공정가치보다 초과 지급한 금액이 정부보조금이 된다. 따라서 정부보조금은 ₩26,500이다.
- 2024년 말 장부금액 : ₩100,000−₩25,000(감가상각누계액)−₩19,875(정부보조금 잔액)=₩55,125

07

정답 ②

경영진이 의도하는 방식으로 자산을 가동할 때 필요한 장소와 상태에 이르게 하는 데 직접 관련되는 원가의 예는 다음과 같다.
- 유형자산의 매입 또는 건설과 직접적으로 관련되어 발생한 종업원 급여
- 설치장소 준비 원가
- 최초의 운송 및 취급 관련 원가
- 설치원가 및 조립원가
- 유형자산이 정상적으로 작동되는지 여부를 시험하는 과정에서 발생하는 원가. 단, 시험과정에서 생산된 재화(예 장비의 시험과정에서 생산된 시제품)의 순매각금액은 당해 원가에서 차감한다.
- 전문가에게 지급하는 수수료

08

정답 ②

오답분석

ㄴ. 개별주식의 기대수익률이 증권시장선 위쪽에 위치하면 주가가 과소평가된 상태이다.
ㄷ. 자본시장의 기대수익과 위험 간의 선형적인 관계를 나타낸다.

09

정답 ④

차량을 200만 원에 구입하여 40만 원을 지급한 상태이므로 총자산은 증가하였다고 볼 수 있다. 그리고 아직 치르지 않은 잔액 160만 원이 외상으로 존재하므로 총부채 역시 증가하였다고 볼 수 있다.

10

정답 ⑤

마이클 포터(Michael Porter)의 산업구조 분석모델은 산업에 참여하는 주체를 기존기업(산업 내 경쟁자), 잠재적 진입자(신규 진입자), 대체재, 공급자, 구매자로 나누고 이들 간의 경쟁 우위에 따라 기업 등의 수익률이 결정되는 것으로 본다.

오답분석

① 정부의 규제 완화 : 정부의 규제 완화는 시장 진입장벽이 낮아지게 만들며, 신규 진입자의 위협으로 볼 수 있다.
② 고객 충성도 : 고객의 충성도 정도에 따라 진입자의 위협도가 달라진다.
③ 공급업체의 규모 : 공급업체의 규모에 따라 공급자의 교섭력에 영향을 준다.
④ 가격의 탄력성 : 소비자들은 가격에 민감할 수도, 둔감할 수도 있기에 구매자 교섭력에 영향을 준다.

11

정답 ③

두 개 이상의 투자안을 결합하여 투자하는 경우의 NPV는 각 투자안의 NPV를 합한 것과 같다는 의미인 가치가산의 원리가 적용되어 두 프로젝트의 NPV를 합한 42억 원이 되지만, IRR의 경우 가치가산의 원리가 적용되지 않으므로 현재 제시된 자료를 통해서 두 프로젝트를 동시에 수행하였을 때의 IRR을 구할 수 없다.

12

정답 ②

- (합병 시 시너지효과)=18억−(10억+5억)=3억 원
- (합병프리미엄)=(피합병기업의 NPV)=(인수가격)−(B기업 기업가치)=6억−5억=1억 원
- NPV=(시너지효과)−(합병프리미엄)=3억−1억=2억 원

13

정답 ①

오답분석

ㄷ. 기업의 조직구조가 전략에 영향을 미치는 것이 아니라 조직의 전략이 정해지면 그에 맞는 조직구조를 선택하므로, 조직의 전략이 조직구조에 영향을 미친다.
ㄹ. 대량생산 기술을 사용하는 조직은 기계적 조직구조에 가깝게 설계해야 한다. 기계적 조직구조는 효율성을 강조하며 고도의 전문화, 명확한 부서화, 좁은 감독의 범위, 높은 공식화, 하향식 의사소통의 특징을 갖는다. 반면 유기적 조직구조는 유연성을 강조하며 적응성이 높고 환경변화에 빠르게 적응하는 것을 강조한다.

14

정답 ④

독점시장의 시장가격은 완전경쟁시장의 가격보다 높게 형성되므로 소비자잉여는 줄어든다.

15

정답 ④

집중투표제는 2명 이상의 이사 선임 시 주주는 1주마다 선임예정 이사와 같은 수의 의결권을 가지며[(의결권)=(보유주식 수)×(이사후보)], 이 의결권을 후보자 한 사람 또는 몇 명에게 집중적으로 행사하여 득표수에 따라 차례로 이사를 선임하게 되는 제도를 의미한다. 후보마다 별도로 한 표씩 주어지는 경우 지분이 많은 대주주가 절대적으로 유리했으나, 집중투표제가 도입되면 소수주주도 의결권을 하나에 집중시켜 자신들이 원하는 이사를 뽑을 수 있는 장점이 있다.

16

정답 ①

재무구조가 나쁜 회사의 경우 자금을 확보하기 위해 기존의 주식을 소각하고 유상증자를 실시해 자본금을 늘리기도 한다. 자본이 잠식된 법정관리 대상 회사의 경우 법원이 대주주 지분을 강제 소각하는 방법으로 책임을 묻기도 하는데, 이처럼 감자는 기업경영이 나쁜 상황에서 실시되는 것이 일반적이므로 주가에 있어 악재로 작용하는 경우가 많다. 또한, 감자는 주주의 이해관계에 변화를 초래하고 회사채권자의 담보를 감소시키게 되므로 주주총회 특별결의와 채권자 보호절차를 필요로 하는 것이다.

17

정답 ②

주식회사를 설립하려면 우선 발기인을 구성하여(②) 회사상호와 사업목적을 정한 다음(④), 발기인이 정관을 작성한다(⑦). 정관작성 후에는 주식발행사항을 결정하고(⑩), 발기설립 또는 모집설립의 과정을 거쳐(ⓛ) 법인설립등기, 법인설립신고 및 사업자등록(ⓒ)을 하면 모든 설립행위가 완료된다.

18

정답 ⑤

발기설립이란 설립 시 주식의 전부를 발기인만이 인수하여 설립하는 것을 말하고, 모집설립이란 설립 시 주식의 일부를 발기인이 우선 인수하고 주주를 모집하여 그 나머지를 인수하게 하는 설립방법을 의미한다. 이사와 감사는 취임 후 지체 없이 회사의 설립에 관한 모든 사항이 법령 또는 정관의 규정에 위반되지 않는지의 여부를 조사하여야 하는데 발기설립의 경우 이를 발기인에게 보고하고, 모집설립의 경우 창립총회에 보고한다.

19

비참가적 우선주는 우선 배당률에 의한 배당금이 지급된 후에는 배당 가능 이익이 있을 때에도 그 배당을 받을 수 없는 우선주를 의미한다. 이익이 많은 경우에는 보통주보다 불리하므로 실제로는 거의 발행하지 않는다.

20

정답 ①

신주인수권부사채(BW; Bond with Warrant)는 발행회사의 주식을 매입할 수 있는 권리가 부여된 사채이다. 전환사채, 신주인수권부사채가 권리 행사 시 회사 자본금의 변동이 발생하는 것과 달리 교환사채는 발행회사의 주식이 발행되는 것이 아니므로 자본금의 변동이 발생하지 않는다.

21

정답 ④

오답분석

① A기업의 총수입곡선은 원점에서 출발하는 우상향의 직선, 즉 총수입은 판매량이 증가할수록 비례적으로 증가하며, B기업의 총수입곡선은 처음에는 증가하다가 감소하는 형태이다.
② A기업의 총수입곡선은 양(+)의 기울기, B기업의 총수입곡선은 처음에는 양(+)의 기울기를 갖다가 나중에는 음(−)의 기울기를 갖는다.
③ A기업의 총수입곡선은 우상향의 직선, B기업의 총수입곡선은 처음에는 양(+)의 기울기를 갖다가 나중에는 음(−)의 기울기를 갖는다.
⑤ A기업의 총수입곡선은 일정하게 상승하는 우상향의 형태이고, B기업의 총수입곡선은 처음에는 상승하다 나중에는 하락한다.

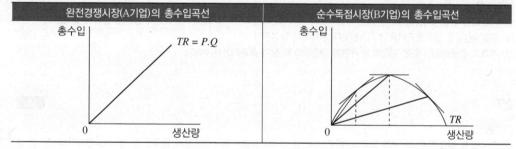

22

정답 ②

오답분석

가. 최저가격제란 공급자를 보호하기 위하여 시장가격보다 높은 수준에서 최저가격을 설정하는 규제를 말한다.
라. 최저가격제를 실시하면 소비자의 지불가격이 높아져 소비자는 소비량을 감소시키기 때문에 초과공급이 발생하고 실업, 재고누적 등의 부작용이 발생한다.
마. 아파트 분양가격, 임대료, 금리, 공공요금 등을 통제하기 위해 사용되는 규제방법은 최고가격제이다.

23

정답 ①

$P=-Q+12$이므로 총수입 $TR=-Q^2+12Q$이다.
총수입을 Q에 대해서 미분하면 한계수입 $MR=-2Q+12$
MR(한계수입)$=MC$(한계비용)에서 이윤이 극대화되므로 $MR=-2Q+12=4$
그러므로 한계비용이 4일 때 생산량 $Q=4$
한계비용이 1만큼 감소하는 경우 $MR=-2Q+12=3$, $Q=4.5$
따라서 한계비용이 1만큼 감소하는 경우 생산량 Q는 4에서 4.5로 변화하므로 0.5 증가한다.

24

정답 ③

$$\frac{MU_X}{P_X} = \frac{MU_Y}{P_Y} \Rightarrow 효용극대화$$

- 한계효용균등의 법칙 : $\frac{Y}{10} = \frac{X}{10}$

- 예산제약 : $10X + 10Y = 200$

한계효용균등의 법칙을 정리하면 $10X = 10Y$, $X = Y$가 된다. 이를 예산제약식에 대입하면 $20Y = 200$, $Y = 10$, $X = 10$이다.

25

정답 ④

오답분석

① 수요의 가격탄력성이 1보다 작은 경우, 가격이 하락하면 총수입은 감소한다.
② 수요의 가격탄력성이 커질수록 물품세 부과로 인한 경제적 순손실은 커진다.
③ 소비자 전체 지출에서 차지하는 비중이 큰 상품일수록 수요의 가격탄력성은 커진다.
⑤ 대체재가 많을수록 수요의 가격탄력성은 커진다.

26

정답 ③

독점적 경쟁시장의 장기균형에서 $P > SMC$가 성립한다.

오답분석

①·② 독점적 경쟁시장의 장기균형은 수요곡선과 단기평균비용곡선, 장기평균비용곡선이 접하는 점에서 달성된다.
④ 균형생산량은 단기평균비용의 최소점보다 왼쪽에서 달성된다.
⑤ 가격과 평균비용이 같은 지점에서 균형이 결정되므로 장기 초과이윤은 0이다.

27

정답 ②

오답분석

① 한국은 옷 생산에 비교우위가 있고 말레이시아는 쌀 생산에 비교우위가 있으므로 한국은 옷 생산에, 말레이시아는 쌀 생산에 특화하여 수출하는 경우에 양국 모두 이득을 얻을 수 있다.
③ 쌀 1섬의 국제가격이 옷 1/2벌보다 더 낮다면 한국은 말레이시아와 교역할 경우 더 많은 대가를 치러야 하므로 교역이 이루어지지 않는다.
④ 각국은 비교우위에 있는 재화생산에 특화해서 수출해야 상호이익을 얻을 수 있다.
⑤ 쌀 1섬의 국제가격이 옷 1벌보다 더 높다면 쌀 생산에 비교우위가 있는 말레이시아는 한국과 교역할 필요가 없다.

28

정답 ③

단위당 10원의 물품세가 부과되면 공급곡선이 10만큼 위쪽으로 이동하므로 공급함수가 $P = \frac{1}{2}Q + 60$으로 바뀌게 된다. 이를 수요함수 $P = -\frac{1}{2}Q + 150$과 연립해서 풀어보면 균형거래량 $Q = 90$, 균형가격 $P = 105$임을 알 수 있다.

29

정답 ②

독점적 경쟁기업은 단기에는 초과이윤을 얻을 수도 있고 손실을 볼 수도 있으며 정상이윤만 획득할 수도 있으나, 장기에는 정상이윤만 얻게 된다.

30

정답 ②

기업 B의 광고 여부에 관계없이 기업 A는 광고를 하는 것이 우월전략이다. 또한 기업 A의 광고 여부에 관계없이 기업 B도 광고를 하는 것이 우월전략이다. 두 기업이 모두 광고를 하는 것이 우월전략이므로 우월전략균형에서 두 기업의 이윤은 (55, 75)이다. 우월전략균형은 내쉬균형에 포함되므로 내쉬균형에서의 기업 A의 이윤은 55이고, 기업 B의 이윤은 75이다.

31

정답 ⑤

예상한 인플레이션과 예상하지 못한 인플레이션의 경우 모두에서 메뉴비용이 발생한다.
- 물가변화에 따라 가격을 조정하려면 가격표 작성비용(메뉴비용)이 발생한다.
- 메뉴비용이 커서 가격조정이 즉각적으로 이루어지지 않은 경우에는 재화의 상대가격이 변화하고 이에 따라 자원배분의 비효율성이 발생한다.

32

정답 ⑤

보상적 임금격차는 선호하지 않는 조건을 가진 직장은 불리한 조건을 임금으로 보상해 줘야 한다는 것이다. 대부분의 사람들은 3D 작업환경에서 일하기 싫어하기 때문에 이런 직종에서 필요한 인력을 충원하기 위해서는 작업환경이 좋은 직종에 비해 더 높은 임금을 제시해야 한다. 이러한 직업의 비금전적인 특성을 보상하기 위한 임금의 차이를 보상적 격차 또는 평등화 격차라고 한다. 보상적 임금격차의 발생 원인에는 노동의 난이도, 작업환경, 명예, 주관적 만족도, 불안정한 급료 지급, 교육훈련의 차이, 고용의 안정성 여부, 작업의 쾌적성, 책임의 정도, 성공·실패의 가능성 등이 있다.

33

정답 ⑤

해외주식 및 채권투자는 자본계정에 속한다.

34

정답 ④

$$(\text{2022년 GDP 디플레이터})=\frac{(\text{명목 GDP}_{2022})}{(\text{실질 GDP}_{2022})}\times100=\frac{100}{(\text{실질 GDP}_{2022})}\times100=100 \rightarrow (\text{2022년 실질 GDP})=100$$

$$(\text{2023년 GDP 디플레이터})=\frac{(\text{명목 GDP}_{2023})}{(\text{실질 GDP}_{2023})}\times100=\frac{150}{(\text{실질 GDP}_{2023})}\times100=120 \rightarrow (\text{2023년 실질 GDP})=125$$

따라서 2023년의 전년 대비 실질 GDP 증가율은 $\frac{125-100}{100}\times100=25\%$이다.

35

정답 ②

오쿤의 법칙에 따르면 경기 회복기에는 고용의 증가 속도보다 국민총생산의 증가 속도가 더 크고, 불황기에는 고용의 감소 속도보다 국민총생산의 감소 속도가 더 크다. 구체적으로 실업률이 1% 늘어날 때마다 국민총생산은 2.5%의 비율로 줄어드는데, 이와 같은 실업률과 국민총생산의 밀접한 관계를 오쿤의 법칙이라 한다.

[오답분석]
① 왈라스의 법칙(Walras' law)에 대한 설명이다.
③ 엥겔의 법칙(Engel's law)에 대한 설명이다.
④ 슈바베의 법칙(Schwabe's law)에 대한 설명이다.
⑤ 그레셤의 법칙(Gresham's Law)에 대한 설명이다.

36

가치의 역설은 사용가치가 높은 재화가 더 낮은 교환가치를 가지는 역설적인 현상으로, 희소가치가 높은 다이아몬드의 한계효용이 물의 한계효용보다 크기 때문에 다이아몬드의 가격이 물의 가격보다 비싸다고 설명한다.

[오답분석]
② 물은 필수재이고, 다이아몬드는 사치재이다.
③ 같은 물이라 해도 장소나 상황 등에 따라 가격이 달라질 수 있으므로 항상 다이아몬드보다 가격이 낮다고 할 수 없다.
④·⑤ 상품의 가격은 총효용이 아닌 한계효용에 의해 결정되며, 한계효용이 높아지면 상품의 가격도 비싸진다.

37

1. 고저점법 : $y=a+bx$

- b(변동비율)$=\dfrac{(800,000-600,000)}{(300-200)}=$₩$2,000$

- a(고정비)$=800,000-(300\times2,000)=$₩$200,000$

2. 총제조원가 10% 증가, 생산량 400단위 가정 시
y(총원가)$=220,000+(2,000\times400)=$₩$1,020,000$

38

수요의 가격탄력성이 1일 경우는 수용곡선상의 중점이므로 이때의 X재 가격은 50원이다. 독점기업은 항상 수요의 가격탄력성이 1보다 큰 구간에서 재화를 생산하므로 독점기업이 설정하는 가격은 50원 이상이다.

[오답분석]
① 수요곡선의 방정식은 $P=-Q+100$이다. 즉, 가격이 100원이면 X재의 수요량은 0이다.
② 수요곡선이 우하향의 직선인 경우 수요곡선상의 우하방으로 이동할수록 수요의 가격탄력성이 점점 작아진다. 그러므로 수요곡선상의 모든 점에서 수요의 가격탄력성이 다르게 나타난다.
③ X재는 정상재이므로 소득이 증가하면 수요곡선이 오른쪽으로 이동한다.
④ X재와 대체관계에 있는 Y재의 가격이 오르면 X재의 수요가 증가하므로 X재의 수요곡선은 오른쪽으로 이동한다.

39

공급자에게 조세가 부과되더라도 일부는 소비자에게 전가되므로 소비자도 조세의 일부를 부담하게 된다.

40

교역 이후 가격하락으로 소비자 잉여는 (B+D)만큼 증가하여 (A+B+D)가 되고, 생산자 잉여는 (B)만큼 감소하여 (C)가 된다. 즉, 교역으로 소비자들이 얻는 이익(B+D)이 농민들이 입는 손해(B)보다 크기 때문에 소비자 잉여와 생산자 잉여를 합하여 구하는 사회적 잉여는 농산물 수입 이전보다 (D)만큼 증가한 (A+B+C+D)가 된다.

02

법 · 행정

적중예상문제

01	02	03	04	05	06	07	08	09	10	11	12	13	14	15	16	17	18	19	20
②	①	②	③	③	④	③	①	①	③	④	①	①	③	③	①	③	④	④	③
21	22	23	24	25	26	27	28	29	30	31	32	33	34	35	36	37	38	39	40
②	②	④	⑤	②	⑤	①	④	②	③	④	⑤	③	⑤	②	③	④	②	③	③

01

법률 용어로서의 선의(善意)는 어떤 사실을 알지 못하는 것을 의미하며, 반면 악의(惡意)는 어떤 사실을 알고 있는 것을 뜻한다.

오답분석

① 문리해석과 논리해석은 학리해석의 범주에 속한다.
③ 유추해석에 대한 설명이다.
④ · ⑤ 간주(看做)와 추정(推定) : 추정은 불명확한 사실을 일단 인정하는 것으로 정하여 법률효과를 발생시키되 나중에 반증이 있을 경우 그 효과를 발생시키지 않는 것을 말한다. 간주는 법에서 '간주한다＝본다＝의제한다'로 쓰이며, 추정과는 달리 나중에 반증이 나타나도 이미 발생된 효과를 뒤집을 수 없는 것을 말한다.

02

법원(法源)에 대한 설명 중 국가라는 단어에서 헌법을, 지방자치단체라는 단어에서 조례를, 국가 간이라는 단어에서 조약을 유추할 수 있다.

03

행정행위(처분)의 부관이란 행정행위의 일반적인 효과를 제한하기 위하여 주된 의사표시에 붙여진 종된 의사표시로, 행정처분에 대하여 부가할 수 있다. 부관의 종류에는 조건, 기한, 부담 등이 있다.

- 조건 : 행정행위의 효력의 발생 또는 소멸을 발생이 불확실한 장래의 사실에 의존하게 하는 행정청의 의사표시로서, 조건성취에 의하여 당연히 효력을 발생하게 하는 정지조건과 당연히 그 효력을 상실하게 하는 해제조건이 있다.
- 기한 : 행정행위의 효력의 발생 또는 소멸을 발생이 장래에 도래할 것이 확실한 사실에 의존하게 하는 행정청의 의사표시로서, 기한의 도래로 행정행위가 당연히 효력을 발생하는 시기와 당연히 효력을 상실하는 종기가 있다.
- 부담 : 행정행위의 주된 의사표시에 부가하여 그 상대방에게 작위 · 부작위 · 급부 · 수인의무를 명하는 행정청의 의사표시로서, 특허 · 허가 등의 수익적 행정행위에 붙여지는 것이 보통이다.
- 철회권의 유보 : 행정행위의 주된 의사표시에 부수하여, 장래 일정한 사유가 있는 경우에 그 행정행위를 철회할 수 있는 권리를 유보하는 행정청의 의사표시이다(숙박업 허가를 하면서 윤락행위를 하면 허가를 취소한다는 경우).

04
정답 ③

국민의 모든 자유와 권리는 국가안전보장·질서유지 또는 공공복리를 위하여 필요한 경우에 한하여 법률로써 제한할 수 있으며, 제한하는 경우에도 자유와 권리의 본질적인 내용을 침해할 수 없다(헌법 제37조 제2항).

05
정답 ③

정당의 목적이나 활동이 민주적 기본질서에 위배될 때 정부는 헌법재판소에 그 해산을 제소할 수 있고, 정당은 헌법재판소의 심판에 의하여 해산된다(헌법 제8조 제4항).

[오답분석]

① 헌법 제8조 제1항에서 확인할 수 있다.
②·⑤ 헌법 제8조 제2항에서 확인할 수 있다.
④ 헌법 제8조 제3항에서 확인할 수 있다.

06
정답 ④

법규의 명칭에 따른 구별기준에 관한 학설은 존재하지 않는다.

공법과 사법의 구별기준에 관한 학설

이익설(목적설)	관계되는 법익에 따른 분류로 공익보호를 목적으로 하는 법을 공법, 사익보호를 목적으로 하는 법을 사법으로 본다.
주체설	법률관계의 주체에 따른 분류 기준을 구하여 국가 또는 공공단체 상호 간, 국가·공공단체와 개인 간의 관계를 규율하는 것을 공법, 개인 상호 간의 관계를 규율하는 것을 사법으로 본다.
성질설(법률관계설)	법이 규율하는 법률관계에 대한 불평등 여부에 따른 분류기준으로 불평등관계(권력·수직관계)를 규율하는 것을 공법, 평등관계(비권력·대등·수평관계)를 규율하는 것을 사법으로 본다.
생활관계설	사람의 생활관계를 표준으로 삼아 국민으로서의 생활관계를 규율하는 것을 공법, 국가와 직접적 관계가 없는 인류로서의 생활관계를 규율하는 것을 사법으로 본다.
통치관계설	법이 통치권의 발동에 관한 것이냐 아니냐에 따라 국가통치권의 발동에 관한 법을 공법, 그렇지 않은 법을 사법이라 본다.
귀속설(신주체설)	행정주체에 대해서만 권리·권한·의무를 부여하는 경우를 공법, 모든 권리주체에 권리·의무를 부여하는 것을 사법으로 본다.

07
정답 ③

법규범은 자유의지가 작용하는 자유법칙으로, 당위의 법칙이다.

08
정답 ①

사회보험의 보험납부비용은 당사자뿐만 아니라 사회적 위험에 동일한 확률로 처해 있는 모든 해당 국민 개개인을 공동체로 서로 결합시킨 후, 그 부담을 국가, 사업주, 당사자에게 일정비율로 분산시킨다.

09
정답 ①

근대 입헌주의 헌법은 국법과 왕법을 구별하는 근본법(국법) 사상에 근거를 두고, 국가권력의 조직과 작용에 대한 사항을 정하고 동시에 국가권력의 행사를 제한하여 국민의 자유와 권리 보장을 이념으로 하고 있다.

10

실종선고를 받아도 당사자가 존속한다면 그의 권리능력은 소멸되지 않는다. 실종선고기간이 만료한 때 사망한 것으로 간주된다(민법 제28조).

11

사원총회는 정관으로 이사 또는 기타 임원에게 위임한 사항 외의 법인사무 전반에 관하여 결의한다. 사단법인의 이사는 매년 1회 이상 통상총회를 소집하여야 하며, 임시총회는 총사원의 5분의 1 이상의 청구로 이사가 소집한다.

12

ㄱ. 사회권은 인간의 권리가 아니라 국민의 권리에 해당한다.
ㄴ. 사회권은 바이마르헌법에서 최초로 규정하였다.

오답분석

ㄷ. 천부인권으로서의 인간의 권리는 자연권을 의미한다.
ㄹ. 대국가적 효력이 강한 권리는 자유권이다. 사회권은 국가 내적인 권리인 동시에 적극적인 권리이며 대국가적 효력이 약하고 예외적으로 대사인적 효력을 인정한다.

13

피성년후견인의 법정대리인인 성년후견인은 피성년후견인의 재산상 법률행위에 대한 대리권과 취소권 등을 갖지만 원칙적으로 동의권은 인정되지 않는다. 따라서 피성년후견인이 법정대리인의 동의를 얻어서 한 재산상 법률행위는 무효이다.

오답분석

② 민법 제16조 제2항에서 확인할 수 있다.
③ 민법 제 6조에서 확인할 수 있다.
④ 민법 제17조 제1항에서 확인할 수 있다.
⑤ 민법 제13조 제1항에서 확인할 수 있다.

14

법정과실은 반드시 물건의 사용대가로서 받는 금전 기타의 물건이어야 하므로 사용에 제공되는 것이 물건이 아닌 근로의 임금·특허권의 사용료, 사용대가가 아닌 매매의 대금·교환의 대가, 받는 것이 물건이 아닌 공작물의 임대료청구권 등은 법정과실이 아니다.

오답분석

①·②는 법정과실, ④·⑤는 천연과실에 해당한다.

15

모든 제도를 정당화시키는 최고의 헌법원리는 국민주권의 원리이다.

16

헌법의 폐지는 기존의 헌법(전)은 배제하지만 헌법제정권력의 주체는 경질되지 않으면서 헌법의 근본규범성을 인정하고 헌법의 전부를 배제하는 것이다.

17

정답 ③

행정지도란 행정기관이 그 소관 사무의 범위에서 일정한 행정목적을 실현하기 위하여 특정인에게 일정한 행위를 하거나 하지 아니하도록 지도, 권고, 조언 등을 하는 행정작용을 말한다(행정절차법 제2조 제3호).

18

정답 ④

법에 규정된 것 외에 달리 예외를 두지 아니 한다.

주소, 거소, 가주소

주소	생활의 근거가 되는 곳을 주소로 한다. 주소는 동시에 두 곳 이상 둘 수 있다(민법 제18조 제1항·제2항).
거소	주소를 알 수 없으면 거소를 주소로 본다. 국내에 주소가 없는 자에 대하여는 국내에 있는 거소를 주소로 본다(민법 제19조·제20조).
가주소	어느 행위에 있어서 가주소를 정한 때에는 그 행위에 관하여는 이를 주소로 본다(민법 제21조). 따라서 주소지로서 효력을 갖는 경우는 주소(주민등록지), 거소와 가주소가 있으며, 복수도 가능하다.

19

정답 ④

법은 권리에 대응하는 의무가 있는 반면(양면적), 도덕은 의무에 대응하는 권리가 없다(일면적).

20

정답 ③

오답분석

① 조례는 규칙의 상위규범이다.
② 국제법상의 기관들은 자체적으로 조약을 체결할 수 있다.
④ 재판의 근거로 사용된 조리(條理)와 법원으로서의 조례는 서로 무관하다.
⑤ 의원발의의 경우 재적의원 1/5 이상 또는 10인 이상의 의원의 연서가 필요하다.

21

정답 ②

제시문의 ㉠에 들어갈 용어는 재분배 정책으로, ②는 재분배 정책에 대한 설명이다.

오답분석

①·④ 분배정책에 대한 설명이다.
③ 구성정책에 대한 설명이다.
⑤ 규제정책에 대한 설명이다.

22

정답 ②

발생주의 회계는 거래가 발생한 기간에 기록하는 원칙으로서, 영업활동 관련 기록과 현금 유출입이 일치하지 않지만, 수익 및 비용을 합리적으로 일치시킬 수 있다는 장점이 있다.

오답분석

①·③·④·⑤ 현금흐름 회계에 대한 설명이다.

구분		규제의 편익	
		집중	분산
규제비용	집중	이익집단 정치	운동가의 정치(기업가적 정치)
	분산	고객의 정치	다수의 정치

23

정답 ④

고객이 아닌 시민에 대한 봉사는 신공공서비스론의 원칙이다. 신공공관리론은 경쟁을 바탕으로 한 고객 서비스의 질 향상을 지향한다.

오답분석
①·②·③·⑤ 신공공관리론의 특징이다.

24

정답 ⑤

품목별 예산제도는 지출대상 중심으로 분류를 사용하기 때문에 지출의 대상은 확인할 수 있으나, 지출의 주체나 목적은 확인할 수 없다.

25

정답 ②

(가) 1910년대 과학적 관리론 → (다) 1930년대 인간관계론 → (나) 1940년대 행정행태론 → (라) 1990년대 후반 신공공서비스론의 순서이다.

26

정답 ⑤

고객 관점은 행동지향적 관점이 아니라 외부지향적 관점에 해당한다. 기업에서는 BSC의 성과지표 중 재무 관점을 인과적 배열의 최상위에 둔다. 그러나 공공영역에서는 재무적 가치가 궁극적 목적이 될 수 없기 때문에 기업과는 다른 BSC의 인과구성이 필요하다. 구체적으로 기관의 특성이 사기업에 가까운 경우 재무 관점이 포함되는 것이 당연하겠지만, 기관 외적인 메커니즘에 의해 예산이 할당되는 경우 재무 측면은 하나의 제약조건으로 보고 사명 달성의 성과 또는 고객 관점을 가장 상위에 두는 것이 바람직하다. 하지만 공공부문의 고객 확정이 어렵다는 단점이 있다.

> **균형성과표(BSC; Balanced Score Card)**
> • 재무 관점 : 우리 조직은 주주들에게 어떻게 보일까?
>   예 매출신장률, 시장점유율, 원가절감률, 자산보유 수준, 재고 수준, 비용 절감액 등
> • 고객 관점 : 재무적으로 성공하기 위해서는 고객들에게 어떻게 보여야 하나?
>   예 외부시각, 고객확보율, 고객만족도, 고객유지율, 고객 불만 건수, 시스템 회복시간 등
> • 내부프로세스 관점 : 프로세스와 서비스의 질을 높이기 위해서는 어떻게 해야 하나?
>   예 전자결재율, 화상회의율, 고객 대응 시간, 업무처리시간, 불량률, 반품률 등
> • 학습 및 성장 관점 : 우리 조직은 지속적으로 가치를 개선하고 창출할 수 있는가?
>   예 미래시각, 성장과 학습지표, 업무숙련도, 사기, 독서율, 정보시스템 활용력, 교육훈련 투자 등

27

정답 ①

밀러(Gerald J. Miller)의 모호성 모형은 대학조직(느슨하게 연결된 조직), 은유와 해석의 강조, 제도와 절차의 영향(강조) 등을 특징으로 한다. 모호성 모형은 목표의 모호성, 이해의 모호성, 역사의 모호성, 조직의 모호성 등을 전제로 한다. 이 이론에서 예산결정이란 해결해야 할 문제, 그 문제에 대한 해결책, 결정에 참여해야 할 참여자, 결정의 기회 등 결정의 요소가 우연히 서로 잘 조화되어 합치될 때 이루어지며, 그렇지 않은 경우 예산결정이 이루어지지 않는다고 주장한다.

28

ㄴ. 킹던(Jonh Kingdon)의 정책창 모형은 쓰레기통 모형을 한층 발전시켜 우연한 기회에 이루어지는 결정을 흐름으로 설명하고 있다.

ㄷ・ㄹ. 킹던은 정책과정을 문제 흐름, 정책 흐름, 정치 흐름 등 세 가지 독립적인 흐름으로 개념화될 수 있으며, 각 흐름의 주도적인 행위자도 다르다고 보았다. 킹던은 정치 흐름과 문제 흐름이 합류할 때 정책의제가 설정되고, 정책 흐름에 의해서 만들어진 정책대안은 이들 세 개의 흐름이 서로 같이 만나게 될 때 정책으로 결정될 기회를 갖게 된다고 보았다. 이러한 복수 흐름을 토대로 정책의 창이 열리고 닫히는 이유를 제시하고 그 유형을 구분하였는데, 세 흐름을 합류시키는 데 주도적인 역할을 담당하는 정책기업가의 노력이나 점화장치가 중요하다고 보았다.

[오답분석]

ㄱ. 방법론적 개인주의와 정책창 모형은 관련성이 없다.

ㅁ. 표준운영절차는 회사모형을 설명하는 주요 개념이다.

29

수입대체경비란 국가가 용역 또는 시설을 제공하여 발생하는 수입과 관련되는 경비를 의미한다. 여권발급 수수료나 공무원시험 응시료와 같이 공공 서비스 제공에 따라 직접적인 수입이 발생하는 경우 해당 용역과 시설의 생산・관리에 소요되는 비용을 수입대체경비로 지정하고, 그 수입의 범위 내에서 초과지출을 예산 외로 운용할 수 있다(통일성의 원칙, 완전성의 원칙의 예외).

[오답분석]

• 수입금마련지출 제도는 정부기업예산법상의 제도로, 특정 사업을 합리적으로 운영하기 위해 예산초과수입이 발생하거나 예산초과수입이 예상되는 경우 이 수입에 직접적으로 관련하여 발생하는 비용에 지출하도록 하는 것이다. 따라서 수입대체경비와는 구별된다.

30

ㄱ. 행정통제는 통제시기의 적시성과 통제내용의 효율성이 고려되어야 한다(통제의 비용과 통제의 편익 중 편익이 더 커야 한다).

ㄴ. 옴부즈만 제도는 사법통제의 한계를 보완하기 위해 도입되었다.

ㄷ. 선거에 의한 통제와 이익집단에 의한 통제 등은 외부통제에 해당한다.

[오답분석]

ㄹ. 합법성을 강조하는 통제는 사법통제이다. 또한, 사법통제는 부당한 행위에 대한 통제는 제한된다.

31

주세, 부가가치세, 개별소비세는 국세이며, 간접세에 해당한다.

[오답분석]

ㄱ. 자동차세는 지방세이며, 직접세이다.

ㄷ. 담배소비세는 지방세이며, 간접세이다.

ㅂ. 종합부동산세는 국세이며, 직접세이다.

직접세와 간접세

구분	직접세	간접세
과세 대상	소득이나 재산(납세자=담세자)	소비 행위(납세자≠담세자)
세율	누진세	비례세
조세 종류	소득세, 법인세, 재산세 등	부가가치세, 특별소비세, 주세(담배소비세) 등
장점	소득 재분배 효과, 조세의 공정성	조세 징수의 간편, 조세 저항이 작음
단점	조세 징수가 어렵고 저항이 큼	저소득 계층에게 불리함

32

정답 ⑤

리바이어던(Leviathan)은 구약성서에 나오는 힘이 강하고 몸집이 큰 수중동물로, 정부재정의 과다팽창을 비유한다. 현대의 대의민주체제가 본질적으로 정부부문의 과도한 팽창을 유발하는 속성을 지닌다. 일반대중이 더 큰 정부지출에 적극적으로 반대하지 않는 투표성향(투표 거래, 담합)을 보이므로, 현대판 리바이어던의 등장을 초래한다.

오답분석

① 투표자와 관료의 상호작용을 단순한 상황에서 검토한 것으로 관료들은 국민투표에서 유권자들 앞에 제시될 각 부처의 재원조달계획을 마련하며, 그것은 다수결투표에 의해 가부가 결정된다. 제안이 부결되면 지출수준은 외생적인 어떤 방법으로 결정된 회귀(Reversion)수준에서 확정된다. 예를 들면, 회귀수준은 지난해의 예산규모일 수도 있고, 0일 수도 있으며(이 경우 부처예산안의 부결은 부처의 폐쇄를 의미한다), 좀 더 복잡한 어떤 방법으로 결정될 수도 있다. 로머와 로젠탈은 관료들의 문제, 즉 유권자 앞에 제시되는 예산안을 편성하는 문제, 또 지출수준이 최종적으로 어떻게 결정되는지를 설명하는 문제를 검토하였다.

② 파킨슨(Parkinson)이 1914년부터 28년간 영국의 행정조직을 관찰한 결과 제시된 법칙으로, 공무원 수는 본질적 업무량(행정수요를 충족시키기 위한 업무량)의 증감과 무관하게 일정비율로 증가한다는 것이다.

③ 니스카넨(Niskanen)이 1971년에 제기한 가설을 말하며, 관료들은 자신들의 영향력과 승진기회를 확대하기 위해 예산규모의 극대화를 추구한다는 것을 의미한다. 관료들이 오랜 경험 등을 활용하여 재정선택과정을 독점한다는 점에서 재정선택의 독점모형이라고도 한다.

④ 정부의 규제가 반사적 이득이나 독점적 이익(지대)을 발생시키고 기업은 이를 고착화시키기 위한 로비활동을 한다는 것을 말한다.

33

정답 ③

ㄱ. 기획재정부장관은 국가회계법에서 정하는 바에 따라 회계연도마다 작성하여 대통령의 승인을 받은 국가결산보고서를 다음 연도 4월 10일까지 감사원에 제출하여야 한다(국가재정법 제59조).

ㄷ. 정부는 예산이 여성과 남성에게 미칠 영향을 미리 분석한 보고서[성인지(性認知)예산서]를 작성하여야 한다(국가재정법 제26조 제1항).

ㄹ. 각 중앙관서의 장은 제31조 제1항에 따라 예산요구서를 제출할 때에 다음 연도 예산의 성과계획서 및 전년도 예산의 성과보고서를 기획재정부장관에게 함께 제출하여야 하며, 기금관리주체는 제66조 제5항에 따라 기금운용계획안을 제출할 때에 다음 연도 기금의 성과계획서 및 전년도 기금의 성과보고서를 기획재정부장관에게 함께 제출하여야 한다(국가재정법 제85조의7).

오답분석

ㄴ. 차관물자대(借款物資貸)의 경우 전년도 인출예정분의 부득이한 이월 또는 환율 및 금리의 변동으로 인하여 세입이 그 세입예산을 초과하게 되는 때에는 그 세출예산을 초과하여 지출할 수 있다(국가재정법 제53조 제3항).

> **차관물자대(借款物資貸)**
> 외국의 실물자본을 일정기간 사용하거나 대금결제를 유예하면서 도입하는 것으로, 차관물자대를 예산에 계상하도록 하되, 전년도 인출예정분의 부득이한 이월 또는 환율 및 금리의 변동으로 인하여 세입이 그 세입예산을 초과하게 되는 때에는 그 세출예산을 초과하여 지출할 수 있도록 하고 있다.

34

점증모형은 수단과 목표가 명확히 구분되지 않으므로 흔히 목표 – 수단의 분석이 부적절하거나 제한되는 경우가 많으며, 목표달성의 극대화를 추구하지 않는다. 정책 목표달성을 극대화하는 정책을 최선의 정책으로 평가하는 모형은 합리모형이다.

합리모형과 점증모형의 특징

구분	합리모형	점증모형
의사결정자	합리적 경제인	정치인
목표수단, 상호작용	• 목표와 수단의 엄격구분(선후 · 계층성) • 수단은 목표에 합치되도록 선택 • 목표의 명확한 정의, 목표 – 수단분석 활용	• 목표와 수단의 상호의 존성 · 연쇄관계 • 목표를 수단에 합치되도록 재조정 · 수정 • 목표의 불명확성 · 목표 – 수단분석 제한적
대안의 범위	대안 수는 무한정, 현실의 제약조건이 없다는 가정	대안 수는 한정, 현실의 제약조건 수용
분석의 범위	포괄적 분석, Root Method	제한적 분석, Branch Method(지분법 : 支分法)
접근방식	• 이상적 · 규범적 · 연역적 접근 • 이론의존도 강함, OR · SA(BC분석) 활용 • Algorithm, 체계적 · 과학적 접근	• 현실적 · 실증적 · 귀납적 접근 • 이론의존도 약함 • Heuristic, 주먹구구식, 이전투구식(泥田鬪狗式) 결정
분석 · 결정의 특징	포괄적 · 총체적 · 단발적 · 1회적 결정, 하향적 결정	분절적 · 분할적 · 계속적 · 점진적 · 지속적 결정, 상향적 결정
결정양식	• 전체 최적화[(부분의 합) ≠ (전체)] • 거시적 · 하향적 · 집권적	• 부분 최적화[(부분의 합) = (전체)] • 미시적 · 상향적 · 분권적
현실(기득권)	기득권 불인정(매목비용 고려 안 함)	기득권 인정(매몰비용 고려)
적용사회	전체주의 · 권위주의 사회	다원주의 사회
관련이론	공익의 실체설(적극설)	공익의 과정설(소극설), 다원주의

35

외부효과 발생 시 부정적 외부효과를 줄이도록 유도책 혹은 외부효과 감축지원책을 도입하여 문제를 해결할 수도 있다.

36

ㄴ. 다원주의에서의 정부는 집단들 간에 조정자 역할 또는 심판자의 역할을 할 것으로 기대된다.
ㄷ. 이슈네트워크는 참여자 간의 상호의존성이 낮고 불안정하며, 상호 간의 불평등 관계가 존재하기도 한다.

[오답분석]

ㄱ. 일시적이고 느슨한 형태의 집합체라는 것은 정책공동체와 비교되는 이슈네트워크의 특징이다.
ㄹ. 사회조합주의에 대한 설명이다.

정책공동체와 이슈네트워크의 특징

차원		정책공동체	이슈네트워크
구성원	참여자 수	매우 제한되며 일부 집단은 의식적으로 배제됨	다수
	이익 유형	경제적 또는 전문적 이해가 지배적임	다양한 범위의 이해관계를 모두 포함
통합	상호작용 빈도	정책이슈에 관련된 모든 사항에 대해 모든 집단이 빈번하고 높은 수준의 상호작용을 함	접촉빈도와 강도가 유동적임
	연속성	구성원, 가치, 결과가 장기간 지속됨	접근의 변화가 매우 유동적임
	합의	모든 참여자가 기본가치를 공유하고 결과의 정통성을 수용함	일정한 합의가 있으나 갈등이 역시 존재
자원	네트워크 내 자원배분	모든 참여자가 자원을 보유하며 관계는 교환관계가 기본임	일부 참여자가 자원을 보유하지만 제한적 합의관계가 기본임
	참여조직 간 자원배분	계층적으로 지도자가 구성원에게 자원을 배분할 수 있음	구성원을 규제할 수 있는 자원과 능력의 배분이 다양하고 가변적임
	권력	• 구성원 간 균형이 이루어짐 • 한 집단이 지배적일 수 있으나, 공동체가 유지되려면 포지티브섬 게임임	• 자원보유, 접근성의 불균등을 반영하여 권력이 균등하지 않음 • 권력은 제로섬 게임(승자와 패자가 있음)

37
정답 ④

대표관료제는 한 사회의 모든 계층 및 집단을 공평하게 관료제에 반영하려는 것으로서, 실적주의 이념에는 대치되는 특성을 갖는다.

38
정답 ②

공공선택론은 유권자, 정치가, 그리고 관료를 포함하는 정치제도 내에서 자원배분과 소득분배에 대한 결정이 어떻게 이루어지는지를 분석하고, 그것을 기초로 하여 정치적 결정의 예측 및 평가를 목적으로 한다.

오답분석

① 과학적 관리론 : 최소의 비용으로 최대의 성과를 달성하고자 하는 민간기업의 경영합리화 운동으로서, 객관화된 표준과업을 설정하고 경제적 동기부여를 통하여 절약과 능률을 달성하고자 하였던 고전적 관리연구이다.
③ 행태주의 : 면접이나 설문조사 등을 통해 인간행태에 대한 규칙성과 유형성·체계성 등을 발견하여 이를 기준으로 종합적인 인간관리를 도모하려는 과학적·체계적인 연구를 말한다.
④ 발전행정론 : 환경을 의도적으로 개혁해 나가는 행정인의 창의적·쇄신적인 능력을 중요시한다. 또한 행정을 독립변수로 간주해 행정의 적극적 기능을 강조한 이론이다.
⑤ 현상학 : 사회적 행위의 해석에 있어서 이러한 현상 및 주관적 의미를 파악하여 이해하는 철학적·심리학적 접근법, 주관주의적 접근(의식적 지향성 중시)으로, 실증주의·행태주의·객관주의·합리주의를 비판하면서 등장하였다.

39
정답 ③

강제배분법은 점수의 분포비율을 정해놓고 평가하는 상대평가 방법으로, 집중화, 엄격화, 관대화 오차를 방지하기 위해 도입되었다.

40
정답 ③

㉠은 가정분석, ㉡은 계층분석, ㉢은 경계분석, ㉣은 분류분석에 해당한다.

01	02	03	04	05	06	07	08	09	10	11	12	13	14	15	16	17	18	19	20
④	②	③	④	③	④	①	⑤	③	②	①	①	①	②	①	①	②	①	④	④
21	22	23	24	25	26	27	28	29	30	31	32	33	34	35	36	37	38	39	40
③	④	①	②	③	①	④	④	①	④	④	②	④	②	①	④	④	②	③	①

01
정답 ④

벤투리(Venturi)는 관로 내부를 흐르는 유체의 압력을 떨어뜨리기 위해 설치한 단면이 좁은 통로이다.

02
정답 ②

연삭가공은 정밀한 입자가공이며, 치수정밀도는 정확한 편이다. 연삭입자는 불규칙한 형상, 평균적으로 큰 음의 경사각을 가졌으며, 경도가 크고 취성이 있는 공작물 가공에 적합하다.

03
정답 ③

응력집중이란 단면이 급격히 변화하는 부분에서 힘의 흐름이 심하게 변화할 때 발생하는 현상을 말하며, 이를 완화하려면 단이 진 부분의 곡률반지름을 크게 하거나 단면을 완만하게 변화시킨다.
응력집중계수(k)는 단면부의 평균응력에 대한 최대응력 비율로 구할 수 있으며, 계수 값은 재질을 고려하지 않고 노치부의 존재여부나 급격한 단면변화와 같이 재료의 형상변화에 큰 영향을 받는다.

04
정답 ④

동점성계수(ν)란 유체가 유동할 때 밀도를 고려한 점성계수로, 점성계수를 유체가 가진 밀도로 나눈 값이다.

ㄴ. 동점성계수 : $\nu = \dfrac{\mu}{\rho}$ stokes

ㄹ. 동점성계수의 단위 : 1stokes=1cm^2/s=100centistokes(cSt)

05
정답 ③

비틀림각을 구하는 공식은 비틀림각 $\theta = \dfrac{T \cdot L}{G \cdot I_P} = \dfrac{T \cdot L}{G \cdot \dfrac{\pi d^4}{32}} = \dfrac{32T \cdot L}{G \cdot \pi d^4}$ 이다.

단면 극관성모멘트(극단면 2차 모멘트 : I_P) 값이 분모에 있으므로 이 값이 클수록 비틀림각(θ)은 감소한다.

[오답분석]
① 분모에 있는 전단탄성계수(G) 값이 작을수록 비틀림각(θ)은 커진다.
② 분자에 있는 축길이(L)가 증가할수록 비틀림각(θ)은 커진다.
④ 분자에 있는 축지름(d)이 작을수록 비틀림각(θ)은 커진다.

비틀림각(θ) 구하는 식

$$\theta = \frac{T \cdot L}{G \cdot I_P} = \frac{T \cdot L}{G \cdot \dfrac{\pi d^4}{32}} = \frac{32\,T \cdot L}{G \cdot \pi d^4}$$

I_P : 극단면 2차 모멘트

G : 전단탄성계수

$$I_P = \frac{\pi d^4}{32}\,(\text{중실축}), \quad \frac{\pi (d_2^{\,4} - d_1^{\,4})}{32}\,(\text{중공축})$$

06

 정답 ④

- 샤르피식 충격시험법 : 가로 방향으로 양단의 끝부분을 단순 지지해 놓은 시편의 노치부를 회전하는 해머로 타격하여 연성 파괴인지, 취성 파괴인지 판정하는 시험법이다.
- 아이조드식 충격시험법 : 시험편을 세로 방향으로 고정시키는 방법으로 한쪽 끝을 고정시킨 상태에서 노치부가 있는 면을 진자형의 무거운 추로 타격하여 시험편이 파단되는데, 해머가 올라간 높이에 따른 충격값을 구하는 시험법이다.

샤르피 충격 시험기	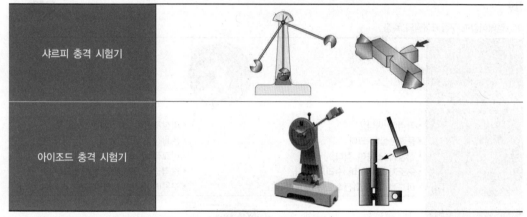
아이조드 충격 시험기	

07

정답 ①

오답분석

② 벌징(Bulging) : 입구가 작고 중앙부가 큰 용기의 제작에 이용되며, 용기 일부를 팽창시켜 성형하는 방법이다.
③ 비딩(Beading) : 편평한 판금에 다이를 이용해서 일정 길이의 돌기부를 만드는 가공법이다.
④ 컬링(Curling) : 얇은 판재나 드로잉 가공한 용기의 테두리를 프레스기계나 선반으로 둥글게 마는 가공법이다.
⑤ 드로잉(Drawing) : 편평한 블랭크(판금)로부터 바닥이 붙은 이음매가 없는 용기 모양의 것을 성형하는 가공법이다.

08

ㄴ. 플라스마 아크 용접 : 양이온과 음이온이 혼합된 도전성의 가스체로 높은 온도를 가진 플라스마를 한 방향으로 모아서 분출시키는 것을 일컬어 플라스마 제트라고 부르는데, 이를 이용하여 용접이나 절단에 사용하는 용접법이다. 용접 품질이 균일하며 용접 속도가 빠른 장점이 있으나, 설비비가 많이 드는 단점이 있다.

ㄷ. 원자 수소 용접 : 2개의 텅스텐 전극 사이에서 아크를 발생시키고 홀더의 노즐에서 수소가스를 유출시켜서 용접하는 방법이다. 연성이 좋고 표면이 깨끗한 용접부를 얻을 수 있으나, 토치 구조가 복잡하고 비용이 많이 들기 때문에 특수 금속 용접에 적합하다. 가열 열량의 조절이 용이하고 시설비가 싸며 박판이나 파이프, 비철합금 등의 용접에 많이 사용된다.

ㄹ. 플래시 용접 : 2개의 금속 단면을 가볍게 접촉시키면서 큰 전류(대전류)를 흐르게 하면 열이 집중적으로 발생하면서 그 부분이 용융되고 불꽃이 튀게 되는데, 이때 접촉이 끊어지고 다시 피용접재를 전진시키면서 용융과 불꽃 튐을 반복하면서 강한 압력을 가해 압접하는 방법이다. 불꽃 용접이라고도 불린다.

오답분석

ㄱ. 일렉트로가스 용접 : 용접하는 모재의 틈을 물로 냉각시킨 구리 받침판으로 둘러싸고 용융 풀의 위부터 이산화탄소가스인 실드가스를 공급하면서 와이어를 용융부에 연속적으로 공급하여 와이어 선단과 용융부와의 사이에서 아크를 발생시켜 그 열로 와이어와 모재를 용융시키는 용접법이다. 이때 전극으로 사용되는 와이어는 소모된다.

09

미끄럼베어링과 구름베어링의 특징

미끄럼베어링	 • 가격이 싸다. • 동력손실이 크다. • 진동과 소음이 작다. • 구조가 간단하며 수리가 쉽다. • 비교적 낮은 회전속도에 사용한다.	• 마찰저항이 크다(시동, 구동 시). • 윤활성이 좋지 않다. • 비교적 큰 하중에 적용한다. • 충격값이 구름베어링보다 크다. • 구름베어링보다 정밀도가 더 커야 한다.
구름베어링 (볼 또는 롤러베어링)	 외륜 / 볼 or 롤러 / 리테이너 / 내륜 • 가격이 비싸다. • 동력손실이 작다. • 소음이 있고 충격에 약하다. • 수명이 비교적 짧고 조립이 어렵다. • 너비를 작게 해서 소형화가 가능하다. • 표준화된 규격품이 많아서 교환하기 쉽다.	• 마찰저항이 작다(시동, 구동 시). • 윤활성이 좋은 편이다. • 비교적 작은 하중에 적용한다. • 고속회전에 적합하며 과열이 적다. • 특수강을 사용하며 정밀가공이 필요하다.

10

표면의 가공정밀도는 '래핑가공 – 슈퍼피니싱 – 호닝가공 – 일반 연삭가공' 순서로 우수하다.

11

정답 ①

오답분석

② 단조가공에 대한 설명이다.
③ 인발가공에 대한 설명이다.
④ 압연가공에 대한 설명이다.
⑤ 전조가공에 대한 설명이다.

12

정답 ①

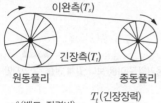

이완측(T_s)
긴장측(T_t)
원동풀리   종동풀리

$$e^{\mu\theta} (\text{벨트 장력비}) = \frac{T_t (\text{긴장장력})}{T_s (\text{이완장력})}$$

13

정답 ①

백래시(Backlash)란 기어의 이 사이의 뒤틈을 의미하므로 피치원 둘레상에서 전동할 물체와 치면 사이의 틈새를 의미한다.

14

정답 ②

캐비테이션(Cavitation)이 일어나는 것은 안 좋은 영향이므로 펌프의 효율은 저하된다. 그 외에 소음과 진동, 심한 충격, 가동날개에 부식이 발생하며 고장의 원인으로 수명이 단축된다.

15

정답 ①

오답분석

② 전자기성형 : 전기를 이용한 고속 성형법으로, 코일에 저장된 전기에너지를 순간적으로 방전시키면 이때 코일 주변에 자기장이 발생하여 금속의 유도전류와 상호작용으로 발생한 전자기력을 이용하여 성형하는 방법이다.
③ 정밀블랭킹 : 휨과 눌림이 적은 정밀한 블랭킹제품을 가공하는 방법이다.
④ 하이드로포밍 : 강관이나 알루미늄 압축튜브를 소재로 사용하며, 내부에 액체를 넣고 강한 압력으로 복잡한 모양의 제품을 성형하는 제조방법이다.
⑤ 디프드로잉 : 재료의 직경을 줄이거나 판재의 주변부를 중앙으로 좁혀서 용기상으로 가공하는 방법을 말한다.

16

정답 ①

파스칼의 원리에 의해 A, B피스톤이 받는 압력은 동일하다. 따라서 $P_1 = P_2$이므로 $P_1 = \dfrac{F_1}{A_1} = \dfrac{F_1}{\pi \left(\dfrac{D_1}{2}\right)^2} = \dfrac{4F_1}{\pi D_1^{\,2}}$ 이 된다.

17

정답 ②

오답분석

① 플래시현상 : 금형의 주입부 이외의 부분에서 용융된 플라스틱이 흘러나와 고화되거나 경화된 얇은 조각의 수지가 생기는 불량현상으로, 금형의 접합부에서 발생하는 성형불량이다. 금형자체의 밀착성을 크게 하기 위해 체결력을 높여 예방한다.
③ 플로마크현상 : 딥드로잉가공에서 성형품의 측면에 나타나는 외관결함으로 성형재료의 표면에 유선 모양의 무늬가 있는 불량현상이다.
④ 제팅현상 : 게이트에서 공동부에 분사된 수지가 광택과 색상의 차이를 일으켜 성형품의 표면에 꾸불거리는 모양으로 나타나는 불량현상이다.
⑤ 웰드마크현상 : 열가소성 수지나 고무를 사출 또는 압출하여 성형할 때 수지의 둘 이상의 흐름이 완전히 융합되지 않은 경우에 생기는 줄무늬의 얼룩이 나타나는 불량현상이다.

18

정답 ①

아이어닝(Ironing)은 딥드로잉된 컵 두께를 균일하게 감소시키는 프레스가공법이다. 제품용기의 길이를 보다 길게 만들 수 있지만 지나친 가공은 제품을 파단시킨다.

오답분석

② 코이닝(Coining) : 펀치와 다이 표면에 새겨진 모양을 판재에 각인하는 프레스가공법으로, 압인가공으로도 불린다.
③ 랜싱(Lancing) : 판재의 일부분만 남기고 절단하는 프레스가공법이다.
④ 허빙(Hubbing) : 특정 형상으로 경화시킨 펀치로 판재의 표면을 압입하여 공동부를 만드는 프레스가공법이다.
⑤ 엠보싱(Embossing) : 요철이 서로 반대로 되어 있는 상하 한 쌍의 다이(Die)로 얇은 판금에 여러 가지 모양의 형상을 찍어내는 가공법이다.

19

정답 ④

구성인선(Built Up Edge)은 재질이 연하고 공구재료와 친화력이 큰 재료를 절삭가공할 때, 칩과 공구의 윗면 사이의 경사면에 발생되는 높은 압력과 마찰열로 인해 칩의 일부가 공구의 날 끝에 달라붙어 마치 절삭날과 같이 공작물을 절삭하는 현상이다. 구성인선을 방지하기 위해서 절삭깊이를 작게 하고, 절삭속도는 빠르게 해야 하며, 윤활성이 높은 절삭유를 사용하고, 마찰계수가 작고 피가공물과 친화력도 작은 절삭공구를 사용해야 한다.

20

정답 ④

키홈의 깊이가 깊어질수록 축의 직경은 작아지므로[직경이 작아지면 받는 힘(압력)은 커진다] 응력집중이 더 잘 일어나서 파손의 우려가 커져 좋은 체결기구가 될 수 없다.

21

정답 ③

압연롤러와 공작물 사이의 마찰력은 중립점을 경계로 반대방향으로 작용한다. 윤활유는 압연하중과 토크를 감소시키고, 마찰계수는 냉간가공일 때 더 작아진다. 공작물이 자력으로 압입되려면 롤러의 마찰각이 접촉각보다 커야 한다.

22

정답 ④

잔류응력은 변형 후 외력을 제거한 상태에서 소재에 남아 있는 응력을 뜻하며, 물체 내의 온도구배에 의해 발생가능하고, 추가적인 소성변형에 의해 감소될 수도 있다. 재료의 내부나 표면에 어떤 잔류응력이 남았다면 그 재료의 피로수명은 감소한다.

23

재결정은 특정한 온도에서 이전의 입자들과 다른 변형 없는 새로운 입자가 형성되는 현상이다. 재결정의 특징으로 가공도가 클수록, 가열시간이 길수록, 냉간가공도가 커질수록 재결정온도는 낮아지며, 강도가 약해지고 연성은 증가한다. 일반적으로 재결정온도는 약 1시간 안에 95% 이상 재결정이 이루어지는 온도로 정의된다.

금속의 재결정온도

금속	온도	금속	온도
주석(Sn)	상온 이하	은(Ag)	200℃
납(Pb)	상온 이하	금(Au)	200℃
카드뮴(Cd)	상온	백금(Pt)	450℃
아연(Zn)	상온	철(Fe)	450℃
마그네슘(Mg)	150℃	니켈(Ni)	600℃
알루미늄(Al)	150℃	몰리브덴(Mo)	900℃
구리(Cu)	200℃	텅스텐(W)	1,200℃

24

정답 ②

체심입방격자(BCC; Body Centered Cubic)는 단위격자의 꼭짓점에 8개, 중심에 1개의 원자가 있다. 이때, 꼭짓점의 원자는 하나의 단위격자에 포함되는 부분이 $\frac{1}{8}$이고, 단위격자의 중심에 있는 원자는 그 단위격자에만 포함이 된다. 따라서 체심입방구조 단위격자 1개 안에 들어있는 원자의 수는 꼭짓점에 $\frac{1}{8}$짜리가 8개, 중심에 1개 있으므로 $\frac{1}{8} \times 8 + 1 = 2$개이다.

금속의 결정구조

종류	체심입방격자 (BCC; Body Centered Cubic)	면심입방격자 (FCC; Face Centered Cubic)	조밀육방격자 (HCP; Hexagonal Close Packed Lattice)
성질	• 강도가 크다. • 용융점이 높다. • 전성과 연성이 작다.	• 전기전도도가 크다. • 가공성이 우수하다. • 장신구로 사용된다. • 전성과 연성이 크다. • 연한 성질의 재료이다.	• 전성과 연성이 작다. • 가공성이 좋지 않다.
원소	W, Cr, Mo, V, Na, K	Al, Ag, Au, Cu, Ni, Pb, Pt, Ca	Mg, Zn, Ti, Be, Hg, Zr, Cd, Ce
단위격자	2개	4개	2개
배위수	8	12	12
원자충진율	68%	74%	74%

25

정답 ③

이의 간섭에 대한 원인과 대책

원인	• 압력각이 작을 때 • 피니언의 잇수가 극히 적을 때 • 기어와 피니언의 잇수비가 매우 클 때
대책	• 압력각을 크게 한다. • 피니언의 잇수를 최소 치수 이상으로 한다. • 기어의 잇수를 한계 치수 이하로 한다. • 치형을 수정한다. • 기어의 이 높이를 줄인다.

26

정답 ①

정상류란 유체가 흐르고 있는 과정에서 임의의 한 점에서 유체의 모든 특성이 시간이 경과하여도 조금도 변화하지 않는 흐름의 상태를 말한다.

$$\frac{\partial V}{\partial t}=0, \quad \frac{\partial p}{\partial t}=0, \quad \frac{\partial T}{\partial t}=0, \quad \frac{\partial \rho}{\partial t}=0$$

27

정답 ④

플래시(Flash) 현상이 나타난 성형불량에 대한 대책이다.

[오답분석]

① 플로마크(Flow Mark) 현상 : 딥드로잉가공에서 나타나는 외관결함으로 제품표면에 성형재료의 줄무늬가 생기는 현상이다.

② 싱크마크(Sink Mark) 현상 : 냉각속도가 큰 부분의 표면에 오목한 형상이 발생하는 불량이다. 이 결함을 제거하려면 성형품의 두께와 러너와 게이트를 크게 하여 금형 내의 압력을 균일하게 한다.

③ 웰드마크(Weld Mark) 현상 : 플라스틱 성형 시 흐르는 재료들의 합류점에서 재료의 융착이 불완전하여 나타나는 줄무늬 불량이다.

⑤ 스프링백(Spring Back) 현상 : 소성(塑性) 재료의 굽힘 가공에서 재료를 굽힌 다음 압력을 제거하면 원상으로 회복되려는 탄력 작용으로 굽힘량이 감소되는 현상을 말한다.

28

정답 ④

브로칭(Broaching)가공은 가공물에 홈이나 내부 구멍을 만들 때 가늘고 길며 길이방향으로 많은 날을 가진 브로치를 공작물에 대고 누르면서 관통시키는 절삭공정의 가공법이다.

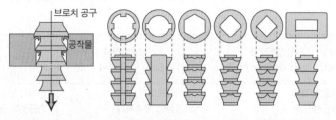

선반 가공의 종류

외경가공	내경(보링)가공	단면가공
홈가공	테이퍼가공	나사가공(수나사, 암나사)
널링가공	총형가공	절단가공
곡면깎기	구멍가공	드릴가공

29

정답 ①

올덤 커플링(Oldham's Coupling)
두 축이 평행하면서도 중심선의 위치가 다소 어긋나서 편심이 된 경우 각속도의 변동 없이 토크를 전달하는 데 적합한 축이음용 기계요소이다. 윤활이 어렵고 원심력에 의해 진동이 발생하므로 고속회전에는 적합하지 않다.

[오답분석]

② 머프 커플링(Muff Coupling) : 주철재질의 원통 속에 두 축을 맞대고 키(Key)로 고정한 축이음으로 축지름과 하중이 매우 작을 때 주로 사용한다. 그러나 인장력이 작용하는 곳은 축이 빠질 우려가 있으므로 사용을 자제해야 한다. 또한, 두 축의 중심이 일치하는 경우에 사용한다.

③ 마찰 원통 커플링(Friction Clip Coupling) : 바깥둘레가 분할된 주철재질의 원통으로 두 축의 연결단을 덮어씌운 후 연강재의 링으로 양 끝을 때려 박아 고정시키는 축이음으로 설치와 분해가 쉽고 축을 임의 장소에 고정할 수 있어서 긴 전동축의 연결에 유용하다. 그러나 큰 토크의 전달은 하지 못하며 150mm 이하의 축을 진동이 없는 곳에서 사용해야 한다. 또한 두 축의 중심이 일치하는 경우에 사용한다.

④ 셀러 커플링(Seller Coupling) : 테이퍼 슬리브 커플링으로, 커플링의 안쪽 면이 테이퍼처리되어 있으며 두 축의 중심이 일치하는 경우 사용한다. 원뿔과 축 사이는 패터키로 연결한다.

⑤ 유니버셜커플링(Universal Coupling) : 두 축이 어느 정도 교차되고 그 사이의 각도가 운전 중 다소 변하더라도 자유로이 운동을 전달한다. 중심선의 위치가 어긋나 있다는 점에서 올덤커플링과 유사점이 있지만, 이상적인 각도는 30° 이하이다.

30

정답 ④

'M8'에서 M은 미터나사(M), 8은 호칭지름 8mm를 말한다.

31

정답 ④

저항용접이란 용접할 2개의 금속면을 상온 혹은 가열 상태에서 서로 맞대어 놓고 기계로 적당한 압력을 주면서 전류를 흘려주면 금속의 저항 때문에 접촉면과 그 부근에서 열이 발생하는데 그 순간 큰 압력을 가하여 양면을 완전히 밀착시켜 접합시키는 용접법이다.

[오답분석]

① 가스용접 : 주로 산소 – 아세틸렌가스를 열원으로 하여 용접부를 용융하면서 용가재를 공급하여 접합시키는 용접법으로, 그 종류에는 사용하는 연료가스에 따라 산소 – 아세틸렌용접, 산소 – 수소용접, 산소 – 프로판용접, 공기 – 아세틸렌용접 등이 있다. 산소 – 아세틸렌가스의 불꽃 온도는 약 3,430℃이다.

② 아크용접 : 아크란 이온화된 기체들이 불꽃방전에 의해 청백색의 강렬한 빛과 열을 내는 현상으로, 아크중심의 온도는 약 6,000℃이며, 보통 4,000 ~ 5,000℃이다. 용접홀더에 용접봉을 끼운 후 용접봉 끝의 심선을 용접물에 접촉시키면 아크가 발생되며 그 열로 접합시키는 용접법이다. 용접봉 자체가 전극과 용가재의 역할을 동시에 하는 용극식 용접법이다. 종류에는 피복금속 아크용접, TIG용접, MIG용접, CO_2용접, 서브머지드 아크용접(SAW) 등이 있다.

③ 전자빔용접 : 진공 속에서 고밀도의 전자빔을 용접물에 고속으로 조사시키면 전자가 용접물에 충돌하여 국부적으로 고열을 발생시키는데 이때 생긴 열원으로 접합시키는 용접법이다.

⑤ 초음파용접 : 초음파에 의한 진동에너지와 적당한 가압에 의해 행하여지는 점용접 또는 심용접을 말한다.

32

정답 ②

전해가공은 공구의 소모량이 많지 않다.

> **전해가공(ECM; Electro Chemical Machining)**
> 공작물을 양극에, 공구를 음극에 연결하면 도체 성질의 가공액에 의한 전기화학적 작용으로 공작물이 전기 분해되어 원하는 부분을 제거하는 가공법이다.

33

(재료 제거율)=(제거면적)×(회전수)×(이송속도)=$\pi\,dt$×1,000×0.3=(3.14×10×0.1)×1,000×0.03=94.2cm³/min

34

비커스 경도는 하중을 압입 자국의 표면적 크기로 나눈 값이다.

경도 시험법의 종류

종류	시험 원리	압입자
브리넬 경도 (H_B)	압입자인 강구에 일정량의 하중을 걸어 시험편의 표면에 압입한 후, 압입자국의 표면적 크기와 하중의 비로 경도를 측정한다. $H_B = \dfrac{P}{A} = \dfrac{P}{\pi Dh} = \dfrac{2P}{\pi D(D - \sqrt{D^2 - d^2})}$ D : 강구 지름 d : 압입 자국의 지름 h : 압입 자국의 깊이 A : 압입 자국의 표면적	강구
비커스 경도 (H_V)	압입자에 1~120kg의 하중을 걸어 자국의 대각선 길이로 경도를 측정한다. 하중을 가하는 시간은 캠의 회전 속도로 조절한다. $H_V = \dfrac{P(하중)}{A(압입자국의\ 표면적)}$	136°인 다이아몬드 피라미드 압입자
로크웰 경도 (H_{RB}, H_{RC})	압입자에 하중을 걸어 압입 자국(홈)의 깊이를 측정하여 경도를 측정한다. • 예비하중 : 10kg • 시험하중 : B스케일 100kg, C스케일 150kg $H_{RB} = 130 - 500h$ $H_{RC} = 100 - 500h$ h : 압입자국의 깊이	• B스케일 : 강구 • C스케일 : 120° 다이아몬드(콘)
쇼어 경도 (H_S)	추를 일정한 높이(h_0)에서 낙하시켜, 이 추의 반발높이(h)를 측정해서 경도를 측정한다. $H_S = \dfrac{10,000}{65} \times \dfrac{h(해머의\ 반발\ 높이)}{h_0(해머의\ 낙하\ 높이)}$	다이아몬드 추

35

릴리프밸브는 유압회로에서 회로 내 압력이 기준치 이상 올라가면 그 압력에 의해 밸브가 열려 압력을 내리는 안전밸브의 역할을 한다.

36

정답 ④

형상기억합금

항복점을 넘어서 소성변형된 재료는 외력을 제거해도 원래의 상태로 복원이 불가능하지만, 형상기억합금은 고온에서 일정시간 유지함으로써 원하는 형상으로 기억시키면 상온에서 외력에 의해 변형되어도 기억시킨 온도로 가열만 하면 변형 전 형상으로 되돌아 오는 합금이다. 그 종류에는 Ni-Ti계, Ni-Ti-Cu계, Cu-Al-Ni계 합금이 있으며, 니티놀이 대표적인 제품이다.

오답분석

① 비정질합금 : 일정한 결정구조를 갖지 않는 아모르포스(Amor-phous) 구조이며 재료를 고속으로 급랭시키면 제조할 수 있다. 강도와 경도가 높으면서도 자기적 특성이 우수하여 변압기용 철심재료로 사용된다.
② 내열금속 : 상당한 시간 동안 고온의 환경에서도 강도가 유지되는 재료이다.
③ 초소성 재료 : 금속재료가 일정한 온도와 속도에서 일반 금속보다 수십에서 수천 배의 연성을 보이는 재료로 연성이 매우 커서 작은 힘으로도 복잡한 형상의 성형이 가능한 신소재로 최근 터빈의 날개 제작에 사용된다.
⑤ 비금속 : 금속이나 준금속이 아닌 화학 원소를 말한다.

37

정답 ④

열 및 전기 전도율이 높은 순서

Ag>Cu>Au>Al>Mg>Zn>Ni>Fe>Pb>Sb

38

정답 ②

$f = f_z \times z \times n$ (f : 테이블의 이송 속도, f_z : 밀링 커터날 1개의 이송, z : 밀링 커터날의 수, n : 밀링 커터의 회전수)
$\quad = 0.1 \times 10 \times 2,000 = 2,000\text{mm/min}$

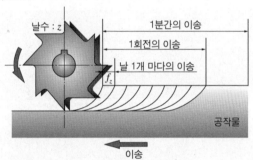

39

정답 ③

알루미늄은 비중은 2.70이며 강(7.85)보다 가볍고, 열과 전기전도성, 전연성이 좋다. 또한 내식성 및 가공성이 양호하다. 따라서 내식성이 좋아 공기 중에서 산화가 잘 일어나지 않는다.

40

어닐링(Annealing : 풀림)은 재료 결정 조직 또는 내부응력 제거를 위한 기본 열처리법으로, 가열 수를 천천히 냉각시키는 방법이다. 기본 열처리법에는 담금질(퀜칭), 뜨임(템퍼링), 풀림(어닐링), 불림(노멀라이징)이 있다.

표면경화법의 종류

종류		침탄재료
화염경화법		산소 – 아세틸렌불꽃
고주파경화법		고주파 유도전류
질화법		암모니아가스
침탄법	고체침탄법	목탄, 코크스, 골탄
	액체침탄법	KCN(시안화칼륨), NaCN(시안화나트륨)
	가스침탄법	메탄, 에탄, 프로판
금속침투법	세라다이징	Zn
	칼로라이징	Al
	크로마이징	Cr
	실리코나이징	Si
	보로나이징	B(붕소)

01	02	03	04	05	06	07	08	09	10	11	12	13	14	15	16	17	18	19	20
③	③	②	④	①	④	②	④	⑤	①	②	①	⑤	③	②	②	④	②	④	①

21	22	23	24	25	26	27	28	29	30	31	32	33	34	35	36	37	38	39	40
②	③	④	②	④	⑤	①	②	①	②	①	③	①	①	①	④	④	③	②	③

01 정답 ③

발전기의 기전력보다 90° 뒤진 전기자 전류가 흐르면 감자작용 또는 직축 반작용을 한다.

- 감자작용 : 전압이 앞설 때(지상) – 유도성
- 증자작용 : 전류가 앞설 때(진상) – 용량성

02 정답 ③

$R_1 = R_2$ 라면 $R = \dfrac{R_1 R_2}{R_1 + R_2}$ 에서 $R = \dfrac{1}{2}$ 이 되므로 한 도선 저항의 $\dfrac{1}{2}$ 이 된다.

03 정답 ②

수지식(가지식) 방식은 전압 변동이 크고 정전 범위가 넓다.

[오답분석]
① 환상식(루프) 방식 : 전류 통로에 대한 융통성이 있어 전압 강하 및 전력 손실이 수지식보다 적다.
③ 뱅킹 방식 : 전압 강하 및 전력 손실, 플리커 현상 등을 감소시킨다.
④ · ⑤ 망상식(네트워크) 방식 : 무정전 공급이 가능하나, 네트워크 변압기나 네트워크 프로텍터 설치에 따른 설비비가 비싸다. 대형 빌딩가와 같은 고밀도 부하 밀집 지역에 적합한 방식이다.

04 정답 ④

녹아웃 펀치(Knockout Punch)와 같은 용도로 홀소(Hole Saw)가 있다. 홀소는 분전반이나 배전반의 금속함에 원형 구멍을 뚫기 위해 사용하는 공구이다.

[오답분석]
① 리머(Reamer) : 금속관이나 합성 수지관의 끝 부분을 다듬기 위해 사용하는 공구이다.
② 벤더(Bender) : 관을 구부릴 때 사용하는 공구이다.
③ 클리퍼(Clipper) : 펜치로 절단하기 힘든 굵기 25mm^2 이상의 두꺼운 전선을 절단하는 공구이다.
⑤ 후커(Hooker) : 철근을 철선으로 결속할 때 사용하는 공구이다.

05

다이오드는 전류를 한쪽 방향으로만 흐르게 하는 역할을 한다. 따라서 이를 이용하여 교류를 직류로 바꾸는 작용을 다이오드의 '정류작용'이라고 한다.

오답분석

② 변조작용 : 주파수가 높은 일정 진폭의 반송파를 주파수가 낮은 신호파로 변화시키는 작용이다.
③ 증폭작용 : 전류 또는 전압의 진폭을 증가시키는 작용이다.
④ 발진작용 : 직류에너지를 교류에너지로 변환시키는 작용이다.
⑤ 복조작용 : 변조를 해체하는 작용이다.

06

전자기파는 전기장과 자기장의 변화가 상호 작용하면서 진행한다.

07

전기 저항은 전류가 흐르는 통로의 단면적에 반비례하고 도체의 길이에 비례한다.

$R = \rho \dfrac{l}{A} [\Omega]$ [ρ : 고유저항, A : 도체의 단면적($= \pi r^2$)]

08

플레밍(Fleming)의 오른손법칙은 발전기의 원리이며, 자계 내에 놓인 도체가 운동하면서 자속을 끊어 기전력을 발생시키는 원리이다. 회로에 부착된 전도체가 자기장에서 움직일 때 유도 전류의 방향을 보여준다. 따라서 힘의 방향을 알 수 있다는 설명은 옳지 않다.

09

나트륨 등은 형광등과 같이 안정기를 사용해야 하며, 점등 후 20 ~ 30분이 경과해야 충분한 빛을 낼 수 있다.

오답분석

① 나트륨 등은 590nm에 가까운 황색 광선을 낸다.
② 나트륨 등은 나트륨 증기의 방전을 이용하여 빛을 낸다.
③ 백열전구의 광량은 1W당 10 ~ 16lm이지만, 나트륨 등의 광량은 1W당 80 ~ 150lm이므로 나트륨 등의 효율이 더 높다.
④ 나트륨 등은 안개 속에서도 빛을 잘 투과하므로 터널이나 도로의 조명으로 많이 사용된다.

10

전선의 접속 시 주의사항으로는 전기의 세기를 20% 이상 감소시키지 않고 80% 이상의 전기세기를 유지하며, 접속 부분에 전기 저항이 증가하지 않도록 해야 한다.

11

정답 ②

유효전력 $P = I^2 R$[W]으로, 유효전력은 전류의 제곱과 저항에 비례한다.

오답분석

① 저항 R만의 회로 : 허수부 0(역률 1)
③ RLC 회로에서 L 제거 시 : C 전류(진상)
④ 역률 개선 : C 추가(진상용 콘덴서)
⑤ 교류회로에서 전류와 전압은 시간에 따라 변화하고 시간에 대한 평균값이 0이 되므로 실효값의 개념을 사용한다.

12

정답 ①

쿨롱의 법칙에 따르면 정지해 있는 두 개의 점전하 사이에 작용하는 힘은 거리의 제곱에 반비례하고 두 전하량의 곱에 비례한다.

13

정답 ⑤

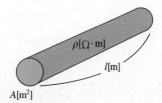

전선의 고유저항 $R = \rho \dfrac{l}{A}$[Ω]일 때

ㄱ. 전기저항 R[Ω] $\propto$ 고유저항 ρ[$\Omega \cdot$m]
ㄷ. 전기저항 R[Ω] $\propto$ 길이 l[m]
ㄹ. 도체의 길이를 n배 늘리고 단면적을 $\dfrac{1}{n}$배 감소 시키면 전기저항 R[Ω]은 n^2배로 증가한다.

오답분석

ㄴ. 전기저항 R[Ω] $\propto$ 단면적 $\dfrac{1}{A[\text{m}^2]}$이다.

14

정답 ③

케이블 공사에서 전선을 조영재의 아랫면 또는 옆면에 따라 붙이는 경우 지지점 간의 거리는 2m 이하로 한다. 단, 사람이 접촉할 우려가 없는 곳에 수직으로 붙이는 경우는 6m 이하로 한다.

15

정답 ②

$$E = \frac{V_{정격전압}}{\sqrt{3}} = I_{단락전류} Z_{동기리액턴스} 이므로, \quad I_{단락전류} = \frac{\dfrac{V_{정격전압}}{\sqrt{3}}}{Z_{동기리액턴스}} = \frac{\dfrac{220}{\sqrt{3}}}{3} ≒ 42.3\text{A}$$

16

정답 ②

$$I = \frac{V}{R} = \frac{100}{20} = 5\text{A}$$

17

정답 ④

$R_1 = a^2 R_2$ 에서 $a^2 = \dfrac{R_1}{R_2}$

$\therefore a = \sqrt{\dfrac{R_1}{R_2}} = \sqrt{\dfrac{1,000}{100}} = \sqrt{10}$

18

정답 ②

가극성$(+M)$은 자속과 전류의 방향이 같은 등가 회로의 합성 인덕턴스는 다음과 같다.

$$L_{eq} = M + \dfrac{(L_1 - M)(L_2 - M)}{L_1 + L_2 - 2M}$$

$$= \dfrac{M(L_1 + L_2 - 2M) + L_1 L_2 - M(L_1 + L_2) + M^2}{L_1 + L_2 - 2M}$$

$$= \dfrac{L_1 L_2 - M^2}{L_1 + L_2 - 2M}[\mathrm{H}]$$

19

정답 ④

저항체의 필요 조건
- 저항의 온도 계수가 작을 것
- 고유 저항이 클 것
- 구리에 대한 열기전력이 작을 것
- 내구성이 좋을 것

20

정답 ①

비사인파 교류회로의 전력은 주파수가 같은 전압과 전류에서 발생하므로 전압의 제3고조파와 전류의 제3고조파 성분 사이에서 소비전력이 발생함을 알 수 있다.

21

정답 ②

코일에 발생하는 자속은 전류와 코일을 감은 권수에 비례한다. 이때 권수(N)와 전류(I)의 곱을 기자력$(F,$ 자속을 흐르게 하는 힘)이라 한다. 즉 $F = NI$ 이며 환상철심 코일의 기자력 $F = NI = R\phi[\mathrm{AT}]$이다. 따라서 권선수 $N = \dfrac{F}{I} = \dfrac{1,000}{10} = 100$회이다.

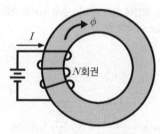

22

유전율이 서로 다른 유전체의 경계면에서 전속밀도의 수직(법선) 성분은 서로 같고 연속적이다($D_1 \cos\theta_1 = D_2 \cos\theta_2$).

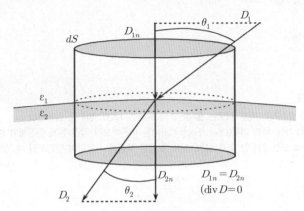

23

알칼리축전지는 열악한 사용 조건에서도 장기간 사용이 가능하여 중요한 예비 전원 등에 사용되고 있으며, 저온에서도 안정적이므로 전기차나 하이브리드 자동차에 사용되기도 한다.

오답분석

① 납축전지가 방전되면 황산의 농도가 묽어져 수명이 단축되고 충전이 어려워지므로 완전히 방전되기 전에 충전하여야 한다.
② 납축전지는 다른 2차 전지에 비해 경제적이지만, 전지의 용량에 비해 무거운 것이 단점이다.
③ 알칼리전지는 납축전지에 비해 가격이 비싸지만, 충전시간이 짧고 진동에 강하다.
⑤ 리튬이온전지는 다른 축전지에 비해 가볍고 자기방전이 적으며, 단위 충·방전 효율이 높아 스마트폰 배터리 등에 사용된다.

24

제시된 그림의 회로는 전류와 자속의 방향이 같은 가극성($+M$)이다.
• 합성인덕턴스

$$L = L_1 + L_2 + 2M = L_1 + L_2 + 2 \times k\sqrt{L_1 L_2}$$
$$= 30 + 60 + 2 \times 1 \times \sqrt{30 \times 60} = 90 + 2 \times \sqrt{1,800} \fallingdotseq 132.4 \times 10^{-3} \mathrm{H}$$

• 합성코일에 축적되는 에너지

$$W = \frac{1}{2} L I^2 = \frac{1}{2} \times 132.4 \times 10^{-3} \times 1^2 = 66.2 \times 10^{-3} \fallingdotseq 6.6 \times 10^{-2} \mathrm{J}$$

25

패러데이의 전자유도법칙에 의해 코일과 콘덴서에서의 기전력(전압) 크기는 각각 다음과 같다.
• 코일

$$V = L \frac{di_{(t)}}{dt} [\mathrm{V}], \text{ 전류가 급격히 변화하지 않는다.}$$

• 콘덴서

$$V_{(t)} = \frac{1}{C} \int i_{(t)} dt \, [\mathrm{V}] \rightarrow i_{(t)} = C \frac{dV_{(t)}}{dt} [\mathrm{A}], \text{ 전압이 급격히 변화하지 않는다.}$$

26

정답 ⑤

RC직렬회로 과도현상에서의 기울기 $\tan\theta = \dfrac{I}{\tau}$이다.

27

정답 ①

오답분석

② 발진조건은 $A_V\beta=1$이다.

③ 위상 변위(Phase Shift) 발진기의 궤환 회로는 출력신호의 위상이 180도 변위가 일어난다.

④ 발진이 잘 일어나기 위해 개방 루프 이득(Open Loop Gain)을 이론치보다 약간 높게 설정해야 한다.

⑤ 발진주파수는 항온조 시설 또는 정전압 회로 설치, 온도 보상용 부품을 사용하여 안정시킬 수 있다.

28

정답 ②

전자기회로(자성체에 코일을 감은 회로)의 자기저항은 $R = \dfrac{l}{\mu s}$ 이므로 자기회로 길이(l)에 비례하고, 그 단면적(s)과 투자율(μ)에 반비례한다.

29

정답 ①

산란광의 세기는 λ^4에 반비례한다.

30

정답 ④

이상적인 연산증폭기는 입력 바이어스 전류는 0이다.

항목	수치
개방 루프 전압이득	∞
입력저항	
입력 오프셋 전압	0
출력저항	
입력 바이어스 전류	

31

정답 ②

트랜지스터의 스위치 작용에서 스위치가 ON일 경우 포화상태이고, OFF일 경우 차단상태이다.

32

정답 ③

고주파 증폭회로의 트랜지스터는 컬렉터 용량의 영향으로 출력이 궤환된다.

오답분석

①·② 트랜지스터의 베이스 폭이 얇을수록 고주파 증폭에 적합하다.

⑤ 컬렉터 용량의 영향으로 입력 임피던스는 감소한다.

33

정답 ①

태양전지는 광기전력 효과를 이용한 광전지로, 빛에너지를 전기로 변환시킨다.

[오답분석]

광도전 효과를 이용한 도전체는 광도전 셀(화재경보기, 자동점멸장치 등), 광다이오드, Cds도전셀이 있다.

34

정답 ①

열전자 방출용 재료는 융점이 높고, 일함수가 작고, 진공 중에 증발되지 않아야 하며, 방출 효율이 좋아야 한다. 또한, 가공 공작이 용이한 것으로 사용해야 한다.

35

정답 ①

인코딩 기법의 평가 요소
• 신호의 스펙트럼
• 신호의 동기화 능력
• 에러 검출 능력
• 신호 간 간섭도
• 잡음에 대한 면역성

36

정답 ④

HDLC의 특성
• 고속의 전송에 적합한 비트 전송을 기본으로 한다.
• 컴퓨터 네트워크에도 적합하다.
• 전송 효율이 높다.
• 부호에 대한 독립성이 있다.
• 단말 장치는 고가이다.

37

정답 ④

위성 통신은 Point to Point 방식만이 가능하므로 다양한 네트워크를 구성할 수 없다.

38

정답 ③

주기억장치는 처리속도가 빠르기는 하지만, 대부분 전원이 끊어지면 저장된 자료가 소멸되고 가격이 비싸 다량의 자료를 영구적으로 보관할 수가 없다. 그러나 보조기억장치는 속도가 상대적으로 느리기는 하지만, 다량의 자료를 영구적으로 저장할 수 있는 특징이 있다.

39

정답 ②

MPU는 컴퓨터시스템에서 기억장치 이외의 모든 CPU의 기능을 탑재한 것이다. 즉, MPU는 산술논리연산장치(ALU), 레지스터, 프로그램 계수 장치, 명령해독기, 제어회로 등 CPU의 모든 기능이 1개의 LSI칩에 조립되어 있어, 기억장치와 전원을 추가하면 주변장치를 제외한 컴퓨터의 모든 기능을 구비하게 된다.

40

정답 ③

TFT(Thin Film Transistor : 박막트랜지스터)에 대한 설명이다.

오답분석

① FET(Field Effect Transistor) : 전계(電界) 효과 트랜지스터로, 일반 트랜지스터가 전류를 증폭시키는 데 비해 FET는 전압을 증폭시킨다.

② SCR(Silicon Controlled Rectifier) : 실리콘 제어 정류소자를 말하며, 사이리스터(Thyristor)라고도 한다. 릴레이 장치, 조명·조광 장치, 인버터, 펄스 회로 등 대전력의 제어용으로 사용된다.

④ UJT(Unijunction Transistor) : 반도체의 n형 막대 한 쪽에 p합금 영역을 가진 구조의 트랜지스터이다.

⑤ CRT(Cathode Ray Tube) : 전기신호를 전자빔의 작용에 의해 영상이나 도형, 문자 등의 광학적인 영상으로 변환하여 표시하는 특수진공관이다.

PART 3

최종점검 모의고사

01	02	03	04	05	06	07	08	09	10	11	12	13	14	15	16	17	18	19	20
②	④	④	③	④	④	①	①	①	④	②	①	①	②	④	③	①	④	②	③
21	22	23	24	25	26	27	28	29	30	31	32	33	34	35	36	37	38	39	40
②	④	④	③	③	②	③	①	②	③	③	④	①	④	②	①	①	①	②	②
41	42	43	44	45	46	47	48	49	50										
④	④	②	③	③	③	④	③	②	②										

01 빈칸 삽입   정답 ②

- 첫 번째 빈칸 : 연료의 화학 에너지를 자동차를 움직이는 운동 에너지로 바꾸어 사용한다는 ㉠은 빈칸 앞 문장의 '필요에 맞게 에너지의 형태를 변환하여 사용'하는 예가 된다. 따라서 빈칸에는 ㉠이 적절하다.
- 두 번째 빈칸 : ㉢의 '이러한 원리'는 빈칸 앞 문장의 역학적 에너지를 전기 에너지로 변환하는 '압전 효과'와 연결되며, 빈칸 뒤의 내용에서는 ㉢에서 제시하는 압전 소자를 활용한 제품의 사례를 이야기하고 있다. 따라서 빈칸에는 ㉢이 적절하다.
- 세 번째 빈칸 : 빈칸 뒤 문장의 '작은 에너지를 직접 소형기기에 전달하여 사용하는 기술 방식'은 에너지 하베스팅이 소형기기에 적합한 에너지 활용 기술이 될 수 있다는 ㉡의 원인이 된다. 따라서 빈칸에는 ㉡이 적절하다.

02 문단 나열   정답 ④

제시된 문장은 ESS에 대한 설명이므로 제시된 문장 바로 뒤에는 ESS의 축압기와 ESS의 저장방식을 구분하여 설명하는 (라)가 오는 것이 적절하다. 다음으로는 이러한 ESS가 관심 받고 있는 이유로 ESS의 장점을 설명하는 (나)가 이어지는 것이 자연스러우며, (나) 다음으로는 ESS의 또 다른 장점을 설명하는 (가)가 오는 것이 어울린다. 그리고 마지막으로 이러한 ESS의 장점으로 인해 정부의 지원이 추진되고 있다는 내용의 (다)로 이어지는 것이 매끄럽다. 따라서 적절한 순서는 (라) – (나) – (가) – (다)이다.

03 빈칸 삽입   정답 ④

빈칸 앞에서 '보존 입자는 페르미온과 달리 파울리의 배타원리를 따르지 않는다. 따라서 같은 에너지 상태를 지닌 입자라도 서로 겹쳐서 존재할 수 있다. 만져지지 않는 에너지 덩어리인 셈이다.'라고 하였고, 빈칸 다음 문장에서 '빛은 실험을 해보면 입자의 특성을 보이지만, 질량이 없고 물질을 투과하며 만져지지 않는다.'라고 하였다. 또한 마지막 문장에서 '포논은 광자와 마찬가지로 스핀이 0인 보존 입자다.'라고 하였으므로 광자는 스핀이 0인 보존 입자라는 것을 알 수 있다. 따라서 빈칸에 들어갈 내용으로는 ④가 가장 적절하다.

오답분석

① 광자가 파울리의 배타원리를 따른다면, 파울리의 배타원리에 따라 페르미온 입자로 이뤄진 물질은 우리가 손으로 만질 수 있어야 한다. 그러나 광자는 질량이 없고 물질을 투과하며 만져지지 않는다고 하였으므로 적절하지 않은 내용이다.
② '포논은 광자와 마찬가지로 스핀이 0인 보존 입자다.'라는 문장에서 광자는 스핀 상태에 따라 분류할 수 있는 입자임을 알 수 있다.
③ 스핀이 1/2의 홀수배인 입자들은 페르미온이라고 하였고, 광자는 스핀이 0인 보존 입자이므로 적절하지 않은 내용이다.

04 맞춤법

오답분석

① 일일히 → 일일이
② 맡대고 → 맞대고
④ 흐터지면 → 흩어지면

05 글의 주제

오답분석

① 아리스토텔레스의 중용은 글의 주제인 서양과 우리의 중용에 대한 차이점을 말하기 위해 언급한 것일 뿐이다.
② 우리는 의학에 있어서도 중용관에 입각했다는 것을 말하기 위해 부연 설명한 것이다.
③ 중용을 바라보는 서양과 우리의 차이점을 말하고 있다.

06 문서 내용 이해

제시문에 의하면 물수제비 발생에는 던진 돌의 세기와 적절한 각도 그리고 회전이 중요한 변수가 된다. 물론 물의 표면장력과 공기의 저항도 변수가 될 수 있다. 세 번째 문단의 내용으로 미루어 볼 때, 돌이 수면에 부딪친 후 운동에너지가 계속 유지되면 물수제비가 잘 일어난다는 것을 알 수 있다.

오답분석

① 돌의 무게가 물수제비 횟수와 비례한다고 볼 수 없다.
② 돌의 표면과 물의 표면장력과의 관계를 유추할 수 있는 근거가 없다.
③ 회전이 공기 저항과 관련은 있을 수 있지만 최소화한다는 진술은 잘못이다. 왜냐하면 회전의 방향에 따라 공기 저항이 커질 수도 있기 때문이다.

07 문서 내용 이해

자연 현상이 아닌 프리즘이라는 발명품을 통해 빛을 분리하고 그것을 이용하여 무지개의 빛깔을 규명해냈다는 것은 발명품을 활용한 정도로 볼 수 있다. ㉠은 물수제비라는 생활 주변의 자연 현상에서 그 원리를 찾아내 발명으로 연결시킨 경우이므로 ①과 그 성격이 다르다.

08 문서 작성

두 건의 문서는 같은 거래처로 발송될 것이지만, 두 건의 내용이 상이하게 다르므로 별도로 작성하여 별도의 봉투에 넣어 발송하는 것이 바람직하다.

09 한자 성어

가치(價値) : 사물이 지니고 있는 쓸모

오답분석

② 가계(家計), ③ 사실(事實), ④ 실재(實在)

10 문서 작성

- C사원 : 문서의 첨부 자료는 반드시 필요한 자료 외에는 첨부하지 않도록 해야 하므로 옳지 않다.
- D사원 : 문서를 작성한 후에는 다시 한 번 내용을 검토해야 하지만, 문장 표현은 작성자의 성의가 담기도록 경어나 단어 사용에 신경을 써야 하므로 낮춤말인 '해라체'로 고쳐 쓰는 것은 옳지 않다.

11 빈칸 삽입

앞 문장에서 언급하는 이번 달의 부진한 자동차 수출량과 달리 빈칸 뒤의 문장에서는 내년 경기에 대한 정부의 기대감을 드러내고 있으므로 빈칸에는 상반되는 내용의 두 문장을 이어줄 때 사용하는 '하지만'이 적절하다.

12 어휘

제시문의 '노는 시간에'에서 '놀다'는 '어떤 일을 하다가 중간에 일정한 동안을 쉬다.'라는 뜻으로, ①이 이와 같은 의미로 쓰였다.

오답분석
② 고정되어 있던 것이 헐거워져서 움직이다.
③ 태아가 꿈틀거리다.
④ 놀이나 재미있는 일을 하며 즐겁게 지내다.

13 어휘

㉠ 개발 : 새로운 물건을 만들거나 새로운 생각을 내어놓음
㉡ 튼튼히 : 조직이나 기구 따위가 무너지거나 흔들리지 아니하는 상태
㉢ 개최 : 모임이나 회의 따위를 주최하여 엶
오답분석
- 계발 : 슬기나 재능, 사상 따위를 일깨워 줌

14 문단 나열

제시문의 첫 문단에서는 문맹 중심의 역사를 이해하기 위한 가설의 설정, 가설의 검증, 가설 검증을 통한 문명의 발생과 성장 그리고 쇠퇴요인의 규명의 순서로 글을 서술할 것을 제시하고 있다. 따라서 가설 설정에 대해 서술하고 있는 (나) → '환경이 역경'이라는 점이라고 앞의 문장을 이어서 설명하고 있는 (가) → 가설 검증을 위해 가설을 보완하는 내용을 서술하고 있는 (라) → 앞의 문장을 이어서 '세 가지 상호 관계의 비교'를 설명하고 있는 (다)의 순서로 나열하는 것이 적절하다. 끝으로 마지막 문단에서는 문명의 성장요인과 쇠퇴요인의 규명에 관한 내용을 서술하였다.

15 문단 나열

제시된 문단 다음으로는 실재론자 또는 반실재론자의 주장이 이어지는 것이 가장 적절하다. 따라서 (다) 미적 판단의 객관성을 지지하는 실재론자들 → (가) 주장에 대한 실재론자들의 근거 → (나) 실재론자의 주장에 반박하는 반실재론자들 → (라) 주장에 대한 반실재론자들의 근거의 순서대로 나열하는 것이 자연스럽다.

16 수열 규칙

(분자)+(분모)=500인 수열이다.

따라서 빈칸에 들어갈 수는 $=\dfrac{19}{481}$ 이다.

17 수열 규칙

정답 ①

홀수 항은 $+0.5$, $+1.5$, $+2.5$, …씩, 짝수 항은 $+\dfrac{1}{2}$, $+\dfrac{1}{4}$, $+\dfrac{1}{6}$, …씩 더해지는 수열이다.

따라서 빈칸에 들어갈 수는 $-5+0.5=-4.5$이다.

18 응용 수리

정답 ④

작년에 동아리에 가입한 남자 사원의 수를 x명, 여자 사원의 수를 y명이라고 하자.

$x+y=90$ … ㉠

$0.90x+1.12y=92$ … ㉡

㉠과 ㉡을 연립하면

$\therefore\ x=40,\ y=50$

따라서 올해 동아리에 가입한 여성 사원의 수는 작년보다 $50\times0.12=6$명이 증가한 56명이다.

19 자료 이해

정답 ②

정부지원금 A유형의 수령자는 $200\times0.36=72$명, 20대는 $200\times0.41=82$명이므로 20대 중 정부지원금 A유형의 수령자가 차지하는 비율은 $\dfrac{72}{82}\times100≒87.8\%$이다.

오답분석

① $100만\times(200\times0.36)+200만\times(200\times0.42)+300만\times(200\times0.22)=37,200만$ 원이다.

③ 20대 수혜자 수는 $200\times0.41=82$명이고, 정부지원금 금액이 200만 원인 사람은 $200\times0.42=84$명이다. 따라서 200만 원 수령자 중 20대가 차지하는 비율은 $\dfrac{82}{84}\times100≒97.6\%$이다.

④ 정부지원금 수혜자가 2배가 되고, 비율은 동일하다면 항목별 수혜자 수는 2배만큼 증가할 것이다. 따라서 정부 지원금에 들어간 총비용은 2배가 된다.

20 통계 분석

정답 ③

정부지원금 300만 원 수령자는 $200\times0.22=44$명이고, 20·30대의 수령자는 $200\times(0.41+0.31)=144$명이다. 따라서 20대·30대 수혜자 중에서 정부지원금 300만 원 미만 수령자가 차지하는 비율은 $\dfrac{(144-44)}{144}\times100≒69\%$이다.

21 통계 분석

정답 ②

첫 번째 조건에서 3월 요가 회원은 $a=50\times1.2=60$이고, 세 번째 조건에서 5월 필라테스 예상 회원 수는 2~4월 3개월간 월 평균 회원 수가 되어야 하므로 $d=\dfrac{106+110+126}{3}=114$이다. 두 번째 조건에 따라 4월 G.X 회원 수 c를 구하면 $(90+98+c)+37=106+110+126 \rightarrow c=342-225=117$이 된다.

b를 구하기 위해 방정식 $2a+b=c+d$에 a, c, d에 해당되는 수를 대입하면 $b+2\times60=117+114 \rightarrow b=231-120 \rightarrow b=111$이다.

따라서 4월의 요가 회원 수는 111명이다.

22 통계 분석 정답 ④

사자바둑기사단은 라운드별로 이길 수 있는 확률이 0.6 이상이 되도록 3명을 선발한다고 하였으므로 이를 기준으로 판단하면 다음과 같다.

ⅰ) 1라운드

갑을 상대로 승률이 0.6 이상인 선수는 C와 E뿐이므로 2가지의 경우가 존재한다. 따라서 이후의 라운드는 이 2가지의 경우의 수로 나누어 판단한다.

ⅱ) 1라운드에서 C가 출전하는 경우

2라운드에서 가능한 경우는 A와 B가 출전하는 것이며, 이 경우 각각에 대해 3라운드에서 D, F, G가 출전할 수 있으므로 6가지 경우의 수가 존재한다.

ⅲ) 1라운드에서 E가 출전하는 경우

2라운드에서 가능한 경우는 A, B, C가 출전하는 것이며, 이 경우 각각에 대해 3라운드에서 D, F, G가 출전할 수 있으므로 9가지의 경우의 수가 존재한다.

따라서 ⅱ)와 ⅲ)의 경우의 수를 합하면 총 15가지의 경우의 수가 존재함을 알 수 있다.

23 응용 수리 정답 ④

구입한 볼펜의 개수를 x자루, 색연필 개수는 y자루라고 가정하면, 다음과 같은 개수와 금액에 대한 방정식이 성립한다.

$x+y=12 \cdots \bigcirc$

$500x+700y+1,000=8,600 \rightarrow 5x+7y=76 \cdots \bigcirc$

두 방정식을 연립하면 $x=4$, $y=8$이므로 볼펜은 4자루, 색연필은 8자루를 구입했다.

24 응용 수리 정답 ③

A프린터가 한 대당 1분 동안 프린트할 수 있는 용지매수를 x장, B프린터의 경우 y장이라 가정하고, 100장을 프린트하는 데 걸리는 시간에 대한 방정식을 세우면 다음과 같다.

$(3x+2y)\times4=100 \rightarrow 3x+2y=25 \cdots \bigcirc$

$(4x+y)\times5=100 \rightarrow 4x+y=20 \cdots \bigcirc$

$\bigcirc$과 $\bigcirc$을 연립하면 $x=3$, $y=8$이 나오므로 A프린터는 한 대당 1분에 3장, B프린터는 8장을 출력할 수 있다. 따라서 A프린터 2대와 B프린터 3대를 동시에 사용할 때 1분 동안 출력되는 용지는 $2\times3+3\times8=30$장이므로 100장을 출력하는 데 걸리는 시간은 3분 20초$\left(=\dfrac{100}{30}\right.$분$\left.\right)$이다.

25 자료 이해 정답 ③

매년 조사대상의 수는 동일하게 2,500명이므로 비율의 누적값으로만 판단한다. 3년간의 월간 인터넷 쇼핑 이용 누적 비율을 구하면 다음과 같다.

• 1회 미만 : $30.4+8.9+18.6=57.9\%$
• 1회 이상 2회 미만 : $24.2+21.8+22.5=68.5\%$
• 2회 이상 3회 미만 : $15.9+20.5+19.8=56.2\%$
• 3회 이상 : $29.4+48.7+39.0=117.1\%$

따라서 두 번째로 많이 응답한 인터넷 쇼핑 이용 빈도수는 1회 이상 2회 미만이다.

[오답분석]

① 제시된 자료를 통해 알 수 있다.

② 2022년 월간 인터넷 쇼핑을 3회 이상 이용했다고 응답한 사람은 $2,500\times0.487=1,217.5$명이다.

④ 매년 조사 대상이 2,500명씩 동일하므로 비율만 비교한다. 2023년 월간 인터넷 쇼핑을 2회 이상 3회 미만 이용했다고 응답한 비율은 19.8%이고, 2022년 1회 미만으로 이용했다고 응답한 비율은 8.9%이다. 따라서 $8.9\times2=17.8<18.6$이므로 2배 이상 많다.

26 자료 이해   정답 ②

2022년 50대 선물환거래 금액은 $1,980 \times 0.306 = 605.88$억 원이며, 2023년에는 $2,084 \times 0.297 = 618.948$억 원이다. 따라서 2022년 대비 2023년 50대 선물환거래 금액 증가량은 $618.948 - 605.88 = 13.068$억 원으로, 13억 원 이상이다.

오답분석

① 2022 ~ 2023년 전년 대비 10대의 선물환거래 금액 비율 증감 추이는 '증가 - 감소'이고, 20대는 '증가 - 증가'이다.

③ 2021 ~ 2023년의 40대 선물환거래 금액은 다음과 같다.
- 2021년 : $1,920 \times 0.347 = 666.24$억 원
- 2022년 : $1,980 \times 0.295 = 584.1$억 원
- 2023년 : $2,084 \times 0.281 = 585.604$억 원

따라서 2023년의 40대 선물환거래 금액은 전년 대비 증가했다.

④ 2023년 10 ~ 40대 선물환거래 금액 총비율은 $2.5 + 13 + 26.7 + 28.1 = 70.3\%$로, 2022년 50대 비율의 2.5배인 $30.6 \times 2.5 = 76.5\%$보다 낮다.

27 응용 수리   정답 ③

10명이 리그전을 통해 경기한다면 경기 수는 $9+8+7+6+5+4+3+2+1 = 45$회이다. 토너먼트 방식의 경기 수는 n개의 팀이 참가했을 때, $(n-1)$회의 경기가 진행되므로 경기 횟수는 $10-1 = 9$번이다. 따라서 두 경기 수의 차이는 $45-9 = 36$회이다.

28 응용 수리   정답 ①

고슴도치와 거북이가 경주한 거리는 두 가지 방법으로 구할 수 있다.

첫 번째는 고슴도치 속력과 걸린 시간(경현이의 예상시간, 30초)을 곱하여 거리를 구한다.

$3\text{m}/분 \times 30초 = 3 \times \dfrac{30}{60} = 1.5\text{m}$

두 번째는 거북이의 속력과 걸린 시간(영수의 예상시간, 2.5분)을 곱하여 거리를 구한다.

$3\text{m}/분 \times \dfrac{1}{5} \times 2.5분 = 0.6 \times 2.5 = 1.5\text{m}$

따라서 고슴도치와 거북이가 경주한 거리는 1.5m이다.

29 자료 이해   정답 ②

원 중심에서 멀어질수록 점수가 높아지는데, B국의 경우 수비보다 미드필드가 원 중심에서 먼 곳에 표시가 되어 있으므로 B국은 수비보다 미드필드에서의 능력이 뛰어남을 알 수 있다.

30 응용 수리   정답 ③

7시간이 지났다면 용민이는 $7 \times 7 = 49$km, 효린이는 $3 \times 7 = 21$km를 걸은 것이다. 용민이는 호수를 한 바퀴 돌고나서 효린이가 걸은 21km까지 더 걸은 것이므로 호수의 둘레는 $49-21 = 28$km이다.

31 명제 추론   정답 ③

역할을 분담하여 정한 청소 당번 규칙에 따라 O사원은 화분 관리, J대리는 주변 정돈, C사원은 커피 원두 채우기를 각각 담당하고 있으므로 L주임이 커피를 타는 담당자임을 알 수 있다. 또한 세 번째 조건에 따라 주변 정돈을 하고 있는 사람은 커피를 타지 않는다고 하였는데, 이때 O사원과 C사원은 J대리를 도와 주변 정돈을 하므로 이 셋은 커피를 타지 않음을 알 수 있다. 따라서 커피를 타는 사람은 L주임 혼자이므로 항상 참이 되는 것은 ③이 된다.

오답분석

① 커피 원두를 채우는 담당자는 C사원이며, 주어진 조건만으로는 O사원이 커피 원두를 채우는지 알 수 없다.

② 두 번째 조건에 따라 O사원이 J대리를 도와주고 있음을 알 수 있지만, J대리가 O사원을 도와주는지는 알 수 없다.

④ 세 번째 조건에 따라 주변 정돈을 하고 있는 사람은 커피를 타지 않으므로 주변 정돈을 돕고 있는 C사원은 커피를 타지 않는다.

32 　자료 해석 　　　　　　　　　　　　　　　　　　　　　　　　　　　정답 ④

정규직의 주당 근무시간을 비정규직 1과 같이 줄여 근무 여건을 개선하고, 퇴사율이 가장 높은 비정규직 2에게 직무교육을 시행하여 퇴사율을 줄이는 것이 가장 적절하다.

[오답분석]
① 설문조사 결과에서 연봉보다는 일과 삶의 균형을 더 중요시한다고 하였으므로 연봉이 상승하는 것은 퇴사율에 영향을 미치지 않음을 알 수 있다.
② 정규직을 비정규직으로 전환하면 고용의 안정성을 낮추어 퇴사율을 더욱 높일 수 있다.
③ 직무교육을 하지 않는 비정규직 2보다 직무교육을 하는 정규직과 비정규직 1의 퇴사율이 더 낮기 때문에 적절하지 않다.

33 　규칙 적용 　　　　　　　　　　　　　　　　　　　　　　　　　　　정답 ①

소형버스인 RT코드를 모두 찾으면 다음과 같다.
RT − 25 − KOR − 18 − 0803, RT − 16 − DEU − 23 − 1501, RT − 25 − DEU − 12 − 0904, RT − 23 − KOR − 07 − 0628, RT − 16 − USA − 09 − 0712
소형버스는 총 5대이며, 이 중 독일에서 생산된 것은 2대이다. 따라서 이는 소형버스 전체의 40%를 차지하므로 ①은 옳지 않다.

34 　SWOT 분석 　　　　　　　　　　　　　　　　　　　　　　　　　　정답 ④

ㄴ. 간편식 점심에 대한 회사원들의 수요가 증가함에 따라 계절 채소를 이용한 샐러드 런치 메뉴를 출시하는 것은 강점을 통해 기회를 포착하는 SO전략에 해당한다.
ㄹ. 경기 침체로 인한 외식 소비가 위축되고 있는 상황에서 주변 회사와의 제휴를 통해 할인 서비스를 제공하는 것은 약점을 보완하여 위협을 회피하는 WT전략에 해당한다.

[오답분석]
ㄱ. 다양한 연령층을 고려한 메뉴가 강점에 해당하기는 하나, 샐러드 도시락 가게에서 한식 도시락을 출시하는 것은 적절한 전략으로 볼 수 없다.
ㄷ. 홍보 및 마케팅 전략의 부재가 약점에 해당하므로 약점을 보완하기 위해서는 적극적인 홍보 활동을 펼쳐야 한다. 따라서 홍보 방안보다 먼저 품질 향상 방안을 마련하는 것은 적절한 전략으로 볼 수 없다.

35 　SWOT 분석 　　　　　　　　　　　　　　　　　　　　　　　　　　정답 ②

경쟁자의 시장 철수로 인한 새로운 시장 진입 가능성은 H공사가 가지고 있는 내부환경의 약점이 아닌 외부환경에서 비롯되는 기회에 해당한다.

> **SWOT 분석**
> 기업의 내부환경과 외부환경을 분석하여 강점(Strength), 약점(Weakness), 기회(Opportunity), 위협(Threat) 요인을 규정하고 이를 토대로 경영전략을 수립하는 기법이다.
> • 강점(Strength) : 내부환경(자사 경영자원)의 강점
> • 약점(Weakness) : 내부환경(자사 경영자원)의 약점
> • 기회(Opportunity) : 외부환경(경쟁, 고객, 거시적 환경)에서 비롯된 기회
> • 위협(Threat) : 외부환경(경쟁, 고객, 거시적 환경)에서 비롯된 위협

36   명제 추론   정답 ①

직원들과 조건을 하나의 명제로 보고, 순서대로 A, B, C, D, E로 간소화하여 표현하면, 각 조건은 다음과 같다.
조건 1. ~A → ~E
조건 2. D → B
조건 3. C
조건 4. E 또는 ~C
조건 5. ~A 또는 ~B
먼저 조건 3에 따라 C주임은 아일랜드로 파견된다.
조건 4는 둘 중 하나 이상 참이 되는 조건으로 조건 3에 의해 C → E가 되어 E는 몽골로 파견되고, 조건 1의 대우인 E → A에
따라 A대리는 인도네시아로 파견된다. 또한 조건 5에서 ~A 혹은 ~B 중 적어도 하나는 참이므로 조건 1에 의해 ~A는 거짓이므로
~B는 참이 된다. 따라서 B대리는 우즈베키스탄으로 파견되지 않는다. 마지막으로 조건 2의 대우인 ~B → ~D에 따라 D주임은
뉴질랜드로 파견되지 않는다. 따라서 A대리는 인도네시아로, C주임은 아일랜드로, E주임은 몽골로 파견되며, B대리는 우즈베키스
탄으로 파견되지 않고, D주임은 뉴질랜드에 파견되지 않으므로 ㄱ과 ㄴ은 참이다.

[오답분석]
ㄷ. E주임은 몽골로 파견된다.
ㄹ. C주임은 아일랜드로, E주임은 몽골로 파견된다.

37   자료 해석   정답 ①

자아 인식, 자기 관리, 공인 자격 쌓기 등의 평가 기준을 통해 A사원이 B사원보다 스스로 관리하고 개발하는 능력이 우수하다는
것을 알 수 있다.

38   시간 계획   정답 ①

부패방지교육은 넷째 주 월요일인 20일 이전에 모두 끝나고, 성희롱방지교육은 마지막 주 금요일에 실시되므로 5월 넷째 주에는
금연교육만 실시된다.

[오답분석]
② 마지막 주 금요일에는 성희롱방지교육이 실시되므로 금연교육은 금요일에 실시될 수 없다.
③ 부패방지교육은 수요일과 목요일(8일, 16일) 또는 목요일과 수요일(9일, 15일)에 실시될 수 있다.
④ 성희롱방지교육은 31일 금요일에 실시된다.

39   비용 계산   정답 ②

성과급 지급 기준에 따라 영업팀의 성과를 평가하면 다음과 같다.

구분	성과평가 점수	성과평가 등급	성과급 지급액
1/4분기	$(8 \times 0.4) + (8 \times 0.4) + (6 \times 0.2) = 7.6$	C	80만 원
2/4분기	$(8 \times 0.4) + (6 \times 0.4) + (8 \times 0.2) = 7.2$	C	80만 원
3/4분기	$(10 \times 0.4) + (8 \times 0.4) + (10 \times 0.2) = 9.2$	A	$100 + 10 = 110$만 원
4/4분기	$(8 \times 0.4) + (8 \times 0.4) + (8 \times 0.2) = 8.0$	B	90만 원

따라서 영업팀에게 1년간 지급된 성과급의 총액은 $80 + 80 + 110 + 90 = 360$만 원이다.

40   인원 선발   정답 ②

주어진 자료를 토대로 모델별 향후 1년 동안의 광고효과를 계산하면 다음과 같다.

모델	1년 광고비	1년 광고횟수	1회당 광고효과	총광고효과
A	$180-120=60$	$60\div2.5=24$	$140+130=270$	$24\times270=6,480$
B	$180-80=100$	$100\div2.5=40$	$80+110=190$	$40\times190=7,600$
C	$180-100=80$	$80\div2.5=32$	$100+120=220$	$32\times220=7,040$
D	$180-90=90$	$90\div2.5=36$	$80+90=170$	$36\times170=6,120$

따라서 광고효과가 가장 높은 B가 TV광고 모델로 가장 적합하다.

41 시간 계획 　　　　　　　　　정답 ④

• 규모가 큰 업무나 등가의 업무는 따로 처리하라. → 규모가 큰 업무나 등가의 업무는 모아서 한꺼번에 처리하라.
• 의도적으로 외부의 방해를 받아들여라. → 의도적으로 외부의 방해를 차단하라.
• 큰 규모의 업무는 한 번에 해결하라. → 큰 규모의 업무는 세분화하라.
• 중점 과제는 나중에 처리하라. → 중점 과제를 먼저 처리하라.

42 인원 선발 　　　　　　　　　정답 ④

연차 계획표에 따라 일정을 정리하면 다음과 같다.

일요일	월요일	화요일	수요일	목요일	금요일	토요일
			1 김창은 최하람	2 임미리 김창은	3 개천절	4
5	6 임미리 정지수 유소정	7 임미리 조유라 유소정	8 최한결 최하람	9 한글날	10 최한결 유라희	11
12	13 최한결	14	15	16	17	18

하루에 3명 이상 연차를 쓸 수 없으므로 6일과 7일의 연차 일정을 수정해야 한다. 이때 신청한 사람들 중 선택지에 제시된 한 명만 수정한다면 유소정이 연차 날짜를 옮기는 것이 적절하다.

43 품목 확정 　　　　　　　　　정답 ②

D호텔은 300명 이상 수용할 수 없고, C체육관은 칠판이나 화이트보드를 보유하고 있지 않으므로 제외한다. 대관료가 가장 저렴한 시설은 A중학교이지만 대관 가능 시간이 3시간을 넘지 않으므로 제외한다. 따라서 K사원은 B고등학교를 대관해야 한다.

44 비용 계산 　　　　　　　　　정답 ③

항목별 예산 관리는 전년도 예산을 기준으로 하며 점진주의적인 특징이 있기 때문에 예산 증감의 신축성이 없다는 것이 단점이다.

45 고객 서비스 　　　　　　　　　정답 ④

빨리빨리형의 경우 성격이 급하고, 확신이 있는 말이 아니면 잘 믿지 않는 고객을 말한다. 빨리빨리형에게 애매한 화법을 사용하면 고객의 기분은 더욱 나빠질 수 있다. 빨리빨리형은 만사를 시원스럽게 처리하는 모습을 통해 응대하는 것이 적절하다.

불만족 고객 유형별 대처 시 주의사항
• 거만형
 – 정중하게 대하는 것이 좋다.
 – 자신의 과시욕이 채워지도록 뽐내든 말든 내버려 둔다.
• 의심형
 – 분명한 증거나 근거를 제시하여 스스로 확신을 갖도록 유도한다.
 – 때로는 책임자로 하여금 응대하는 것도 좋다.
• 트집형
 – 이야기를 경청하고, 맞장구치고, 추켜 세우고, 설득해 가는 방법이 효과적이다.
  [예] '손님의 말씀이 맞습니다. 역시 손님께서 정확하십니다.' 하고 고객의 지적이 옳음을 표시한 후 '저도 그렇게 생각하고
     있습니다만…' 하고 설득한다.
 – 잠자코 고객의 의견을 경청하고 사과를 하는 응대가 바람직하다.
• 빨리빨리형
 – "글쎄요?", "아마…", "저…" 하는 식으로 애매한 화법을 사용하면 고객은 신경이 더욱 날카롭게 곤두서게 된다.
 – 만사를 시원스럽게 처리하는 모습을 보이면 응대하기 쉽다.

46　갈등 관리　　　　　　　정답 ③

팀원 A에게 현재의 행동이 징계의 원인이 될 수 있다는 점과 새로운 직원이 채용될 수 있다는 점을 알리기보다는 그에게 맞는 새로운 업무를 맡겨서 업무 속도를 변화시키도록 유도하는 것이 효과적인 동기부여 방법으로 볼 수 있다. 처벌·두려움 등의 방법은 일에 대한 동기부여보다 상대방으로 하여금 일의 외부적인 요인에 더 주의를 기울이게 하며, 나아가 편법을 사용하는 등 업무 성과에 악조건으로 작용할 수 있다.

47　팀워크　　　　　　　정답 ④

팀원 사이의 갈등을 발견하게 되면 제3자로서 빠르게 개입하여 중재해야 한다. 갈등을 일으키고 있는 팀원과의 비공개적인 미팅을 갖고, 다음과 같은 질문을 통해 의견을 교환하면 팀원 간의 갈등 해결에 도움이 된다.
• 내가 보기에 상대방이 꼭 해야만 하는 행동
• 상대방이 보기에 내가 꼭 해야만 하는 행동
• 내가 보기에 내가 꼭 해야만 하는 행동
• 상대방이 보기에 스스로 꼭 해야만 하는 행동

48　윤리　　　　　　　정답 ③

제시된 글에서 내부 고발은 조직에 혼란을 준다고 비난받기도 하지만, 결과적으로 개인의 양심에 입각해 사회 전체의 공익을 위한 행동을 하는 것이므로 옳다고 할 수 있으며, 조직의 부당한 행위가 지속될 경우 발생하게 되는 위험을 제거한다는 면에서 조직에도 도움이 된다고 하였다.

49　책임 의식　　　　　　　정답 ②

ⓒ 직(職) : 사회적 지위나 역할
ⓒ 업(業) : 생계를 유지하는 노동 또는 행위

50　윤리　　　　　　　정답 ②

성희롱은 피해자가 사업주에게 가해자에 대한 부서전환과 징계 등의 조치를 요구할 수 있으나, 형사처벌 대상이 되기 위해서는 모욕죄·명예훼손죄·통신매체이용음란죄가 성립되어야 한다.

01	02	03	04	05	06	07	08	09	10	11	12	13	14	15	16	17	18	19	20
③	④	④	④	①	①	④	④	④	④	②	④	①	①	①	①	④	④	④	①
21	22	23	24	25	26	27	28	29	30	31	32	33	34	35	36	37	38	39	40
②	④	③	③	④	②	④	②	②	①	③	①	④	①	②	②	③	②	②	②
41	42	43	44	45	46	47	48	49	50										
①	③	④	④	③	④	①	②	④	③										

01 　내용 추론　　　　　정답 ③

제시문은 테레민이라는 악기의 연주 원리에 대한 내용이다. 두 번째 문단에서 오른손으로는 수직 안테나와의 거리에 따라 음고를 조절하고, 왼손으로는 수평 안테나와의 거리에 따라 음량을 조절한다고 하였고, 마지막 문단에서는 이에 따라 오른손으로 음고를 조절하는 방법에 대해 설명하고 있다. 따라서 뒤에 이어질 내용은 왼손으로 음량을 조절하는 원리가 나오는 것이 가장 적절하다.

02 　문서 내용 이해　　　　　정답 ④

제시문은 과학을 통해 자연재해를 극복하고자 하는 인간의 노력을 옹호하고 있다. ④에서 인간의 자연 치유력을 감소시키더라도 인간의 능력(의학)으로 질병을 극복할 수 있다고 한 것도 이와 같은 맥락이다.

03 　어휘　　　　　정답 ④

제시문과 ④에서는 '어떤 현상이나 상태가 이루어지다.'의 의미로 쓰였다.

오답분석
① 내기나 시합, 싸움 따위에서 재주나 힘을 겨루어 상대에게 꺾이다.
② 해나 달이 서쪽으로 넘어가다.
③ 꽃이나 잎 따위가 시들어 떨어지다.

04 　빈칸 삽입　　　　　정답 ④

빈칸의 뒤에 나오는 내용을 살펴보면 양안시에 대해 설명하면서 양안시차를 통해 물체와의 거리를 파악한다고 하였으므로 빈칸에 거리와 관련된 내용이 나왔음을 짐작해 볼 수 있다. 따라서 빈칸에 들어갈 내용은 ④가 가장 적절하다.

05 　문단 나열　　　　　정답 ①

제시문은 사회 윤리의 중요성과 특징, 향후 발전 방법에 대하여 설명하고 있다. 이때 글의 구조를 파악해 보면 (가)는 대전제, (다)는 소전제, (나)는 결론의 구조를 취하고 있으며, (마)는 (다)에 대한 보충 설명, (라)는 (마)에 대한 보충 설명을 하고 있다. 따라서 (가) 현대 사회에서 대두되는 사회 윤리의 중요성 → (다) 개인의 윤리와 다른 사회 윤리의 특징 → (마) 개인 윤리와 사회 윤리의 차이점 → (라) 개인과 사회의 차이와 특성 → (나) 현대 사회의 특성에 맞는 사회 윤리의 정의의 순서로 나열하는 것이 적절하다.

06 내용 추론

정답 ①

ㄱ. 에스페란토의 문자는 영어 알파벳 26개 문자에서 4개 문자를 빼고, 6개 문자를 추가하였으므로 총 26-4+6=28개의 문자로 만들어졌다.

ㄷ. 단어의 강세는 항상 뒤에서 두 번째 모음에 있다고 하였으므로 '어머니(patrino)'와 '장모(bopatrino)'에서 강세가 있는 모음은 뒤에서 두 번째 모음인 i로 서로 같다.

오답분석

ㄴ. 에스페란토는 어간에 품사 고유의 어미를 붙이는데, 명사 '사랑(amo)'의 경우 명사를 나타내는 '-o'를 붙인 것으로 어간은 'am-'인 것을 알 수 있다. 따라서 미래 시제를 나타내는 경우는 어간에 '-os'를 붙이므로 에스페란토로 '사랑할 것이다.'는 어간 'am-'에 '-os'가 결합한 'amos'이다.

ㄹ. 자멘호프의 구상은 '1민족 2언어주의'에 입각하여 같은 민족끼리는 모국어를, 다른 민족과는 에스페란토를 사용하자는 것이었다. 따라서 동일한 언어를 사용하는 하와이 원주민끼리는 모국어를 사용해야 한다.

07 빈칸 삽입

정답 ④

보기의 문장은 홍차가 귀한 취급을 받았던 이유에 대하여 구체적으로 설명하고 있다. 따라서 '홍차의 가격이 치솟아 무역적자가 심화되자, 영국 정부는 자국 내에서 직접 차를 키울 수는 없을까 고민하지만 별다른 방법을 찾지 못했고, 홍차의 고급화는 점점 가속화됐다.'의 뒤, 즉 (라)에 위치하는 것이 가장 적절하다.

08 글의 주제

정답 ④

제시문의 두 번째 문단에서 전기자동차 산업이 확충되고 있음을 언급하면서 구리가 전기자동차의 배터리를 만드는 데 핵심 재료임을 설명하고 있기 때문에 ④가 글의 핵심 내용으로 가장 적절하다.

오답분석

① 제시문에서 언급하고 있는 내용이기는 하나, 핵심 내용으로 보기는 어렵다.

② 제시문에서 '그린 열풍'을 언급하고 있으나, 그 현상의 발생 원인은 제시되어 있지 않다.

③ 제시문에서 산업금속 공급난이 우려된다고 언급하고 있으나, 그로 인한 문제는 제시되어 있지 않다.

09 글의 제목

정답 ④

제시문은 부모 사망 시 장애인 자녀의 안정적인 생활을 위해 가입할 수 있는 보험과 그와 관련된 세금 혜택, 그리고 부모 및 그 밖의 가족들의 재산 증여 시 받을 수 있는 세금 혜택에 대해 다루고 있으므로 ④가 글의 제목으로 가장 적절하다.

오답분석

① 제시문은 부모 사망 시 장애인 자녀가 직면한 상속의 어려움에 대해 언급하고 있지만, 구체적으로 유산 상속 과정을 다루고 있지는 않다.

② 제시문은 부모 사망 시 장애인 자녀가 받을 수 있는 세금 혜택을 다루고는 있으나, 단순히 '혜택'이라고 명시하기에는 글의 제목이 포괄적이므로 적절하지 않다.

③ 제시문은 부모 사망 시 장애인 자녀가 직면한 상속의 어려움과 생활 안정 방안에 대해 다루고 있으므로 '사회적 문제'는 전체적인 글의 제목으로 보기에는 적절하지 않다.

10 문서 내용 이해

정답 ④

오답분석

① 팔은 눈에 띄지 않을 만큼 작다.

② 빌렌도르프 지역에서 발견되었다.

③ 모델에 대해서는 밝혀진 것이 없다.

11 비판   정답 ②

제시문의 첫 번째 문단의 끝에서 '제로섬(Zero – sum)적인 요소를 지니는 경제 문제'와 두 번째 문단의 끝에서 '우리 자신의 수입을 보호하기 위해 경제적 변화가 일어나는 것을 막거나 사회가 우리에게 손해를 입히는 공공정책이 강제로 시행되는 것을 막기 위해 싸울 것'에 대한 내용이 핵심 주장이다. 따라서 제시문은 사회경제적인 총합이 많아지는 정책, 즉 '사회의 총생산량이 많아지게 하는 정책이 좋은 정책'이라는 주장에 대한 비판이라고 할 수 있다.

12 내용 추론   정답 ④

현존하는 가장 오래된 실록은 전주 사고에 보관되어 있던 것으로, 강화도 마니산에 봉안되었다가 1936년 병자호란에 의해 훼손된 것을 현종 때 보수하여 숙종 때 강화도 정족산에 다시 봉안했다가 현재 서울대학교에서 보관하고 있다.

[오답분석]

① 원본을 포함해 모두 5벌의 실록을 갖추게 되었으므로 재인쇄하였던 실록은 모두 4벌이다.
② 강원도 태백산에 보관하였던 실록은 서울대학교에 있다.
③ 현재 한반도에 남아 있는 실록은 강원도 태백산, 강화도 정족산, 장서각의 것으로 모두 3벌이다.

13 어휘   정답 ①

• 어긋나다 : 방향이 비껴서 서로 만나지 못하다.
• 배치하다 : 서로 반대로 되어 어그러지거나 어긋나다.

[오답분석]

② 도치하다 : 차례나 위치 따위를 서로 뒤바꾸다.
③ 대두하다 : 어떤 세력이나 현상이 새롭게 나타나다.
④ 전도하다 : 거꾸로 되거나 거꾸로 하다.

14 빈칸 삽입   정답 ①

• ㉠ : (가) 이후 '다시 말해서~'가 이어지는 것으로 보아 앞에 비슷한 내용을 언급하고 있는 문장이 와야 한다. 우주 안에서 일어나는 사건이라는 측면에서 과학에서 말하는 현상과 현상학에서 말하는 현상은 다를 바가 없고, (가)에서는 현상학적 측면에서 볼 때, 철학의 구조와 과학적 지식의 구조가 다를 바 없음을 말하고 있음으로 (가)에 들어가는 것이 적절하다.
• ㉡ : 언어학의 특징을 설명하고 있다. (나)의 앞에서 철학과 언어학의 차이를 언급하고 있으며, 뒤 문장에서는 언어학에 대한 설명이 이어지고 있으므로 (나)에 들어가는 것이 적절하다.

15 내용 추론   정답 ①

의견을 통한 합의나 설득은 일시적으로 옳은 것을 옳다고 믿게 할 수는 있지만, 절대적이고 영원한 기준을 찾을 수는 없다고 하였으므로 절대적 진리를 궁구할 수 있는 철학자가 통치해야 한다고 하였다. 하지만 합의를 통해 사회 갈등이 완전히 해소될 수 있다면 꼭 절대적 진리가 필요한 것만은 아니라고 볼 수 있으므로 제시문에 대한 비판으로 ①이 적절하다.

[오답분석]

② 개별 상황 판단보다 높은 차원의 판단 능력과 기준은 철학자만이 제시할 수 있다고 하였으므로, 제시문의 의견과 동일하다고 볼 수 있다.
③ 제시문의 내용과는 무관하다.
④ 철학자는 진리와 의견의 차이점을 분명히 파악할 수 있으며 절대적 진리를 궁구할 수 있다고 하였으므로, 제시문의 의견과 동일하다고 볼 수 있다.

16 응용 수리

정답 ①

퍼낸 소금물의 양을 xg이라고 하면 다음과 같다.

$$\frac{6}{100}\times700-\frac{6}{100}x+\frac{13}{100}x=\frac{9}{100}\times700$$

→ $4,200-6x+13x=6,300$

→ $7x=2,100$

∴ $x=300$

17 응용 수리

정답 ④

진수, 민영, 지율, 보라 네 명의 최고점을 각각 a, b, c, d점이라고 하자.

$a+2b=10\cdots$㉠

$c+2d=35\cdots$㉡

$2a+4b+5c=85\cdots$㉢

㉢과 ㉠을 연립하면 $2\times10+5c=85$ → $5c=65$ → $c=13$

c의 값을 ㉡에 대입하여 d를 구하면 $13+2d=35$ → $2d=22$ → $d=11$

따라서 보라의 최고점은 11점이다.

18 응용 수리

정답 ④

A, B기차의 길이를 각각 am, bm라고 가정하고 터널을 지나는 시간에 대한 방정식을 세우면 다음과 같다.

• A기차 : $\frac{600+a}{36}=25$ → $600+a=900$ → $a=300$

• B기차 : $\frac{600+b}{36}=20$ → $600+b=720$ → $b=120$

따라서 A기차의 길이는 300m이며, B기차의 길이는 120m이다.

19 자료 이해

정답 ④

ㄱ. 2023년과 2024년 상반기 외용약 등의 생산품목 수를 제외한 모든 일반의약품 품목 수가 전문의약품 품목 수보다 적은 것을 확인할 수 있다.

ㄴ. 전체 수입경구약 품목 수는 2023년 대비 2024년 상반기에 $\frac{926-916}{916}\times100≒1.1\%$ 증가하였다.

ㄹ. 2022년 상반기의 수치가 제시되어 있지 않으므로 2023년 상반기의 전년 대비 증가율은 알 수 없다.

오답분석

ㄷ. 2024년 상반기 경구약 전문의약품의 생산금액은 수입금액의 $\frac{96,478}{20,545}≒4.7$배이다.

20 통계 분석

정답 ④

2023년도에 세 번째로 많은 생산을 했던 분야는 일반기계 분야이다. 일반기계 분야의 2022년도에서 2023년도의 변화율은 $\frac{4,020-4,370}{4,370}\times100≒-8\%$이므로 약 8% 감소하였다.

21 통계 분석

정답 ②

(1인당 하루 인건비)=(1인당 수당)+(산재보험료)+(고용보험료)

$=50,000+50,000\times0.504\%+50,000\times1.3\%$

$=50,000+252+650=50,902$원

(하루에 고용할 수 있는 인원수)=[(본예산)+(예비비)]÷(하루 1인당 인건비)

$=600,000÷50,902≒11.8$

따라서 H회사가 하루 동안 고용할 수 있는 최대 인원은 11명이다.

22 자료 이해

정답 ④

2022년 총연봉은 2023년 총연봉의 전년 대비 증가율 그래프의 수치로 구할 수 있다.

• A팀 : $\dfrac{15}{1+0.5}=10$억 원

• E팀 : $\dfrac{24}{1+0.5}=16$억 원

따라서 2022년 총연봉은 E팀이 A팀보다 많다.

(단위 : 명, 억 원)

테니스 팀	선수 인원수		총연봉		2023년 선수 한 명당 평균 연봉
	2022년	2023년	2022년	2023년	
A	$\dfrac{5}{1+0.25}=4$	5	$\dfrac{15}{1+0.5}=10$	15	$\dfrac{15}{5}=3$
B	$\dfrac{10}{1+1}=5$	10	$\dfrac{25}{1+1.5}=10$	25	$\dfrac{25}{10}=2.5$
C	$\dfrac{10}{1+0.25}=8$	10	$\dfrac{24}{1+0.2}=20$	24	$\dfrac{24}{10}=2.4$
D	$\dfrac{6}{1+0.5}=4$	6	$\dfrac{30}{1+0.2}=25$	30	$\dfrac{30}{6}=5$
E	$\dfrac{6}{1+0.2}=5$	6	$\dfrac{24}{1+0.5}=16$	24	$\dfrac{24}{6}=4$

오답분석

① 2023년 테니스 팀 선수당 평균 연봉은 D팀이 5억 원으로 가장 많다.

② 2023년 전년 대비 증가한 선수 인원수는 2명으로 C팀과 D팀이 동일하다.

③ 2023년 A팀의 팀 선수 평균 연봉은 2022년 2.5억 원에서 3억 원으로 증가하였다.

23 자료 이해

정답 ③

건설업 분야의 취업자 수는 2020년과 2023년에 각각 전년 대비 감소했다.

오답분석

① 2015년 도소매・음식・숙박업 분야에 종사하는 사람의 수는 총 취업자 수의 $\dfrac{5,966}{21,156}\times100≒28.2\%$이므로 30% 미만이다.

② 2015~2023년 농・임・어업 분야의 취업자 수는 꾸준히 감소하는 것을 확인할 수 있다.

④ 2022년 전기・운수・통신・금융업 분야 취업자 수는 2015년 대비 $\dfrac{7,600-2,074}{2,074}\times100≒266\%$ 증가했고, 사업・개인・공공서

비스 및 기타 분야 취업자 수는 $\dfrac{4,979-2,393}{4,979}\times100≒52\%$ 감소했다.

24 자료 이해

정답 ③

ㄱ. 2018년 어업 분야의 취업자 수는 농·임·어업 분야의 취업자 수 합계에서 농·임업 분야 취업자 수를 제외한 수이다. 따라서 1,950-1,877=73천 명이다.

ㄴ. 전기·운수·통신·금융업 분야의 취업자 수가 7,600천 명으로 가장 많다.

[오답분석]

ㄷ. 농·임업 분야 종사자와 어업 분야 종사자 수는 계속 감소하기 때문에 어업 분야 종사자 수가 현상을 유지하거나 늘어난다고 보기 어렵다.

25 응용 수리

정답 ④

A씨는 월요일부터 시작하여 2일 간격으로 산책하고, B씨는 그 다음날인 화요일부터 3일마다 산책하므로 정리하면 다음과 같다.

월	화	수	목	금	토	일
A		A		A		A
	B			B		

따라서 A와 B가 만나는 날은 같은 주 금요일이다.

26 응용 수리

정답 ②

B가 이동한 시간을 t초라고 하면, A가 이동한 시간은 $(a+t)$초이다. 또한 A가 이동한 거리는 $\dfrac{x}{2}(a+t)$m이고, B가 이동한 거리는 $\left(\dfrac{x}{2}+\dfrac{x}{6}\right)t=\dfrac{2}{3}xt$m이므로 다음과 같은 식이 성립한다.

$$\frac{x}{2}(a+t)=\frac{2}{3}xt \rightarrow \frac{1}{2}(a+t)=\frac{2}{3}t \rightarrow \frac{1}{6}t=\frac{1}{2}a$$

$$\therefore\ t=3a$$

따라서 A는 3a초 후에 B에게 따라잡힌다.

27 통계 분석

정답 ④

• A사
 - 트랙터 만족도 : 5+4+5+4+2+4=24점
 - 이앙기 만족도 : 4+3+5+4+3+4=23점
 - 경운기 만족도 : 3+3+5+5+4+4=24점
 - A사 농기계 만족도 : 24+23+24=71점
• B사
 - 트랙터 만족도 : 4+5+3+4+3+4=23점
 - 이앙기 만족도 : 5+5+4+4+2+4=24점
 - 경운기 만족도 : 4+4+3+4+4+4=23점
 - B사 농기계 만족도 : 23+24+23=70점
• C사
 - 트랙터 만족도 : 4+4+4+4+3+5=24점
 - 이앙기 만족도 : 4+5+4+5+4+5=27점
 - 경운기 만족도 : 5+4+3+4+3+5=24점
 - C사 농기계 만족도 : 24+27+24=75점

따라서 만족도가 가장 높은 회사는 C사이고, C사의 만족도 점수는 75점이다.

28 통계 분석

정답 ②

- A사
  - 세 가지 농기계의 가격 만족도 : 5+4+3=12점
  - 세 가지 농기계의 성능 만족도 : 4+3+3=10점
  - 가격 만족도와 성능 만족도의 합 : 12+10=22점
- B사
  - 세 가지 농기계의 가격 만족도 : 4+5+4=13점
  - 세 가지 농기계의 성능 만족도 : 5+5+4=14점
  - 가격 만족도와 성능 만족도의 합 : 13+14=27점
- C사
  - 세 가지 농기계의 가격 만속도 : 4+4+5=13점
  - 세 가지 농기계의 성능 만족도 : 4+5+4=13점
  - 가격 만족도와 성능 만족도의 합 : 13+13=26점

따라서 가격과 성능의 만족도가 가장 높은 회사는 B사이고, B사의 가격과 성능의 만족도 점수는 27점이다.

29 자료 이해

정답 ②

1970년 대비 2005년 과실류의 재배면적 비중은 4배 증가했는데, 2005년 과실류의 재배면적이 1970년에 비하여 100%, 즉 2배 증가하였다고 가정할 경우, 전체 경지이용면적은 동일한 기간 동안 절반 수준으로 감소한 것으로 추정할 수 있으므로 옳은 설명이다.

오답분석

① 2022년과 2023년의 전체 재배면적이 같다면 미곡 재배면적도 동일하지만, 2023년의 전체 재배면적은 감소했으므로 미곡 재배면적도 감소했다.
③ 1975년 사과와 감귤의 재배면적 비중은 54.1%(=41.9+12.2)이다. 따라서 다른 작물의 재배면적 비중이 45% 이상일 수 있으므로 1975년 과실류의 재배면적 중 사과의 재배면적이 가장 넓다고 할 수 없다.
④ 2000년 감귤의 재배면적은 1.26%($\fallingdotseq$0.081×0.156×100)이고, 배추의 재배면적은 1.68%($\fallingdotseq$0.141×0.119×100)이므로 감귤의 재배면적은 배추의 재배면적보다 넓지 않다.

30 통계 분석

정답 ①

1970년에 비해서 2005년 비중이 가장 크게 감소한 작물은 맥류이다. 그 감소치는 30.9−4.9=26.0%p이다.

31 자료 해석

정답 ③

손발 저림에 효능이 있는 코스는 케어코스와 종합코스가 있으며, 종합코스는 피부질환에도 효능이 있다.

오답분석

① 폼스티엔에이페리주 치료도 30% 할인이 적용된다.
② 식욕부진의 경우 웰빙코스가 적절하다.
④ 할인행사는 8월 한 달간 진행된다.

32 규칙 적용

정답 ①

입사순서는 해당 월의 누적 입사순서이므로 'W05240401'은 4월의 첫 번째 입사자임을 나타낼 뿐, 해당 사원이 생산부서 최초의 여직원인지는 알 수 없다.

33 규칙 적용

정답 ④

2024년 신입사원 명단에서 조건에 맞는 사원번호를 찾으면 다음과 같다.

M01240903	W03241005	M05240912	W05240913	W01241001	W04241009
W02240901	M04241101	W01240905	W03240909	M02241002	W03241007
M03240907	M01240904	W02240902	M04241008	M05241107	M01241103
M03240908	M05240910	M02241003	M01240906	M05241106	M02241004
M04241101	M05240911	W03241006	W05241105	W03241104	M05241108

따라서 여성(W) 입사자 중 기획부(03)에 입사한 사원은 모두 5명이다.

34 명제 추론

정답 ①

제주는 수요일, 금요일, 일요일에 원정 경기를 할 수 있으므로 모두 평일인 것은 아니다.

오답분석

② 제주는 화요일이 홈경기이기 때문에 수요일에 홈경기가 있을 경우 네 번째 조건에 의해 목요일은 쉬어야 하고, 원정 경기가 있을 경우 세 번째 조건에 의해 목요일은 쉬어야 한다. 따라서 제주가 수요일에 경기를 한다면 목요일에는 경기를 할 수 없다.
③ ②와 마찬가지로 토요일에 서울이 홈경기를 하기 때문에 일요일에 경기를 한다면 월요일에는 반드시 쉬어야 한다.
④ 전북이 목요일에 경기를 한다면 울산과 홈경기를 하고, 울산은 원정 경기이므로 금요일에 쉬게 된다. 따라서 금요일에 경기가 있다면 서울과 제주의 경기가 된다.

35 SWOT 분석

정답 ②

수준 높은 금융 서비스를 통해 글로벌 경쟁에서 우위를 차지하는 것은 강점을 이용해 글로벌 금융사와의 경쟁 심화라는 위협을 극복하는 ST전략이다.

오답분석

① 해외 비즈니스TF팀을 신설해 해외 금융시장 진출을 확대하는 것은 글로벌 경쟁력이 낮다는 약점을 극복하고 해외 금융시장 진출 확대라는 기회를 활용하는 WO전략이다.
③ 탄탄한 국내 시장점유율이 국내 금융그룹의 핀테크 사업 진출의 기반이 되는 것은 강점을 통해 기회를 살리는 SO전략이다.
④ 우수한 자산건전성 지표를 홍보하여 고객 신뢰를 회복하는 것은 강점으로 위협을 극복하는 ST전략이다.

36 규칙 적용

정답 ②

ㄹ에서 'CR - Z - (040, 080, 150, 151) - P2 - S77'의 일련번호로 용기높이의 정보는 알 수 없어 4가지 경우가 가능하지만, ②의 일련번호에서는 재질의 일련번호가 'P1'이므로 가능하지 않다.

오답분석

① ㄴ에서 가능한 일련번호는 'TB - K - 151 - (P1, P2) - C26'이다.
③ ㄷ에서 일련번호로 가능한 것은 '(CR, SX, TB) - Q - (040, 080, 150, 151) - G1 - E85'로 이에 해당한다.
④ ㄱ에서 일련번호로 'CR - (K, Q, Z) - 150 - G1 - T78'에 해당한다.

37   명제 추론   정답 ③

ㄱ. B의 마지막 발언에 따르면 중생대에 우리나라 바다에서 퇴적된 해성층이 있었을 가능성이 있으므로 거짓이다.
ㄴ. B의 견해에 따르면 공룡 화석은 중생대에만 한정되어 생존하였다고 말하고 있다. 따라서 공룡 화석이 암모나이트 화석과 같은 중생대 표준화석이 아니라고 말할 수 없으므로 거짓이다.
ㅂ. 공룡 화석이 나왔으므로 경상도 지역에는 중생대 지층이 없다는 판단은 거짓이다.

[오답분석]
ㄷ. B의 마지막 발언에 따르면 우리나라 바다에서도 퇴적된 해성층이 있었을 가능성이 있으므로 암모나이트 화석이 발견될 가능성이 있다.
ㄹ. 육지의 표준화석인 공룡 화석과 바다의 표준화석인 암모나이트 화석이 같이 발견되었으므로 타당한 판단이다.
ㅁ. 일본 북해도에서 암모나이트가 발견되었으므로 바다에서 퇴적된 해성층이 분포되어 있다고 말할 수 있다.

38   품목 확정   정답 ②

각 업체의 정비 1회당 수질개선효과, 분기별 정비횟수, 1년 정비비용을 구한 후, 이에 따라 수질개선점수를 도출하면 다음과 같다.

업체	정비 1회당 수질개선효과(점)	분기별 정비횟수(회)	1년 정비비용(만 원)	수질개선점수(점)
A	$75+65+80=220$	$\dfrac{2,050}{30}=68$	$6,000-3,950=2,050$	$\dfrac{220\times68}{100}≒149$
B	$79+68+84=231$	$\dfrac{1,800}{30}=60$	$6,000-4,200=1,800$	$\dfrac{231\times60}{100}≒138$
C	$74+62+84=220$	$\dfrac{1,200}{30}=40$	$6,000-4,800=1,200$	$\dfrac{220\times40}{100}=88$
D	$80+55+90=225$	$\dfrac{1,930}{30}=64$	$6,000-4,070=1,930$	$\dfrac{225\times64}{100}=144$
E	$83+70+86=239$	$\dfrac{900}{30}=30$	$6,000-5,100=900$	$\dfrac{239\times30}{100}≒71$

따라서 수질개선점수가 가장 높은 A업체와 D업체가 선정된다.

39   인원 선발   정답 ②

시간대별 필요 간호인력 수 자료에 따라 필요한 최소 간호인력 수를 정리하면 다음과 같다.

근무조 \ 시간대	02:00~06:00	06:00~10:00	10:00~14:00	14:00~18:00	18:00~22:00	22:00~02:00	계
02:00~06:00 조	5명	5명					5명
06:00~10:00 조		15명	15명				15명
10:00~14:00 조			15명	15명			15명
14:00~18:00 조				0	0		0
18:00~22:00 조					50명	50명	50명
22:00~02:00 조	0					0	0
필요 간호인력 수	5명	20명	30명	15명	50명	10명	85명

따라서 H종합병원에 필요한 최소 간호인력 수는 85명이다.

40   인원 선발   정답 ②

02:00~06:00의 필요 간호인력을 20명으로 확충한다면, 필요한 최소 간호인력 85명에 15명을 추가 투입해야 하므로 최소 간호인력 수는 $85+15=100$명이다.

41 비용 계산

정답 ①

등수별 선호도가 가장 높은 상품은 1등은 무선 청소기, 2등은 에어프라이어와 전기그릴, 3등은 백화점 상품권 2매이다. 2등은 선호도가 동일하므로 세 번째 조건에서 1등으로 선정된 상품의 총금액보다 저렴한 상품을 택해야 한다. 에어프라이어와 전기 그릴을 구매할 경우 각각에 해당하는 비용을 계산하면 다음과 같다.

- 에어프라이어(특가 상품으로 15% 할인) 2개 구매할 경우

  $300,000 \times 0.85 \times 2 = 510,000$원

- 전기 그릴(온라인 구매로 8% 할인) 2개 구매할 경우

  $250,000 \times 0.92 \times 2 = 460,000$원

2등 상품 두 가지 모두 1등 상품인 무선 청소기(80만 원)보다 더 저렴하므로 두 상품 중 가장 비싼 에어프라이어를 구매한다. 따라서 모든 상품의 구매비용은 $800,000 + 510,000 + (50,000 \times 2 \times 3) = 1,610,000$원이다.

42 품목 확정

정답 ③

등수별 가장 낮은 선호도의 상품을 제외하고 상품의 구매비용을 구하면 다음과 같다.

등수	구매 개수	품목	할인 혜택 적용 후 구매금액
1등	1개	무선 청소기	800,000원
		호텔 숙박권	$600,000 \times 0.93 = 558,000$원
2등	2개	에어프라이어	$300,000 \times 0.85 \times 2 = 510,000$원
		전기 그릴	$250,000 \times 0.92 \times 2 = 460,000$원
3등	3개	백화점 상품권 2매	$50,000 \times 2 \times 3 = 300,000$원
		커피 쿠폰	$50,000 \times 3 = 150,000$원

① (호텔숙박권) + (에어프라이어) + (커피 쿠폰) = $558,000 + 510,000 + 150,000 = 1,218,000$원
② (호텔숙박권) + (전기 그릴) + (커피 쿠폰) = $558,000 + 460,000 + 150,000 = 1,168,000$원
③ (무선 청소기) + (에어프라이어) + (커피 쿠폰) = $800,000 + 510,000 + 150,000 = 1,460,000$원
④ (무선 청소기) + (에어프라이어) + (백화점 상품권) = $800,000 + 510,000 + 300,000 = 1,610,000$원

따라서 최대한 예산에 가까운 상품 목록은 1등 무선 청소기, 2등 에어프라이어, 3등 커피 쿠폰이다.

43 시간 계획

정답 ④

주어진 조건에 따르면 1팀, 2팀, 3팀은 팀별로 번갈아가며 모내기 작업을 하며, 팀별로 시간은 겹칠 수 없으며 한번 일을 하면 2시간 연속으로 해야 한다. 2팀의 경우 오전 9시 ~ 오후 12시, 오후 3시 ~ 6시 중에서 일손을 도울 수 있는데, 오전 10시에서 오후 12시에는 1팀이, 오후 2시에서 4시는 3팀이 일손을 돕기 때문에 2팀이 일손을 도울 수 있는 시간은 오후 4시에서 6시(16:00 ~ 18:00)이다.

시간	팀별 스케줄		
	1팀	2팀	3팀
09:00 ~ 10:00	상품기획 회의		시장조사
10:00 ~ 11:00	일손 돕기		
11:00 ~ 12:00			비품 요청
12:00 ~ 13:00	점심시간		
13:00 ~ 14:00			사무실 청소
14:00 ~ 15:00	업무지원	상품기획 회의	일손 돕기
15:00 ~ 16:00			
16:00 ~ 17:00	경력직 면접	일손 돕기	마케팅 전략 회의
17:00 ~ 18:00			

44 ▸ 비용 계산
정답 ④

전자제품의 경우 관세와 부가세가 모두 동일하며, 전자제품의 가격이 다른 가격보다 월등하게 높기 때문에 대소 비교는 전자제품만 비교해도 된다. 이 중 A의 TV와 B의 노트북은 가격이 동일하기 때문에 굳이 계산할 필요가 없고, TV와 노트북을 제외한 휴대폰과 카메라만 비교하면 된다. B의 카메라가 A의 휴대폰보다 비싸기 때문에 B가 더 많은 관세를 낸다.

구분	전자제품	전자제품 외
A	TV(110만), 휴대폰(60만)	화장품(5만), 스포츠용 헬멧(10만)
B	노트북(110만), 카메라(80만)	책(10만), 신발(10만)

B가 내야 할 세금을 계산해 보면 우선 카메라와 노트북의 관세율은 18%로, 190×0.18=34.2만 원이다. 이때, 노트북은 100만 원을 초과하므로 특별과세 110×0.5=55만 원이 더 과세된다. 나머지 품목들의 세금은 책이 10×0.1=1만 원, 신발이 10×0.23=2.3만 원이다. 따라서 B가 내야 할 관세 총액은 34.2+55+1+2.3=92.5만 원이다.

45 ▸ 리더십
정답 ③

리더는 조직 구성원들 중 한 명일 뿐이라는 점에서 파트너십 유형임을 알 수 있다. 독재자 유형과 민주주의에 근접한 유형은 리더와 집단 구성원 사이에 명확한 구분이 있으나, 파트너십 유형에서는 그러한 구분이 희미하고, 리더가 조직의 한 구성원이 되기도 하는 것을 볼 수 있다.

[오답분석]
① 독재자 유형 : 독재자에 해당하는 리더가 집단의 규칙하에 지배자로 군림하며, 팀원들이 자신의 권위에 대한 도전이나 반항없이 순응하도록 요구하고, 개개인들에게 주어진 업무만을 묵묵히 수행할 것을 기대한다.
② 민주주의에 근접한 유형 : 리더는 팀원들이 동등하다는 것을 확신시키고 경쟁과 토론, 새로운 방향의 설정에 팀원들을 참여시킨다. 비록 민주주의적이긴 하지만 최종 결정권은 리더에게 있음이 특징이다.
④ 변혁적 유형 : 변혁적 리더를 통해 개개인과 팀이 유지해 온 업무수행 상태를 뛰어넘으려 한다. 변혁적 리더는 특정한 카리스마를 통해 조직에 명확한 비전을 제시하고, 그 비전을 향해 자극을 주고 도움을 주는 일을 수행한다.

46 ▸ 갈등 관리
정답 ④

사람 사이에서는 갈등이 없을 수 없다. 회피하는 것보다는 갈등 그대로를 마주하고 해결을 위해 노력해야 한다. 대부분의 갈등은 어느 정도의 시간이 지난 뒤 겉으로 드러나기 때문에 갈등이 인지되었다면 해결이 급한 상황일 가능성이 높다. 따라서 시간을 두고 지켜보는 것은 적절하지 못하다.

47 ▸ 고객 서비스
정답 ①

고객이 제기한 민원이 반복적으로 발생하지 않도록 조치하기 위해서 자신의 개인 업무노트에 기록해 두는 것보다 민원사례를 전 직원에게 공유하여 교육이 될 수 있도록 하는 것이 더 적절하다.

48 ▸ 근면
정답 ②

이대리는 후배를 배려하는 것이 아닌 본인이 모바일 게임을 하기 위해 김사원에게 쉬라고 했다.

49 ▸ 윤리
정답 ④

이대리는 성실하게 업무에 집중하거나 준비하지 않고 고객사 미팅에서 협의사항에 대한 결말도 내지 못했으나, 업무미팅 결과에 대해 후배에게 책임을 미루지는 않았다.

50 책임 의식

정답 ③

천직 의식이란 자신의 일이 자신의 능력과 적성에 꼭 맞는다 여기고 그 일에 열성을 가지고 성실히 임하는 태도를 말하는 것이다. 김사원의 경우 비록 성실히 배우려 했으나, 본인의 적성과 맞지 않아 하루하루 지쳐갔기에 천직 의식이 나타났다고 볼 수 없다.

[오답분석]

① 소명 의식 : 자신이 맡은 일은 하늘에 의해 맡겨진 일이라고 생각하는 태도를 의미한다. 김사원은 경영부서로의 발령에 대해 하늘이 주신 배움의 기회라 여겼으므로 소명 의식이 나타났다고 볼 수 있다.

② 직분 의식 : 자신이 하고 있는 일이 사회나 기업을 위해 중요한 역할을 하고 있다고 믿고 자신의 활동을 수행하는 태도를 의미한다. 김사원은 경영부서 역시 회사의 중요한 역할이라 생각했으므로 이에 직분 의식이 나타났다고 볼 수 있다.

④ 책임 의식 : 직업에 대한 사회적 역할과 책무를 충실히 수행하고 책임을 다하는 태도를 의미한다. 김사원은 원하던 부서는 아니었지만 성실하게 책임을 갖고 배웠으므로 책임 의식이 나타났다고 볼 수 있다.

성공한 사람은 대개 지난번 성취한 것보다 다소 높게, 그러나 과하지 않게 다음 목표를 세운다. 이렇게 꾸준히 자신의 포부를 키워간다.

-커트 르윈-

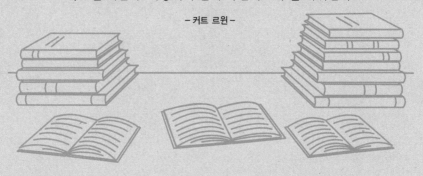

한국에너지공단 NCS 필기전형 답안카드

성 명

지원 분야

문제지 형별기재란

( )형

Ⓐ Ⓑ

수험번호

	⓪	①	②	③	④	⑤	⑥	⑦	⑧	⑨
⓪	①	②	③	④	⑤	⑥	⑦	⑧	⑨
⓪	①	②	③	④	⑤	⑥	⑦	⑧	⑨
⓪	①	②	③	④	⑤	⑥	⑦	⑧	⑨
⓪	①	②	③	④	⑤	⑥	⑦	⑧	⑨
⓪	①	②	③	④	⑤	⑥	⑦	⑧	⑨
⓪	①	②	③	④	⑤	⑥	⑦	⑧	⑨

감독위원 확인

(인)

번호	답				번호	답				번호	답			
1	①	②	③	④	21	①	②	③	④	41	①	②	③	④
2	①	②	③	④	22	①	②	③	④	42	①	②	③	④
3	①	②	③	④	23	①	②	③	④	43	①	②	③	④
4	①	②	③	④	24	①	②	③	④	44	①	②	③	④
5	①	②	③	④	25	①	②	③	④	45	①	②	③	④
6	①	②	③	④	26	①	②	③	④	46	①	②	③	④
7	①	②	③	④	27	①	②	③	④	47	①	②	③	④
8	①	②	③	④	28	①	②	③	④	48	①	②	③	④
9	①	②	③	④	29	①	②	③	④	49	①	②	③	④
10	①	②	③	④	30	①	②	③	④	50	①	②	③	④
11	①	②	③	④	31	①	②	③	④					
12	①	②	③	④	32	①	②	③	④					
13	①	②	③	④	33	①	②	③	④					
14	①	②	③	④	34	①	②	③	④					
15	①	②	③	④	35	①	②	③	④					
16	①	②	③	④	36	①	②	③	④					
17	①	②	③	④	37	①	②	③	④					
18	①	②	③	④	38	①	②	③	④					
19	①	②	③	④	39	①	②	③	④					
20	①	②	③	④	40	①	②	③	④					

※ 본 답안지는 마킹연습용 모의 답안지입니다.

한국에너지공단 NCS 필기전형 답안카드

성 명

지원 분야

문제지 형별기재란
Ⓐ
Ⓑ
(　)형

수 험 번 호

⓪	①	②	③	④	⑤	⑥	⑦	⑧	⑨
⓪	①	②	③	④	⑤	⑥	⑦	⑧	⑨
⓪	①	②	③	④	⑤	⑥	⑦	⑧	⑨
⓪	①	②	③	④	⑤	⑥	⑦	⑧	⑨
⓪	①	②	③	④	⑤	⑥	⑦	⑧	⑨
⓪	①	②	③	④	⑤	⑥	⑦	⑧	⑨
⓪	①	②	③	④	⑤	⑥	⑦	⑧	⑨

감독위원 확인
(인)

문항	①	②	③	④	문항	①	②	③	④	문항	①	②	③	④
1	①	②	③	④	21	①	②	③	④	41	①	②	③	④
2	①	②	③	④	22	①	②	③	④	42	①	②	③	④
3	①	②	③	④	23	①	②	③	④	43	①	②	③	④
4	①	②	③	④	24	①	②	③	④	44	①	②	③	④
5	①	②	③	④	25	①	②	③	④	45	①	②	③	④
6	①	②	③	④	26	①	②	③	④	46	①	②	③	④
7	①	②	③	④	27	①	②	③	④	47	①	②	③	④
8	①	②	③	④	28	①	②	③	④	48	①	②	③	④
9	①	②	③	④	29	①	②	③	④	49	①	②	③	④
10	①	②	③	④	30	①	②	③	④	50	①	②	③	④
11	①	②	③	④	31	①	②	③	④					
12	①	②	③	④	32	①	②	③	④					
13	①	②	③	④	33	①	②	③	④					
14	①	②	③	④	34	①	②	③	④					
15	①	②	③	④	35	①	②	③	④					
16	①	②	③	④	36	①	②	③	④					
17	①	②	③	④	37	①	②	③	④					
18	①	②	③	④	38	①	②	③	④					
19	①	②	③	④	39	①	②	③	④					
20	①	②	③	④	40	①	②	③	④					

한국에너지공단 NCS 필기전형 답안카드

성 명

지원 분야

문제지 형별기재란

( )형

Ⓐ
Ⓑ

수험번호

감독위원 확인

(인)

1	① ② ③ ④	21	① ② ③ ④	41	① ② ③ ④
2	① ② ③ ④	22	① ② ③ ④	42	① ② ③ ④
3	① ② ③ ④	23	① ② ③ ④	43	① ② ③ ④
4	① ② ③ ④	24	① ② ③ ④	44	① ② ③ ④
5	① ② ③ ④	25	① ② ③ ④	45	① ② ③ ④
6	① ② ③ ④	26	① ② ③ ④	46	① ② ③ ④
7	① ② ③ ④	27	① ② ③ ④	47	① ② ③ ④
8	① ② ③ ④	28	① ② ③ ④	48	① ② ③ ④
9	① ② ③ ④	29	① ② ③ ④	49	① ② ③ ④
10	① ② ③ ④	30	① ② ③ ④	50	① ② ③ ④
11	① ② ③ ④	31	① ② ③ ④		
12	① ② ③ ④	32	① ② ③ ④		
13	① ② ③ ④	33	① ② ③ ④		
14	① ② ③ ④	34	① ② ③ ④		
15	① ② ③ ④	35	① ② ③ ④		
16	① ② ③ ④	36	① ② ③ ④		
17	① ② ③ ④	37	① ② ③ ④		
18	① ② ③ ④	38	① ② ③ ④		
19	① ② ③ ④	39	① ② ③ ④		
20	① ② ③ ④	40	① ② ③ ④		

※ 본 답안지는 마킹연습용 모의 답안지입니다.

한국에너지공단 NCS 필기전형 답안카드

번호	1	2	3	4		번호	1	2	3	4		번호	1	2	3	4
1	①	②	③	④		21	①	②	③	④		41	①	②	③	④
2	①	②	③	④		22	①	②	③	④		42	①	②	③	④
3	①	②	③	④		23	①	②	③	④		43	①	②	③	④
4	①	②	③	④		24	①	②	③	④		44	①	②	③	④
5	①	②	③	④		25	①	②	③	④		45	①	②	③	④
6	①	②	③	④		26	①	②	③	④		46	①	②	③	④
7	①	②	③	④		27	①	②	③	④		47	①	②	③	④
8	①	②	③	④		28	①	②	③	④		48	①	②	③	④
9	①	②	③	④		29	①	②	③	④		49	①	②	③	④
10	①	②	③	④		30	①	②	③	④		50	①	②	③	④
11	①	②	③	④		31	①	②	③	④						
12	①	②	③	④		32	①	②	③	④						
13	①	②	③	④		33	①	②	③	④						
14	①	②	③	④		34	①	②	③	④						
15	①	②	③	④		35	①	②	③	④						
16	①	②	③	④		36	①	②	③	④						
17	①	②	③	④		37	①	②	③	④						
18	①	②	③	④		38	①	②	③	④						
19	①	②	③	④		39	①	②	③	④						
20	①	②	③	④		40	①	②	③	④						

성 명

지원 분야

문제지 형별기재란
Ⓐ
Ⓑ
( )형

수 험 번 호

⓪	①	②	③	④	⑤	⑥	⑦	⑧	⑨
⓪	①	②	③	④	⑤	⑥	⑦	⑧	⑨
⓪	①	②	③	④	⑤	⑥	⑦	⑧	⑨
⓪	①	②	③	④	⑤	⑥	⑦	⑧	⑨
⓪	①	②	③	④	⑤	⑥	⑦	⑧	⑨
⓪	①	②	③	④	⑤	⑥	⑦	⑧	⑨
⓪	①	②	③	④	⑤	⑥	⑦	⑧	⑨

감독위원 확인
(인)

한국에너지공단 NCS 필기전형 답안카드

성 명

지원 분야

문제지 형별기재란

( )형

Ⓐ
Ⓑ

수험번호

⓪ ① ② ③ ④ ⑤ ⑥ ⑦ ⑧ ⑨
⓪ ① ② ③ ④ ⑤ ⑥ ⑦ ⑧ ⑨
⓪ ① ② ③ ④ ⑤ ⑥ ⑦ ⑧ ⑨
⓪ ① ② ③ ④ ⑤ ⑥ ⑦ ⑧ ⑨
⓪ ① ② ③ ④ ⑤ ⑥ ⑦ ⑧ ⑨
⓪ ① ② ③ ④ ⑤ ⑥ ⑦ ⑧ ⑨
⓪ ① ② ③ ④ ⑤ ⑥ ⑦ ⑧ ⑨

감독위원 확인

(인)

번호	①	②	③	④	번호	①	②	③	④	번호	①	②	③	④
1	①	②	③	④	21	①	②	③	④	41	①	②	③	④
2	①	②	③	④	22	①	②	③	④	42	①	②	③	④
3	①	②	③	④	23	①	②	③	④	43	①	②	③	④
4	①	②	③	④	24	①	②	③	④	44	①	②	③	④
5	①	②	③	④	25	①	②	③	④	45	①	②	③	④
6	①	②	③	④	26	①	②	③	④	46	①	②	③	④
7	①	②	③	④	27	①	②	③	④	47	①	②	③	④
8	①	②	③	④	28	①	②	③	④	48	①	②	③	④
9	①	②	③	④	29	①	②	③	④	49	①	②	③	④
10	①	②	③	④	30	①	②	③	④	50	①	②	③	④
11	①	②	③	④	31	①	②	③	④					
12	①	②	③	④	32	①	②	③	④					
13	①	②	③	④	33	①	②	③	④					
14	①	②	③	④	34	①	②	③	④					
15	①	②	③	④	35	①	②	③	④					
16	①	②	③	④	36	①	②	③	④					
17	①	②	③	④	37	①	②	③	④					
18	①	②	③	④	38	①	②	③	④					
19	①	②	③	④	39	①	②	③	④					
20	①	②	③	④	40	①	②	③	④					

※ 본 답안지는 마킹연습용 모의 답안지입니다.

한국에너지공단 NCS 필기전형 답안카드

번호	답란				번호	답란				번호	답란			
1	①	②	③	④	21	①	②	③	④	41	①	②	③	④
2	①	②	③	④	22	①	②	③	④	42	①	②	③	④
3	①	②	③	④	23	①	②	③	④	43	①	②	③	④
4	①	②	③	④	24	①	②	③	④	44	①	②	③	④
5	①	②	③	④	25	①	②	③	④	45	①	②	③	④
6	①	②	③	④	26	①	②	③	④	46	①	②	③	④
7	①	②	③	④	27	①	②	③	④	47	①	②	③	④
8	①	②	③	④	28	①	②	③	④	48	①	②	③	④
9	①	②	③	④	29	①	②	③	④	49	①	②	③	④
10	①	②	③	④	30	①	②	③	④	50	①	②	③	④
11	①	②	③	④	31	①	②	③	④					
12	①	②	③	④	32	①	②	③	④					
13	①	②	③	④	33	①	②	③	④					
14	①	②	③	④	34	①	②	③	④					
15	①	②	③	④	35	①	②	③	④					
16	①	②	③	④	36	①	②	③	④					
17	①	②	③	④	37	①	②	③	④					
18	①	②	③	④	38	①	②	③	④					
19	①	②	③	④	39	①	②	③	④					
20	①	②	③	④	40	①	②	③	④					

성 명

지원 분야

문제지 형별기재란

형 ( ) Ⓐ Ⓑ

수 험 번 호

⓪	①	②	③	④	⑤	⑥	⑦	⑧	⑨
⓪	①	②	③	④	⑤	⑥	⑦	⑧	⑨
⓪	①	②	③	④	⑤	⑥	⑦	⑧	⑨
⓪	①	②	③	④	⑤	⑥	⑦	⑧	⑨
⓪	①	②	③	④	⑤	⑥	⑦	⑧	⑨
⓪	①	②	③	④	⑤	⑥	⑦	⑧	⑨
⓪	①	②	③	④	⑤	⑥	⑦	⑧	⑨

감독위원 확인

(인)

2024 최신판 시대에듀 한국에너지공단
NCS + 전공 + 최종점검 모의고사 4회 + 무료NCS특강

개정7판1쇄 발행	2024년 08월 30일 (인쇄 2024년 07월 18일)
초 판 발 행	2016년 12월 05일 (인쇄 2016년 11월 22일)
발 행 인	박영일
책 임 편 집	이해욱
편 저	SDC(Sidae Data Center)
편 집 진 행	김재희 · 김예림
표지디자인	박수영
편집디자인	양혜련 · 장성복
발 행 처	(주)시대고시기획
출 판 등 록	제 10-1521호
주 소	서울시 마포구 큰우물로 75 [도화동 538 성지 B/D] 9F
전 화	1600-3600
팩 스	02-701-8823
홈 페 이 지	www.sdedu.co.kr

I S B N	979-11-383-7521-4 (13320)
정 가	25,000원

한국
에너지공단

NCS + 전공 + 모의고사 4회

최신 출제경향 전면 반영

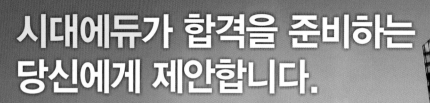

시대에듀가 합격을 준비하는
당신에게 제안합니다.

결심하셨다면 지금 당장 실행하십시오.
시대에듀와 함께라면 문제없습니다.

성공의 기회!
시대에듀를 잡으십시오.

NEXT STEP!

기회란 포착되어 활용되기 전에는 기회인지조차 알 수 없는 것이다.   – 마크 트웨인 –